高职高专经管专业基础课系列教材

稅法

主　编　白安义　张清芳　高育清
副主编　黄　艳　韩宗强　施　军

WUHAN UNIVERSITY PRESS
武汉大学出版社

图书在版编目(CIP)数据

税法/白安义,张清芳,高育清主编.—武汉:武汉大学出版社,2012.2(2014.1重印)
高职高专经管专业基础课系列教材
ISBN 978-7-307-09395-9

Ⅰ.税… Ⅱ.①白… ②张… ③高… Ⅲ.税法—中国—高等职业教育—教材 Ⅳ.D922.22

中国版本图书馆CIP数据核字(2011)第282911号

责任编辑:柴 艺　　责任校对:刘 欣　　版式设计:马 佳

出版发行:**武汉大学出版社** (430072 武昌 珞珈山)
(电子邮件:cbs22@whu.edu.cn 网址:www.wdp.com.cn)
印刷:湖北民政印刷厂
开本:787×1092 1/16 印张:18.75 字数:445千字 插页:1 插表:1
版次:2012年2月第1版 2014年1月第2次印刷
ISBN 978-7-307-09395-9/D·1133 定价:32.00元

前言

为了深入贯彻教育部《关于全面提高高等职业教育教学质量的若干意见》，适应高职高专院校教学模式改革的需要，我们特地邀请了一批“双师型”教师与企业合作研制了这本教材。

本书的主要特点是：

1. 重点突出。本书通过会计岗位工作任务和职业能力分析，以职业为导向，围绕会计工作岗位任职人员所需专业知识和职业能力进行编写，对理论知识以“必需、够用”为度，教材的重点在于让学生掌握企业纳税工作的基本操作流程和操作要领，能计算企业常见税种的纳税金额，会办理各税款的纳税申报。

2. 内容新颖。本书以截至2011年10月15日国家颁布最新的有效的税收制度和会计准则为依据，教材内容紧跟税收改革的步伐，具有鲜明的时代特征。

3. 针对性强。针对高职院校的培养目标，在教材内容上以中小企业会计、审计和报税人员必需、够用的知识为主，同时考虑上市公司会计人员各岗位所需知识，适当兼顾其他管理人员的需要。

本书由白安义教授任第一主编，张清芳、高育清任主编，黄艳、韩宗强、施军任副主编。具体分工如下：模块一、模块十一由谢晓翠编写，模块二由吕均刚和田启才编写，模块三由白安义编写，模块四、模块五由高育清编写，模块六由刘连香编写，模块七由韩宗强编写，模块八由韩宗强和施军编写，模块九由蔡秀勇编写，模块十由张清芳编写，模块十二、模块十三由黄艳编写。全书由白安义教授设计、修改、总纂与定稿。

本书的编写除选用现行的税收法规以外，还参考了一些专家、学者编写的有关资料和教材，同时得到了襄阳税务机关、部分企业财务人员以及武汉大学出版社的大力支持，在此一并表示谢意。

由于编者水平有限，书中错误和疏漏在所难免，恳请专家、学者、高职高专的师生及广大读者批评指正。

编　者

2011 年 11 月

目录 CONTENTS

模块一 税法基本知识

学习任务

1. 熟悉税法的构成要素。
2. 判断不同类型企业的应纳税种。
3. 判断各税种的征管主体。
4. 熟悉纳税人的权利和义务。
5. 了解税收法律关系、我国现行税法体系与税收管理体制。

项目一 认识税收

依法纳税是每个企业和公民的法定义务，企业办税人员的基本工作职责就是完成企业各种涉税业务，包括办理税务登记，报备财会制度，领购、使用和保管发票，办理纳税申报，缴纳税款，申请延期申报，申请减免退税等，只有熟悉企业纳税基本知识，才能合法、准确、有序地完成上述各种工作。

任务一 理解税收与税法的概念

在现代社会中，税收无处不在，它与人们生活息息相关。那么，什么是税收？税收概念的内涵是什么？这是我们首先要搞清楚的问题。

（一）税收的定义

所谓税收，是国家为了实现其职能需要，凭借政治权力，按照法律规定的标准参与国民收入分配，无偿地取得财政收入的一种形式。对于这一概念可以从以下几个方面加以把握：

1. 税收是财政收入的一种形式。国家为履行其职能需要，必须有一定的财力、物力作保障。从古到今，国家取得财政收入的形式多种多样，如生产收入、专卖收入、债务收入、罚没收入等，但使用时间最长、运用范围最广、积累财政资金最为有效的则是税收这种财政收入形式。目前，世界上许多国家的税收收入占财政收入的比重达90%以上，有的甚至高达95%以上。因此，税收是财政收入最主要的一种形式。

2. 税收的目的。一个国家要维持政权的存在，就必须建立相应的国家机器，同时还要兴办各种必不可少的社会事业，这些都需要庞大的物质财富作为后盾。但是，国家作为凌驾于社会生产之上的管理机构，并不直接从事生产、创造财富。这样，国家就主要通过从纳税单位和个人那里征税来满足这种需要，实现国家职能。

3. 税收的主体。这包括征税主体和纳税主体两个方面。征税主体即指国家。在我国，代表国家行使征税权力的是国家立法机关、国务院、财政部、国家税务总局、海关总署以及地方各级财政、税务机关和海关，其中最主要的征税主体是税务机关。纳税主体即指纳税单位和个人。

4. 税收的对象。税收课征的对象是社会产品，但不是全部社会产品，而只是社会总产品扣除补偿生产过程中消耗掉的价值部分以后的余额，即社会新创造的国民收入。作为税收来源的国民收入，既可以是当年创造的，如增值税、所得税等；也可以是以前年度累积下来的，如各种财产税、国外开征的遗产税等。

5. 税收的依据。国家征税的依据是国家政治权力。国家取得任何一种财政收入，总是要凭借国家的某种权力。如国家取得土地收入、官产收入、国有企业上缴利润收入，凭借的是国家对土地和其他生产资料的所有权；向其统治的臣民或国家收取贡物，凭借的是统治者的权力等。诸如这些国家权力，归纳起来为两种权力，即财产权力和政治权力。因此，国家通过税收强制性占有社会产品的一部分，只能依据其政治权力。

6. 税收属于分配范畴。税收在社会再生产诸环节中，属于分配环节。国家征税的过程，就是把一部分国民收入从纳税单位或个人手中转变为国家所有的分配过程。同时，由于税收分配凭借的是国家政治权力，税收分配所体现的是一种特定的分配关系。

（二）税收的基本特征

所谓税收的基本特征，就是税收作为一种特定的分配关系所固有的特点，它是税收本质的外在体现，是税收区别于其他财政收入范畴的形式界定。税收这种方式与国家取得财政收入的其他方式相比，在形式上具有三个基本特征，即税收的无偿性、强制性和固定性，习惯上称为税收“三性”。

1. 税收的无偿性。税收无偿性，是指国家取得税收不需要向缴纳的单位和个人付出任何代价。同时，通过征税，单位和个人缴纳的实物或货币即转变为国家所有，并不再直接返还给缴纳者。

正是因为税收具有无偿性，所以税收在一定程度上和一定范围内，能改变社会财富分配的不合理状况，成为影响纳税人行为的重要经济杠杆；同时，无偿性制约着征纳双方的关系，并决定税收征收管理制度和方法。

2. 税收的强制性。税收的强制性，是指国家依靠政治权力强制征税，具体来讲，是指在国家税法规定的范围内，任何单位和个人都必须依法纳税，否则就要受到法律的制裁。

税收强制性的核心问题在于税收分配的直接依据是国家通过制定法律来达到其目的。法律对其实施范围内的单位和个人具有强制力。它首先由宪法所明确规定。我国《宪法》第56条规定："中华人民共和国公民有依照法律纳税的义务。"其次是各种具体的税法，规定了各种税的纳税人、征税对象、税率等，还规定了有关的罚则，所以，税法最直接地体现了税收的强制特征。

税收的强制性，不仅要求纳税人必须依法纳税，而且要求征收机关必须依法征税，无论是多征了，还是少征了，同样要受到法律的制裁。

3. 税收的固定性。税收的固定性，是指课税对象和征收数额之间的数量比例，通过法律形式预先加以规定，征纳双方都必须共同遵守。

税收的固定性是相对于某一时期而言的，并不是永远固定不变。随着社会的发展，对课税对象和征收标准进行必要的调整也是正常的。

税收"三性"是古今中外一切税收的共性，它们相互联系，缺一不可。无偿性是核心，只有无偿征收，才能满足一般的社会公共需要（或国家实现职能的需要）。而要无偿征收，就必须凭借法律的强制手段。强制、无偿地征收必须有一个标准或限度，即固定性，因此固定性是强制性、无偿性的必然结果。概括"三性"的含义是：强制性——征之有保，无偿性——征之有用，固定性——征之有度。

税收"三性"是一个统一体，只有同时具备"三性"的财政收入形式才是税收。正因为税收具有"三性"，所以它成为适用范围最广、存在时间最长、积累财政资金最有效的一种财政收入形式。

（三）税法的定义

税法是有权的国家机关制定的用以调整国家与纳税人之间在征纳方面的权利及义务关系的法律规范的总称。它是国家及纳税人依法征税、依法纳税的行为准则。对于这一概念可以从以下几个方面加以把握：

1. 所谓有权的国家机关是指国家最高权力机关，在我国即全国人民代表大会及其常委会。同时，在一定的法律框架下，地方立法机关往往拥有一定的税收立法权，因此也是制定税法的主体。此外最高权力机关还可以授权行政机关制定某些税法，所以，获得授权的行政机关也是制定税法的主体的构成者。

2. 税法的调整对象是税收分配中形成的权利义务关系。从经济角度讲，税收分配关系是国家参与社会剩余产品分配所形成的一种经济利益关系，包括国家与纳税人之间的税收分配关系和各级政府的税收利益分配关系两个方面。这种经济利益关系是借助法律的形式规定国家与纳税人可以怎样行为、应当怎样行为和不得怎样行为，即通过设定税收权利义务来实现的。如果说实现税收分配是目标，从法律上设定税收权利义务则是实现目标的手段。税法调整的是税收权利义务关系，而不直接是税收分配关系。

3. 税法有广义和狭义之分。从广义上讲，税法是指国家立法机关、政府及其有关部门制定的有关税收方面的法律、法规、规章、制度等的总称；而狭义的税法仅指国家立法机关或其授权制定的税收法律，如我国的《个人所得税法》等。

（四）税法的特点

所谓税法的特点，是指税法带有共性的特征。税法一般具有以下几个特点：

1. 从立法过程来看，税法属于制定法。现代国家的税法都是经过一定的立法程序制定出来的，即税法是由国家制定而不是认可的，这表明税法属于制定法而不是习惯法。

2. 从法律性质看，税法属于义务性法规。义务性法规是指直接要求人们从事或不从事某种行为的法规，它的一个显著特点是具有强制性，它所规定的行为方式明确而肯定，不允许任何个人或机关随意改变或违反。税法属于义务性法规，并不是指税法没有规定纳税人的权利，而是说纳税人的权利建立在其纳税义务的基础上，是从属性的，并且这些权利从总体上看不是纳税人的实体权利，而是纳税人的程序性权利，是以履行纳税义务为前提派生出来的，从根本上讲也是为履行纳税义务服务的。

3. 从内容看，税法具有综合性。税法不是单一的法律，而是由实体法、程序法、争讼法等构成的综合法律体系，其内容涉及课税的基本原则、征纳双方的权利义务、税收管理规则、法律责任、解决税务争议的法律规范等，包括立法、行政执法、司法各个方面。

任务二　熟悉税法的构成要素

税收是国家为了实现其职能需要，凭借政治权力，按照法律规定的标准参与国民收入分配，无偿地取得财政收入的一种形式。税法是国家制定的用以调整国家与纳税人之间在征纳方面的权利及义务关系的法律规范的总称。它是国家及纳税人依法征税、依法纳税的行为准则。税收是税法规定的具体内容，税法是税收的法律表现形式。

税法的构成要素一般包括：总则、纳税人、征税对象、税目、税率、纳税环节、纳税期限、纳税地点、减税免税和罚则、附则等。

（一）纳税人

纳税人是税法规定的直接负有纳税义务的法人和自然人及其他组织，在税收法律关系上称为“纳税主体”，是代表国家征税的各级税务机关——“征税主体”的对称。每一种税都规定有它的纳税人。依法纳税是纳税人应尽的义务，纳税人不依法纳税，要受到法律的制裁。

法人是具有民事权利能力和民事行为能力，具有独立的财产和经费，依法独立享有民事权利和承担民事义务的组织。

自然人是法人的对称，和法人一样是民事主体。在我国依法独立享有法定权利并承担法律义务的公民个人，以及居住在我国境内的外国人和无国籍的人都是自然人。自然人有依法向国家纳税的义务。

与纳税人紧密联系的两个概念是代扣代缴义务人和代收代缴义务人。前者是指虽不承担纳税义务，但依照有关规定，在向纳税人支付收入、结算货款、收取费用时有义务代扣代缴其应纳税款的单位和个人。代收代缴义务人是指虽不承担纳税义务，但依照有关规定，在向纳税人收取商品或劳务收入时，有义务代收代缴其应纳税款的单位和个人。

（二）征税对象

征税对象是指税法规定对什么征税，是征纳税双方权利义务共同指向的客体或标的物，是区别一种税与另一种税的重要标志。它体现着不同税种的基本界限。例如，增值税的征税对象是增值额，企业所得税的征税对象是企业应纳税所得额，消费税的征税对象是应税消费品的销售额或销售数量。与征税对象密切相关的内容有：

1. 税目。税目是指征税的具体项目。它是征税对象的具体化，反映具体的征税范围，代表征税的广度。规定税目，一是征税技术上的需要，通过规定税目，可以划分各税征免的界限，凡属于列举税目之内的商品或经营项目就要征税，未列入税目的则不属于应税项目；二是贯彻政策的需要，通过对不同税目制定高低不同的税率，来贯彻执行国家经济政策和税收政策。

2. 计税依据。计税依据是指计算应纳税额的依据。计税依据可分为从价和从量两类标准。从价计征是指以征税对象的价值为计税依据，如营业税以取得的业务收入额为计税依据。从量计征，即以征税对象的生产数量、销售数量、容积、重量等为计税依据，如资源税。

（三）税率

税率，是应纳税额与计税依据之间的法定比例，它是计算应纳税额的尺度，体现了征税的深度。我国现行税率一般有三种：比例税率、累进税率和定额税率。

1. 比例税率。比例税率是对同一征税对象，不论数额多少，只规定一个比例，税率不因征税对象多少而变化。比例税率在具体运用上又可分为以下几种：

（1）统一比例税率，即一种税只采用一个税率。

（2）产品比例税率，即一种产品采用一种税率，对不同产品规定不同税率。

（3）行业比例税率，即按行业的不同规定不同的税率，同一行业采用同一税率。

（4）地区差别比例税率，即按照不同的地区规定不同税率。

（5）幅度比例税率，即在税法规定的一个幅度内，由地方政府根据本地实际情况确定其具体适用的比例税率。

（6）分类、分级或分档比例税率，即按照征税对象的性质、用途、质量、生产设备能力等规定不同的税率。

2. 累进税率。累进税率是按照征税对象数额的大小，规定不同等级的税率。征税对象的数额越大，税率越高；征税对象的数额越小，税率越低。按照累进税率结构的不同，又分为全额累进税率、超额累进税率、超率累进税率。

全额累进税率，指把征税对象按数额大小划分为若干等级，从低到高每一个等级规定一个适用税率，当征税对象由低的一级升到高的一级时，全部征税对象按高的一级税率计税的税率制度。全额累进税率计算较简单，取得的税收较多，但在累进临界点上下税负悬殊，负担不尽合理。

超额累进税率是一种将征税对象划分为若干等级，从低到高每一个等级规定一个适用税率，每个等级部分分别按其相应等级的税率计征税额的税率制度。

超率累进税率是一种将征税对象数额的相对率划分为若干等级，分别规定相应的差别税率，相对率每超过一个级距，对超过部分就按高一级的税率计算征税。

3. 定额税率。定额税率又叫“固定税额”，是按征税对象的一定单位直接规定税额。它是税率的一种特殊形式，一般适用于从量定额征收。在具体运用上又分为以下几种：(1) 地区差别税额，即为了照顾不同地区的自然资源、生产水平和盈利水平的差别，根据各地区经济发展的不同情况对各地区分别制定不同的税额。(2) 幅度税额，即中央只规定一个税额幅度，由各地根据本地区实际情况，在中央规定的幅度内，确定一个执行税额，如土地使用税等。(3) 分类分级税额，即把征税对象划分为若干个类别和等级，对各类各级由低到高规定相应的税额，等级高的税额高，等级低的税额低，具有累进税的性质。

（四）纳税环节

纳税环节一般指交纳税款的环节，如流转税在生产和流通环节纳税，所得税在分配环节纳税等。

（五）纳税期限

纳税期限是指税法关于税款缴纳时间方面的规定。税法关于纳税期限方面的规定，有三个概念：一是纳税义务发生时间。纳税义务发生时间是指应税行为发生的时间。二是纳税期限，纳税人每次发生纳税义务后，不可能马上去缴纳税款。税法规定了每种税的纳税期限，比如，营业税的具体纳税期限分别为 5 日、10 日、15 日、1 个月或 1 个季度；纳税人的具体纳税期限，由主管税务机关根据纳税人应纳税额的大小分别核定，不能按固定期限纳税的，可以按次纳税。三是缴库期限，即税法规定的纳税期满后，纳税人将应纳税款缴入国库的期限。

（六）减税免税

减税是对应纳税额少征一部分税款，免税是对应纳税额全部免征。减税免税是对某些纳税人和征税对象给予鼓励和照顾的一种措施，是税法原则性和灵活性相结合的体现。

减税免税的主要内容有：

1. 减税、免税规定，包括税法中关于减税、免税的规定，各级政府、财政机关按照税收管理权限所作的减税、免税规定。

2. 起征点，是指征税对象数额达到开始征税的界限，征税对象的数额未达到起征点不征税，达到或超过起征点的，就征税对象的全额征税。

3. 免征额，是在征税对象总额中规定的一个免于征税的数额，它是按照一定标准从征税对象全部数额中预先扣除的数额。

起征点与免征额的区分是：前者是达到或超过的就其全部数额征税，未达到不征税；而后者是达不到的不征税，达到或超过的均按扣除该数额后的余额计税。

（七）纳税地点

纳税地点是指纳税人申报缴纳税款的地点。明确规定纳税地点，一是为了避免对同一应税收入、应税行为重复征税或漏征税款；二是为了保证各地方政府按规定取得收入。不同税种的纳税地点不完全相同，我国现行税制规定的纳税地点大致可以分为以下几种情况：(1) 固定业户向其机构所在地主管税务机关申报纳税。(2) 固定业户到外县（市）经营的，应根据具体情况或回所在地申报纳税，或向经营地主管税务机关申报纳税。(3) 非固定业户或临时经营者，向经营地主管税务机关申报纳税。(4) 进口货物的向报关地海关申报纳税。

（八）总则、罚则和附则

总则是规定立法的目的、制定依据、适用原则、征收主体等内容。罚则是对纳税人和扣缴义务人违反税法行为采取的处罚措施。附则一般规定与该法紧密相关的内容，主要有该法的解释权、生效时间、适用范围及其他的相关规定。

任务三　判断企业的应纳税种

我国现行的税种大部分是对企业征收的，由于不同的企业所处行业不同，其从事的生产经营活动也各不相同，它们所缴纳的税种因此表现出差异。那么，不同行业的企业需要缴纳哪些税呢？

（一）工业企业应纳税种

工业企业是从事货物生产、销售或者提供加工、修理修配劳务的企业。工业企业应当缴纳的税费一般包括增值税、企业所得税、城市维护建设税、房产税、城镇土地使用税、车船税、印花税、代扣代缴的个人所得税、教育费附加等。

除了上述应纳税种，生产销售或委托加工应税消费品的企业还应缴纳消费税，有进口业务的企业还要缴纳进口关税，有营业税应税行为的企业还要缴纳营业税，购买车辆的企业还要缴纳车辆购置税，开采原油、天然气、煤炭、其他非金属矿、黑色金属矿、有色金属矿、盐产品的企业还要缴纳资源税，购入不动产的企业还要缴纳契税，有偿转让国有土地使用权、地上建筑物及其附着物的企业还要缴纳土地增值税。

（二）商业企业应纳税种

商业企业是专门从事商品流通和提供商品服务的企业，包括商品批发、零售企业和外贸企业。商业企业应缴纳的税费一般包括增值税、企业所得税、城市维护建设税、房产税、城镇土地使用税、车船税、印花税、代扣代缴的个人所得税、教育费附加等。

此外，某些企业根据其经营行为可能还需要缴纳关税、营业税、车辆购置税、契税、土地增值税等。

（三）房地产开发企业应纳税种

房地产开发企业是指从事房地产开发、经营、管理和服务活动，并以营利为目的进行自主经营、独立核算的经济组织，包括房地产自营建筑施工、修缮、装饰工程企业和承包、转包企业。房地产开发企业以缴纳营业税、土地增值税为主，同时缴纳企业所得税、房产税、城市维护建设税、城镇土地使用税、车船税、耕地占用税、契税、车辆购置税、印花税、代扣代缴的个人所得税、教育费附加等。

（四）其他企业应纳税种

其他企业是指不属于上述四种企业范围的各行业企业，主要包括交通运输企业、金融保险企业、邮电通信企业及文化体育业、娱乐业、服务业等行业的事业单位和社会组织。这些企业以缴纳营业税、城市维护建设税、企业所得税并代扣代缴个人所得税为主，同时也要根据具体的经营项目分别缴纳房产税、城镇土地使用税、车船税、车辆购置税、契税、印花税、土地增值税等。娱乐业和广告业的企业除了视情况缴纳上述税费以外，还要缴纳文化事业建设费。

任务四　了解各税种的征管主体

目前，我国的税收分别由税务、财政、海关等系统负责征收管理。我国现行税务机构设置是中央政府设立国家税务总局，省及省以下税务机构分为国家税务局和地方税务局两套税务机构。具体分工如下：

（一）国家税务局负责征收管理的项目

国家税务局负责征收管理的项目有：增值税，消费税，车辆购置税，铁道部门、各银行总行、各保险总公司集中缴纳的营业税、所得税、城市建设维护税，中央企业缴纳的所得税，中央与地方所属企业、事业单位组成的联营企业、股份制企业缴纳的所得税，2002年1月1日以后新设的企业、事业单位、社会团体、律师事务所、医院、学校等缴纳企业所得税的其他组织缴纳的所得税，地方银行、非银行金融企业缴纳的所得税，海洋石油企业缴纳的所得税、资源税，证券交易税（开征之前为对证券交易征收的印花税），个人所得税中对储蓄存款利息所得征收的部分，中央税的滞纳金、补税、罚款。

（二）地方税务局负责征收管理的项目

地方税务局负责征收管理的项目有：营业税，城市维护建设税（不包括上述由国家税务局系统负责征收管理的部分），地方国有企业、集体企业、私营企业缴纳的所得税（不含2002年1月1日以后新设的企业、事业单位、社会团体、律师事务所、医院、学校等缴纳企业所得税的其他组织缴纳的所得税），个人所得税（不包括对银行储蓄存款利息所得征收的部分），资源税，城镇土地使用税，耕地占用税，土地增值税，房产税，车船使用税，车船税，印花税，契税，地方税的滞纳金、补税、罚款。

项目二　税收法律关系

任务一　熟悉税收法律关系的构成

税收法律关系是指由税法所确认和调整的国家与纳税人之间的税收征纳权利、义务关系。这种关系既是税收分配关系在法律规范上的体现，也是税收征纳关系在法律上的体现。

税收法律关系同其他法律关系一样，都是由权利主体、客体和法律关系内容三方面构成的。它们是相互联系、不可分割的整体，缺少其中任何一个要素，就不能构成税收法律关系。

（1）权利主体，又称税收法律关系的当事人，是指税收法律关系中享有权利和承担义务的单位和个人。在我国税收法律关系中，权利主体一方是代表国家行使征税职责的国家税务机关、海关和财政机关，另一方是履行纳税义务的单位和个人。

（2）权利客体，是指税收法律关系主体的权利和义务所共同指向的对象，也就是征税对象。没有权利客体，税收法律关系的内容就会落空。这种客体主要指税法规定要征税的产品、财产、收入、所得、资源、行为等。

（3）税收法律关系的内容，是指权利主体所享有的权利和应承担的义务。其中国家税务主管机关的权利主要表现在依法进行征税、进行税务检查及对违章者进行处罚；其义务主要是向纳税人宣传税法，提供咨询、辅导，及时把征收的税款解缴国库，依法受理纳税人的税收争议申诉等。

任务二　了解税收法律关系的产生、变更和消灭

税收法律关系是一种经常变更着的社会关系，它会因税收法律事实的变化而产生、变更和消灭。税收法律事实可分为两类：一类是行为，即税收法律关系当事人有意识的活动所引起的法律现象，如国家最高权力机关或行政机关颁布新税法，纳税人依法从事某项生产经营活动或偷逃税款等，都会引起这类法律事实。另一类是事件，即不依税收法律关系当事人主观意愿为转移的法律现象，如重大自然灾害导致纳税人不能及时、足额地缴纳税款等。税收法律关系会因为税收法律事实的出现而发生变化。具体有：

（1）税收法律关系因下列法律事实而产生：国家颁布某些税收法律、法规、规章；纳税人发生了税法规定的行为或事件；新的纳税单位和个人出现等。

（2）税收法律关系因下列法律事实而变更：修改原有税收法律；征纳税程序发生变更；纳税人的生产经营及收入情况发生变化；纳税人发生了税法规定予以减免税的特殊事件等。

（3）税收法律关系因下列法律事实而暂时或永久消灭：纳税人依法履行了某项纳税义务；废止某项税法；课税对象或税目发生变化；纳税主体消亡，如负有纳税义务的个人死亡，或纳税人破产等。

任务三　了解税收法律关系的保护

税收法律关系是同国家利益及企业和个人的权益相联系的。保护税收法律关系，实质上就是保护国家正常的经济秩序，保障国家财政收入，维护纳税人的合法权益。税收法律关系的保护形式和方法很多，税法中关于限期纳税、征收滞纳金和罚款的规定，以及税收保全措施、强制执行措施等都是对征税主体一方的保护，而税法中关于不服税务机关征税处理决定，可以申请复议或提出诉讼的规定是对纳税主体一方的保护。税收法律关系的保护对权利主体双方是对等的，不能只对一方保护，而对另一方不予保护。

项目三　熟悉纳税人的权利和义务

依法纳税是纳税人应尽的义务，但纳税人同样享有一定的权利。国家设"纳税人权益日"，以便让公众知道为什么要纳税，纳税人有什么权益，怎样行使，行使遇到阻碍时通过什么渠道去解决。企业的办税人员一定要熟知这些权利的内容，以便保护自己的合法权益。

任务一　纳税人的权利

纳税人的权利是指纳税人在依法履行纳税义务时，由法律确认、保障与尊重的权利和利益，以及当纳税人的合法权益受到侵犯时，纳税人所应获得的救助与补偿权利。我国现行税法规定，纳税人及扣缴义务人（以下统称纳税人）的权利主要包括以下方面：

（一）知情权

有权向主管税务机关了解国家税收法律、行政法规的规定以及与纳税程序有关的情况，包括：现行税收法律、行政法规和税收政策规定；办理税收事项的时间、方式、步骤以及需要提交的资料；应纳税额核定及其他税务行政处理决定的法律依据、事实依据和计算方法；如与税务机关在纳税、处罚和采取强制执行措施时发生争议或纠纷，可以采取的法律救济途径及需要满足的条件。

（二）保密权

有权要求税务机关对纳税人的情况保密。税务机关对依法纳税人的商业秘密和个人隐私保密，主要包括技术信息、经营信息和不愿公开的个人事项。

（三）税收监督权

对税务机关违反税收法律、行政法规的行为，如税务人员索贿受贿、徇私舞弊、玩忽职守，不征或者少征应征税款，滥用职权多征税款或者故意刁难等，可以进行检举和控告。同时，对其他纳税人的税收违法行为也有权进行检举。

（四）纳税申报方式选择权

可以直接到办税服务厅办理纳税申报或者报送代扣代缴、代收代缴税款报告表，也可以按照规定采取邮寄、数据电文或者其他方式办理上述申报、报送事项。采取邮寄或数据电文方式办理上述申报、报送事项的，需经主管税务机关批准。

（五）申请延期申报权

如不能按期办理纳税申报或者报送代扣代缴、代收代缴税款报告表，纳税人应当在规定的期限内向税务机关提出书面延期申请，经核准，可在核准的期限内办理。经核准延期办理申报、报送事项的，应当在税法规定的纳税期内按照上期实际缴纳的税额或者税务机关核定的税额预缴税款，并在核准的延期内办理税款结算。

（六）申请延期缴纳税款权

因有特殊困难，不能按期缴纳税款的，经省、自治区、直辖市国家税务局、地方税务局批准，可以延期缴纳税款，但是最长不得超过3个月。计划单列市国家税务局、地方税务局可以参照省级税务机关的批准权限，审批延期缴纳税款申请。

满足以下任何一个条件，纳税人均可以申请延期缴纳税款：一是因不可抗力，导致纳税人发生较大损失，正常生产经营活动受到较大影响；二是当期货币资金在扣除应付职工工资、社会保险费后，不足以缴纳税款。

（七）申请退还多缴税款权

对超过应纳税额缴纳的税款，税务机关发现后，将自发现之日起10日内办理退还手续；如自结算缴纳税款之日起3年内发现，可以向税务机关要求退还多缴的税款并加算银行同期存款利息。税务机关将自接到纳税人退还申请之日起30日内查实并办理退还手续，涉及从国库中退库的，依照法律、行政法规有关国库管理的规定退还。

（八）依法享受税收优惠权

可以依照法律、行政法规的规定书面申请减税、免税。减税、免税的申请须经法律、行政法规规定的减税、免税审查批准机关审批。减税、免税期满，应当自期满次日起恢复纳税。减税、免税条件发生变化的，应当自发生变化之日起15日内向税务机关报告；不再符合减税、免税条件的，应当依法履行纳税义务。

（九）委托税务代理权

有权就以下事项委托税务代理人代为办理：办理、变更或者注销税务登记，除增值税专用发票外的发票领购手续，纳税申报或扣缴税款报告，税款缴纳和申请退税，制作涉税文书，审查纳税情况，建账建制，办理财务、税务咨询，申请税务行政复议，提起税务行政诉讼以及国家税务总局规定的其他业务。

（十）陈述与申辩权

对税务机关作出的决定，纳税人享有陈述权、申辩权。如果有充分的证据证明自己的行为合法，税务机关就不得对纳税人实施行政处罚。

（十一）拒绝检查权

税务机关派出的人员进行税务检查时，应当向纳税人出示税务检查证和税务检查通知书；对未出示税务检查证和税务检查通知书的，纳税人有权拒绝检查。

（十二）税收法律救济权

对税务机关作出的决定，纳税人依法享有申请行政复议、提起行政诉讼、请求国家赔偿等权利。

纳税人、纳税担保人同税务机关在纳税上发生争议时，必须先依照税务机关的纳税决定缴纳或者解缴税款及滞纳金，或者提供相应的担保，然后可以依法申请行政复议；对行政复议决定不服，可以依法向人民法院起诉。如纳税人对税务机关的处罚决定、强制执行措施或者税收保全措施不服，可以依法申请行政复议，也可以依法向人民法院起诉。

当税务机关的职务违法行为对纳税人和其他税务当事人的合法权益造成侵害时，纳税人和其他税务当事人可以要求税务行政赔偿。主要包括：在限期内已缴纳税款，税务机关未立即解除税收保全措施，使纳税人的合法权益遭受损失；税务机关滥用职权违法采取税收保全措施、强制执行措施或者采取税收保全措施、强制执行措施不当，使纳税人或者纳税担保人的合法权益遭受损失。

（十三）依法要求听证的权利

税务机关对纳税人作出规定金额以上罚款的行政处罚之前，应向纳税人送达税务行政处罚事项告知书，告知纳税人已经查明的违法事实、证据、行政处罚的法律依据和拟给予的行政处罚。对此，纳税人有权要求举行听证。

（十四）索取有关税收凭证的权利

税务机关征收税款时，必须给纳税人开具完税凭证。扣缴义务人代扣、代收税款时，纳税人要求扣缴义务人开具代扣、代收税款凭证，扣缴义务人应当开具。

税务机关扣押商品、货物或者其他财产时，必须开付收据；查封商品、货物或者其他财产时，必须开付清单。

任务二　纳税人的义务

纳税人的权利和义务是均衡的，纳税人的义务是指依照宪法、法律、行政法规规定，纳税人在税收征纳各环节应承担的义务。

依照宪法、税收法律和行政法规的规定，纳税人在纳税过程中负有以下义务：

（一）依法进行税务登记的义务

纳税人应当自领取营业执照之日起30日内，持有关证件，向税务机关申报办理税务登记。税务登记主要包括领取营业执照后的设立登记，税务登记内容发生变化后的变更登记，依法申请停业、复业登记，依法终止纳税义务的注销登记等。

在各类税务登记管理中，纳税人应该根据税务机关的规定分别提交相关资料，及时办理。同时，应当按照规定使用税务登记证件。税务登记证件不得转借、涂改、损毁、买卖或者伪造。

（二）依法设置账簿、保管账簿和有关资料以及依法开具、使用、取得和保管发票的义务

纳税人应按照有关法律、行政法规和国务院财政、税务主管部门的规定设置账簿，根据合法、有效凭证记账，进行核算；从事生产、经营的，必须按照国务院财政、税务主管部门规定的保管期限保管账簿、记账凭证、完税凭证及其他有关资料；账簿、记账凭证、完税凭证及其他有关资料不得伪造、变造或者擅自损毁。

此外，在购销商品、提供或者接受经营服务以及从事其他经营活动中，应当依法开具、使用、取得和保管发票。

（三）财务会计制度和会计核算软件备案的义务

企业使用的财务、会计制度或者财务、会计处理办法和会计核算软件，应当报送税务机关备案。企业使用的财务、会计制度或者财务、会计处理办法与国务院或者财政、税务主管部门有关税收的规定相抵触的，应依照国务院或者财政、税务主管部门有关税收的规定计算应纳税款、代扣代缴和代收代缴税款。

知识链接

义务是“权利”的对称，是法律对公民或法人必须作出或禁止作出一定行为的约束。义务与权利是一致的，不可分离。

（四）按照规定安装、使用税控装置的义务

国家根据税收征收管理的需要，积极推广使用税控装置。企业应当按照规定安装、使用税控装置，不得损毁或者擅自改动税控装置。如果没有按规定安装、使用税控装置，或者损毁或擅自改动税控装置，税务机关将责令其限期改正，并可根据情节轻重处以规定数额内的罚款。

（五）按时、如实申报的义务

必须依照法律、行政法规或者税务部门依照法律、行政法规的规定确定的申报期限、

申报内容如实办理纳税申报，报送纳税申报表、财务会计报表以及税务机关根据实际需要要求企业报送的其他纳税资料。

作为扣缴义务人，企业必须依照法律、行政法规或者税务机关依照法律、行政法规的规定确定的申报期限、申报内容如实报送代扣代缴、代收代缴税款报告表以及税务机关根据实际需要要求企业报送的其他有关资料。

企业即使在纳税期内没有应纳税款，也应当按照规定办理纳税申报。享受减税、免税待遇的，在减税、免税期间应当按照规定办理纳税申报。

（六）按时缴纳税款的义务

纳税人应当按照法律、行政法规或者税务部门依照法律、行政法规的规定确定的期限，缴纳或者解缴税款。

未按照规定期限缴纳税款或者未按照规定期限解缴税款的，税务机关除责令限期缴纳外，从滞纳税款之日起，按日加收滞纳税款0.5‰的滞纳金。

（七）代扣、代收税款的义务

如按照法律、行政法规规定负有代扣代缴、代收代缴税款义务，必须依照法律、行政法规的规定履行代扣、代收税款的义务。依法履行代扣、代收税款义务时，纳税人不得拒绝。纳税人拒绝的，代扣代缴人、代收代缴人应当及时报告税务机关处理。

（八）接受依法检查的义务

企业应自觉接受税务机关依法进行的税务检查，主动配合税务机关按法定程序进行的税务检查，如实地反映自己的生产经营情况和执行财务制度的情况，并按有关规定提供报表和资料，不得隐瞒和弄虚作假，不能阻挠、刁难税务机关的检查和监督。

（九）及时提供信息的义务

企业除通过税务登记和纳税申报向税务机关提供与纳税有关的信息外，还应及时提供其他信息。如企业有歇业、经营情况变化、遭受各种灾害等特殊情况，应及时向税务机关说明，以便税务机关依法妥善处理。

（十）报告其他涉税信息的义务

为了保障国家税收能够及时、足额征收入库，税法还规定了企业有义务向税务机关报告如下涉税信息：

1. 本企业与关联企业之间的业务往来，应向当地税务机关提供有关的价格、费用标准等资料。有欠税情形而以财产设定抵押、质押的，应当向抵押权人、质权人说明本企业的欠税情况。

2. 企业合并、分立的报告义务。有合并、分立情形的，应当向税务机关报告，并依法缴清税款。合并时未缴清税款的，应当由合并后的纳税人继续履行未履行的纳税义务；分立时未缴清税款的，分立后的纳税人对未履行的纳税义务应当承担连带责任。

3. 报告全部账号的义务。企业从事生产、经营，应当按照国家有关规定，持税务登记证件，在银行或者其他金融机构开立基本存款账户和其他存款账户，并自开立基本存款账户或者其他存款账户之日起15日内，向企业的主管税务机关书面报告全部账号；发生变化的，应当自变化之日起15日内，向企业的主管税务机关书面报告。

4. 处分大额财产的报告义务。如企业的欠缴税款数额在5万元以上，在处分不动产或者大额资产之前，应当向税务机关报告。

项目四　我国现行税法体系与税收管理体制

任务一　了解我国现行税法体系

税法体系是由一国法定征收的各个税种组成的有机系统。

（一）税收实体法体系

我国现行税收法律体系是在原有税制的基础上，经过1994年工商税制改革逐渐完善形成的，共有20个税种，除《企业所得税法》、《个人所得税法》是以国家法律的形式发布实施外，其他各税种都是经全国人民代表大会授权立法，由国务院以暂行条例的形式发布实施的。这20个税收法律、法规组成了我国的税收实体法体系。

1. 流转税类，包括增值税、消费税和营业税，主要在生产、流通或者服务业中发挥调节作用。

2. 资源税类，包括资源税、城镇土地使用税，主要是对因开发和利用自然资源差异而形成的级差收入发挥调节作用。

3. 所得税类，包括企业所得税、个人所得税，主要是在国民收入形成后，对生产经营者的利润和个人的纯收入发挥调节作用。

4. 特定目的税类，包括固定资产投资方向调节税（已停征）、筵席税、城市维护建设税、土地增值税、车辆购置税、耕地占用税，主要是为了达到特定目的，对特定对象和特定行为发挥调节作用。

5. 财产和行为税类，包括房产税、城市房地产税、车船税、印花税、屠宰税、契税，主要是对某些财产和行为发挥调节作用。

6. 关税类，主要是对进出我国国境的货物、物品征收的进出口关税。

（二）税收管理法律体系

除税收实体法外，我国对税收征收管理适用的法律制度，是按照税收管理机关的不同而分别规定的：

1. 税务机关负责征收的税种的征收管理，按照全国人大常委会发布实施的《税收征收管理法》执行。

2. 海关负责征收的税种的征收管理，按照《海关法》及《进出口关税条例》等有关规定执行。

上述税收实体法和税收征收管理法律制度构成了我国现行税法体系。

任务二　了解我国税收管理体制

（一）税收管理体制的概念

税收管理体制是在各级国家机构之间划分税权的制度。税权的划分包括在中央和地方国家机构之间的纵向划分与在同级立法、司法、行政等国家机构之间的横向划分。

税收管理权限大体分为税收立法权和税收执法权两类。具体包括税收立法权、税收法律法规的解释权、税种的开征或停征权、税目和税率的调整权、税收的加征和减免权等。

（二）税收立法权的划分

税收立法权是制定、修改、解释或废止税收法律、法规、规章和规范性文件的权力。它包括两个方面的内容：一是什么机关有税收立法权；二是各级机关的税收立法权是如何划分的。

目前中国拥有制定税法或者税收政策权力的国家机关主要有：全国人民代表大会及其常务委员会、国务院、财政部、国家税务总局、国务院关税税则委员会、海关总署、各省级人民代表大会和各省级人民政府等。

全国性税种的立法权，包括全部中央税和在全国范围内征收的地方税税法的制定和公布等，属于全国人民代表大会及其常务委员会。

经全国人民代表大会及其常务委员会授权，国务院有权制定有关税收的行政法规，全国性税种可以用条例的形式发布实施，国务院可以制定税法实施细则、增减税目和调整税率。

财政部、国家税务总局、国务院关税税则委员会、海关总署等部门有权制定有关税收的部门规章。

省级人民代表大会及其常务委员会根据本地区的具体情况和实际需要，在不与国家的税收法律、法规相抵触的前提下，可以制定某些地方性的税收法规和规章。

税收法律的制定要经过提出立法议案、审议、表决通过和公布的程序，税收行政法规和规章的制定要经过规划、起草、审定和发布的程序。经过必要的程序批准后，税收法律、行政法规和规章才具有法律效力。

（三）税务机构的设置

国家税务总局是我国主管国家税务工作的最高职能机构，为国务院正部级直属机构。总局共设 13 个职能部门，每个部门下设若干处或室，统一领导全国的税务工作。

根据实行分税制财政管理体制的需要，省以下税务机构分为国家税务局和地方税务局两个系统。

国家税务局系统包括省、自治区、直辖市国家税务局，地区、地级市、自治州国家税务局，县、县级市、旗国家税务局。

省级国家税务局是国家税务总局直属正厅级行政机构，是本地区主管国家税收工作的职能部门，局长和副局长均由国家税务总局任命，国家税务总局对国家税务局系统实行垂直领导的管理体制。

地方税务局系统包括省、自治区、直辖市地方税务局，地区、地级市、自治州地方税务局，县、县级市、旗地方税务局。

省级地方税务局是省级人民政府所属的主管本地区地方税收工作的职能部门，一般是正厅级行政机构，实行地方政府和国家税务总局双重领导、以地方政府领导为主的管理体制。省以下各级地方税务局实行上级税务机关和同级人民政府双重领导、以上级税务机关垂直领导为主的管理体制。

（四）税收征管范围划分

目前税收的征收管理分别由税务机关、海关负责。

1. 国家税务局系统负责征收和管理的范围有：消费税，增值税，铁道部门、各银行总行、各保险总公司集中缴纳的营业税、所得税、城市维护建设税，中央企业、联营企业和股份制企业缴纳的企业所得税，地方银行与非银行金融机构缴纳的企业所得税，海洋石油企业缴纳的企业所得税和资源税，外商投资企业和外国企业缴纳的企业所得税、个人所得税、证券交易印花税、车辆购置税，中央税和共享税的滞纳金、补税、罚款。

自2002年1月1日起，按国家工商行政管理总局的有关规定，在各级工商管理部门办理设立（开业）登记的企业，其企业所得税由国家税务局负责征收管理，但下列办理设立（开业）登记的企业仍由地方税务局负责其企业所得税征收管理：

（1）两个或两个以上企业合并设立一个新的企业，合并各方解散，但合并各方原均为地方税务局征收管理的；

（2）因分立而新设立的企业，但原企业由地方税务局负责征收管理的；

（3）原缴纳企业所得税的事业单位改制为企业办理设立登记，但原事业单位由地方税务局负责征收管理的。

2. 地方税务局系统负责征收和管理的范围有：营业税，城市维护建设税（不包括上述由国家税务局系统征收管理的部分），地方国有企业、集体企业、私营企业缴纳的所得税、个人所得税（不包括对银行储蓄存款利息所得征收的部分）、资源税、城镇土地使用税、耕地占用税、土地增值税、房产税（城市房地产税）、车船税、契税、屠宰税、筵席税及其附加，地方税的滞纳金、补税、罚款。

3. 海关系统负责征收和管理的范围有：关税、行李和邮递物品进口税和代征进口货物的增值税、消费税。

模块二 | # 企业纳税工作流程

学习任务

1. 熟悉企业税务登记的办理，掌握税务登记表的填写方法。
2. 了解账簿凭证的管理，熟悉发票的领购与填开。
3. 掌握企业的纳税申报流程。
4. 熟悉网上报税业务。

项目一　办理税务登记

税务登记是税务机关对纳税人的生产经营活动进行登记并据此对纳税人实施税务管理的一种法定制度。税务登记是税务机关对纳税人进行税收管理的首要环节和基础工作，是征纳双方法律关系成立的依据和证明，是纳税人必须履行的义务。建立税务登记制度有利于税务机关掌握和控制税源，管理和监督纳税人依法履行纳税义务。

税务登记的内容包括开业税务登记，变更、注销税务登记，停业、复业登记，外出经营报验登记，非正常户处理等。

任务一　办理开业税务登记

（一）开业登记的对象

根据有关规定，开业登记的纳税人包括以下两类：

1. 领取营业执照从事生产、经营的纳税人，包括：（1）企业，即从事生产、经营的单位或组织，包括国有、集体、私营企业，中外合资合作企业，外商独资企业，以及各种联营、联合、股份制企业等；（2）企业在外地设立的分支机构和从事生产、经营的场所；（3）

个体工商户；（4）从事生产、经营的事业单位。

2. 其他纳税人。根据有关法规规定，不从事生产、经营，但依照法律、法规的规定负有纳税义务的单位和个人，除临时取得应税收入或发生应税行为以及只缴纳个人所得税、车船税的外，都应按规定向税务机关办理税务登记。

【例 2-1】 根据《税收征收管理法》和《税务登记管理办法》的有关规定，下列各项中应当进行税务登记的有（　　）。

A. 从事生产、经营的事业单位

B. 企业在境内其他城市设立的分支机构

C. 不从事生产、经营只缴纳车船税的社会团体

D. 有来源于中国境内所得但未在中国境内设立机构、场所的非居民企业

【答案】 AB

（二）办理开业登记的时间和地点

从事生产、经营的纳税人，应当自领取工商营业执照（含临时工商营业执照）之日起 30 日内，向生产、经营地或者纳税义务发生地的主管税务机关申报办理税务登记，税务机关核发税务登记证及副本（纳税人领取临时工商营业执照的，税务机关核发临时税务登记证及副本）。

除上述以外的其他纳税人，除国家机关和个人外，应当自纳税义务发生之日起 30 日内，持有关证件向所在地主管税务机关申报办理税务登记。

以下几种情况应比照开业登记办理：

（1）扣缴义务人应当自扣缴义务发生之日起 30 日内，向所在地的主管税务机关申报办理扣缴税款登记，领取扣缴税款登记证件。

（2）跨地区的非独立核算分支机构应当自设立之日起 30 日内，向所在地税务机关办理注册税务登记。

（3）有独立的生产经营权、在财务上独立核算并定期向发包人或者出租人上缴承包费或租金的承包人、承租人，应当自承包、承租合同签订之日起 30 日内，向其承包承租业务发生地税务机关申报办理税务登记，税务机关核发临时税务登记证及副本。

（4）从事生产、经营的纳税人外出经营，在同一地连续 12 个月内累计超过 180 天的，应当自期满之日起 30 日内，向生产、经营所在地税务机关申报办理税务登记，税务机关核发临时税务登记证及副本。

（5）境外企业在中国境内承包建筑、安装、装配、勘探工程和提供劳务的，应当自项目合同或协议签订之日起 30 日内，向项目所在地税务机关申报办理税务登记，税务机关核发临时税务登记证及副本。

温馨提示

对应领取而未领取工商营业执照临时经营的，不得办理临时税务登记，但必须照章征税，也不得向其出售发票；确需开具发票的，可以向税务机关申请，先缴税再由税务机关为其代开发票。

新规定：对外来经营的纳税人（包括超过180天的），只办理报验登记，不再办理临时税务登记。

（三）办理开业登记的业务流程

1. 申请。纳税人在规定的期限内，向县级以上税务登记部门（包括县级以上税务机关设立的各级税务登记管理部门，下同）提交营业执照或其他核准执业证件及资料，申报办理设立登记，领取填写税务登记表（见表2-1），并分别附送下列资料：

表2-1　**税务登记表**

（适用单位纳税人）

填表日期：

纳税人名称			纳税人识别号			
登记注册类型			批准设立机关			
组织机构代码			批准设立证明或文件号			
开业(设立)日期		生产经营期限	证照名称		证照号码	
注册地址			邮政编码		联系电话	
生产经营地址			邮政编码		联系电话	
核算方式	请选择对应项目打"√"□ 独立核算　□ 非独立核算			从业人数	其中外籍人数____	
单位性质	请选择对应项目打"√"□ 企业　□ 事业单位　□ 社会团体　□ 民办非企业单位　□ 其他					
网站网址				国标行业	□□□□□□□□□	
适用会计制度	请选择对应项目打"√" □ 企业会计制度　□ 小企业会计制度　□ 金融企业会计制度　□ 行政事业单位会计制度					
经营范围		请将法定代表人(负责人)身份证件复印件粘贴在此处。				
项目 内容 联系人	姓　名	身份证件		固定电话	移动电话	电子邮箱
		种类	号码			
法定代表人(负责人)						
财务负责人						
办税人						
税务代理人名称	纳税人识别号		联系电话		电子邮箱	
注册资本或投资总额	币种	金额	币种	金额	币种	金额

续表

投资方名称	投资方经济性质	投资比例	证件种类	证件号码	国籍或地址

自然人投资比例		外资投资比例		国有投资比例	

分支机构名称	注册地址	纳税人识别号	

总机构名称		纳税人识别号	
注册地址		经营范围	

法定代表人姓名		联系电话		注册地址邮政编码	

代扣代缴代收代缴税款业务情况	代扣代缴、代收代缴税款业务内容	代扣代缴、代收代缴税种

附报资料：

经办人签章： ______年____月____日	法定代表人(负责人)签章： ______年____月____日	纳税人公章： ______年____月____日

以下由税务机关填写：

纳税人所处街乡				隶属关系	
国税主管税务局		国税主管税务所(科)		是否属于国税、地税共管户	
地税主管税务局		地税主管税务所(科)			

经办人(签章)： 国税经办人：________ 地税经办人：________ 受理日期： ______年____月____日	国家税务登记机关 (税务登记专用章)： 核准日期： ______年____月____日 国税主管税务机关：	地方税务登记机关 (税务登记专用章)： 核准日期： ______年____月____日 地税主管税务机关：
国税核发《税务登记证副本》数量：　本　发证日期：______年____月____日		
地税核发《税务登记证副本》数量：　本　发证日期：______年____月____日		

国家税务总局监制

（1）单位纳税人的资料。

①工商营业执照或其他核准执业证件原件及其复印件。

②有关机关、部门批准设立的文件。

③注册地址及生产、经营地址证明（产权证、租赁协议）原件及其复印件，如为自有房产，提供产权证或买卖契约等合法的产权证明原件及其复印件；如为租赁的场所，提供租赁协议原件及其复印件，出租人为自然人的还需提供产权证明的复印件；如生产、经营地址与注册地址不一致，分别提供相应证明。

④验资报告或评估报告原件及其复印件。

⑤组织机构统一代码证书副本原件及其复印件。

⑥有关合同、章程、协议书复印件。

⑦法定代表人（负责人）居民身份证、护照或其他证明身份的合法证件原件及其复印件。

⑧纳税人跨县（市）设立的分支机构办理税务登记时，还需提供总机构的税务登记证副本复印件。

⑨改组改制企业还需提供有关改组改制的批文原件及其复印件。

⑩外商投资企业还需提供商务部门批复设立证书原件及其复印件。

⑪享受税收优惠政策的企业，还应包括需要提供的相应证明、资料。

（2）个体工商户的资料。

①工商营业执照或其他核准执业证件原件及其复印件。

②业主身份证原件及其复印件。

③房产证明（产权证、租赁协议）原件及其复印件，如为自有房产，提供产权证或买卖契约等合法的产权证明原件及其复印件；如为租赁的场所，提供租赁协议原件及其复印件，出租人为自然人的还需提供产权证明的复印件。

④组织机构代码证书副本原件及其复印件（已办理组织机构代码证的个体工商户）。

（3）临时税务登记纳税人的资料。

①法定代表人（负责人）居民身份证、护照或其他证明身份的合法证件原件及其复印件。

②项目合同或协议及其复印件。

③工商营业执照或其他核准执业证件的复印件。

2. 受理。县级以上税务登记部门受理、审阅纳税人填报的税务登记表是否符合要求，附送的资料是否齐全。对手续完备、符合要求的，转审核程序；对资料不全或填写不符合规定的，应当当场一次性告知其补正或重新填报，再予受理。

3. 审核。税务机关对纳税人填制的税务登记表、提供的证件和资料，应当在收到之日起30日内审核完毕，对符合规定的予以登记，对不符合规定的不予登记，并在30日内予以答复。

4. 发证。税务机关对纳税人填报的税务登记表及附送的资料、证件审核无误的，应当在30日内发给税务登记证。国、地税实行联合办证的，纳税人只需到国税局或地税局的任一窗口就可办理好国税和地税的税务登记。具体规定如下：

(1) 对从事生产经营并经工商行政管理部门核发营业执照的纳税人，核发税务登记证及其副本。

(2) 对未取得营业执照或工商登记核发临时营业执照从事生产经营的纳税人，暂核发税务登记证及其副本，并在正副本右上角加盖“临时”章。

(3) 对纳税人非独立核算的分支机构及非从事生产经营的纳税人（除临时取得应税收入或发生应税行为以及只缴纳个人所得税、车船税的外），核发注册税务登记证及其副本。

(4) 对外商投资企业、外国企业及外商投资企业分支机构，分别核发外商投资企业税务登记证及其副本、外国企业税务登记证及其副本、外商投资企业分支机构税务注册证及其副本。

(5) 对既没有纳税义务又不需领用收费（经营）票据的社会团体等，可以只登记不发证。

（四）办理开业税务登记的内容

办理开业税务登记的内容主要包括：(1) 单位名称、法定代表人或业主姓名及其居民身份证、护照或者其他证明身份的合法证件；(2) 住所、经营地点；(3) 登记注册类型及所属主管单位；(4) 核算方式；(5) 行业、经营范围、经营方式；(6) 注册资金（资本）、投资总额、开户银行及账号；(7) 经营期限、从业人数、营业执照号码；(8) 财务负责人、办税人员；(9) 其他有关事项。

企业在外地的分支机构或者从事生产经营的场所，还应当登记总机构名称、地址、法人代表、主要业务范围、财务负责人。

任务二 办理变更税务登记

变更税务登记是纳税人税务登记的内容发生重要变化而向税务机关申报办理的税务登记。

（一）办理变更税务登记的适用范围

纳税人办理税务登记后，如发生下列情形之一，应当办理变更税务登记：改变名称、改变法定代表人、改变经济性质或经济类型、改变住所和经营地点（不涉及主管税务机关变动）、改变生产经营方式、增减注册资金（资本）、改变隶属关系、改变生产经营期限、改变或增减银行账号、改变生产经营权属以及改变其他税务登记内容。

（二）办理变更税务登记的时间和地点

纳税人税务登记内容发生变化的，应当自工商行政管理机关或者其他机关办理变更登记之日起30日内，持有关证件向原税务登记机关申报办理变更税务登记。

（三）办理变更税务登记的流程

1. 申请。纳税人在规定的期限内，向县级以上税务登记机关申报办理变更登记，领取、填写税务登记变更表（见表2-2），并附送下列资料：(1) 工商营业执照及工商变更登记表复印件；(2) 纳税人变更登记内容的决议及有关证明文件；(3) 组织机构统一代码证书（副本）原件（涉及变动的提供）；（4）业主或法定代表人身份证件原件及其复印件（涉及变动的提供）；（5）经营地址证明，自有房屋的提供房屋产权证，租赁房屋的提供租房协议和出租方的房屋产权证书复印件，无房屋产权证的提供情况说明，无偿使用的提供无偿使用证明（地址）（涉及变更的提供）；（6）税务机关原核发的“税务登记证”正、副本原件。

2. 受理。县级以上税务登记机关受理、审阅纳税人填报的税务登记变更表是否符合要求，附送的资料是否齐全。对符合条件的，予以受理；对资料不全或填写不符合规定的，应当当场一次性告知其补正或重新填报，再予受理。

3. 审核。对纳税人填写的税务登记变更表和附送的资料进行审核，看是否齐全，是否符合规定，并作以下分类审核：

（1）利用法定代表人（业主）居民身份证号、组织机构代码进行审核比对，检查是否有在案未经处理的税务违法违章的记录。

（2）审核税务登记变更表的填写是否符合规定。

经审核，资料明显有疑点的，传给主管税务机关进行实地调查；申请人如违反《税收征收管理法》和《税务登记管理办法》有关规定，按税务行政处罚的有关规定处理。

4. 办理。

（1）纳税人税务登记表的内容发生变更而税务登记证中的内容未发生变更的，税务登记机关不重新核发税务登记证件，仅在征管系统中进行变更登记操作。

（2）纳税人税务登记表和税务登记证中的内容都发生变更的，税务登记机关按变更后的内容重新核发税务登记证件。

表 2-2　　　　**税务登记变更表**

<table>
<tr><td colspan="2">纳税人名称</td><td></td><td>纳税人识别号</td><td></td></tr>
<tr><td colspan="5">变更登记事项</td></tr>
<tr><td>序号</td><td>变更项目</td><td>变更前内容</td><td>变更后内容</td><td>批准机关名称及文件</td></tr>
<tr><td></td><td></td><td></td><td></td><td></td></tr>
<tr><td></td><td></td><td></td><td></td><td></td></tr>
<tr><td colspan="5">送缴证件情况：</td></tr>
<tr><td colspan="5">纳税人
经办人：　　　　法定代表人（负责人）：　　　　纳税人（签章）
年　月　日　　　　年　月　日　　　　年　月　日</td></tr>
<tr><td colspan="5">经办税务机关审核意见：
经办人：　　　　负责人：　　　　税务机关（签章）
年　月　日　　　　年　月　日　　　　年　月　日</td></tr>
</table>

任务三　办理停业、复业税务登记

实行定期定额征收方式的个体工商户，在营业执照核准的经营期限内需要停业的，应在停业前向主管税务机关申报办理停业登记；恢复生产经营之前向主管税务机关申报办理复业登记；停业期满，不能及时恢复生产经营的，在停业期满前向主管税务机关提出延长停业期限申请。纳税人的停业期限不得超过 1 年。

（一）停（复）业登记的适用范围

停（复）业登记仅适用于实行定期定额征收方式的个体工商户。

（二）办理停（复）业登记的流程

1. 申请。个体工商户停业前，应向主管税务机关申报办理停业登记，领取并填写"停业、复业（提前复业）报告书"，并附送下列资料：（1）纳税人若有上级主管部门，提交上级主管部门批准停业的文件；（2）工商行政管理部门要求停业的，提交工商行政管理部门的停业文件；（3）主管税务机关原发放的税务登记证件、发票缴销登记表和其他税务证件。

个体工商户如需延长停业，在停业期满前，重新填报"停业、复业（提前复业）报告书"。

个体工商户如需复业（提前复业），持经批准的"停业、复业（提前复业）报告书"，向主管税务机关申报办理复业（提前复业）登记。

2. 受理。主管税务机关受理、审阅填报的表格是否符合要求，附送的资料是否齐全。对符合条件的，予以受理；对资料不全、不符合条件的，应当一次性告知纳税人补正后再予办理。

3. 审核。对纳税人填制的表格和附送的资料进行审核，看是否齐全，是否符合要求。重点审核以下内容：（1）发票缴销情况，对未按规定缴销发票的，按照"发票缴销缴回管理"的规定执行；（2）税款缴纳情况，看是否已缴清所有应纳税款，对未缴清税款、滞纳金、罚款的，按照"税款追征管理"的规定执行。

以上内容经审核通过，并由相应审核人在"停业、复业（提前复业）报告书"上签字后，收缴纳税人的税务登记证（正、副本），呈报主管税务机关负责人审签。

个体工商户如需延长停业，在核实延长停业原因后，将纳税人重新填报的"停业、复业（提前复业）报告书"呈报主管税务机关负责人审签。

个体工商户复业的，税务机关审核人根据"日常检查"传递的信息审查纳税人停业期间纳税义务履行情况，持原"停业、复业（提前复业）报告书"，呈报主管税务机关负责人审签。

4. 审签。主管税务机关负责人进行书面审核，签署审核意见，通知纳税人领取审签后的"停业、复业（提前复业）报告书"。对已审签的，录入停、复业登记核准信息；个体工商户复业的，主管税务机关发还封存的税务登记证件，发票管理部门核对纳税人提交的"停业、复业（提前复业）报告书"，发还收缴的发票并进行登记。

知识链接

纳税人停业未按规定向主管税务机关申请停业登记的，应视为未停止生产经营；纳税人在批准的停业期间进行正常经营的，应按规定向主管税务机关办理纳税申报并缴纳税款。未按规定办理的，按照《税收征收管理法》的有关规定处理。

纳税人停业期满未按期复业又不申请延长停业的，税务机关应当视为已恢复生产经营，实施正常的税收管理。纳税人停业期满不向税务机关申报办理复业登记而复业的，主管税务机关经查实，责令限期改正，并按照《税收征收管理法》第60条第1款的规定处理。

任务四　办理注销税务登记

注销税务登记是纳税人发生解散、破产、撤销、吊销营业执照以及其他情形，依法终止纳税义务，或经营地点变化迁出现主管税务机关管辖范围前，向主管税务机关结清税款、缴销税务登记证件而办理的注销手续。

（一）注销税务登记的适用范围

1. 纳税人因经营期限届满而自动解散；
2. 企业由于改组、分立、合并等原因而被撤销；
3. 企业因资不抵债而破产或终止经营；
4. 纳税人因住所、经营地址迁移而涉及改变主管税务机关；
5. 纳税人被工商行政机关吊销营业执照而终止经营；
6. 纳税人依法终止纳税义务的其他情形。

（二）办理注销税务登记的时间

纳税人发生解散、破产、撤销以及其他情形，依法终止纳税义务的，应当在向工商行政管理机关或者其他机关办理注销登记前，持有关证件和资料向原税务登记机关申报办理注销税务登记；按规定不需要在工商行政管理机关或者其他机关办理注销登记的，应当自有关机关批准或者宣告终止之日起15日内，持有关证件和资料向原税务登记机关申报办理注销税务登记。

纳税人被工商行政管理机关吊销营业执照或者被其他机关予以撤销登记的，应当自营业执照被吊销或者被撤销登记之日起15日内，向原税务登记机关申报办理注销税务登记。

纳税人因住所、经营地点变动，涉及改变税务登记机关的，应当在向工商行政管理机关或者其他机关申请办理变更、注销登记前，或者住所、经营地点变动前，持有关证件和资料，向原税务登记机关申报办理注销税务登记，并自注销税务登记之日起30日内向迁达地税务机关申报办理税务登记。

境外企业在中国境内承包建筑、安装、装配、勘探工程和提供劳务的，应当在项目完工、离开中国前15日内，持有关证件和资料，向原税务登记机关申报办理注销税务登记。

【**例 2-2**】纳税人发生解散、破产、撤销以及其他情形，依法终止纳税义务的，应当自工商行政管理机关或者其他机关办理注销之日起 30 日内，持有关证件和资料向原税务登记机关申报办理注销税务登记。（　　）

【**答案**】×

（三）办理注销税务登记的流程

1. 申请。纳税人在规定的期限内，向原税务登记部门申报办理注销登记，领取并填写注销税务登记申请审批表（见表 2-3），并附送下列资料：（1）主管部门或董事会（职代会）的决议以及其他有关证明文件；（2）营业执照被吊销的，应提交工商行政管理部门发放的吊销决定；（3）纳税人因住所、经营地点变动改变税务登记机关的证明资料；（4）清算组清理债权、债务的文件或证明资料；（5）主管税务机关原发放的税务登记证件正、副本。

表 2-3　**注销税务登记申请审批表**

纳税人名称		纳税人识别号	
注销原因			
附送资料			
纳税人 经办人： 年　月　日	法定代表人（负责人）： 年　月　日	纳税人（签章） 年　月　日	
以下由税务机关填写			
受理时间	经办人： 年　月　日	负责人： 年　月　日	
清缴税款、滞纳金、罚款情况	经办人： 年　月　日	负责人： 年　月　日	
缴销发票情况	经办人： 年　月　日	负责人： 年　月　日	
税务检查意见	检查人员： 年　月　日	负责人： 年　月　日	

续表

<table>
<tr><td rowspan="3">收缴税务
证件情况</td><td>种类</td><td>税务登记证正本</td><td>税务登记证副本</td><td>临时税务登记证
正本</td><td>临时税务登记证
副本</td></tr>
<tr><td>收缴数量</td><td></td><td></td><td></td><td></td></tr>
<tr><td colspan="5">经办人：　　　　　　　　负责人：
年　月　日　　　　　　年　月　日</td></tr>
<tr><td>批准
意见</td><td colspan="5">部门负责人：　　　　　　税务机关（签章）
年　月　日　　　　　　年　月　日</td></tr>
</table>

2. 受理。原税务登记部门受理、审阅填报的表格是否符合规定，附送的资料是否齐全后，督促纳税人做好下列事宜：

(1) 纳税人持注销税务登记申请审批表、未经税务机关查验的发票和发票领购簿到发票管理环节申请办理发票缴销，发票管理环节按规定清票后，在注销税务登记申请审批表上签署发票缴销情况，同时将审批表返还纳税人。

(2) 纳税人向征收环节清缴税款，征收环节在纳税人缴纳税款后，在注销税务登记申请审批表上签署意见，同时将审批表返还纳税人。

3. 核实。纳税人持由上述两个环节签署意见后的审批表交登记管理环节，登记管理环节审核确认后，制发税务文书领取通知书给纳税人，同时填制税务文书传递单，并附注销税务登记申请审批表送稽查环节。

若稽查环节确定需对申请注销的纳税人进行实地稽查，应在税务文书传递单上注明批复期限内稽查完毕，在注销税务登记申请审批表上签署税款清算情况，及时将税务文书传递单和注销税务登记申请审批表返还税务登记环节，登记部门在纳税人结清税款（包括滞纳金、罚款）后据以办理注销税务登记手续。

纳税人因生产、经营场所发生变化需改变主管税务登记机关的，在办理注销税务登记时，原税务登记机关在对其注销税务登记的同时，应向迁达地税务登记机关递交纳税人迁移通知书，并附纳税人档案资料移交清单，由迁达地税务登记机关重新办理税务登记。如纳税人已经或正在享受税收优惠待遇，迁出地税务登记机关应当在纳税人迁移通知书上注明。

以上内容经审核通过，并由相应审核人员在注销税务登记申请审批表上签字后，原税务登记部门收缴其税务登记证件（正、副本），呈报县级税务机关审批。

4. 核准。县级税务机关接到注销税务登记申请审批表后，进行书面审核，签署核准意见。符合注销条件的，录入注销税务登记核准信息，并通知纳税人领取核准后的注销税务登记申请审批表。

任务五 办理外出经营报验登记

外出经营登记是指本管辖区内固定纳税人临时到外埠从事生产、经营的，应当在外出生产经营以前，持税务登记证向主管税务机关申请开具外出经营税收管理证明（以下简称外管证）。

（一）外出经营登记管理的适用范围

本辖区固定纳税人临时到外埠，即纳税人到外县（市）从事生产、经营活动的，实施外出经营登记管理。税务机关按照一地一证的原则，核发外管证，外管证的有效期限一般为30日，最长不得超过180天。

纳税人应当在外管证注明地进行生产经营前向当地税务机关报验登记，并提交税务登记证副本、外管证。纳税人在外管证注明地销售货物的，除提交以上证件、资料外，应如实填写外出经营货物报验单，申报查验货物。

（二）外出经营登记管理的流程

1. 申请。纳税人在外出经营前，持税务登记证副本向主管税务机关提交外出经营活动税收管理证明申请审批表，并附送下列资料：（1）外出生产经营业务合同或协议；（2）主管税务机关要求提供的其他资料。

2. 受理。主管税务机关受理、审阅填报的表格是否符合规定，附送的资料是否齐全。对符合条件的，予以受理；对资料不全、不符合条件的，应当一次性告知纳税人补正后，再予办理。

3. 审核。主管税务机关对纳税人经营活动的内容、经营期限、合同金额等信息进行审核，证件和资料齐全且符合规定的，主管税务机关在外出经营活动税收管理证明申请审批表上签署审核意见后，呈报县级税务机关核发。

4. 核发。县级税务机关根据主管税务机关呈报的外出经营活动税收管理证明申请审批表等资料，按照“一地一证”原则向纳税人核发外管证，并发还税务登记证副本。

5. 核销。纳税人外出经营活动结束，应当向经营地税务机关填报外出经营活动情况申报表，并结清税款、缴销发票。

纳税人应当在外管证有效期届满10日内，持外出经营地税务机关签章的外管证回县级税务机关办理外管证缴销手续。

任务六　办理扣缴义务人扣缴税款登记

扣缴义务人是指依照税收法律、行政法规规定负有代扣代缴或者代收代缴税款义务的单位或个人。扣缴义务人应当自扣缴义务发生之日起30日内，向所在地的主管税务机关申报办理扣缴税款登记，领取扣缴税款登记证件；税务机关对已办理税务登记的扣缴义务人，可以只在其税务登记证件上登记扣缴税款事项，不再发给扣缴税款登记证件。

（1）申请。扣缴义务人应当自扣缴义务发生之日起30日内，向其所在地税务机关申请办理扣缴税款登记，领取并填写扣缴义务登记表，同时附送下列有关证件和资料：①营业执照或其他合法证件；②组织机构统一代码证书；③税务登记证；④银行账号证明；⑤法人或负责人身份证件及复印件；⑥税务机关需要的其他资料。

（2）受理。税务登记机关受理、审阅扣缴义务人填报的表格是否符合要求，报送的资料是否齐全。符合条件的，开具税务文书领取通知单交给扣缴义务人。

(3) 审核。税务登记机关对扣缴义务人填报的表格和附送的资料进行审核，确认具有法定扣缴义务后，在扣缴义务登记表中签字盖章。

(4) 发证。对已办理税务登记的扣缴义务人，税务机关只在其税务登记证件上登记扣缴税款事项，不再发给扣缴税款登记证件；对可以不办理税务登记的扣缴义务人，税务机关核发个人所得税扣缴税款登记证。

任务七　税务登记证件的作用和管理

(一) 税务登记证件的作用

纳税人办理下列事项时，必须持税务登记证件：(1) 开立银行账户；(2) 申请减税、免税、退税；(3) 申请办理延期申报、延期缴纳税款；(4) 领购发票；(5) 申请开具外出经营税收管理证明；(6) 办理停业、歇业；(7) 其他有关税务事项。

(二) 税务登记证件的管理

纳税人应当将税务登记证件正本在其生产、经营场所或者办公场所公开悬挂，接受税务机关检查。税务机关应当加强税务登记证件的管理，采取实地调查、上门验证等方法，或者结合税务部门和工商部门之间，以及国家税务局（分局）、地方税务局（分局）之间的信息交换比对进行税务登记证件的管理。

纳税人未按照规定使用税务登记证件或者转借、涂改、损毁、买卖、伪造税务登记证件的，处2000元以上1万元以下罚款；情节严重的，处1万元以上5万元以下罚款。

(三) 税务登记证件的验证、换证

税务登记证件的验证和换证是指税务机关对已核发的税务登记证件实行定期审验和换发，以确保税务登记内容与纳税人生产经营实际情况相一致的一项管理制度。纳税人应当在规定的期限内持有关证件到税务登记机关办理验证或换证手续。税务登记证式样改变，需统一换发税务登记证的，由国家税务总局确定。税务登记证件3年更换一次，1年验审一次。

(四) 税务登记证件遗失的处理

纳税人、扣缴义务人遗失税务登记证件的，应当自遗失税务登记证件之日起15日内，书面报告主管税务机关，如实填写税务证件挂失报告表，并将纳税人名称、税务登记证件名称、税务登记证件号码、税务登记证件有效期、发证机关名称在税务机关认可的报刊上做遗失声明，凭报刊上刊登的遗失声明向主管税务机关申请补办税务登记证件。

任务八　非正常户管理

非正常户是已办理税务登记的纳税人未按照规定的期限申报纳税，经责令限期改正逾期不改正的，税务机关派员实地检查，查无下落并且无法强制其履行纳税义务的纳税人。

非正常户管理流程如下：

(1) 认定。主管税务机关收到税务管理员转来的非正常户情况后填制非正常户认定登记表，上报县级税务机关后分别进行以下处理：

①核查纳税人发票管理情况，如果纳税人有领用未缴销的，在非正常户认定登记表登记未缴销的发票名称、数量、起止号码。

②核查纳税人税款缴纳情况，如果有欠税的情况，在非正常户认定登记表登记欠缴税款的税种、所属时期、税额。

③核查税务登记管理情况，登记纳税人领用的税务登记证正、副本和其他有关证件情况。

上述三项处理完毕，县级税务机关签署审批意见，列入非正常户管理。对欠税的纳税人实行欠税公告。

(2) 宣告失效。

①认定为非正常户超过3个月仍未找到的纳税人，由县级税务机关定期在办税场所或新闻媒体上公告，宣布其税务登记证件失效。

②对宣布税务登记证件失效的非正常户，由县级税务机关定期通过新闻媒体公告，宣布其领用的发票作废。

(3) 解除。

①被列入非正常户的纳税人在宣告失效之前，又前来履行纳税义务或者被税务机关追查到案的，报经县级税务机关解除其非正常户状态，在其履行纳税义务并接受税务行政处罚后，恢复正常管理。

②被列入非正常户的纳税人在宣告失效之后，又前来履行纳税义务或者被税务机关追查到案的，报经县级税务机关解除其非正常户状态，在其履行纳税义务并接受税务行政处罚后，注销原税务登记证件，重新设立的纳税人重新办理税务登记。

项目二　账簿凭证管理

任务一　账簿的设置

账簿是以会计凭证为依据，序时、分类、连续、系统、完整地记录和反映各项经济业务的簿记。它由具有一定格式并相互连接在一起的账页所组成。凭证是用来记录经济业务，明确经济责任，并据以登记账簿的书面证明。账簿、凭证是纳税人进行生产经营活动和核算财务收支的重要依据，也是税务机关对纳税人进行征税、管理、检查的重要依据。

（一）账簿设置要求

纳税人、扣缴义务人应按照有关法律、行政法规和国务院财政、税务主管部门的规定设置账簿，根据合法、有效凭证记账，进行核算。

从事生产、经营的纳税人应当自领取营业执照或者发生纳税义务之日起15日内，按照国家有关规定设置账簿。账簿包括总账、明细账、日记账以及其他辅助性账簿。总账、日记账应当采用订本式。

生产、经营规模小又确无建账能力的纳税人，可以聘请经批准从事会计代理记账业务的专业机构或者经税务机关认可的财会人员代为建账和办理账务；聘请上述机构或者人员有实际困难的，经县以上税务机关批准，可以按照税务机关的规定，建立收支凭证粘贴簿、进货销货登记簿或者使用税控装置。

扣缴义务人应当自税收法律、行政法规规定的扣缴义务发生之日起10日内，按照所代扣、代收的税种，分别设置代扣代缴、代收代缴税款账簿。

纳税人、扣缴义务人会计制度健全，能够通过计算机正确、完整计算其收入和所得或者代扣代缴、代收代缴税款情况的，其计算机输出的完整的书面会计记录可视同会计账簿。

纳税人、扣缴义务人会计制度不健全，不能通过计算机正确、完整计算其收入和所得或者代扣代缴、代收代缴税款情况的，应当建立总账及与纳税或者代扣代缴、代收代缴税款有关的其他账簿。

（二）账簿凭证的保管期限

从事生产经营的纳税人、扣缴义务人必须按照国务院财政、税务主管部门规定的保管期限（通常为10年）保管账簿、记账凭证、完税凭证及其他有关资料。上述资料应当合法、真实、完整，不得伪造、变造或者擅自损毁。

任务二　财务、会计制度或者财务、会计处理办法备案要求

从事生产经营的纳税人的财务、会计制度或者财务、会计处理办法和会计核算软件，应当报送税务机关备案。

从事生产经营的纳税人应当自领取税务登记证件之日起15日内，将其财务、会计制度或者财务、会计处理办法报送主管税务机关备案。

纳税人使用计算机记账的，应当在使用前将会计电算化系统的会计核算软件、使用说明书及有关资料报送主管税务机关备案。

纳税人建立的会计电算化系统应当符合国家有关规定，并能正确、完整核算其收入或者所得。

纳税人应当按照税务机关的要求安装、使用税控装置，并按照税务机关的规定报送有关数据和资料。

纳税人、扣缴义务人的财务、会计制度或者财务、会计处理办法与国务院或者国务院财政、税务主管部门有关税收的规定相抵触的，依照国务院或者国务院财政、税务主管部门有关税收的规定计算应纳税款、代扣代缴和代收代缴税款。

账簿、会计凭证和报表应当使用中文。民族自治地方可以同时使用当地通用的一种民族文字。外商投资企业和外国企业可以同时使用一种外国文字。

项目三 发票领购与填开

任务一 熟悉发票的种类及联次

（一）发票的含义及管理

单位、个人在购销商品、提供或者接受经营服务以及从事其他经营活动中，应当按照规定开具、使用、取得发票。发票，是指在购销商品、提供或者接受服务以及从事其他经营活动中，开具、收取的收付款的书面证明，是财务收支的法定凭证，是会计核算的原始依据，也是税务机关进行税务检查的重要依据。

税务机关是发票的主管机关，负责发票印制、领购、开具、取得、保管、缴销的管理和监督。增值税专用发票由国家税务总局统一印制，其他发票由省、自治区、直辖市税务机关指定的企业印制；各省、自治区、直辖市内的单位和个人使用的发票，除增值税专用发票外，应当在本省、自治区、直辖市内印制；确有必要到外省、自治区、直辖市印制的，应当由省、自治区、直辖市税务机关商印制地省、自治区、直辖市税务机关同意，由印制地省、自治区、直辖市税务机关指定的印制发票的企业印制。禁止在境外印制发票。

发票应当使用中文印制。民族自治地方的发票，可以加印当地一种通用的民族文字。有实际需要的也可以同时使用中外两种文字印制。

发票应当套印全国统一发票监制章，全国统一发票监制章的式样和发票版面印刷的要求，由国家税务总局规定，发票监制章由省、自治区、直辖市税务机关制作。禁止伪造发票监制章。发票实行不定期换版制度。

（二）发票的种类及联次

自 2011 年 1 月 1 日起，全国统一使用新版普通发票，各地废止的旧版普通发票停止使用。按照填开方式的不同，新版普通发票可分为通用机打发票、通用手工发票和通用定额发票三大类。发票名称为“××省××税务局通用机打发票”、“××省××税务局通用手工发票”、“××省××税务局通用定额发票”。各省、自治区、直辖市和计划单列市国家税务局、地方税务局可根据本地实际情况，在通用发票中选择本地使用的票种和规格。

1. 通用机打发票。通用机打发票分为平推式发票和卷式发票。

（1）平推式发票按规格分为 210mm×297mm、241mm×177. 8mm、210mm×139. 7mm、190mm×101. 6mm、82mm×101. 6mm（过路过桥发票）共 5 种规格。票面为镂空设计。除“发票名称”、“发票联”、“发票代码”、“发票号码”、“开票日期”、“行业类别”印制内容外，其他内容全部通过打印软件进行控制和打印。“行业类别”打印发票开具单位所属行业，如“工业”、“商业”、“收购业”、“餐饮业”、“娱乐业”“保险业”、“税务机关代开”、“银行代开”等。税务总局统一的式样，开票软件和打印内容由总局开发、规定；省局统一的式样，开票软件和打印内容由省局开发、规定。打印内容应满足发票的基本要素和数据采集的要求，打印软件应有开具限额控制。机打发票基本联次为三联，即存根联、发票联、记账联。各地可根据实际情况增减联次。

（2）卷式发票按发票宽度分为57mm、76mm、82mm、44mm（出租汽车发票）共4种，发票长度可根据需要确定（式样略）。发票印制内容（不包括机打号码、机器编号、税控码）、联次可参照税控卷式发票执行。税控卷式发票规格和打印内容不变。

2. 通用手工发票。手工发票分为千元版和百元版2种，规格为190mm×105mm。手工发票基本联次为三联，即存根联、发票联、记账联。

3. 通用定额发票。定额发票按人民币等值以元为单位，划分为1元、2元、5元、10元、20元、50元、100元，共7种面额，规格为175mm×70mm。有奖发票规格为213mm×77mm。定额发票联次为并列二联，即存根联和发票联；有奖发票为并列三联，即存根联、发票联、兑奖联。通用定额发票的用纸和底纹由各省税务机关确定。

4. 印有单位名称的发票。印有单位名称的发票可按两种方式处理：一是由用票单位选择一种通用机打发票，并通过软件程序控制打印单位名称（或标志），平推式发票打印在发票票头左侧，卷式发票打印在发票票头下方；二是选择一种通用机打发票，平推式发票可在发票票头左侧加印单位名称（或标志），卷式发票在发票票头下方加印单位名称（或标志）。

任务二　普通发票的领购与填开

依法办理税务登记的单位和个人，在领取税务登记证件后，向主管税务机关申请领购发票。申请领购发票的单位和个人应当提出购票申请，提供经办人身份证明、税务登记证件或者其他有关证明，以及财务印章或者发票专用章的印模，经主管税务机关审核后，发给发票领购簿。领购发票的单位和个人凭发票购领簿核准的种类、数量及购票方式，向主管税务机关领购发票。

需要临时使用发票的单位和个人，可以直接向税务机关申请办理。购票方式一般包括限量供应（一般以一个季度的用量为限）、交旧购新或验旧购新等。

（一）领购普通发票

已办理税务登记的纳税人需要使用发票的，应填写发票领购申请表，提出购票申请，凭发票领购簿核准的种类、数量以及购票方式，向主管税务机关领购发票。纳税人应提供以下资料：（1）发票购领簿；（2）税控IC卡（一般纳税人使用）；（3）财务专用章或发票专用章印模；（4）已用发票存根（初次购买除外，购税控发票需携带已开具的最后一张记账联）。

纳税人提供资料完整、各项手续齐全、无违章问题的，税务机关审核无误后应当场办结，收取发票工本费，并开具行政性收费票据交付纳税人，并在发票领购簿上打印发票验旧和发票发售记录。纳税人查验所购发票的种类、版别和数量。

依法不需要办理税务登记的单位和个人领购发票的，可以按规定向主管税务机关领购发票。临时到外省（自治区、直辖市）从事经营活动的单位和个人，可以凭本地税务机关开具的外出经营活动税收管理证明，向经营地主管税务机关申请领购经营地的发票。

对外省来本地从事临时经营活动的单位和个人，税务机关可以要求其提供担保人，或者根据所领购发票的票面限额与数量缴纳1万元以下的保证金，并限期缴销发票。

（二）开具普通发票

发票限于领购单位和个人在本省、自治区、直辖市内开具。任何单位和个人未经批准，不得跨规定的使用区域携带、邮寄、运输空白发票。

销售商品、提供服务以及从事其他经营活动的单位和个人，对外发生经营业务收取款项时，收款方应向付款方开具发票，特殊情况下由付款方向收款方开具发票。开具发票应当按照规定的时限、顺序，逐栏、全部联次一次性如实开具，并加盖单位财务专用章或者发票专用章。使用计算机开具发票的，须经主管税务机关批准，并使用税务机关统一监制的机外发票，开具后的存根联应当按照顺序号装订成册。

不符合规定的发票，不得作为财务报销凭证，任何单位和个人都有权拒收。

任何单位和个人不得转借、转让、代开发票；未经税务机关批准，不得拆本使用发票；不得自行扩大专业发票使用范围；禁止倒买倒卖发票、发票监制章和发票防伪专用品。

开具发票的单位和个人应当建立发票使用登记制度，设置发票登记簿，并定期向主管税务机关报告发票使用情况。

开具发票的单位和个人应当在办理变更或者注销税务登记的同时，办理发票和发票领购簿的变更、缴销手续。

开具发票的单位和个人应当按照税务机关的规定存放和保管发票，不得擅自损毁。已开具的发票存根联和发票登记簿，应当保存5年。保存期满，报经税务机关查验后销毁。

（三）普通发票的日常管理

所有单位和从事生产、经营活动的个人在购买商品、接受服务以及从事其他经营活动支付款项时，应当向收款方取得发票。取得发票时，不得要求变更品名和金额。

纳税人应建立严格的发票保管制度，包括专人保管制度、专库保管制度、专账登记制度、保管交接制度、定期盘点制度。

发票应定期缴销，包括发票收缴和发票销毁。发票收缴是指用票单位和个人按照规定向税务机关上缴已经使用或者未使用的发票；发票销毁是指由税务机关统一将用票单位和个人已使用或未使用的发票进行销毁。发票销毁首先必须收缴，但收缴的发票不一定都要销毁，一般要按照法律法规的规定保存一定时期后才能销毁。

任务三　增值税专用发票的领购与填开

增值税专用发票（以下简称专用发票），是增值税一般纳税人销售货物或者提供应税劳务开具的发票，是购买方支付增值税额并可按照增值税有关规定据以抵扣增值税销项税额的凭证。专用发票的使用，包括领购、开具、缴销、认证纸质专用发票及其相应的数据电文。专用发票只限于增值税一般纳税人领购使用。

（一）领购专用设备

一般纳税人应通过增值税防伪税控系统（以下简称防伪税控系统）使用专用发票，因此应先购置防伪税控系统专用设备。防伪税控系统是指经国务院同意推行，使用专用设备和通用设备、运用数字密码和电子存储技术管理专用发票的计算机管理系统。专用设备，是指金税卡、IC 卡、读卡器和其他设备；通用设备，是指计算机、打印机、扫描器具和其他设备。

（二）申请专用发票的最高开票限额

专用发票实行最高开票限额管理。最高开票限额由一般纳税人申请，由税务机关依法审批。一般纳税人申请最高开票限额时，需填报“最高开票限额申请表”（一式两份），并等待税务机关进行实地核查。最高开票限额是指单份专用发票开具的销售额合计数不得达到的上限额度。最高开票限额为 10 万元及以下的，由区县级税务机关审批；最高开票限额为 100 万元的，由地市级税务机关审批；最高开票限额为 1 000 万元及以上的，由省级税务机关审批。防伪税控系统的具体发行工作由区县级税务机关负责。

（三）专用发票的初始发行

一般纳税人领购专用设备后凭“最高开票限额申请表”、发票领购簿到主管税务机关办理初始发行。初始发行，是指主管税务机关将一般纳税人的有关信息载入空白金税卡和 IC 卡的行为。需载入空白金税卡和 IC 卡的一般纳税人的信息有：（1）企业名称；（2）税务登记代码；（3）开票限额；（4）购票限量；（5）购票人员姓名、密码；（6）开票机数量；（7）国家税务总局规定的其他信息。一般纳税人发生税务登记代码信息变化的，应向主管税务机关申请注销发行；发生上列除税务登记代码以外的信息变化的，应向主管税务机关申请变更发行。

（四）领购专用发票

一般纳税人凭发票领购簿、IC 卡和经办人身份证明领购专用发票。一般纳税人有下列情形之一的，不得领购开具专用发票。

1. 会计核算不健全，不能向税务机关准确提供增值税销项税额、进项税额、应纳税额数据及其他有关增值税税务资料。其他有关增值税税务资料的内容，由各省、自治区、直辖市和计划单列市国家税务局确定。

2. 有《税收征收管理法》规定的税收违法行为，拒不接受税务机关处理。

3. 有下列行为之一，经税务机关责令限期改正但仍未改正的：虚开增值税专用发票；私自印制专用发票；向税务机关以外的单位和个人买取专用发票；借用他人专用发票；未按规定开具专用发票；未按规定保管专用发票和专用设备；未按规定申请办理防伪税控系统变更发行；未按规定接受税务机关检查。

有上列情形的纳税人，若已领购专用发票，主管税务机关应暂扣其结存的专用发票和 IC 卡。

（五）开具专用发票

一般纳税人销售货物或者提供应税劳务，应向购买方开具专用发票。一般纳税人销售货物或者提供应税劳务可汇总开具专用发票。汇总开具专用发票的，同时使用防伪税控系统开具“销售货物或者提供应税劳务清单”，并加盖财务专用章或者发票专用章。增值税小规模纳税人（以下简称小规模纳税人）需要开具专用发票的，可向主管税务机关申请代开。

专用发票应按下列要求开具：（1）项目齐全，与实际交易相符。（2）字迹清楚，不得压线、错格。（3）发票联和抵扣联加盖财务专用章或者发票专用章。（4）按照增值税纳税义务的发生时间开具。

对不符合上列要求的专用发票，购买方有权拒收。

商业企业一般纳税人零售的烟、酒、食品、服装、鞋帽（不包括劳保专用部分）、化妆品等消费品不得开具专用发票；销售免税货物不得开具专用发票（法律、法规及国家税务总局另有规定的除外）。

（六）专用发票的保管

纳税人应设专门地点和场所保管发票。有下列情形之一的，为未按规定保管专用发票和专用设备：（1）未设专人保管专用发票和专用设备。（2）未按税务机关要求存放专用发票和专用设备。（3）未将认证相符的专用发票抵扣联、认证结果通知书和认证结果清单装订成册。（4）未经税务机关查验，擅自销毁专用发票基本联次。

（七）专用发票的认证

专用发票的认证是税务机关通过防伪税控系统对专用发票所列数据的识别、确认。专用发票抵扣联无法认证的，可使用专用发票的发票联到主管税务机关认证，专用发票的发票联复印件留存备查。用于抵扣增值税销项税额的专用发票应经税务机关认证相符（国家税务总局另有规定的除外）。认证相符，是指纳税人识别号无误并且专用发票所列密文解译后与明文一致，认证相符的专用发票应作为购买方的记账凭证，不得退还销售方。

经认证，专用发票有下列情形之一的，不得作为增值税进项税额的抵扣凭证，税务机关应退还原件：（1）无法认证（即专用发票所列密文或者明文不能辨认，无法产生认证结果）；（2）纳税人识别号认证不符（指专用发票所列购买方纳税人识别号有误）；（3）专用发票代码、号码认证不符（指专用发票所列密文解译后与明文的代码或者号码不一致）。

经认证，专用发票有下列情形之一的，暂不得作为增值税进项税额的抵扣凭证，税务机关扣留原件，查明原因，区分情况进行处理：（1）重复认证（指已经认证相符的同一张专用发票再次认证）；（2）密文有误（指专用发票所列密文无法解译）；（3）认证不符（指纳税人识别号有误或者专用发票所列密文解译后与明文不一致）；（4）列为失控专用发票（指认证时专用发票已被登记为失控专用发票）。

（八）抄报税

一般纳税人开具专用发票应先抄税后报税。

抄税，是指报税前用IC卡或者IC卡和软盘抄取开票数据电文。报税，是纳税人持IC卡或者IC卡和软盘向税务机关报送开票数据电文。一般纳税人开具专用发票应在增值税纳税申报期内向主管税务机关报税，在申报所属月份内可分次向主管税务机关报税。因IC卡、软盘质量等问题无法报税的，应更换IC卡、软盘；因硬盘损坏、更换金税卡等原因不能正常报税的，应提供已开具未向税务机关报税的专用发票记账联原件或者复印件，由主管税务机关补采开票数据。

（九）专用发票的作废和缴销

一般纳税人在开具专用发票当月，发生销货退回、开票有误等情形，收到退回的发票联、抵扣联符合作废条件的，按作废处理；开具时发现有误的，可即时作废。作废专用发票须在防伪税控系统中将相应的数据电文按“作废”处理，在纸质专用发票（含未打印的专用发票）各联次上注明“作废”字样，全联次留存。同时具有下列情形的，专用发票可作废：（1）收到退回的发票联、抵扣联时间未超过销售方开票当月。（2）销售方未抄税并且未记账。（3）购买方未认证或者认证结果为“纳税人识别号认证不符”、“专用发票代码、号码认证不符”。

缴销是指主管税务机关在纸质专用发票监制章处按“V”字剪角作废，同时作废相应的专用发票数据电文。被缴销的纸质专用发票应退还纳税人。一般纳税人注销税务登记或者转为小规模纳税人，应将专用设备和结存未用的纸质专用发票送交主管税务机关。主管税务机关应缴销其专用发票，并按有关安全管理的要求处理专用设备。

项目四 纳税申报流程

任务一 熟悉纳税申报方式

纳税申报是纳税人、扣缴义务人在发生纳税、扣缴税款义务后，按照税法规定的期限和内容向主管税务机关提交有关纳税书面报告的法定手续，是界定纳税人法律责任的主要依据，是税务机关税收管理信息的主要来源。纳税申报是联结税务机关与纳税人的重要纽带。

（一）纳税申报的主体

纳税申报的主体是纳税人和扣缴义务人。

纳税人必须在法律、行政法规规定或者税务机关依照法律、行政法规的规定确定的申报期限内办理纳税申报，报送纳税申报表、财务会计报表，以及税务机关根据实际需要要求纳税人报送的其他纳税资料。

依法已向国家税务机关办理税务登记的纳税人应按规定向税务机关办理纳税申报。主要包括：各项收入均应当纳税的纳税人；按税收法律规定，全部或部分产品、项目或者税种享受减税、免税照顾的纳税人；当期营业额未达到起征点或没有营业收入的纳税人；实行定期定额纳税的纳税人；应当向国家税务机关缴纳企业所得税以及其他税种的纳税人。享受减税、免税待遇的纳税人，在减税、免税期间也应当按照规定办理纳税申报。

扣缴义务人和国家税务机关确定的委托代征人必须在法律、行政法规规定或者税务机关依照法律、行政法规的规定确定的申报期限内报送代扣代缴、代收代缴税款报告表，以及税务机关根据实际需要要求扣缴义务人报送的其他有关资料。

按规定不需向国家税务机关办理税务登记，以及应当办理而未办理税务登记的纳税人主要包括：临时取得应税收入或发生应税行为的纳税人，只缴纳个人所得税或车船使用税的纳税人，发生应税行为时应向税务机关办理纳税申报。

（二）纳税申报的内容

纳税申报的主要内容包括：税种，税目，应纳税项目或者应代扣代缴、代收代缴税款项目，适用税率或者单位税额，计税依据，扣除项目及标准，应退税项目及税额，应减免税项目及税额，应纳税额或者应代扣代缴、代收代缴税额，税款所属期限，延期缴纳税款，欠税，滞纳金等。

纳税人在办理纳税申报时，不仅应如实填写纳税申报表，还应根据不同情况报送相应的有关证件和资料：（1）财务会计报表及其说明材料；（2）与纳税有关的合同、协议书及凭证；（3）税控装置的电子报税资料；（4）外出经营活动税收管理证明和异地完税凭证；（5）境内或者境外公证机构出具的有关证明文件；（6）税务机关规定应当报送的其他有关证件及资料。

（三）纳税申报的方式

纳税人、扣缴义务人可以直接到税务机关办理纳税申报，或者报送代扣代缴、代收代缴税款报告表，也可以按照规定采取邮寄、数据电文或者其他方式办理上述申报、报送事项。

1. 直接申报。直接申报也称上门申报、窗口申报，是指纳税人和扣缴义务人按照规定的期限自行到税务机关办理纳税申报。直接申报以主管税务机关的实际受理日期为申报日期。

2. 邮寄申报。邮寄申报是指经税务机关批准的纳税人使用统一规定的纳税申报特快专递专用信封，通过邮政部门办理交寄手续，并向邮政部门索取收据作为申报凭据的方式。邮寄申报以寄出的邮戳日期为实际申报日期。

3. 电子申报。电子申报也称数据电文申报，是指经税务机关批准的纳税人使用电话语音、电子数据交换和网络传输等电子方式办理纳税申报。

纳税人采取电子方式办理纳税申报的，应当按照税务机关规定的期限和要求保存有关资料，并定期书面报送主管税务机关。

4. 代理申报。纳税人、扣缴义务人可以委托注册税务师办理纳税申报。

5. 简易申报。简易申报是指实行定期定额征收的纳税人，经税务机关批准，通过以缴纳税款凭证代替纳税申报或简并征期的一种申报方式。其中简并征期是指定期定额纳税人按照税务机关核定的税款和纳税期，或一个季度或半年或一年申报缴纳税款。

任务二　正常纳税申报流程

(一) 直接申报纳税流程

1. 企事业单位申报纳税流程。

(1) 申报。纳税人、扣缴义务人必须依照法律、行政法规规定或者税务机关依照法律、行政法规的规定确定的申报期限、申报内容如实填写纳税申报表，代扣代缴、代收代缴、委托代征税款报告表，并加盖印章后，连同规定报送的各种附表、异地已税凭证、财务会计报表以及其他有关材料到税务机关办税服务厅申报纳税窗口，办理纳税申报。

(2) 审核。申报纳税窗口收到纳税申报资料后，当即对下列几个方面进行重点纳税申报审核：①纳税申报或代扣代收税款报告的时间是否逾期；②申报的项目是否齐全；③适用的税目、税率、计税依据是否准确；④申报数字之间的逻辑运算和运算结果是否正确；⑤代扣、代收、代征税款计算是否正确；⑥应附送的资料是否报送齐全，纳税申报表与其他附表资料是否一致等。

发现申报差错或不符合要求的应退回纳税人、扣缴义务人、代征人，并说明原因，辅导纳税人纠正申报错误，要求纳税人、扣缴义务人、代征人补正。

(3) 受理。审核符合要求的，申报纳税窗口负责受理、签收申报资料，并当即将纳税申报信息录入征管信息系统。

(4) 处理。申报纳税窗口通过征管信息系统开具完税凭证交纳税人、扣缴义务人到银行缴纳，同时将纳税申报信息传递给税款征收、催报管理、纳税评估、发票管理和税收会计、统计等环节，并定期将纸质纳税申报资料传递给管理部门。

2. 个体工商户申报纳税流程。

(1) 申报。纳税人必须依照法律、行政法规规定或者税务机关依照法律、行政法规的规定确定的申报期限、申报内容如实填写纳税申报表，并加盖印章签字后，到税务机关办税服务厅申报纳税窗口，办理纳税申报。

(2) 审核。申报纳税窗口收到纳税申报资料后，当即对下列几个方面进行重点纳税申报审核：①纳税申报的时间是否逾期；②申报的项目是否齐全；③适用的税目、税率、计税依据是否准确；④申报数字之间的逻辑运算和运算结果是否正确；⑤应附送的资料是否报送齐全，纳税申报表与其他附表资料是否一致等。

发现申报差错或不符合要求的应退回纳税人，并说明原因，辅导纳税人纠正申报错误，要求纳税人、补正。

(3) 受理。审核符合要求的，申报纳税窗口负责受理、签收申报资料，并当即将纳税申报信息录入征管信息系统。

(4) 处理。申报纳税窗口通过征管信息系统开具完税凭证交纳税人，同时将纳税申报信息传递给税款征收、催报管理、纳税评估、发票管理和税收会计、统计等环节，并定期将纸质纳税申报资料传递给管理部门。

【例 2-3】税务机关对纳税人纳税申报审核的内容包括（　　）。

A. 纳税申报或代扣代收税款报告的时间是否逾期

B. 适用的税目、税率、计税依据是否准确

C. 代扣、代收、代征税款计算是否正确

D. 应附送的资料是否报送齐全，纳税申报表与其他附表资料是否一致

【答案】ABCD

（二）网上申报纳税流程

1. 申报。纳税人、扣缴义务人在法定的纳税申报期限内，利用税务机关发放的网上申报账号和口令，登录电子申报纳税系统，根据当期纳税申报事项，填写有关数据信息，填写完毕并确认无误后提交。

电子报税软件在纳税人、扣缴义务人提交纳税申报信息的同时自动完成纳税申报表格内容的逻辑审核工作。

纳税人、扣缴义务人提交数据应谨慎，因为数据一旦提交就不能更改，为此，系统在提交前会给纳税人再次提示，请纳税人确认是否确定要提交。在得到“提交成功”的提示后，纳税人、扣缴义务人就完成了本期的网上纳税申报。

网上申报具有申报查询功能，纳税人、扣缴义务人在指定查询期间后，在这段期间内纳税人、扣缴义务人的申报记录就会显示出来，对于增值税纳税申报表、营业税纳税申报表等各种申报表，资产负债表、利润表和其他财务报表可以查看具体的申报信息，但不能更改。

2. 受理。电子申报纳税系统自动受理纳税人纳税申报信息。电子申报服务器将纳税户提交的申报数据按不同的税务机关分组暂存。税务局端随机收取相关的分组数据并对数据进行处理。数据处理完成后，税务机关将纳税人的纳税账号和相应的扣款数据发送指定银行扣除税款，并根据银行确认的扣款信息，以电子邮件的方式自动向相关纳税户发出电子邮件，告知最后申报处理结果。

3. 纸质纳税申报资料报送。

（1）网上申报纳税人、扣缴义务人可以将各纳税申报期的相关纸质申报资料集中定期（按季或半年）报送税务机关办税服务厅申报纳税窗口。

（2）申报纳税窗口接收纳税人、扣缴义务人报送的纸质申报资料后，审核资料、印章是否齐全，核对纸质资料和电子信息是否一致，表内、表间各指标是否符合逻辑关系，不一致且纳税人无法说明原因的，转管理部门的纳税评估环节。

（3）当财务会计报表及主要财务指标等纳税申报附报信息实现电子报送后，纸质纳税申报的附报资料可以不再报送。

4. 处理。

（1）电子申报纳税系统将纳税人、扣缴义务人当期纳税申报信息输入征管信息系统，并通过征管信息系统及时传递给税银联网系统和税款征收、催报管理、纳税评估、发票管理和税收会计、统计等环节。

（2）申报纳税窗口定期将纸质纳税申报资料传递给管理部门。

（3）管理部门的催报管理环节通过电子报税系统后台监控模块实时监控网上申报情况，定期通过征管信息系统制作逾期申报清册和申报情况统计分析表。

（三）减免税户申报流程

1. 纳税人根据有关政策规定向主管税务机关提出书面申请。

2. 所属分局税收管理员接到经分局负责人批示的减免税申请后，在3个工作日内进行调查核实，并书面报告调查情况。

3. 纳税人到所属分局税收管理员处领取并填写纳税人减免税申请审批表（一式三份）。

4. 所属分局税收管理员根据调查情况，在纳税人减免税申请审批表上签署意见后，连同书面调查报告一并报分局负责人审核。

5. 分局应在5个工作日内召开减免税审核小组会议，对不符合减免税规定的应及时书面答复申请人；对符合减免税规定的由分局负责人在纳税人减免税申请审批表上签字、加盖公章后，随同文件一并上报上级税务机关。

6. 根据上级有权机关批复的减免税批准通知书、纳税人减免税申请审批表，由税收管理员通知纳税人，并在1个工作日内进行相关资料录入。

7. 纳税人在申报期限内填写纳税申报表，到办税窗口进行减免税申报。

（四）个体税银一体化申报纳税流程

1. 纳税人办理税务登记后，税收管理员应及时进行相关资料的采集、录入。

2. 纳税人到主管税务机关指定的银行开立账户，或提供主管税务机关指定银行的存款账号，开立账户或提供账号的储户姓名必须与纳税人个人姓名一致，即办理税务登记与开立账户必须是同一张居民身份证。

3. 由纳税人、主管税务机关、金融单位三方签订税银一体化协议。

4. 主管税务机关应告知纳税人在征期前必须存足1个月应纳税款以上的资金。

5. 每月月底提前2天，各管理分局必须结束定额核定，并上机录入定额核定等相关资料。

6. 每月1日上午8：00以前由征管分局指定专人上机转待征处理。

7. 征期内由信息中心负责与银行进行税款比对，并进行相应处理。

8. 在征期内由各管理分局每天在税银一体化操作系统的前台程序中，查询各自分局纳税户扣款未成功的原因，并及时处理。

9. 由征管分局指定专人每天通过前台操作程序与银行进行对账、划汇，有问题的应及时与税务机关信息中心联系。

10. 银行扣款后，纳税人持税银一体化纳税记录卡在银行营业窗口打印纳税记录。

11. 纳税人需要税票的，可随时凭税银一体化纳税记录卡到办税服务厅索取税票。

任务三　熟悉延期申报和零申报

（一）延期申报

延期申报是指纳税人、扣缴义务人按照规定的期限办理纳税申报或者报送代扣代缴、代收代缴税款报告表确有困难的，在规定的期限内向税务机关提出书面延期申请，经税务机关核准后，可以延期办理纳税申报。

1. 延期申报的原因。主要包括：

（1）因不可抗力，不能按期办理纳税申报或者报送代扣代缴、代收代缴税款报告表。

（2）因财务处理上的特殊原因，账务未处理完毕，不能计算应纳税额，按照规定的期限办理纳税申报或者报送代扣代缴、代收代缴税款报告表确有困难，需要延期。

2. 延期申报流程。

（1）申请。申请延期申报的纳税人、扣缴义务人，应在规定的申报期内向主管税务机关提出申请，领取和填写延期申报申请核准表一式两份，递交如下申请资料：书面申请报告、延期申报申请核准表、有关的证明材料。

（2）受理。主管税务机关收到申请人报送地延期申报申请资料后当场审阅。资料不全的，一次性告知并要求其补正后应予以受理；资料齐全的，予以受理。

（3）核定。主管税务机关对延期申报申请核准表进行审核并确认预缴税款核定方式，负责人签署具体意见后传递给县级税务机关核准。

（4）核准。县级税务机关对报送的延期申报申请核准表进行审查，不予批准的，注明原因退回；予以批准的，将延期申报申请核准表传递给主管税务机关。

（5）执行。主管税务机关在规定的时间内将核准延期申报的纳税人情况书面通知办税服务厅。

经核准延期申报的纳税人、扣缴义务人必须在规定的纳税期内按照上期实际缴纳的税额或者税务机关核定的税额预缴税款，并在核准的延期申报期限内办理税款结算。

（二）零申报

零申报是指在税务机关办理了税务登记的纳税人、扣缴义务人当期未发生应税行为，按照国家税收法律、行政法规和规章的规定，应向税务机关办理零申报手续，并注明当期无应税事项。零申报不同于延期申报和不申报，其流程与正常纳税申报流程相同，只是不需要缴纳税款而已。

（三）纳税申报违章处理

纳税人未按照规定的期限办理纳税申报，或者扣缴义务人未按规定期限向税务机关报送代扣代缴、代收代缴报告表（含零申报）的，由主管税务机关发出责令限期改正通知书和税务行政处罚事项告知书，告知纳税人改正内容和处罚事项，纳税人无异议的，主管征收机关送达税务行政处罚决定书，按照规定的处罚标准处罚。税务机关责令限期改正，可以处以2 000元以下的罚款；逾期不改正的，可以处以2 000元以上1万元以下的罚款。

【例 2-4】纳税人、扣缴义务人未按照规定的期限办理纳税申报，或者报送代扣代缴、代收代缴报告表的，由主管税务机关责令限期改正，并可处以 2 000 元以上 1 万元以下的罚款。(　　)

【答案】×

项目五　税款征收流程

税款征收工作是税收征收管理工作的中心环节，是全部税收征管工作的中心和归宿，在整个税收征收管理工作中占有极其重要的地位，直接关系到国家税收能否及时足额入库，同时也与纳税人、扣缴义务人的合法权益能否得到保护直接相关。

税款征收是指税务机关依照税收法律、行政法规的规定，税款征收方式、税款缴库方式直至将纳税人应当缴纳的税款组织入库的一系列活动的总称。

任务一　熟悉税款征收方式

税款征收方式包括：查账征收、核定征收、委托代征和强制征收等。

（一）查账征收

查账征收是指税务机关对账务健全的纳税人，依据其报送的纳税申报表、财务会计报表和其他纳税资料，依照适用税率计算应纳税款，填写缴款书或者完税凭证，由纳税人自行解缴税款的一种征收方式。

1. 查账征收的适用范围。查账征收适用于经营规模较大、财务会计制度健全、能够如实核算和提供生产经营情况、正确计算应纳税额并能认真履行纳税义务的纳税人。

2. 查账征收的流程。

（1）受理。主管税务机关按照财务制度或者会计处理办法、会计软件报备程序，受理并初审纳税人首次报备的纳税财务资料，资料完整的进行调查。

（2）调查。主管税务机关分析纳税人首次报备的纳税财务资料后，对其财务核算状况进行实地调查。纳税人财务核算状况不符合规定的直接转入“核定征收”。纳税人财务核算状况符合规定的由主管税务机关提出实行查账征收书面意见，报县级税务机关审批。

（3）审批。县级税务机关根据实行查账征收书面意见和有关的调查资料确定是否实行查账征收。

（4）执行。经审批实行查账征收的，由主管税务机关将相关信息录入征管系统并制作税务事项通知书送达纳税人执行。

（二）核定征收

核定征收是指按查账征收方法难以合理准确地认定纳税人应纳税额时，由税务机关根据生产经营情况核定应缴纳税款数额的一种征收方式。具体包括：查定征收、查验征收和定期定额征收。

查定征收是指税务机关根据纳税人的从业人员、生产设备、原材料消耗等因素，在正常生产经营条件下，对其生产的应税产品查实核定产量、销售额并据以征收税款的一种方式。它适用于生产规模较小、账册不健全、产品零星、税源分散的小型厂矿和作坊。

查验征收是指税务机关对纳税人的应税商品，通过查验数量，按市场一般销售单价计算其销售收入并据以征税的方式。它适用于城乡集贸市场中的临时经营者和机场、码头等场所的经销商。

定期定额征收是指对一些营业额、所得额不能准确计算的小型工商户，经过自报评议，由税务机关核定一定时期的营业额和所得税附征率，实行多税种合并征收的方式。它适用于难以查清真实收入、账册不全的个体工商户。

1. 核定征收的适用范围。

（1）依照法律、行政法规的规定可以不设置账簿的；

（2）依照法律、行政法规的规定应当设置但未设置账簿的；

（3）擅自销毁账簿或者拒不提供纳税资料的；

（4）虽设置账簿，但账目混乱或者成本资料、收入凭证、费用凭证残缺不全，难以查账的；

（5）发生纳税义务，未按照规定的期限办理纳税申报，经税务机关责令限期申报，逾期仍不申报的；

（6）纳税人申报的计税依据明显偏低，又无正当理由的；

（7）企业或者外国企业在中国境内设立的从事生产、经营的机构、场所与其关联企业之间的业务往来，不按照独立企业之间的业务往来收取或者支付价款、费用，而减少其应纳税的收入或者所得额的。

2. 核定征收的流程。

（1）受理。主管税务机关负责受理以下信息资料：①纳税人自行申请的相关资料；②由“催报”转来的纳税人拒不申报的信息资料；③由“查账征收”转来的纳税人财务核算状况信息资料；④由“日常检查”转来的需要实行核定征收的纳税人信息资料。

（2）审核确定。主管税务机关应对相关资料进行审核，如果需要，可实地调查纳税人的生产经营情况，确定核定征收方式后报县级税务机关核准。

（3）核定。县级税务机关核准实行核定征收方式后，由主管税务机关按照下列任何一种方法或同时采用两种以上方法核定其应纳税额：①参照当地同类行业或者类似行业中经营规模和收入水平相近的纳税人的税负水平核定；②按照营业收入或者成本加合理的费用和利润的方法核定；③按照耗用的原材料、燃料、动力等推算或者测算核定；④按照其他合理方法核定。

主管税务机关按照上述方法核定的税额，应经本单位集体评议。评议通过的，制作应纳税款核定通知书，并填制定额核定（调整）清册。

（4）执行。主管税务机关将应纳税款核定通知书送达纳税人执行，并根据有关规定将最终确定的定额和应纳税额情况进行公布。

（5）定额调整。纳税人核定的定额发生变化的，应提请主管税务机关重新核定定额，税务机关应当根据规定的核定方法和程序重新核定定额，并下达应纳税款核定通知书。个体工商户的定期定额征收应按照《个体工商户税收定期定额征收管理办法》。

（三）委托代征

委托代征是指税务机关委托代征单位以税务机关的名义向纳税人征收税款，将税款缴入国库的征收方式。

1. 委托代征的适用范围。委托代征适用于小额、零星、税源分散和流动性较大的税款征收。

2. 委托代征的流程。

（1）资格认定。主管税务机关根据实际工作需要，依照税收法律法规的规定提请认定代征主体，上报县级税务机关认定代征资格。

（2）签订协议。县级税务机关审核代征主体资格，签署审批意见，据此与代征单位共同签订委托代征税款协议书，明确代征税种、代征范围、计税标准、代征期限等事项并培训代征人员。

（3）发放证件。县级税务机关向代征单位制作发放委托代征税款证书。

（4）领取票证。代征单位按照国家税务总局有关规定领取、保管、使用、解缴税收票证。

（5）税款结算。代征单位向纳税人收取税款并开具完税凭证，按照规定划解税款，报送代征税款报告表等有关资料；代征单位行使代征职权被纳税人拒绝或者发现纳税人有违法违章行为的，应及时报告主管税务机关进行处理。

（6）变更。因代征单位发生转业、改组、分设、合并、联营等情况或税务机关本身原因，需变更委托代征税款协议时，由县级税务机关向代征单位下达变更委托代征税款协议通知书，转“签订协议”程序处理。

（7）终止。因代征单位发生转业、改组、分设、合并、联营或停业、注销等情况或者税务机关本身原因，需终止委托代征税款协议时，由县级税务机关向代征单位下达终止委托代征税款协议通知书，代征单位按协议规定结清委托代征的税款后，税务机关收缴原发放给代征单位的委托代征税款证书、完税凭证等资料。

（四）强制征收

强制征收主要是指税务机关依法对未按照规定办理税务登记的从事生产经营的纳税人以及临时从事生产经营的纳税人核定其应纳税额、责令缴纳、当场采取税收保全措施，直至强制执行的一种征收方式。

1. 强制征收的适用范围。强制征收适用于未按照规定办理税务登记的从事生产经营的纳税人以及临时从事生产经营的纳税人，包括外来从事生产经营而未向营业地税务机关报验登记的纳税人。

2. 强制征收的流程。

（1）核定应纳税额并责令缴纳。主管税务机关对未按规定办理税务登记和临时从事生产经营的纳税人按照下列任何一种方法或同时采用两种以上方法核定其应纳税额：①参照当地同类行业或者类似行业中经营规模和收入水平相近的纳税人的税负水平核定；②按照营业收入或者成本加合理的费用和利润的方法核定；③按照耗用的原材料、燃料、动力等推算或者测算核定；④按照其他合理方法核定。

定额核定后，税务机关下达应纳税款核定通知书，同时下达税务事项通知书责令缴纳。

(2) 扣押商品、货物。纳税人不缴纳的，主管税务机关可以当场下达税收保全措施决定书（查封/扣押适用）并由两名以上税务人员执行扣押其价值相当于应纳税款的商品、货物，开具扣押商品、货物或者其他财产专用收据。

(3) 解除扣押。纳税人在扣押之日起15日内或主管税务机关依法确定的扣押期限内缴纳款的，主管税务机关自收到税款或银行转回的完税凭证之日起1日内下达解除税收保全措施决定书（查封/扣押适用），归还扣押商品、货物。

(4) 强制执行并抵缴税款。纳税人在扣押之日起15日内或主管税务机关依法确定的扣押期限内未缴纳税款的，主管税务机关报县以上税务局（分局）局长批准后下达税收强制执行决定书（查封/扣押适用）并执行，以拍卖或变卖所得抵缴税款。

税款征收方式除了查账征收、核定征收、委托代征和强制征收外，还有代扣代缴、代收代缴征收和自核自缴等。

代扣代缴、代收代缴征收，前者是指支付纳税人收入的单位和个人从所支付的纳税人收入中扣缴其应纳税款并向税务机关解缴的行为，后者是指与纳税人有经济往来关系的单位和个人借助经济往来关系向纳税人收取其应纳税款并向税务机关解缴的行为。这两种征收方式适用于税源零星分散、不易控管的纳税人。

自核自缴也称“三自纳税”，是指纳税人按照税务机关的要求，在规定的缴款期限内，根据其财务会计情况，依照税法规定，自行计算税款，自行填写纳税缴款书，自行向开户银行缴纳税款，税务机关对纳税单位进行定期或不定期检查的一种税款征收方式。

任务二　正常缴纳税款流程

税款缴纳方式是指纳税人应纳的税款和扣缴义务人扣收的税款缴入国库的具体方式，包括转账缴税、银税一体化缴税、现金缴税、信用卡（账户）缴税。

（一）转账缴税

转账缴税是指纳税人根据税务机关填制的缴款书通过开户银行转账缴纳税款的方式。

1. 转账缴税的适用范围。转账缴税适用于在银行开立账户的纳税人或扣缴义务人。

2. 转账缴税的流程。

(1) 受理。办税服务厅根据受理的纳税人、扣缴义务人申报资料填制税收缴款书，属预缴税款的，需填制预缴税款通知书。

(2) 开票。办税服务厅将填制的税收通用缴款书和非税收入一般缴款书除存根联留存外，其余各联交纳税人、扣缴义务人。

(3) 划解税款。纳税人、扣缴义务人凭已填制的缴款书到其开户银行划解税款。

（二）税银一体化缴税

税银一体化缴税也称预储账户缴税，是指纳税人、扣缴义务人在指定银行开设税款解缴专用账户，按期提前存入当期应纳税款，并在规定的期限内由税务机关通知银行直接划解税款，或自行到税务机关指定银行网点缴纳的方式。按实施方式不同，可分为一般缴税专户缴税、网上实时缴税和批量扣款征收。

1. 税银一体化缴税的适用范围。税银一体化缴税一般适用于账簿设置健全、财务核算准确、纳税信誉等级较高的纳税人。

2. 税银一体化缴税的流程。

（1）一般缴税专户缴税程序。

①纳税人、扣缴义务人自行计算应纳税款并提前存入缴税专户，同时在法定期限内向税务机关办理申报事项。

②申报纳税窗口根据征管信息系统传递的税款征收信息填制缴款书，查询缴税账户可支控额并及时通知银行划解税款。

③指定银行应根据税务机关通知，划解税款并将划解信息及时反馈给税务机关。

④税务机关收到国库（经收处）盖章后转来的报查联、回执联转税收会计作销号处理，并将相关信息录入征管信息系统。

（2）网上实时缴税程序。

①网上申报纳税人、扣缴义务人在税务机关指定的联网银行开设税款解缴专用账户，并与开户银行签订委托代扣税款协议书，同意银行按纳税申报信息从其专用账户上划缴税款。

②纳税人、扣缴义务人在办理纳税申报前在专用账户存入不少于当期应纳税款的款项。

③纳税人、扣缴义务人登录电子申报纳税系统，输入并提交当期缴纳税额信息。

④联网银行税银扣划系统根据电子申报纳税系统提供的纳税人有效申报缴纳税款信息，实时自动从其专用账户中扣划税款。纳税人如需要税收缴款书，凭银行扣划税款的凭证向税务机关申请开具。

⑤税务机关定期与联网银行核对当期扣划的款项数据后，填开缴款书，将联网银行扣划的税款向国库（经收处）划解。

⑥税务机关凭国库（经收处）盖章后转来的缴款书报查联转税收会计上解销号，凭完税证报查联和缴款书报查联向税收票证管理环节办理票款结报，并将相关信息录入征管信息系统。

（3）批量扣款征收程序。具体程序同委托银行扣缴税款程序。

（三）现金缴税

现金缴税是指纳税人用现金缴纳税款的一种方式。

1. 现金缴税的适用范围。现金缴税主要适用于固定个体工商户、零星经营户、个人纳税人等。

2. 现金缴税的流程。

（1）纳税人需申报的。办税服务厅根据受理的申报资料开具税收通用完税证或税收定额完税证，收取现金后，将完税凭证交纳税人。办税服务厅在规定期限内填开税收汇总专用缴款书或税收通用缴款书向国库（经收处）划解税款。

（2）纳税人无需申报的（指无固定经营场所的零散税收）。办税服务厅根据相关文书资料开具税收通用完税证或税收定额完税证，收取现金，将完税凭证收据联交纳税人。办税服务厅在规定的期限内，将完税证进行汇总，填开税收汇总专用缴款书或税收通用缴款书向国库（经收处）划解税款。

（四）信用卡（账户）缴税

信用卡（账户）缴税是指纳税人用信用卡缴纳税款的方式。

1. 信用卡（账户）缴税的适用范围。信用卡（账户）缴税适用于除按规定在银行开设单位账户的纳税人之外的各类纳税人。

2. 信用卡（账户）缴税的流程。办税服务厅受理时，应查询纳税人存款余额。

（1）存款余额足够支付税款的办理划卡缴纳税款手续。

①税务机关、银行、国库三家实现计算机联网的，办税服务厅通过国库直接划解税款后填制税收转账专用完税证交纳税人。

②税务机关、银行、国库三家未实现计算机联网的，由办税服务厅办理划卡缴纳税款后填制税收通用完税证，并在规定的期限内将完税证进行汇总，填开税收汇总专用缴款书或税收通用缴款书向国库（经收处）划解税款。

（2）存款余额不足的，当即告知纳税人。

（五）委托代征缴税

委托代征缴税是指委托代征单位按照税务机关规定的代征范围和要求，以税务机关名义向纳税人征收零散税款的方式。

1. 委托代征缴税的适用范围。委托代征缴税适用于零散税款的征收。

2. 委托代征缴税的流程。

（1）委托代征单位以税务机关的名义向有关纳税人收取税款、开具完税凭证，并根据委托代征协议（或税务机关规定）及时填开缴款书解缴税款；同时应按期填制代扣代缴、代收代缴、委托代征税款报告表，并持票款结报手册向税务机关办税服务厅申报纳税窗口办理票款结报手续。

（2）根据协议或规定，申报纳税窗口在委托代征单位办理票款结报手续后，根据报送的完税证和票款结报手册，及时填制缴款书向国库（经收处）解缴税款。

（3）税务机关凭缴款书报查联转税收会计上解销号，凭完税证存根联、报查联和缴款书收据联、报查联向税收票证管理环节办理票款结报，并将相关信息录入征管信息系统。

【例 2-5】税款缴纳方式有（　　）。

A. 转账缴税　　B. 现金缴税　　C. 信用卡（账户）缴税　　D. 汇总缴库

【答案】ABC

任务三　延期缴纳税款程序

纳税人因有特殊困难，不能按期缴纳税款，经省级税务局批准，可以延期缴纳税款。

（一）延期缴纳税款的适用范围

（1）因不可抗力事件发生，导致纳税人发生较大损失，正常生产经营活动受到较大影响而不能按期缴纳税款的纳税人。

（2）当期货币资金在扣除应付职工工资、法定劳动社会保险费用后，不足以缴纳税款而不能按期缴纳税款的纳税人。

（二）延期缴纳税款的流程

1. 受理。主管税务机关受理纳税人在缴纳税款期限届满之前报送的下列延期缴纳税款申请资料：（1）纳税人要求延期缴纳税款的申请书；（2）当期货币资金余额情况；（3）所有银行存款账户的对账单；（4）资产负债表；（5）应付职工工资和社会保险费支出预算；（6）税务机关要求报送的其他资料。

2. 审核。主管税务机关对纳税人报送的申请和资料进行审核，重点审核纳税人是否有下列情形：

（1）可供纳税的现金、支票以及其他财产等遭遇如火灾、建筑物倒塌、主要机器设备严重损坏等意外事故，足以影响纳税人进行正常的生产经营和税款缴纳。

（2）因不可抗力事件，如风灾、火灾、水灾、地震等自然灾难影响按期纳税。

经审核符合延期缴纳税款条件的，由主管税务机关进行实地调查核实情况，形成调查报告。情况属实的，由纳税人填写延期缴纳税款申请审批表（一式两份）并经主管税务机关签署意见后连同相关资料按权限逐级报批。

经审核不符合延期缴纳税款条件或实地调查情况不实的，主管税务机关制作税务事项通知书连同报送资料一并退回纳税人。

3. 报批。延期缴纳税款申请审批表按规定程序逐级报送至省级税务局。上级税务机关对延期缴纳税款申请审批表及附送资料进行认真审查核实后，签署审批意见。

延期缴纳税款的期限，最长不得超过3个月。对同一税种的同一笔税款在一个纳税年度内只能批准一次延期纳税，不得“滚动”批准延期缴纳税款。

4. 执行。主管税务机关收到省级税务局的审批意见后及时通知申请延期缴税款的纳税人。

（1）对经省级税务局批准准予延期缴纳税款的，纳税人要在批准延期缴纳税款的期限届满之前，将批准延期缴纳的税款解缴入库，在批准的期限内，不加收滞纳金。

（2）对未批准延期缴纳的税款，由主管税务机关责令限期缴纳，并从缴纳税款期届满次日起加收滞纳金。

任务四　减免税程序

减免税是指依据税收法律、法规以及国家有关税收规定给予纳税人减税、免税的待遇。主要包括鼓励生产性减免、社会保障性减免、自然灾害性减免和意外灾害性减免等。

从税务管理上减免税分为报批类减免税和备案类减免税。报批类减免税是指法律、行政法规、规章等明确规定应由税务机关审批的减免税项目；备案类减免税是指取消审批手续的减免税项目和不需税务机关审批的减免税项目。

减免税的流程如下：

（1）申请。纳税人申请报批类减免税的，应当在政策规定的期限内，向税务关提出书面申请，填写减免税申请审批表并附报以下资料、证件：①纳税人申请减免税报告（包括企业基本情况、减免税理由、依据、范围、期限、数量、金额、税款申报、缴纳及滞欠情况等内容）；②纳税人的财务会计报表、纳税申报表；③工商执照和税务登记证的副本；④有关部门出具的证明材料；⑤根据不同税种及不同减免税项目，税务机关要求提供的其他资料。

纳税人可以向主管税务机关申请减免税，也可以直接向有权审批的税务机关申请。

纳税人在执行备案类减免税之前，必须向主管税务机关申报以下资料备案：①减免税政策的执行情况；②主管税务机关要求提供的有关资料。

（2）受理。税务机关接到申请人报请的减免税申请材料后，应逐项初审下列内容：①减免税申请材料是否齐全，是否符合法定形式；②是否在规定的时间内提出减免税申请；③是否属于税收政策规定的范围；④本级税务机关是否有审批权限。

对于申请报批类减免税的，根据以下不同情况分别作出处理：

①申请的减免税项目依法不需要由税务机关审查后执行的，应即时告知纳税人，并制作税务事项通知书送达纳税人。

②申请的减免税资料不详或存在错误的，应当当场告知并允许纳税人补正。

③申请的减免税资料不齐全或者不符合法定形式的，应在5个工作日内一次告知纳税人需要补正的全部内容，填制税务事项通知书，和申请资料一并退纳税人补正。

④申请的减免税资料齐全、符合法定形式的，或者纳税人按照税务机关的要求提交全部补正减免税资料的，应当受理申请并制作税务事项通知书送达纳税人。

对于申报备案类减免税的，受理纳税人报送的相关备案资料后直接转入执行。

（3）审核。税务机关受理纳税人减免税申请后，对纳税人提交的申请资料、实际情况与减免税法定条件的一致性、相关性进行审核。主要内容为：①纳税人是否符合减免税申请的法定条件和标准；②纳税人的生产经营情况和其他与申请减免税有关的情况；③纳税人的纳税申报情况；④申请减免税事项适用的税收政策依据；⑤申请减免税的时限；⑥其他按规定需要审核的内容。

需要对申请材料的内容进行实地核实的，应由两名以上工作人员按规定程序进行实地核查，并将核查情况记录在案。市级税务局对减免税实地核查工作量大、耗时长的，可委托纳税人所在地区县级税务机关具体组织实施。

审核完毕后，应形成审核报告，并在减免税申请审批表上签署意见，上报依法享有减免税审批权限的税务机关（以下简称有权机关）审批。

由纳税人主管税务机关受理但无审批权限的减免税申请，主管税务机关应当自受理申请之日起10个工作日内完成本级审核工作，并上报有权机关审批。

（4）审批。有权机关直接受理或收到上报的减免税申请资料后，应复核是否已经审核。在审核的基础上按政策规定提交分管局领导或减免税审议委员会决定。

有权机关应当在规定的期限内作出书面决定，并在减免税申请审批表上签署决定意见。

①县、区级税务机关负责审批的减免税，必须在20个工作日内作出审批决定。

②地市级税务机关负责审批的减免税，必须在30个工作日内作出审批决定。

③在规定期限内不能作出决定的，经本级税务机关负责人批准，可以延长10个工作日，并将延长期限的理由告知纳税人。

减免税期限超过1个纳税年度的，进行一次性审批。

（5）执行。对于申请报批类减免税的，有权机关应当自作出决定之日起10个工作日内向纳税人送达执行；减免税申请符合法定条件、标准，准予减免税的，制作减免税审批通知书送达纳税人；依法不予减免税的，应当制作税务事项通知书说明理由，并告知纳税人享有依法申请行政复议或者提起行政诉讼的权利。

对于申报备案类减免税的，主管税务机关应在受理纳税人减免税备案资料后7个工作日内完成登记备案工作，并制作税务事项通知书告纳税人执行。

主管税务机关应按规定填制减免税清册，设立纳税人减免税管理台账，详细登记减免税的批准时间、项目、年限、金额。

（6）监督管理。税务机关对纳税人已享受减免税的，应当纳入正常申报，进行减免税申报。纳税人享受减免税到期的，应当申报缴纳税款。

税务机关应结合纳税检查、执法检查或其他专项检查，每年定期对纳税人减免税事项进行清查、清理，加强监督检查，主要内容包括：①纳税人是否符合减免税的资格条件，是否以隐瞒有关情况或者提供虚假材料等手段骗取减免税。②纳税人享受减免税的条件发生变化时，是否根据变化情况经税务机关重新审查后办理减免税。③减免税税款有规定用途的，纳税人是否按规定用途使用减免税款；规定减免税期限的，是否到期恢复纳税。④是否存在纳税人未经税务机关批准自行享受减免税的情况。⑤已享受减免税是否未申报。对违反上述规定的纳税人，税务机关按照《税收征收管理法》有关税务行政处罚的规定予以处理。

模块三　增值税法

学习任务

1. 熟悉增值税法律知识，掌握计算应纳增值税的方法。

2. 熟悉增值税一般纳税人纳税申报、增值税小规模纳税人纳税申报。

3. 熟悉办理增值税网上报税、出口货物增值税退（免）税的方法。

项目一　熟悉增值税法律知识

增值税是以在我国境内从事销售货物或者提供加工、修理修配劳务，以及进口货物的单位和个人取得的增值额为课税对象征收的一种税。增值额是指企业在生产经营应税产品或提供应税劳务过程中新创造的那一部分价值，即劳动者新创造的价值 $V+M$ 部分，在我国相当于净产值或国民收入部分。增值额这个概念一般可从以下两个角度理解：（1）从一个生产经营单位来看，增值额是指该单位销售货物或提供劳务的收入额扣除为生产经营这种货物（包括劳务，下同）而外购的那部分货物价款后的余额；（2）从一项货物生产流通的全过程来看，增值额是该货物经历的生产和流通各个环节创造的增值额之和，也就是该货物的最终销售价格。

上述增值额的概念是理论意义上的增值额，在实际业务中是难以准确计算的，因此，我国在增值税的实际操作上采用以流转额为计税依据实行税款抵扣的间接计算方法。这种计算办法同样体现了按增值因素征税原则。

增值税与传统的按销售收入全额征税的流转税相比，在促进社会经济发展、增强出口产品竞争力、体现公平税负的原则、稳定国家财政收入等方面都发挥了积极的作用。

我国在2009年实行了增值税的全面“转型”，由过去的生产型增值税转变为消费型增值税。实行消费型增值税有利于鼓励投资、税制优化和产业结构调整，简化征纳计算，提高征管效率。

知识链接

增值税的由来

增值税产生于1954年的法国，在原生产税的基础上演变而来。由于增值税是以增值额为课税对象征收的一种税，税负公平，适应了社会化大生产的发展，受到了各国的普遍欢迎。到目前为止，世界上已有100多个国家实行增值税，我国自1979年开始实行增值税，经过1984年、1994年和2009年等几次大的税制改革，征税范围不断扩大，计税方法不断完善，增值税已逐步发展成为我国第一大税种。

任务一　明确增值税的征税范围

我国1994年确定的增值税征税范围包括在中华人民共和国境内销售货物或者提供加工、修理修配劳务以及进口货物。其具体征税范围如下：

（一）增值税征税范围的一般规定

1. 销售货物。销售货物是指有偿转让货物所有权。有偿是指从购买方取得货币、货物或其他经济利益；货物是指除土地、房屋和其他建筑物等不动产之外的有形动产，包括电力、热力、气体等在内；在中华人民共和国境内销售货物，是指所销售的货物的起运地或所在地在境内。

2. 提供加工、修理修配劳务。提供加工、修理修配劳务是指有偿提供加工、修理修配劳务，但单位或个体经营者聘用的员工为本单位或雇主提供加工、修理修配劳务，不包括在内。所谓加工，是指受托加工货物，即委托方提供原材料和主要材料，受托方按照委托方的要求制造货物并收取加工费的业务。所谓修理修配，是指受托对损伤和丧失功能的货物进行修复，使其恢复原状和功能的业务。

3. 进口货物。进口货物是指纳税人进口的应税工农业品。

（二）属于增值税征税范围的特殊行为和特殊项目

1. 视同销售货物。主要包括：（1）将货物交付他人代销；（2）销售代销货物；（3）设有两个以上机构并实行统一核算的纳税人，将货物从一个机构移送其他机构用于销售，但相关机构设在同一县（市）的除外；（4）将自产或委托加工的货物用于非应税项目；（5）将自产、委托加工或购买的货物作为投资，提供给其他单位或个体经营者；（6）将自产、委托加工或购买的货物分配给股东或投资者；（7）将自产、委托加工的货物用于集体福利或个人消费；（8）将自产、委托加工或购买的货物无偿赠送他人；（9）纳税人采取以物易物方式销售货物。

2. 混合销售行为中的销售货物。一项销售行为如果涉及货物又涉及非应税劳务，为混合销售行为。对从事货物的生产、批发或零售的企业、企业性单位及个体经营者的混合销售行为，视为销售货物，应当征收增值税；其他单位或个人的混合销售行为，视为销售非应税劳务，不征收增值税。关于混合销售行为的几项特殊规定如下：

（1）运输行业混合销售行为的确定。从事运输业务的单位和个人发生销售货物并负责运输，该混合销售行为征收增值税。

（2）电信部门混合销售行为的确定。电信单位（电信局及经电信局批准的其他从事电信业务的单位）销售无线寻呼机、移动电话，并为客户提供有关的电信服务的，属于混合销售，征收营业税；对单纯销售无线寻呼机、移动电话，不提供有关的电信服务的，征收增值税。

（3）纳税人的下列混合销售行为，应当分别核算货物的营业额和非增值税应税劳务的营业额，并根据其销售货物的销售额计算缴纳增值税，非增值税应税劳务的营业额不缴纳增值税；未分别核算的，由主管税务机关核定其货物的销售额：①销售自产货物并同时提供建筑劳务的行为；②财政部、国家税务总局规定的其他情形。

3. 兼营非应税劳务。纳税人兼营非应税劳务的，应分别核算货物或应税劳务的销售额和非增值税应税项目的营业额。未分别核算的，由主管税务机关核定货物或应税劳务的销售额。

4. 特殊项目。主要包括：

（1）货物期货，包括商品期货和贵金属期货，在期货的实物交割环节纳税。

（2）银行销售金银业务，以及典当业的死当物品销售业务和寄售业代委托人销售寄售物品的业务，应当征收增值税。

（3）基本建设单位和从事建筑安装业务的企业附设的工厂、车间生产的水泥预制构件、其他构件或建筑材料，凡用于本单位或本企业的建筑工程的应视同销售，在移送使用环节征税。但对其在建筑现场制造的预制构件，凡直接用于本单位或本企业建筑工程的，不征收增值税。

（4）集邮商品（如邮票、首日封、邮折等）的生产、调拨，以及邮政部门以外的其他单位和个人销售的，均征收增值税。

（5）邮政部门发行报刊，征收营业税；其他单位和个人发行报刊，征收增值税。

（6）执罚部门和单位查处的属于一般商业部门经营的商品，具备拍卖条件的，由执罚部门或单位商同同级财政部门同意后，公开拍卖。其拍卖收入作为罚没收入由执罚部门和单位如数上缴财政，不予征税。对经营单位购入拍卖物品再销售的，应照章征收增值税。

执罚部门和单位查处的属于专管机关管理或专管企业经营的财物，如金银（不包括金银首饰）、外币、有价证券、非禁止出口文物，应交由专管机关或专营企业收兑或收购。执罚部门和单位按收兑或收购价所取得的收入作为罚没收入如数上缴财政，不予征税。专管机关或专营企业经营上述物品中属于应征增值税的货物应照章征收增值税。

知识链接

不征收增值税的货物和收入

1. 转让企业全部产权涉及的应税货物的转让，不征收增值税。

2. 纳税人代行政管理部门的收费，符合条件的，不征收增值税。

3. 纳税人销售货物的同时代办保险而向购买方收取的保险费，以及从事汽车销售的纳税人向购买方收取的代购买方缴纳的车辆购置税、牌照费，不作为价外费用征收增值税。

4. 对增值税纳税人收取的会员费收入不征收增值税。

5. 对国家管理部门行使其管理职能而发放的执照、牌照和有关证书等取得的工本费收入，不征收增值税。

6. 对从事热力、电力、燃气、自来水等公用事业的增值税纳税人收取的一次性费用，凡与货物的销售数量无直接关系的，不征收增值税。

7. 邮政部门、集邮公司销售集邮商品，应当征收营业税，不征收增值税。

【例 3-1】下列各项中属于视同销售行为应当计算增值税销项税额的有（　　）。

A. 将自产的货物用于非应税项目　　B. 将购买的货物委托外单位加工

C. 将购买的货物无偿赠送他人　　D. 将购买的货物用于集体福利

【答案】A

任务二　确定增值税的纳税人

（一）纳税人及扣缴义务人

1. 纳税人。纳税人是指在中华人民共和国境内销售货物或者提供加工、修理修配劳务以及进口货物的单位和个人。企业租赁或承包给他人经营的，以承租人或承包人为纳税人。

2. 扣缴义务人。境外的单位和个人在境内销售货物或提供应税劳务而在境内未设有经营机构的，其应纳税款以代理人为扣缴义务人；没有代理人的，以购买者为扣缴义务人。商业企业出租柜台后承租人自行进货、自行定价、自行销售，但销售额由商场（店）统一收取的，应由各承租柜台的单位和个人纳税，在征收方法上，可采取由商场代扣代缴的办法。

（二）一般纳税人和小规模纳税人划分的具体标准

为了便于增值税的计算和征收管理，我国增值税纳税人以年销售额和会计核算水平这两个标准划分为一般纳税人和小规模纳税人。

1. 小规模纳税人。(1) 以从事货物生产或者提供应税劳务为主的纳税人，年应征增值税销售额（以下简称应税销售额）在50万元以下（含）的。(2）以货物批发或者零售为主的纳税人，年应税销售额在80万元以下（含）的。(3）年应税销售额超过小规模纳税人标准的其他个人。(4）非企业性单位、不经常发生应税行为的企业可选择按小规模纳税人纳税。

2. 一般纳税人。(1）以从事货物生产或者提供应税劳务为主的纳税人，年应征增值税销售额（以下简称应税销售额）超过50万元的。(2）以货物批发或者零售为主的纳税人，年应税销售额超过80万元的。

基层税务机关要加强对小规模生产企业财会人员的培训，帮助其建立会计账簿。只要小规模企业有会计，有账册，能够正确计算进项税额、销项税额和应纳税额，并能按规定报送有关税务资料，年应税销售额不低于30万元的可以认定为增值税一般纳税人。

目前会计核算水平这项标准仅适用于商业以外的小规模纳税人。商业企业有其他特殊规定。

（三）一般纳税人资格认定的基本规则

小规模纳税人以外的纳税人应当向主管税务机关申请资格认定。

凡增值税一般纳税人（以下简称一般纳税人)，均应向其企业所在地主管税务机关申请办理一般纳税人认定手续。一般纳税人资格认定的权限，在县（市、区）国家税务局或者同级别的税务分局。

纳税人应当在申报期结束后40日（工作日，下同）内向主管税务机关报送增值税一般纳税人申请认定表，申请一般纳税人资格认定。申报期，是指纳税人年应税销售额超过小规模纳税人标准的月份（或季度）所属的申报期。

认定机关应当在主管税务机关受理申请之日起20日内完成一般纳税人资格认定。纳税人未在规定期限内申请一般纳税人资格认定的，主管税务机关应当在规定期限结束后20日内制作并送达税务事项通知书告知纳税人。税务事项通知书中需明确告知：其年应税销售额已超过小规模纳税人标准，应在收到税务事项通知书后10日内向主管税务机关报送增值税一般纳税人申请认定表或不认定增值税一般纳税人申请表；逾期未报送的，《中华人民共和国增值税暂行条例实施细则》第三十四条规定，按销售额依照增值税税率计算应纳税额，不得抵扣进项税额，也不得使用增值税专用发票。

个体工商户以外的其他个人、选择按照小规模纳税人纳税的非企业性单位和不经常发生增值税应税行为的企业，应当在收到税务事项通知书后10日内向主管税务机关报送不认定增值税一般纳税人申请表，经认定机关批准后不办理一般纳税人资格认定。认定机关应当在主管税务机关受理申请之日起20日内批准完毕，并由主管税务机关制作、送达税务事项通知书，告知纳税人。

（四）一般纳税人纳税辅导期管理办法

1. 主管税务机关可以在一定期限内对下列一般纳税人实行纳税辅导期管理：

(1）新认定为一般纳税人的小型商贸批发企业。“小型商贸批发企业”是指注册资金在80万元以下（含)、职工人数在10人以下（含）的批发企业。

（2）国家税务总局规定的其他一般纳税人。“其他一般纳税人”，是指具有下列情形之一的一般纳税人：①增值税偷税数额占应纳税额的10%以上并且偷税数额在10万元以上的；②骗取出口退税的；③虚开增值税扣税凭证的；④国家税务总局规定的其他情形。

2. 新认定为一般纳税人的小型商贸批发企业实行纳税辅导期管理的期限为3个月；其他一般纳税人实行纳税辅导期管理的期限为6个月。

对新认定为一般纳税人的小型商贸批发企业，主管税务机关应在税务事项通知书内告知纳税人对其实行纳税辅导期管理，纳税辅导期自主管税务机关制作税务事项通知书的当月起执行；对其他一般纳税人，主管税务机关应自稽查部门作出税务稽查处理决定书后40个工作日内，制作、送达税务事项通知书告知纳税人对其实行纳税辅导期管理，纳税辅导期自主管税务机关制作税务事项通知书的次月起执行。

3. 辅导期内，纳税人取得的增值税专用发票（以下简称专用发票）抵扣联、海关进口增值税专用缴款书以及运输费用结算单据应当在交叉稽核比对无误后，方可用于抵扣销项税额。

4. 主管税务机关对实行纳税辅导期管理的纳税人实行限量限额发售专用发票。

（1）实行纳税辅导期管理的小型商贸批发企业，领购专用发票的最高开票限额不得超过10万元，其他一般纳税人专用发票最高开票限额应根据企业实际经营情况重新核定。

（2）辅导期内，纳税人专用发票的领购实行按次限量控制，主管税务机关可根据纳税人的经营情况核定每次专用发票的供应数量，但每次发售专用发票数量不得超过25份。

辅导期内，纳税人领购的专用发票未使用完而再次领购的，主管税务机关发售专用发票的份数不得超过核定的每次领购专用发票份数与未使用完专用发票份数的差额。

5. 实行纳税辅导期管理的纳税人1个月内多次领购专用发票的，应从当月第二次领购专用发票起，按照上一次已领购并开具的专用发票销售额的3%预缴增值税，未预缴增值税的，主管税务机关不得向其发售专用发票。

预缴增值税时，纳税人应提供已领购并开具的专用发票记账联，主管税务机关根据其提供的专用发票记账联计算应预缴的增值税。

6. 辅导期内，纳税人按规定预缴的增值税可在本期增值税应纳税额中抵减，抵减后预缴增值税仍有余额的，可抵减下期再次领购专用发票时应当预缴的增值税。

纳税辅导期结束后，纳税人因增购专用发票发生的预缴增值税有余额，主管税务机关应在纳税辅导期结束后的第一个月内，一次性退还纳税人。

7. 辅导期内，纳税人应当在“应交税费”科目下增设“待抵扣进项税额”明细科目，核算尚未交叉稽核比对的专用发票抵扣联、海关进口增值税专用缴款书以及运输费用结算单据（以下简称增值税抵扣凭证）注明或者计算的进项税额。

辅导期内，纳税人取得增值税抵扣凭证后，借记“应交税费——待抵扣进项税额”科目，贷记相关科目。交叉稽核比对无误后，借记“应交税费——应交增值税（进项税额）”科目，贷记“应交税费——待抵扣进项税额”科目。对于经核实不得抵扣的进项税额，红字借记“应交税费——待抵扣进项税额”科目，红字贷记相关科目。

8. 主管税务机关定期接收交叉稽核比对结果，通过稽核结果导出工具导出发票明细数据及稽核结果通知书并告知纳税人。

辅导期内，纳税人根据交叉稽核比对结果相符的增值税抵扣凭证本期数据申报抵扣销项税额，未收到交叉稽核比对结果的增值税抵扣凭证留待下期抵扣。

9. 辅导期内，主管税务机关未发现纳税人存在偷税、逃避追缴欠税、骗取出口退税、抗税或其他需要立案查处的税收违法行为的，从期满的次月起不再实行纳税辅导期管理，主管税务机关应制作、送达税务事项通知书，告知纳税人；主管税务机关发现实行纳税辅导期管理的纳税人存在偷税、逃避追缴欠税、骗取出口退税、抗税或其他需要立案查处的税收违法行为的，从期满的次月起按照规定重新实行纳税辅导期管理，主管税务机关应制作、送达税务事项通知书，告知纳税人。

任务三　确定增值税的税率与征收率

我国现行增值税税率，是以价外税为基础，遵循中性、普遍、简便原则，考虑大多数纳税人的承受能力等因素确定的，只设置了基本税率、低税率和零税率三档，具体如下：

（1）基本税率17%。基本税率适用于除低税率和零税率以外的其他货物，以及加工、修理修配劳务。

（2）低税率13%。①粮食、食用植物油、鲜奶；②自来水、暖气、冷气、热水、煤气、石油液化气、天然气、沼气、居民用煤炭制品；③图书、报纸、杂志；④饲料、化肥、农药、农机、农膜；⑤国务院规定的其他货物：农产品、音像制品、电子出版物、二甲醚。

（3）零税率。纳税人出口货物，除国务院另有规定的外，税率为零。

（4）征收率。修订后的《增值税暂行条例》对小规模纳税人不再设置工业和商业两档征收率，将征收率统一降至3%。

温馨提示

纳税人兼营不同税率的货物或应税劳务，应当分别核算不同税率货物或应税劳务的销售额，分别按照适用税率计税。未分别核算销售额或者不能准确申报销售额的，一律从高适用税率。

纳税人经营不同税率的货物或应税劳务，并兼营应一并征收增值税的非应税劳务的，非应税劳务从高适用税率。

知识链接

下列按简易办法征收增值税的优惠政策继续执行，不得抵扣销项税额：

1. 纳税人销售自己使用过的物品，按下列政策执行：

（1）一般纳税人销售自己使用过的不得抵扣且未抵扣销项税额的固定资产，按简易办法依4%征收率减半征收增值税。自2009年1月1日起，一般纳税人销售自己使用过的固定资产（以下简称已使用过的固定资产），应区分不同情形征收增值税：

①销售自己使用过的2009年1月1日以后购进或者自制的固定资产，按照适用税率征收增值税；

②2008年12月31日以前未纳入扩大增值税抵扣范围试点的纳税人，销售自己使用过的2008年12月31日以前购进或者自制的固定资产，按照4%征收率减半征收增值税；

③2008年12月31日以前已纳入扩大增值税抵扣范围试点的纳税人，销售自己使用过的在本地区纳入扩大增值税抵扣范围试点以前购进或者自制的固定资产，按照4%征收率减半征收增值税；销售自己使用过的在本地区纳入扩大增值税抵扣范围试点以后购进或者自制的固定资产，按照适用税率征收增值税。

一般纳税人销售自己使用过的除固定资产以外的物品，应当按照适用税率征收增值税。

(2) 小规模纳税人（除其他个人外，下同）销售自己使用过的固定资产，按2%征收率征收增值税。

小规模纳税人销售自己使用过的除固定资产以外的物品，应按3%征收率征收增值税。

2. 纳税人销售旧货，按照简易办法依照4%征收率减半征收增值税。

所称旧货，是指进入二次流通的具有部分使用价值的货物（含旧汽车、旧摩托车和旧游艇），但不包括自己使用过的物品。

3. 一般纳税人销售自产的下列货物，可选择按简易办法依照6%征收率计算缴纳增值税：(1) 县级及县级以下小型水力发电单位生产的电力。小型水力发电单位，是指各类投资主体建设的装机容量为5万千瓦以下（含）的小型水力发电单位。(2) 建筑用和生产建筑材料所用的砂、土、石料。(3) 以自己采掘的砂、土、石料或其他矿物连续生产的砖、瓦、石灰（不含黏土实心砖、瓦）。(4) 用微生物、微生物代谢产物、动物毒素、人或动物的血液或组织制成的生物制品。(5) 自来水。(6) 商品混凝土（仅限于以水泥为原料生产的水泥混凝土）。

一般纳税人选择简易办法计算缴纳增值税后，36个月内不得变更。

4. 一般纳税人销售货物属于下列情形之一的，暂按简易办法依照4%征收率计算缴纳增值税：(1) 寄售商店代销寄售物品（包括居民个人寄售的物品在内）；(2) 典当业销售死当物品；(3) 经国务院或国务院授权机关批准的免税商店零售的免税品。

任务四　熟悉增值税的优惠政策

(一) 政策一：增值税法定免税项目

法定免税项目主要包括：(1) 农业（包括种植业、养殖业、林业、牧业、水产业）生产单位和个人销售的自产初级农业产品。免征增值税的农业产品必须是农业生产者销售的自己生产的初级农业产品。(2) 避孕药品和用具。(3) 向社会收购的古旧图书。(4) 直接用于科学研究、科学试验和教学的进口仪器设备。(5) 外国政府、国际组织无偿援助的进口物资和设备。(6) 由残疾人组织直接进口的供残疾人专用的物品。如假肢、轮椅、矫形器。(7) 个人（不包括个体经营者）销售的自己使用过的物品，但是不包括摩托车、游艇、应当征收消费税的汽车等。

上述单位和个人销售的外购农产品及其外购农产品生产、加工后销售的仍然属于规定范围的农业产品，不属于免税的范围，应当按照规定的税率征收增值税。

（二）政策二：财政部、国家税务局规定的其他免税项目

1. 对资源综合利用、再生资源、鼓励节能减排等方面的主要规定：

财税［2008］156号《关于资源综合利用及其他产品增值税政策的通知》和财税［2008］167号《关于再生资源的增值税政策的通知》中规定了鼓励资源综合利用、再生资源、节能减排、促进环保等政策措施，如对再生水、以废旧轮胎为全部生产原料生产的胶粉、翻新轮胎、污水处理等免征增值税；对销售以工业废气为原料生产的高纯度二氧化碳产品、以垃圾为燃料生产的电力或者热力、以煤炭开采过程中伴生的舍弃物油母岩为原料生产的页岩油等自产货物实行增值税即征即退的政策等。

财税［2010］110号《关于促进节能服务产业发展增值税 营业税和企业所得税政策问题的通知》中规定，从2011年1月1日起，节能服务公司实施符合条件的合同能源管理项目，将项目中的增值税应税货物转让给用能企业，暂免征收增值税。

2. 自2008年6月1日起，纳税人生产销售和批发、零售有机肥产品免征增值税。享受免税政策的有机肥产品是指有机肥料、有机—无机复混肥料和生物有机肥。享受免税政策的纳税人应按照规定，单独核算有机肥产品的销售额。未单独核算销售额的，不得免税。纳税人销售免税的有机肥产品，应按规定开具普通发票，不得开具增值税专用发票。纳税人申请免征增值税，应向主管税务机关提供相关资料，凡不能提供的，一律不得免税。

3. 纳税人销售软件产品并随同销售一并收取的软件安装费、维护费、培训费等收入，应按照增值税混合销售的有关规定征收增值税，并可享受软件产品增值税即征即退政策。对软件产品交付使用后按期或按次收取的维护费、技术服务费、培训费等不征收增值税。纳税人受托开发软件产品，著作权属于受托方的征收增值税，著作权属于委托方或属于双方共同拥有的不征收增值税。

4. 党报、党刊将其发行、印刷业务及相应的经营性资产剥离组建的文化企业，自注册之日起所取得的党报、党刊发行收入和印刷收入免征增值税。

5. 融资性售后回租业务中承租方出售资产的行为，不属于增值税和营业税征收范围，不征收增值税和营业税。

6. 印刷企业接受出版单位委托，印刷有统一刊号（CN）以及采用国际标准书号编序的图书、报纸和杂志，按销售货物征收增值税。

印刷厂印刷图书、报纸、杂志，分为两种情况：（1）纸张由印刷厂提供，税率为13%；（2）纸张由出版单位提供，税率为17%。

除此之外，印刷厂还可以印资料、信纸等，无论是哪方提供的原料，税率统一为17%。

7. 符合规定条件的国内企业为生产国家支持发展的大型环保和资源综合利用设备等列举货物而确有必要进口部分关键零部件、原材料，免征关税和进口环节增值税。

（三）政策三：起征点、减免税规定

为了贯彻合理负担的政策，照顾收入较低的纳税人，税法规定了增值税的起征点。纳税人的销售额或劳务收入额未达到起征点的，不征收增值税；达到或超过起征点的，就其全额征收增值税。其适用范围只限于个人。增值税的起征点幅度规定如下：

（1）销售货物的起征点为月销售额 5 000 ~ 20 000 元（不含税，下同）；

（2）销售应税劳务的起征点为月销售额 5 000 ~ 20 000 元；

（3）按次纳税人的起征点为每次（日）销售额 300 ~ 500 元。

具体起征点由省级国家税务局在规定幅度内确定。

此外，纳税人兼营免税、减税项目，未分别核算免税、减税项目销售额的，不得免税、减税。纳税人经营货物或应税劳务适用免税规定的，可以放弃免税，依照《增值税暂行条例》的规定缴纳增值税。放弃免税后，36 个月内不得再申请免税。

（1）经营免征增值税货物或劳务的纳税人要求放弃免税权，应当以书面形式提交放弃免税权声明，报主管税务机关备案。纳税人自提交备案资料的次月起，按照现行有关规定计算缴纳增值税。

（2）放弃免税权的纳税人符合一般纳税人认定条件尚未认定为增值税一般纳税人的，应当按现行规定认定为增值税一般纳税人，其销售的货物或提供的劳务可开具增值税专用发票。

（3）纳税人一经放弃免税权，其经营的全部增值税应税货物或劳务均应按照适用税率征税，不得选择某一免税项目放弃免税权，也不得根据不同的销售对象选择部分货物或劳务放弃免税权。

（4）纳税人在免税期内购进用于免税项目的货物或者应税劳务所取得的增值税扣税凭证，一律不得抵扣。

项目二　计算应纳增值税

任务一　计算一般纳税人应纳增值税

增值税采用购进扣税法，其应纳税额的计算公式为：

应纳税额 = 当期销项税额 − 当期进项税额

即增值税应纳税额为当期销项税额抵扣当期进项税额后的余额。那么，要正确计算一般纳税人的应纳税额，关键是理解掌握销项税额、进项税额及当期这三个概念。

（一）销项税额的计算

销项税额是纳税人销售货物或提供应税劳务，按照销售额和适用税率计算，并向购买方收取的增值税税额，这有两层意思：一是销项税额是向购买方收取的；二是计算出来的。其计算公式为：

销项税额=销售额×适用税率

其中，税率为税法给定的增值税税率，所以计算销项税额的关键是销售额的确定。

1. 销售额的一般规定。销售额是指纳税人销售货物或提供应税劳务向购买方收取的全部价款和价外费用，但不包括向购买方收取的销项税额，即销售额是不含增值税的，这表明增值税是一种价外税。

价外费用是指价外向购买方收取的手续费、补贴、基金、集资费、返还利润、奖励费、违约金（延期付款利息）、包装费、包装物租金、储备费、优质费、运输装卸费、代收款项、代垫款项及其他各种性质的价外收费，但下列项目不包括在内：（1）受托加工应征消费税的消费品所代收代缴的消费税；（2）纳税人代垫运费，但同时将承运部门开具的运费发票转交给购货方的。凡是销售货物或提供应税劳务向购买方收取的价外费用，无论其会计制度如何核算，均应并入销售额计算应纳税额。但必须注意，价外费用一般视为含税收入，因此，在将价外费用并入销售额征税时，需先将它换算为不含税收入。

纳税人销售货物或者提供应税劳务时，一般应向购买者开具增值税专用发票，并在专用发票上分别注明销售额和销项税额。但是，销售货物或提供应税劳务给消费者，以及小规模纳税人销售货物或者提供应税劳务，只能开具普通发票，从而发生价款和税款合并收取。在这种情况下，应将含增值税的销售额换算为不含税销售额。换算公式为：

销售额=含税销售额÷（1+增值税税率）

2. 混合销售的销售额。对属于征收增值税的混合销售，其销售额为货物销售额和非应税劳务销售额的合计数。

3. 兼营非应税劳务的销售额。对兼营应一并征收增值税的非应税劳务，其销售额为货物和非应税劳务销售额的合计数，既应包括货物销售额，又应包括非应税劳务的销售额。

4. 售价明显偏低且无正当理由情况下销售额的确定。纳税人销售货物或提供应税劳务的价格明显偏低且无正当理由的，或者纳税人发生了视同销售货物的行为而无销售额的，主管税务机关有权核定其销售额。税法规定应按下列顺序确定其销售额：

（1）按纳税人当月同类货物的平均销售价格确定。

（2）按纳税人最近日期同类货物的平均销售价格确定。

（3）用以上两种方法不能确定其销售额的情况下，可按组成计税价格确定销售额。其计算公式为：

组成计税价格=成本×（1+成本利润率）

这就是说，计税价格由成本和利润组成。其中成本分为两种情况：销售自产货物的为实际生产成本；销售外购货物的为实际采购成本。成本利润率由国家税务局统一确定为10%。

如果视同销售货物或自报销售价格偏低的货物是属于应征消费税的货物，其组成计税价格应加计消费税税额，计算公式为：

组成计税价格=成本×（1+成本利润率）+消费税税额

属应从价定率征收消费税的货物，公式中的成本利润率则按消费税有关规定计算，一般是5%～10%。

5. 出租、出借包装物情况下的销售额。纳税人为销售货物而出租、出借包装物收取的押金，单独计账核算的，不并入销售额征税，但对因逾期未退回包装物而不再退还的押金，应当按所包装货物的税率征收增值税。"逾期"是指按合同约定实际逾期或以1年为期限，对收取1年以上的押金，无论是否退还均应并入销售额征税。

国家税务总局国税发［1995］192号文件规定，从1995年6月1日起，对销售除啤酒、黄酒外的其他酒类产品收取的包装物押金，无论是否返还以及会计上如何核算，均应并入当期销售额征税。对销售啤酒、黄酒所收取的包装物押金，按上述一般押金的规定处理。

6. 特殊销售方式的销售额。

（1）以折扣方式销售货物或提供应税劳务的销售额。为了促进销售、占领市场，纳税人通常采取折扣方式销售货物或提供应税劳务。现实经济生活中，纳税人采取的折扣方式一般可分为以下三种形式：

①折扣销售（又称商业折扣），是指卖方为鼓励买方多购买货物而给予买方的一种价格优惠。对折扣销售，如果销售额和折扣额在同一张发票上分别注明的，可按折后的余额作为销售额计算增值税；如果将折扣额另开发票，不论其在财务上如何处理，均不得从销售额中减除折扣额。

②销售折扣（又称现金折扣），是指卖方为鼓励买方尽早付清货款而在协议中许诺给予买方的一种折扣优惠。销售折扣是在销售货物之后发生的，从其性质看属于企业融资行为，故折扣额不能从销售额中扣除。

③销售折让，是指货物销售后由于其品种、质量等原因，购货方未予退货，但销货方需给予购货方的一种价格折让。销售折让的实质是由于货物质量、品种等不符合要求而导致原销售额的减少，因此，对销售折让应以折让后的销售额为计税销售额。

知识链接

企业销售货物由于品种规格不符或质量原因造成购货方要求退货或折让的，不论是当月销售还是以前月份销售的，均应冲减当月的销售收入。

（2）采取还本销售方式销售货物的销售额。所谓还本销售是指将货物售出后，到约定的期限，再由卖方一次或分次将货款部分或全部退还给买方的一种销售方式。采取还本销售方式销售货物的，不得从销售额中减除还本支出。

（3）采取以旧换新方式销售货物的销售额。以旧换新销售，是指纳税人在销售过程中，折价收回同类旧货物，并以折价款冲减货物价款的一种方式。税法规定，纳税人采取以旧换新方式销售货物的，应按新货物的同期销售价格确定销售额。但对金银首饰以旧换新业务，可以按销售方实际收取不含增值税的全部价款征收增值税。

（4）采取以物易物方式销售货物的销售额。以物易物是指买卖双方进行交易时不以货币进行结算，而以同等价款的货物进行结算，从而实现货物的买卖，满足购销双方的需求。对此税法规定，以物易物双方都要作购销处理，以各自发出的货物核算销项税额，以各自收到的货物核算购货额并计算进项税额。

7. 销售额的其他规定。

（1）销售额应以人民币计算，纳税人以外汇结算销售额的可以选择销售额发生的当天或当月 1 日国家外汇牌价（原则上为中间价）折合成人民币计算。纳税人应在事先确定采用何种外汇牌价，确定后一年内不能变更。

（2）一般纳税人因销售退回或折让而退还给购买方的增值税额，要从发生销货退回或折让当期的销项税额中扣减。同理，因进货退出或折让而收回的增值税额，要从发生进货退出或折让当期的进项税额中扣减。

（二）进项税额的确定

进项税额是指纳税人购进货物或接受应税劳务所支付或负担的增值税。在现行的凭发票注明税款进行抵扣的征收制度中，进项税额有三个特点：一是进项税额是由货物或提供应税劳务的销售方缴纳，但在购进环节由购进方支付或负担的税款；二是除购进免税农产品和某些特殊抵扣项目以外，进项税额通常是在增值税专用发票上计算并注明，而非由购进方计算；三是为了避免重复征税，进项税额是购货方在销售货物或提供应税劳务时，可以从销项税额中予以扣除的税款。因此，要正确地计算增值税应纳税额，在销项税额既定的情况下，另一个关键环节就是要按照规定确认纳税人的进项税额，并分清其中哪些可以从销项税额中抵扣，哪些则不允许抵扣。为此，要注意掌握以下各点：

1. 一般规定。准予从销项税额中抵扣的进项税额是：①从销售方取得的增值税专用发票上注明的增值税额；②从海关取得的完税凭证上注明的增值税额。按规定应征增值税的混合销售行为所涉及的非应税劳务和兼营的非应税劳务，以及视同销售所用购进货物的进项税额，只要符合上述条件的也准予从销项税额中抵扣。

2. 特殊规定：

（1）一般纳税人向农业生产者购买的免税农业产品和从国有粮食购销企业购进的免税粮食，可以分别按照收购凭证、销售发票所列金额和 13% 的扣除率计算进项税额，从当期销项税额中扣除。其进项税额的计算公式是：

进项税额 = 买价 × 扣除率

这里的买价，仅限于经主管税务机关批准使用的收购凭证上注明的价款。

知识链接

对烟叶税纳税人按规定缴纳的烟叶税，准予并入烟叶产品的买价计算增值税的进项税额，并在计算缴纳增值税时予以抵扣。计算公式如下：

烟叶收购金额 = 烟叶收购价款 ×（1+10%）

烟叶税应纳税额 = 烟叶收购金额 × 税率（20%）

准予抵扣的进项税额 =（烟叶收购金额 + 烟叶税应纳税额）× 扣除率

增值税一般纳税人从农民专业合作社购进的免税农业产品，可按 13% 的扣除率计算增值税进项税额。

（2）一般纳税人外购货物和销售货物所支付的运输费用（不并入销售额的代垫运费及销售免税货物所发生的运输费用除外），可按运费结算单据（普通发票）所列运费金额

（不包括随同运费支付的装卸费、保险费等其他杂费，但包括随运费征收的建设基金）和7%的扣除率计算进项税额，准予扣除。其公式为：

$$进项税额=运费发票金额\times扣除率$$

知识链接

增值税法对进口环节、混合销售、兼营非应税劳务及以物易物等进项税额抵扣条件作了特殊规定：

一是海关代征进口环节增值税开具的增值税专用缴款书上标明有两个单位名称，既有代理进口单位名称，又有委托进口单位名称的，只准予其中取得专用缴款书原件的一个单位抵扣税款。申报抵扣税款的委托进口单位，必须提供相应的海关代征增值税专用缴款书原件、委托代理合同及付款凭证，否则，不予抵扣进项税额。

二是混合销售和兼营的非应税劳务，按规定应当征收增值税的，该混合销售行为所涉及的非应税劳务和兼营的非应税劳务所用购进货物的进项税额，凡符合《增值税暂行条例》第八条规定的，准予从销项税额中抵扣。

三是商业企业采取以物易物、以货抵债、以物投资方式交易的，收货单位可以凭以物易物、以货抵债、以物投资书面合同以及与之相符的增值税专用发票和运输费用普通发票，确定进项税额，报经税务征收机关批准予以抵扣。

3. 不准予抵扣的进项税额。在计算增值税时，下列项目即使取得增值税专用发票，其进项税额也不得从销项税额中抵扣：

（1）用于非增值税应税项目、免征增值税项目、集体福利或者个人消费的购进货物或者应税劳务。所称个人消费包括纳税人的交际应酬消费。所称非增值税应税项目，是指提供非增值税应税劳务、转让无形资产、销售不动产和不动产在建工程。纳税人新建、改建、扩建、修缮、装饰不动产，均属于不动产在建工程。

（2）非正常损失的购进货物及相关的应税劳务。所称非正常损失，是指因管理不善造成被盗、丢失、霉烂变质的损失。

（3）非正常损失的在产品、产成品所耗用的购进货物或者应税劳务。

（4）国务院财政、税务主管部门规定的纳税人自用消费品。纳税人自用的应征消费税的摩托车、汽车、游艇，其进项税额不得从销项税额中抵扣。

（5）上述四项规定的货物的运输费用和销售免税货物的运输费用。

（6）一般纳税人兼营免税项目或者非增值税应税劳务而无法划分不得抵扣的进项税额的，按下列公式计算不得抵扣的进项税额：

$$\frac{不得抵扣的}{进项税额}=\frac{当月无法划分的}{全部进项税额}\times\frac{当月免税项目销售额、}{非增值税应税劳务营业额合计}\div\frac{当月全部销售额、}{营业额合计}$$

另外，纳税人购进货物或应税劳务，取得的增值税扣税凭证不符合法律、行政法规或国务院税务主管部门有关规定的，其进项税额不得从销项税额中抵扣。

（三）应纳税额的计算

1. 计算应纳税额的时间限定：

（1）计算销项税额的时间限定。销项税额是增值税一般纳税人销售货物或提供应税劳务按照实现的销售额计算的金额。什么时间计算销项税额，税法都作了严格的规定。如采取直接收款方式销售货物，不论货物是否发出，均为收到销售额或取得索取销售额的凭据，并将提货单交给买方的当天；采取托收承付和委托银行收款方式销售货物，为发出货物并办妥托收手续的当天。

（2）进项税额抵扣的时间限定。2003 年以来，国家税务总局对增值税专用发票等扣税凭证陆续实行了 90 日申报抵扣期限的管理措施，对于提高增值税征管信息系统的运行质量、督促纳税人及时申报起到了积极作用。近来，部分纳税人及税务机关反映目前的 90 日申报抵扣期限较短，部分纳税人因扣税凭证逾期申报导致进项税额无法抵扣。为合理解决纳税人的实际问题，加强税收征管，国家税务总局下发了《关于调整增值税扣税凭证抵扣期限有关问题的通知》（国税函［2009］591 号，以下简称通知），自 2010 年 1 月 1 日起进项税额抵扣按以下规定处理：

①增值税一般纳税人取得 2010 年 1 月 1 日以后开具的增值税专用发票、公路内河货物运输业统一发票和机动车销售统一发票，应在开具之日起 180 日内到税务机关办理认证，并在认证通过的次月申报期内，向主管税务机关申报抵扣。

②实行海关进口增值税专用缴款书（以下简称海关缴款书）“先比对后抵扣”管理办法的增值税一般纳税人取得 2010 年 1 月 1 日以后开具的海关缴款书，应在开具之日起 180 日内向主管税务机关报送海关完税凭证抵扣清单（包括纸质资料和电子数据）申请稽核比对。

未实行海关缴款书“先比对后抵扣”管理办法的增值税一般纳税人取得 2010 年 1 月 1 日以后开具的海关缴款书，应在开具之日起 180 日后的第一个纳税申报期结束以前，向主管税务机关申报抵扣。

③增值税一般纳税人取得 2010 年 1 月 1 日以后开具的增值税专用发票、公路内河货物运输业统一发票、机动车销售统一发票以及海关缴款书，未在规定期限内到税务机关办理认证、申报抵扣或者申请稽核比对的，不得作为合法的增值税扣税凭证，不得计算进项税额抵扣。

④增值税一般纳税人丢失已开具的增值税专用发票，应在通知第一条规定期限内，按照《国家税务总局关于修订〈增值税专用发票使用规定〉的通知》（国税发［2006］156 号）第二十八条及相关规定办理。

增值税一般纳税人丢失海关缴款书，应在通知第二条规定期限内，凭报关地海关出具的相关已完税证明，向主管税务机关提出抵扣申请。主管税务机关受理申请后，应当进行审核，并将纳税人提供的海关缴款书电子数据纳入稽核系统进行比对。稽核比对无误后，方可允许计算进项税额抵扣。

2. 计算应纳税额时进项税额大于销项税额的处理。由于增值税实行购进扣税法，有时企业当期购进的货物很多，在计算应纳税额时会出现当期销项税额小于当期进项税额不足抵扣的情况。根据税法规定，当期进项税额不足抵扣的部分可以结转下期继续抵扣。

3. 扣减发生期进项税额的规定。由于增值税实行以当期销项税额抵扣当期进项税额的“购进扣税法”，当期购进的货物或应税劳务如果事先并未确定将用于非生产经营项目，其进项税额会在当期销项税额中予以抵扣。已抵扣进项税额的购进货物或应税劳务如果事后改变用途，用于不得抵扣进项税额的项目，根据税法规定，应将该项购进货物或应税劳务的进项税额从当期发生的进项税额中扣减，无法准确确定该项进项税额的，按当期实际成本计算应扣减的进项税额。

4. 销货退回或折让的税务处理。纳税人在货物购销活动中，因货物质量、规格等原因常会发生销货退回或销货折让的情况。由于销货退回或折让不仅涉及销货价款或折让价款退回，还涉及增值税的退回，这样，销货方和购货方应相应对当期的销项税额或进项税额进行调整。为此，税法规定，一般纳税人因销货退回或折让而退还给购买方的增值税额，应从发生销货退回或折让当期的销项税额中扣减；因进货退出或折让而收回的增值税额，应从发生进货退出或折让当期的进项税额中扣减。

5. 向供货方取得返还收入的税务处理。自 2004 年 7 月 1 日起，对商业企业向供货方收取的与商品销售量、销售额挂钩（如以一定比例、金额、数量计算）的各种返还收入，均应按照平销返利行为的有关规定冲减当期增值税进项税额。应冲减进项税额的计算公式调整为：

$$\frac{当期应冲减}{进项税额}=\frac{当期取得}{返还资金}\div\left(1+\frac{所购货物适用}{增值税税率}\right)\times\frac{所购货物适用}{增值税税率}$$

商业企业向供货方收取的各种返还收入，一律不得开具增值税专用发票。

6. 一般纳税人注销时进项税额的处理。一般纳税人注销或取消辅导期一般纳税人资格，转为小规模纳税人时，其存货不作进项税额转出处理，其留抵税额也不予退税。

7. 应纳税额计算实例。

（1）工业企业应纳增值税计算举例。

【例 3-2】 某工业企业（增值税一般纳税人）2011 年 8 月购销业务情况如下：

①购进生产原料一批，已验收入库，取得的增值税专用发票上注明的价、税款分别为 23 万元、3.91 万元，另支付运费（取得发票）3 万元；

②购进钢材 20 吨，已验收入库，取得的增值税专用发票上注明的价、税款分别为 8 万元、1.36 万元；

③直接向农民收购用于生产加工的农产品一批，经税务机关批准的收购凭证上注明价款为 42 万元；

④销售产品一批，货已发出并办妥银行托收手续，但货款未到，向买方开具专用发票注明销售额 60 万元；

⑤将本月外购 20 吨钢材及库存的同价钢材 20 吨移送本企业修建产品仓库工程使用；

⑥期初留抵进项税额 0.5 万元。

要求：计算该企业当期应纳增值税。

销项税额 $=60\times17\%=10.2$（万元）

进项税额 $=3.91+3\times7\%+1.36+42\times13\%-1.36\times2=8.22$（万元）

应纳增值税 $=10.2-8.22-0.5=1.48$（万元）

【例 3-3】 某工业企业为一般纳税人，2009 年 12 月销售自己使用过的属于企业固定资产目录所列货物的应征消费税的小汽车两部，取得不含税销售收入分别为26万元和14万元；同时销售自己使用过的属于企业固定资产目录所列货物的设备一台（2009年3月购进），取得不含税销售收入10万元（原值为9万元）。试计算企业应该缴纳的增值税。

一般纳税人销售自己使用过的属于《增值税暂行条例》第十条规定不得抵扣且未抵扣进项税额的固定资产，按简易办法依4%征收率减半征收增值税；销售自己使用过的2009年1月1日以后购进或者自制的固定资产，按照适用税率征收增值税。

应纳增值税＝26×4%×50%＋14×4%×50%＋10×17%＝2.5（万元）

【例3-4】某服装厂为一般纳税人，该企业2011年10月将自己加工的西服作为福利发给本厂职工，发放男式西服50套，销售价每套300元；发放女式西服150套，无销售价，制作女式西服的总成本为34 500元。计算该项业务的销项税额。

男式西服的销项税额＝（50×300）×17%＝2 550（元）

女式西服的销项税额＝34 500×（1＋10%）×17%＝6 451.50（元）

销项税额合计＝2 550＋6 451.50＝9 001.50（元）

（2）流通企业应纳增值税计算举例。

【例3-5】某工业品贸易中心批零兼营，为增值税一般纳税人。该中心2011年10月外购货物，发票注明进项税金421 205元，本月货物销售情况如下：

①批发部批发给一般纳税人的货物取得销售额1 532 000元，开具专用发票；批发给小规模纳税人的货物取得468 000元，价税混合收取。

②零售专柜零售收入额为4 095 000元，价税混合收取。

根据上述资料计算该贸易中心本月应纳增值税。

销售额＝1 532 000＋（468 000＋4 095 000）÷（1＋17%）＝5 432 000（元）

销项税额＝5 432 000×17%＝923 440（元）

本月应纳增值税＝923 440－421 205＝502 235（元）

（3）纳税人提供应税劳务应纳增值税计算举例。

【例3-6】某市红旗轿车维修中心是一个以大修红旗轿车为主的加工、修理修配企业，兼营红旗轿车配件的销售业务，为一般纳税人。该企业2011年10月修理轿车劳务收入320 000元，销售轿车配件收入105 000元，本月外购货物发票注明的进项税额是17 000元。计算该企业本月应纳增值税。

按照税法规定，纳税人提供加工、修理修配劳务取得的收入，应按17%税率计算增值税销项税额，用于加工和修理修配业务的外购货物，可将从销售方取得的增值税专用发票上注明的增值税税额，作为进项税额。因此，该企业本月的销项税额是提供劳务和销售货物的销项税额之和。

本月销项税额＝（320 000＋105 000）×17%＝72 250（元）

本月应纳增值税＝72 250－17 000＝55 250（元）

任务二 计算小规模纳税人应纳增值税

（一）应纳税额计算公式

按照增值税政策规定，小规模纳税人或采取简易征税办法的纳税人销售货物或者提供应税劳务，按不含税销售额和规定的征收率计算应纳税额，不得抵扣进项税额。计算公式为：

应纳税额＝销售额×征收率

（二）含税销售额的换算

如果小规模纳税人销售货物或提供应税劳务采取销售额和应纳税额合并定价，则应将含税销售额换算成不含税销售额。换算公式为：

销售额＝含税销售额÷（1+征收率）

【例3-7】某个体零售商店某月销售额为30 900元，试计算该个体零售商店当月应纳增值税。

计税销售额＝30 900÷（1+3%）＝30 000（元）

应纳增值税＝30 000×3%＝900（元）

（三）自来水公司销售自来水应纳税额的计算

自2002年6月1日起，对自来水公司销售自来水按6%征收率征收增值税的同时，对其购进独立核算水厂的自来水取得的增值税专用发票上注明的增值税税款（按6%征收率开具）予以抵扣。

（四）销售特定货物应纳税额的计算

现行增值税法规规定，对一些特定货物销售行为，无论其从事者是一般纳税人还是小规模纳税人，一律按简易办法，即按小规模纳税人应纳税额计算办法计算应纳税额。自1998年8月1日起，下列特定货物销售行为的征收率由6%调低至4%：（1）寄售商店代销寄售物品；（2）典当业销售死当物品；（3）经有权机关批准的免税商店零售免税货物。

根据上述规定，增值税一般纳税人在计算应纳税额时，也有可能用到小规模纳税人不含税销售额的换算公式。

（五）关于购置税控收款机的税款抵扣的计算

自2004年12月1日起，增值税小规模纳税人购置税控收款机，经主管税务机关审核批准后，可凭购进税控收款机取得的增值税专用发票，按照发票上注明的增值税税额，抵免当期应纳增值税，或者按照购进税控收款机取得的普通发票上注明的价款依下列公式计算可抵免税额：

可抵免税额＝价款÷（1+17%）×17%

当期应纳税额不足抵免的，未抵免部分可在下期继续抵免。

温馨提示

自2010年10月1日起，项目运营方利用信托资金融资进行项目建设开发，在项目建设期内取得的增值税专用发票和其他抵扣凭证，允许其按现行增值税有关规定予以抵扣。

任务三　计算进口货物应纳增值税

纳税人进口货物，按照组成计税价格和适用税率计算应纳税额不抵扣任何税款，其公式为：

应纳税额＝组成计税价格×税率

其中：

组成计税价格＝关税完税价格+关税税额

如果属于征收消费税的进口货物，还需在组成计税价格中加上消费税，即：

组成计税价格＝关税完税价格+关税税额+消费税税额

这就是说进口货物先要征收具有保护作用的关税，对应征收消费税的，还要征收一道消费税，以进行特殊调节，然后以关税完税价格、关税和消费税之和为税基，征收增值税。进口货物的增值税由海关代征。小规模纳税人进口货物，也按上述规定计算缴纳增值税；个人携带或邮寄进境自用物品的增值税，连同关税一并计征。

【例 3-8】 某公司 2011 年 4 月 2 日从国外进口材料一批，料到并已验收入库，海关核定的关税完税价格折合人民币为 500 000 元，应纳关税 50 000 元，增值税税率为 17%。货物验收入库，货款已支付。试计算该公司的应纳增值税额。

应纳增值税＝（500 000+50 000）×17%＝93 500（元）

项目三　办理增值税纳税申报

任务一　熟悉增值税的征收管理

（一）纳税期限

增值税的纳税期限分别为 1 日、3 日、5 日、10 日、15 日、1 个月或者 1 个季度。纳税人的具体纳税期限，由主管税务机关根据纳税人应纳税额的大小分别核定，不能按照固定期限纳税的，可以按次纳税。以 1 个季度为纳税期限的规定仅适用于小规模纳税人。

纳税人以 1 个月或者 1 个季度为 1 个纳税期的，自期满之日起 15 日内申报纳税。

（二）纳税地点

为了保证纳税人按期申报纳税，根据企业跨地区经营和搞活商品流通的特点及不同情况，税法还具体规定了增值税的纳税地点：

1. 固定业户应当向其机构所在地主管税务机关申报纳税。总机构和分支机构不在同一县（市）的，应当分别向各自所在地主管税务机关申报纳税；经国家税务总局或其授权的税务机关批准，也可由总机构汇总向总机构所在地主管税务机关申报纳税。

2. 固定业户到外县（市）销售货物的，应当向其机构所在地主管税务机关申请开具外出经营活动税收管理证明，向其机构所在地主管税务机关申报纳税。未持有其机构所在地主管税务机关核发的外出经营活动税务管理证明，到外县（市）销售货物或者提供应税劳务的，销售地主管税务机关一律按6%的征收率征税，其在销售地发生的销售额，回机构所在地后，仍应按规定申报纳税，在销售地缴纳的税款不得从当期应纳税额中扣减。

3. 非固定业户销售货物或者提供应税劳务，应当向销售地主管税务机关申报纳税。非固定业户到外县（市）销售货物或者提供应税劳务未向销售地主管税务机关申报纳税的，由其机构所在地或居住地主管税务机关补征税款。

4. 进口货物，应当由进口人或其代理人向报关地海关申报纳税。

（三）增值税专用发票的使用及管理

1. 专用发票的联次。专用发票由基本联次或者基本联次附加其他联次构成，基本联次为三联：第一联为税款抵扣联，购货方作扣税凭证。第二联为发票联，购货方作付款的记账凭证。第三联为记账联，销货方作销售的记账凭证。

2. 专用发票的开票限额。最高开票限额由一般纳税人申请，税务机关依法审批。最高开票限额为10万元及以下的，由区县级税务机关审批；最高开票限额为100万元的，由地市级税务机关审批；最高开票限额为1 000万元及以上的，由省级税务机关审批。

3. 专用发票的开具范围。商业企业一般纳税人零售的烟、酒、食品、服装、鞋帽（不包括劳保专用部分）、化妆品等消费品不得开具专用发票。增值税小规模纳税人（以下简称小规模纳税人）需要开具专用发票的，可向主管税务机关申请代开。

4. 专用发票与不得抵扣进项税额的规定。

（1）有下列情形之一的，不得作为增值税进项税额的抵扣凭证。①无法认证；②纳税人识别号认证不符；③专用发票代码、号码认证不符。税务机关退还原件，购买方可要求销售方重新开具专用发票。

（2）出现重复认证的情况，暂不得作为增值税进项税额的抵扣凭证。税务机关扣留原件，查明原因，分别情况进行处理。

任务二　掌握增值税的纳税申报

（一）一般纳税人纳税申报程序

1. 一般纳税人网上申报流程。增值税一般纳税人（以下简称纳税人）在每月15日前，通过网上申报系统，填写增值税纳税申报表主表、附表及其他附列资料，审核确认无误后通过“纳税申报”模块在线提交电子报表。具体步骤如下：

进入发票资料：（1）发票领用存—下载信息—保存。（2）进项发票—远程导入—保存。（3）销项发票—导入或手工添加—保存。（4）普通发票—导入或手工添加—保存。（5）运费进口其他发票录入—保存。（6）进项税转出（有就录入）—保存。（7）填写报表。先打开附表一、附表二，保存后再打开增值税纳税申报表，然后点击“保存”。填写资产负债表、损益表，点击“保存”。别的报表都可自动生成。（8）发送报表。全选后，点击“发送”即可。（9）反馈查询。可以查看发送的报表是否申报处理成功，然后把报税资料打印出来，待年终一次性报主管税务机关。

2. 纳税申报资料。纳税人进行纳税申报必须实行电子信息采集。使用防伪税控系统开具增值税专用发票的纳税人必须在抄报税成功后，方可进行纳税申报。

(1) 必报资料包括：

①增值税纳税申报表（适用于增值税一般纳税人）、增值税纳税申报表附列资料（表一）、(表二) 和固定资产进项税额抵扣情况表。

②使用防伪税控系统的纳税人，必须报送记录当期纳税信息的 IC 卡（明细数据备份在软盘上的纳税人，还须报送备份数据软盘）。

③资产负债表和损益表。

④成品油购销存情况明细表（发生成品油零售业务的纳税人填报）。

⑤主管税务机关规定的其他必报资料。

纳税申报实行电子信息采集的纳税人，除向主管税务机关报送上述必报资料的电子数据外，还需报送纸介的增值税纳税申报表（适用于一般纳税人）（主表及附表）。

(2) 备查资料包括：①已开具的增值税专用发票和普通发票存根联；②符合抵扣条件并且在本期申报抵扣的增值税专用发票抵扣联；③海关进口货物完税凭证、运输发票、购进农产品普通发票的复印件；④收购凭证的存根联或报查联；⑤代扣代缴税款凭证存根联；⑥主管税务机关规定的其他备查资料。

备查资料是否需要在当期报送，由各省级国家税务局确定。

3. 主表的内容及格式。增值税一般纳税人纳税申报表如表 3-1 所示。

（二）小规模纳税人纳税申报程序

1. 小规模纳税人（以下简称纳税人）网上申报纳税的流程如下：

(1) 纳税人向国税局的征管部门提出网上申报纳税申请，经县（市）区局审批同意后，正式参与网上申报纳税。

(2) 纳税人向税务机关提供在银行已经开设的缴税账户，并保证账户中有足够用于缴税的资金。

(3) 纳税人与银行签署委托划款协议，委托银行划缴税款。

(4) 纳税人利用计算机和申报纳税软件制作纳税申报表，并通过电话网、因特网传送给税务机关的计算机系统。

(5) 税务机关将纳税人的应划缴税款信息通过网络发送给有关的银行，由银行从纳税人的存款账户上划缴税款，并打印税收转账专用完税证。

(6) 银行将实际划缴的税款信息利用网络传送给税务机关的计算机系统。

(7) 税务机关接收纳税人的申报信息和税款划缴信息，打印税收汇总缴款书，办理税款的入库手续。

(8) 纳税人在方便的时候到银行营业网点领取税收转账专用完税证，进行会计核算。

2. 纳税申报资料。包括：(1) 增值税小规模纳税人纳税申报表；(2) 资产负债表和损益表；(3) 主管税务机关要求的其他资料。

3. 小规模纳税人纳税申报表的内容及格式。增值税小规模纳税人纳税申报表适用于增值税小规模纳税人填报。纳税人销售使用过的固定资产、免税货物或提供免税劳务，也使用本表。增值税小规模纳税人纳税申报表见表 3-2。

表 3-1

增值税纳税申报表

（适用于增值税一般纳税人）

根据《中华人民共和国增值税暂行条例》第 22 条和第 23 条的规定制定本表。纳税人不论有无销售额，均应按主管税务机关核定的纳税期限按期填报本表，并于次月 1 日起 10 日内，向当地税务机关申报。

税款所属时间：自　年　月　日至　年　月　日　填表日期：　年　月　日　金额单位：　元至角分

<table>
<tr><td colspan="2">纳税人名称</td><td>（公章）</td><td>法定代表人姓名</td><td></td><td>注册地址</td><td></td><td>营业地址</td><td></td></tr>
<tr><td colspan="2">开户银行及账号</td><td></td><td colspan="3">企业登记注册类型</td><td>电话号码</td><td colspan="2"></td></tr>
<tr><td colspan="2" rowspan="2">项目</td><td rowspan="2">栏次</td><td colspan="2">一般货物及劳务</td><td colspan="2">即征即退货物及劳务</td></tr>
<tr><td>本月数</td><td>本年累计</td><td>本月数</td><td>本年累计</td></tr>
<tr><td rowspan="10">销售额</td><td>（一）按适用税率征税货物及劳务销售额</td><td>1</td><td></td><td></td><td></td><td></td></tr>
<tr><td>其中：应税货物销售额</td><td>2</td><td></td><td></td><td></td><td></td></tr>
<tr><td>应税劳务销售额</td><td>3</td><td></td><td></td><td></td><td></td></tr>
<tr><td>纳税检查调整的销售额</td><td>4</td><td></td><td></td><td></td><td></td></tr>
<tr><td>（二）按简易征收办法征税货物销售额</td><td>5</td><td></td><td></td><td></td><td></td></tr>
<tr><td>其中：纳税检查调整的销售额</td><td>6</td><td></td><td></td><td></td><td></td></tr>
<tr><td>（三）免、抵、退办法出口货物销售额</td><td>7</td><td></td><td></td><td></td><td></td></tr>
<tr><td>（四）免税货物及劳务销售额</td><td>8</td><td></td><td></td><td></td><td></td></tr>
<tr><td>其中：免税货物销售额</td><td>9</td><td></td><td></td><td></td><td></td></tr>
<tr><td>免税劳务销售额</td><td>10</td><td></td><td></td><td></td><td></td></tr>
</table>

续表

项目		栏次	一般货物及劳务		即征即退货物及劳务	
			本月数	本年累计	本月数	本年累计
税款计算	销项税额	11				
	进项税额	12				
	上期留抵税额	13				
	进项税额转出	14				
	免、抵、退货物应退税额	15				
	按适用税率计算的纳税检查应补缴税额	16				
	应抵扣税额合计	17=12+13-14-15+16				
	实际抵扣税额	18(如17<11,则为17,否则为11)				
	应纳税额	19=11-18				
	期末留抵税额	20=17-18				
	按简易征收办法计算的应纳税额	21				
	按简易征收办法计算的纳税检查应补缴税额	22				
	应纳税额减征额	23				
	应纳税额合计	24=19+21-23				

续表

项目		栏次	一般货物及劳务		即征即退货物及劳务	
			本月数	本年累计	本月数	本年累计
税款缴纳	期初未缴税额（多缴为负数）	25				
	实收出口开具专用缴款书退税额	26				
	本期已缴税额	27＝28+29+30+31				
	①分次预缴税额	28				
	②出口开具专用缴款书预缴税额	29				
	③本期缴纳上期应纳税额	30				
	④本期缴纳欠缴税额	31				
	期末未缴税额（多缴为负数）	32＝24+25+26−27				
	其中：欠缴税额（≥0）	33＝25+26−27		—		—
	本期应补（退）税额	34＝24−28−29		—		—
	即征即退实际退税额	35	—	—		
	期初未缴查补税额	36			—	—
	本期入库查补税额	37			—	—
	期末未缴查补税额	38＝16+22+36−37			—	—

	为代理一切税务事宜，现授权申报表有关的往来文件，都可寄予此人。 授权人签字：	此纳税申报表是根据《中华人民共和国增值税暂行条例》的规定填报的，我确信它是真实的、可靠的、完整的。 声明人签字：

收到日期：　　　　接收人：　　　　主管税务机关盖章：

表 3-2　　增值税纳税申报表（适用于小规模纳税人）

纳税人识别号：□□□□□□□□□□□□□□□□□□□□

纳税人名称（公章）：　　　　　　　　　　　　　　　金额单位：元（列至角分）

税款所属期：　　年　月　日至　　年　月　日　　　　　填表日期：　　年　月　日

	项　目	栏次	本期数	本年累计
一、计税依据	（一）应征增值税货物及劳务不含税销售额	1		
	其中：税务机关代开的增值税专用发票不含税销售额	2	——	——
	税控器具开具的普通发票不含税销售额	3		
	（二）销售使用过的应税固定资产不含税销售额	4		
	其中：税控器具开具的普通发票不含税销售额	5		
	（三）免税货物及劳务销售额	6		
	其中：税控器具开具的普通发票销售额	7		
	（四）出口免税货物销售额	8		
	其中：税控器具开具的普通发票销售额	9		
二、税款计算	本期应纳税额	10		
	本期应纳税额减征额	11		
	应纳税额合计	12＝10－11		
	本期预缴税额	13		——
	本期应补（退）税额	14＝12－13		——

纳税人或代理人声明：此纳税申报表是根据国家税收法律的规定填报的，我确定它是真实的、可靠的、完整的。	如纳税人填报，由纳税人填写以下各栏： 办税人员（签章）：　　　　财务负责人（签章）： 法定代表人（签章）：　　　　联系电话： 如委托代理人填报，由代理人填写以下各栏： 代理人名称：　　经办人（签章）：　　联系电话： 代理人（公章）：

受理人：　　　　　受理日期：　　年　月　日　　　　受理税务机关（签章）：

本表为 A3 竖式一式三份，一份纳税人留存，一份主管税务机关留存，一份征收部门留存。

项目四　办理出口货物增值税退（免）税

任务一　确定出口货物增值税退免税政策的适用范围

免税并退税的出口货物，一般应具备以下四个条件：（1）必须是属于增值税、消费税征税范围的货物；（2）必须是报关离境的货物；（3）必须是在财务上作销售处理的货物；（4）必须是出口收汇并已核销的货物。

对出口的凡属于已征或应征增值税、消费税的货物，除国家明确规定不予退（免）税的货物和出口企业从小规模纳税人购进并持普通发票的部分货物外，都属于出口货物退（免）税范围，均应退还已征增值税和消费税或免征应征的增值税和消费税。

（一）下列企业出口满足上述四个条件的货物，除另有规定外，给予免税并退税

1. 生产企业自营出口或委托外贸企业代理出口的自产货物。

2. 有出口经营权的外贸企业收购后直接出口或委托其他外贸企业代理出口的货物。

3. 特定出口的货物：（1）对外承包工程公司运出境外用于对外承包项目的货物。（2）对外承接修理修配业务的企业用于对外修理修配的货物。（3）外轮供应公司、远洋运输供应公司销售给外轮、远洋国轮而收取外汇的货物。（4）企业在国内采购并运往境外作为在国外投资的货物。

（二）下列企业出口的货物，除另有规定外，给予免税但不退税

1. 属于生产企业的小规模纳税人自营出口或委托外贸企业代理出口的自产货物，免税但不退税。

2. 外贸企业从小规模纳税人购进并持普通发票的货物出口，免税但不予退税。

3. 外贸企业直接购进国家规定的免税货物出口，免税但不予退税。

（三）下列出口的货物，免税但不退税

1. 来料加工复出口的货物，即原材料进口免税，加工自制的货物出口不退税。

2. 避孕药品和用具、古旧图书，内销免税，出口也免税。

3. 有出口卷烟权的企业出口国家出口卷烟计划内的卷烟，在生产环节免征增值税、消费税，出口环节不办理退税。其他非计划内出口的卷烟照章征收增值税和消费税，出口一律不退税。

4. 军品以及军队系统企业出口军需工厂生产或军需部门调拨的货物免税。

5. 国家规定的其他免税货物。

（四）出口不免税也不退税的货物和企业

除经批准属于进料加工复出口贸易以外，下列出口货物不免税也不退税：（1）国家

计划外出口的原油。(2) 援外出口货物。(3) 国家禁止出口的货物。

对没有进出口经营权的商贸企业，从事出口贸易不免税也不退税。

(五) 外贸企业出口视同内销货物征税时进项税额抵扣的处理

1. 外贸企业购进货物后，无论内销还是出口，须将所取得的增值税专用发票在规定的认证期限内到税务机关办理认证手续。凡未在规定的认证期间内办理认证手续的增值税专用发票不予抵扣或退税。

2. 外贸企业出口货物，凡未在规定期限内申请退（免）税或虽已申请退（免）税但未在规定期限内向税务机关补齐有关凭证，以及未在规定期限内申报开具《代理出口货物证明》的，自规定期限截止之日的次日起30天内，由外贸企业根据应征税货物相应的未办理退税或抵扣的进项税专用发票情况，填具进项发票明细表。

任务二　确定出口货物增值税退税率

出口货物的退税率，是出口货物的实际退税额与退税计税依据的比例。现行出口货物的增值税退税率有17%、15%、14%、13%、11%、9%、8%、6%、5%等。

任务三　计算出口货物增值税退税额

为了与出口企业的会计核算办法相一致，我国《出口货物退（免）税管理办法》规定了两种退税计算办法：第一种办法是“免、抵、退”税办法，主要适用于自营和委托出口自产货物的生产企业；第二种办法是“先征后退”办法，目前主要用于收购货物出口的外（工）贸企业。

(一)“免、抵、退”税的计算方法

生产企业自营或委托外贸企业代理出口（以下简称生产企业出口）自产货物，除另有规定外，增值税一律实行“免、抵、退”税管理办法。实行“免、抵、退”税办法的“免”税，是指对生产企业出口的自产货物，免征本企业生产销售环节增值税；“抵”税，是指生产企业出口自产货物所耗用的原材料、零部件、燃料、动力等所含应予退还的进项税额，抵顶内销货物的应纳税额；“退”税，是指生产企业出口的自产货物在当月内应抵的进项税额大于应纳税额时，对未抵顶完的部分予以退税。

1. 当期应纳税额计算：

$$\text{当期应纳税额}=\text{当期内销货物的销项税额}-\left(\text{当期进项税额}-\text{当期免、抵、退税不得免征和抵扣税额}\right)-\text{当期留抵税额}$$

其中：

$$\text{当期免、抵、退税不得免征和抵扣税额}=\text{出口货物离岸价}\times\text{外汇人民币牌价}\times\left(\text{出口货物征税率}-\text{出口货物退税率}\right)-\text{免、抵、退税不得免征和抵扣税额抵减额}$$

$$\text{免、抵、退税不得免征和抵扣税额抵减额}=\text{免税购进原材料价格}\times\left(\text{出口货物征税率}-\text{出口货物退税率}\right)$$

免税购进原材料包括从国内购进免税原材料和进料加工免税进口料件，其中进料加工

免税进口料件的价格为组成计税价格。

进料加工免税进口料件的组成计税价格=货物到岸价+海关实征关税+消费税

2. 免、抵、退税额的计算：

$$免、抵、退税额=出口货物离岸价\times外汇人民币牌价\times出口货物退税率-免、抵、退税额抵减额$$

其中：免、抵、退税额抵减额=免税购进原材料价格×出口货物退税率

3. 当期应退税额和免抵税额的计算：

如当期期末留抵税额≤当期免、抵、退税额，则：

当期应退税额=当期期末留抵税额

当期免抵税额=当期免、抵、退税额-当期应退税额

如当期期末留抵税额>当期免、抵、退税额，则：

当期应退税额=当期免、抵、退税额　　　当期免抵税额=0

（二）企业“免、抵、退”税计算实例

【例 3-9】某自营出口生产企业为增值税一般纳税人，出口货物的征税税率为17%，退税税率为13%。2011 年 4 月的有关经营业务为：购进原材料一批，取得的增值税专用发票注明价款 200 万元，外购货物准予抵扣的进项税额 34 万元通过认证。上月末留抵税款 3 万元。本月内销货物不含税销售额 100 万元，收款 117 万元存入银行。本月出口货物的销售额折合人民币 200 万元。试计算该企业当期的免、抵、退税额。

当期免、抵、退税不得免征和抵扣税额=200×（17%-13%）=8（万元）

当期应纳税额=100×17%-（34-8）-3=17-26-3=-12（万元）

当期免、抵、退税额=200×13%=26（万元）

按规定，如当期末留抵税额≤当期免、抵、退税额，当期应退税额=当期期末留抵税额，即该企业当期应退税额=12（万元）。

当期免抵税额=当期免、抵、退税额-当期应退税额=26-12=14（万元）

【例 3-10】某自营出口的生产企业为增值税一般纳税人，出口货物的征税税率为17%，退税税率为13%。2011 年 6 月有关经营业务为：购原材料一批，取得的增值税专用发票注明价款 400 万元，外购货物准予抵扣的进项税额 68 万元通过认证。上期末留抵税款 5 万元。本月内销货物不含税销售额 100 万元，收款 117 万元存入银行。本月出口货物的销售额折合人民币 200 万元。试计算该企业当期的免、抵、退税额。

当期免、抵、退税不得免征和抵扣税额=200×（17%-13%）=8（万元）

当期应纳税额=100×17%-（68-8）-5=17-60-5=-48（万元）

当期免、抵、退税额=200×13%=26（万元）

按规定，如当期期末留抵税额>当期免、抵、退税额，当期应退税额=当期免、抵、退税额，即该企业当期应退税额=26（万元）。

当期免抵税额=当期免、抵、退税额-当期应退税额=26-26=0

【例 3-11】某自营出口生产企业是增值税一般纳税人，出口货物的征税税率为17%，退税税率为13%。2011 年 8 月有关经营业务为：购进原材料一批，取得的增值税专用发票注

明价款200万元，外购货物准予抵扣的进项税额34万元通过认证。当月进料加工免税进口料件的组成计税价格为100万元。上期末留抵税款6万元。本月内销货物不含税销售额100万元，收款117万元存入银行。本月出口货物销售额折合人民币200万元。试计算该企业当期的免、抵、退税额。

$$\text{免、抵、退税不得免征和抵扣税额抵减额}=\text{免税进口料件的组成计税价格}\times\left(\text{出口货物征税率}-\text{出口货物退税率}\right)=100\times(17\%-13\%)$$

$$=4\ (\text{万元})$$

$$\text{免、抵、退税不得免征和抵扣税额}=\text{当期出口货物离岸价}\times\text{外汇人民币牌价}\times\left(\text{出口货物征税率}-\text{出口货物退税率}\right)-\text{免、抵、退税不得免征和抵扣税额抵减额}$$

$$=200\times(17\%-13\%)-4=8-4=4\ (\text{万元})$$

当期应纳税额 $=100\times17\%-(34-4)-6=17-30-6=-19$（万元）

免、抵、退税额抵减额=免税购进原材料×材料出口货物退税率 $=100\times13\%=13$（万元）

当期免、抵、退税额 $=200\times13\%-13=13$（万元）

按规定，如当期期末留抵税额>当期免、抵、退税额，当期应退税额=当期免、抵、退税额，即该企业应退税额=13（万元）。

当期免抵税额=当期免、抵、退税额-当期应退税额=13-13=0

8月期末留抵结转下期继续抵扣税额为6万元（19-13）。

任务四 出口货物增值税退税的办理

外贸企业自货物报关出口之日（以出口货物报关单（出口退税专用）上注明的出口日期为准）起90日内未向主管税务机关退税部门申报出口退税的货物，除另有规定者和确有特殊原因经地市以上税务机关批准者外，企业须向主管税务机关征税部门进行纳税申报并计提销项税额。

$$\text{销项税额}=\left(\text{出口货物离岸价格}\times\text{外汇人民币牌价}\right)\div\left(1+\text{法定增值税税率}\right)\times\text{法定增值税税率}$$

应纳税额=（出口货物离岸价格×外汇人民币牌价）÷（1+征收率）×征收率

新发生出口业务的企业，自发生首笔出口业务之日起12个月内发生的应退税额，不实行按月退税的办法，而是采取结转下期继续抵顶其内销货物应纳税额的办法。

注册开业时间在1年以上的新发生出口业务的企业（小型出口企业除外），经地市税务机关核实确有生产能力并无偷税行为及走私、逃套汇等违法行为的，可实行统一的按月计算办理免、抵、退税的办法。

新成立的内外销销售额之和超过500万元（含）人民币，且外销销售额占其全部销售额的比例超过50%（含）的生产企业，如在自成立之日起12个月内不办理退税确有困难的，经省、自治区、直辖市国家税务局批准，可实行统一的按月计算办理免、抵、退税的办法。

任务五 出口货物增值税退（免）税申报

出口货物的退（免）税申报，是指出口企业在其出口货物报关离境并在财务上作出口销售处理后，按照出口退（免）税的法规和要求，凭有关退（免）税凭证定期向主管退（免）税的税务机关提出退（免）税申请的一项法定义务和手续。它是税务部门据以审核、批准并办理退（免）税的依据。出口企业应在规定期限内（货物报关出口之日起90天后第一个增值税纳税申报截止之日）向主管税务机关办理退（免）税申报。

（一）出口退（免）税凭证资料

1. 申请出口退（免）税必须提供下列凭证：

（1）实行“免、抵、退”税管理办法的生产企业提供出口货物的出口发票，外贸企业提供购进出口货物的增值税专用发票。凡外贸企业购进的出口货物，外贸企业应在购进货物后按规定及时要求供货企业开具增值税专用发票；其购进货物开具的增值税专用发票，退税部门应要求外贸企业自开票之日起30日内办理认证手续。

（2）出口货物报关单（出口退税专用）。

（3）出口收汇核销单。

（4）税务机关要求提供的其他资料。

外贸企业购进出口的消费税应税货物，还需提供“税收（出口货物专用）缴款书”或“出口货物完税分割单”。

2. 对特准退税的出口货物向出口退税税务机关申请退税时，除提供上述列举的有关凭证外，还需提供下列资料：

（1）外轮供应公司、远洋运输供应公司销售给外轮、远洋国轮的货物，提供的外销发票必须列明销售货物名称、数量、销售额并经外轮、远洋国轮船长签名方为有效。

（2）对外承包工程公司运出境外用于对外承包工程项目的设备、原材料、施工机械等货物的有关对外承包工程合同等。

（3）企业在国内采购并运往境外作为在国外投资的货物，还应提供对外贸易经济合作部及其授权单位批准其在国外投资的文件（复印件）、在国外办理的企业注册登记副本和有关合同副本。

（4）对利用中国政府的援外优惠贷款和合资合作项目基金的援外出口企业，还须提供对外贸易经济合作部批准使用援外优惠贷款的批文（援外任务书）复印件或对外贸易经济合作部批准使用援外合资合作项目基金的批文（援外任务书）复印件，以及与中国进出口银行签订的“援外优惠贷款协议”复印件或与对外经济贸易合作部的有关部门签订的“援外合资合作项目基金借款合同”复印件等。

（5）对开展境外带料加工装配的企业，须提供对外贸易经济合作部批准的“境外带料加工装配企业批准证书”（复印件）。

（6）利用外国政府或国际金融组织贷款采用国际招标方式国内中标的机电产品，中标企业还须提供由中国招标公司或国内其他招标组织填写的、中标企业所在地税务机关签发的中标证明通知书。

（二）出口退税办理流程

出口退税的企业有不同的分类。按出口企业生产经营的特点，可分为具有进出口经营权的生产企业和外贸企业；按出口的贸易类型，可分为一般贸易和进料加工；按出口的经营方式，可分为自营出口和委托代理出口；按出口退税的方法，可分为免税企业、先征后退企业和“免、抵、退”企业。但无论何种出口企业，其出口退税程序基本如下：出口退税登记—出口退税申报—出口退税审核—税款退付与退税清算。

1. 出口退税登记。出口退税登记是办理出口退税的第一步。出口企业在征税机关办理税务登记和增值税一般纳税人认定登记之后，应到主管退税的税务机关办理出口退税登记手续。

首先，出口企业在获准具有进出口经营权之日起30日内，持国家外经贸部及其授权单位批准其出口经营权的批件、工商营业执照副本、税务登记证副本等证件到所在地主管退税税务机关办理出口退税登记手续：（1）填写出口退税登记表，经主管退税税务机关审核；（2）办理出口退税登记证；（3）提交出口专职或兼职办税员的有关资料，经由主管退税税务机关考核，发给办税员证。出口企业只有在领取了出口退税登记证明之后，才具有办理出口退税的权利和资格。未办理退税登记的出口企业，一律不予办理出口货物的退（免）税。

其次，出口企业的出口退税登记的内容如有变更，或发生改组、分立、合并、撤销等情况，应于主管部门批准之日起30日内，持有关证件向所在地主管退税的税务机关办理变更或注销出口退税登记手续。出口企业如更换办税员，亦应办理变更手续。

2. 出口退税申报。由于出口企业的情况不同，出口退税申报的要求也有所差别。一般规定是，出口企业应在货物报关出口并在财务上作销售处理后，按月填报“出口货物退税申报表”，并提供海关签发的出口退税专用报关单、外汇结汇水单、购进货物的增值税专用发票（抵扣联）、外销发票、其他有关账册等到当地税收管理机关申请办理免税抵扣和退税手续。

3. 出口退税审核。出口退税的审批权原则上集中在省级和计划单列市国家税务局，也可根据出口退税审核工作的实际情况，由地（市）一级国家税务局参与出口退税的具体审核工作。在上述有权的国家税务局，设立进出口受税管理处（分局），直接办理出口退税业务。

关于台商投资企业出口退税审批管理问题。台商投资企业出口退税的日常管理，如办证、检查、清算及资料的审核、保管等工作，统一由各地国家税务局涉外税收管理机关具体负责，企业出口退税的退库手续，由同级进出口税收管理机关负责办理。

涉外税收管理机关接到企业退（免）税申报表后，经审核无误，报上级涉外税收管理机关审批后办理；对于采用“免、抵、退”办法以及采取先征后退办法应予办理退税的，经上级涉外税收管理机关审查后，送同级进出口税收管理机关审批核准办理退库。

负责出口退税审核的税务机关在接到出口企业的退税申报表时，亦必须严格按照出口退税规定认真审核，确认无误后，逐级报请有权审批的税务机关审批，只有在批准后，才可填写收入退还书，送当地银行（国库）办理退税。

出口退税审核的主要内容有：出口报关单原始单据、进项税额原始单据、出口货物销售账簿和应交税金账簿等。

台商投资企业提出的退税申请手续齐备、内容真实的，当地涉外税收管理机关必须自接到申请之日起15日内审核完毕；上一级涉外税收管理机关必须自接到有关材料后15日内审批完毕；进出口税收管理机关必须在接到有关材料后30日内办完有关退税手续。

4. 税款退付与退税清算。

（1）税款退付是在出口退税申报和审批之后，银行依据收入退还书将出口退税款从国库退付到出口企业的银行账户的行为。出口货物在办理退税手续后，如发生退关、国外退货或转为内销，企业必须向所在地主管出口退税的税务机关办理申报手续，补交已退（免）的税款。

（2）退税清算。出口企业要于年度终了后3个月内，进行上一年度出口退税的清算，按规定期限向主管退税税务机关报送清算表及相关资料，由主管税务机关进行全面清查。主管退税税务机关在出口企业清算结束后2个月内，对企业上报的清算资料进行清算核查，并向出口企业发出清算情况通知书说明以下问题：①出口企业的性质和清算范围，出口货物的品种、数量及销售额，清算后出口企业应退税款、已退税款。②清算中发现的问题，多退、少退、错退的金额。③清算处理结果及意见。

模块四　消费税法

学习任务

1. 熟悉消费税法律知识，掌握计算应纳消费税的方法。
2. 掌握如何填制消费税纳税申报表并进行网上申报。
3. 熟悉办理出口货物消费税退（免）税业务。

项目一　熟悉消费税法律知识

为调节产品结构、引导消费方向、保证财政收入，我国对一些需要区别对待的货物在增值税普遍征收的基础上再征收一道消费税。

消费税是对在我国境内从事生产、委托加工和进口应税消费品的单位和个人，就其应税消费品征收的一种税。消费税是价内税，税收随价格转嫁给消费者，税款最终由消费者负担。

任务一　明确消费税的征税范围

根据《消费税暂行条例》的规定，消费税的征税范围为：在中华人民共和国境内生产、委托加工和进口《消费税暂行条例》规定的消费品。

目前，我国消费税共计选择了 14 种消费品，按征税目的不同可分为以下五类：

（1）一些过度消费会对人类健康、社会秩序、生态环境等方面造成危害的特殊消费品，如烟、酒及酒精、鞭炮和焰火等。

（2）奢侈品、非生活必需品，如化妆品、贵重首饰及珠宝玉石等。

（3）高能耗及高档消费品，如小轿车、摩托车、高档手表、高尔夫球及球具等。

(4) 不可再生且不可替代的稀缺资源消费品，如成品油、实木地板、木制一次性筷子等。

(5) 税基宽广、消费普遍、征税后不影响居民基本生活并具有一定财政意义的消费品，如汽车轮胎等。

新修订的消费税税目具体征收范围包括以下内容，见表4-1。

表4-1　**消费税税目表**

税目	子税目	税目解释	特殊事项
一、烟	1. 卷烟 2. 雪茄烟 3. 烟丝	烟是以烟叶为原料加工生产的特殊消费品，卷烟是指将各种烟叶切成烟丝并按照一定的配方辅之以糖、酒、香料加工而成的产品	
二、酒及酒精	1. 白酒 2. 黄酒 3. 啤酒 4. 其他酒 5. 酒精	酒是酒精度在1度以上的各种酒类饮料，包括粮食白酒、薯类白酒、黄酒、啤酒、其他酒；酒精是指以含有淀粉或糖分的原料，经糖化和发酵后，用蒸馏方法生产的酒精度数在95度以上的无色透明液体，也可以石油裂解气中的乙烯为原料，用合成方法制成	饮食业、商业、娱乐业举办的啤酒屋利用啤酒生产设备生产的啤酒，应当征收消费税；调味料酒不属于消费税征税范围
三、化妆品		化妆品是日常生活中用于修饰美化人体表面的用品，该税目征收范围包括各类美容、修饰类化妆品、高档护肤类化妆品和成套化妆品	不含舞台、戏剧、影视化妆用的上妆油、卸妆油、油彩
四、贵重首饰及珠宝玉石		以金、银、白金、宝石、珍珠、钻石、翡翠、珊瑚、玛瑙等高贵稀有物质以及其他金属、人造宝石等制作的各种纯金银首饰及镶嵌首饰和经采掘、打磨、加工的各种珠宝玉石	对出国人员免税商店销售的金银首饰征收消费税
五、鞭炮焰火		鞭炮又称爆竹，是用多层纸密裹火药，接以药引线制成的一种爆炸品；焰火是指烟火剂，一般系包扎品，内装药剂，点燃后烟火喷射，呈现各种颜色，有的还变幻成各种景象，分平地小焰火和空中大焰火两类	不含体育用发令纸、鞭炮药引线
六、成品油	1. 汽油 2. 柴油 3. 石脑油 4. 溶剂油 5. 润滑油 6. 航空煤油 7. 燃料油		植物性润滑油、动物性润滑油和化工原料合成润滑油不属于润滑油的征收范围

续表

税目	子税目	税目解释	特殊事项
七、汽车轮胎		汽车轮胎是指用于各种汽车、挂车、专用车和其他机动车上的内、外胎	含汽车与农用拖拉机、收割机等通用轮胎；不含农用拖拉机、收割机等专用轮胎。子午线轮胎免征消费税，翻新轮胎停止征收消费税
八、小汽车	1. 乘用车 2. 中轻型商用客车	汽车是指由动力驱动，具有四个或四个以上车轮的非轨道承载的车辆 含驾驶员座位在内最多不超过9个座位（含）的，在设计和技术特性上用于载运乘客和货物的各类乘用车；含驾驶员座位在内的座位数在10～23（含）的，在设计和技术特性上用于载运乘客和货物的各类中轻型商用客车	用排气量小于1.5升（含）的乘用车底盘（车架）改装、改制的车辆属于乘用车征收范围，用排气量大于1.5升的乘用车底盘（车架）或用中轻型商用客车底盘（车架）改装、改制的车辆属于中轻型商用客车征收范围，电动汽车以及沙滩车、雪地车、卡丁车、高尔夫车等均不属于本税目范围，不征消费税
九、摩托车		含最大设计车速不超过50km/h、发动机汽缸总工作容积不超过50ml的两轮机动车的轻便摩托车及最大设计车速超过50km/h、发动机汽缸总工作容积超过50ml、空车重量不超过400kg（带驾驶室的正三轮车及特种车的空车重量不受此限）的两轮摩托车和三轮机动车	对最大设计车速不超过50km/h，发动机汽缸总工作容量不超过50ml的三轮摩托车不征收消费税
十、高尔夫及球具		高尔夫球及球具是指从事高尔夫球运动所需的各种专用装备，包括高尔夫球、高尔夫球杆及高尔夫球包（袋）、高尔夫球杆的杆头、杆身和握把	
十一、高档手表		包括售价（不含增值税）每只在10 000元以上的手表	
十二、游艇		游艇是指长度大于8米（含）小于90米（含），船体由玻璃钢、钢、铝合金、塑料等多种材料制作，可以在水上移动的水上浮载体，按照动力划分，游艇分为无动力艇、帆艇和机动艇	

续表

税目	子税目	税目解释	特殊事项
十三、木制一次性筷子		又称卫生筷子，是指以木材为原料经过锯段、浸泡、旋切、刨切、烘干、筛选、打磨、倒角、包装等环节加工而成的各类一次性使用的筷子	未经打磨、倒角的木制一次性筷子属于本税目征税范围
十四、实木地板		实木地板是指以木材为原料，经锯割、干燥、刨光、截断、开榫、涂漆等工序加工而成的块状或条状的地面装饰材料	含各类规格的实木地板、实木指接地板、实木复合地板及用于装饰墙壁、天棚的侧端面为榫、槽的实木装饰板，以及未经涂饰的素板

任务二　确定消费税的纳税人

消费税的纳税人，是指在中华人民共和国境内生产、委托加工和进口《消费税暂行条例》规定的消费品的单位和个人。其中“单位”是指国有企业、集体企业、私有企业、股份制企业、其他企业和行政单位、事业单位、军事单位、社会团体及其他单位；“个人”是指个体经营者及其他个人。

在中华人民共和国境内，是指生产、委托加工和进口应当缴纳消费税的消费品的起运地或者所在地在境内。

消费税纳税人及纳税环节如下：

(1) 生产应税消费品的单位和个人。自产销售的应税消费品，在销售时纳税；自产自用的应税消费品，用于连续生产应税消费品的，不纳税；用于其他方面的，于移送使用时纳税。

(2) 进口应税消费品的单位和个人。进口报关单位或个人为消费税的纳税人，进口消费税由海关代征。

(3) 委托加工应税消费品的单位和个人。委托加工的应税消费品，除受托方为个人外，由受托方在向委托方交货时代收代缴税款。

(4) 零售金银首饰、钻石、钻石饰品的单位和个人。生产、进口和批发金银首饰、钻石、钻石饰品时不征收消费税，纳税人在零售时纳税，其他贵重首饰和珠宝玉石在生产销售时纳税。

(5) 批发卷烟的单位和个人。从 2009 年 5 月 1 日起，纳税人批发销售所有牌号规格的卷烟，在卷烟批发环节加征一道从价税。纳税人销售给纳税人以外的单位和个人的卷烟于销售时纳税。纳税人之间销售的卷烟不缴纳消费税。

任务三　确定应税消费品的适用税率

消费税实行比例税率、定额税率和从量定额与从价定率相结合的复合计税三种形式。

多数消费品采用比例税率，对成品油和黄酒、啤酒等分别按单位体积或单位重量确定单位税额，对卷烟、粮食白酒、薯类白酒实行复合计税办法。具体见表4-2。

表4-2　消费税税率表

税　目	税　率
一、烟	
1. 卷烟	
(1) 甲类卷烟：每标准条（200支，下同）调拨价70元（含70元，不含增值税，下同）以上	56%加0.003元/支
(2) 乙类卷烟：每标准条调拨价70元以下	36%加0.003元/支
(3) 批发环节	5%
2. 雪茄烟	36%
3. 烟丝	30%
二、酒及酒精	
1. 白酒	20%加0.5元/500克
2. 黄酒	240元/吨
3. 啤酒	
(1) 甲类啤酒：出厂价（含包装物及押金）3 000元（含3 000元，不含增值税，下同）	250元/吨
(2) 乙类啤酒：出厂价3 000元以下	220元/吨
4. 其他酒	10%
5. 酒精	5%
三、化妆品	30%
四、贵重首饰及珠宝玉石	
1. 金银首饰、铂金首饰和钻石及钻石饰品	5%
2. 其他贵重首饰和珠宝玉石	10%
五、鞭炮、焰火	15%
六、成品油	
1. 汽油	
(1) 含铅汽油	1.40元/升
(2) 无铅汽油	1.00元/升
2. 柴油	0.80元/升
3. 航空煤油	0.80元/升
4. 石脑油	1.00元/升
5. 溶剂油	1.00元/升
6. 润滑油	1.00元/升
7. 燃料油	0.80元/升
七、汽车轮胎	3%

续表

税　目	税　率
八、摩托车	
1. 汽缸容量（排气量，下同）在250毫升（含250毫升）以下的	3%
2. 汽缸容量在250毫升以上的	10%
九、小汽车	
1. 乘用车	
(1) 汽缸容量（排气量，下同）在1.0升（含1.0升）以下的	1%
(2) 汽缸容量在1.0升以上至1.5升（含1.5升）的	3%
(3) 汽缸容量在1.5升以上至2.0升（含2.0升）的	5%
(4) 汽缸容量在2.0升以上至2.5升（含2.5升）的	9%
(5) 汽缸容量在2.5升以上至3.0升（含3.0升）的	12%
(6) 汽缸容量在3.0升以上至4.0升（含4.0升）的	25%
(7) 汽缸容量在4.0升以上的	40%
2. 中轻型商用客车	5%
十、高尔夫球及球具	10%
十一、高档手表	20%
十二、游艇	10%
十三、木制一次性筷子	5%
十四、实木地板	5%

最新政策

国家税务总局对于配制酒消费税适用税率的调整

国家税务总局发布《关于配制酒消费税适用税率问题的公告》（国家税务总局公告2011年第53号），对配制酒消费税适用税率做出相应调整。

配制酒（露酒）是指以发酵酒、蒸馏酒或食用酒精为酒基，加入可食用或药食两用的辅料或食品添加剂，进行调配、混合或再加工制成的并改变了其原酒基风格的饮料酒。

配制酒消费税适用税率具体规定如下：

1. 以蒸馏酒或食用酒精为酒基，同时符合以下条件的配制酒，按消费税税目税率表“其他酒”10%适用税率征收消费税。

(1) 具有国家相关部门批准的国食健字或卫食健字文号；

(2) 酒精度低于38度（含）。

2. 以发酵酒为酒基，酒精度低于20度（含）的配制酒，按消费税税目税率表“其他酒”10%适用税率征收消费税。

3. 其他配制酒，按消费税税目税率表“白酒”适用税率征收消费税。

上述以蒸馏酒或食用酒精为酒基是指酒基中蒸馏酒或食用酒精的比重超过80%（含），以发酵酒为酒基是指酒基中发酵酒的比重超过80%（含）。

上述规定自2011年10月1日起执行。

温馨提示

消费税采用列举法按具体应税消费品设置税目、税率，征税界限清楚，一般不易发生错用税率的情况。但是，如果存在下列情况，应按适用税率中最高税率征税：（1）纳税人兼营不同税率的应税消费品，即生产销售两种税率以上的应税消费品时，应当分别核算不同税率应税消费品的销售额或销售数量，未分别核算的，按最高税率征税；（2）纳税人将应税消费品与非应税消费品以及适用税率不同的应税消费品组成成套消费品销售的，应根据组合产品的销售金额按应税消费品中适用最高税率的消费品税率征税。

任务四　熟悉消费税的优惠政策

政策一：经国务院批准，金银首饰（包括铂金首饰）消费税由10%的税率减按5%的税率征收。减按5%征收消费税的范围仅限于金、银和金基、银基合金首饰，以及金、银和金基、银基合金的镶嵌首饰。不在上述范围内的应税首饰仍按10%的税率征收消费税。

政策二：自2001年1月1日起，对“汽车轮胎”税目中的子午线轮胎免征消费税，对翻新轮胎停止征收消费税。

政策三：对生产销售达到低污染排放值的小轿车、越野车、小客车减征30%的消费税。计算公式为：

$$减征税额=按法定税率计算的消费税额\times30\%$$

$$应征税额=按法定税率计算的消费税额-减征税额$$

政策四：从2009年1月1日起，对成品油生产企业在生产成品油过程中，作为燃料、动力及原料消耗掉的自产成品油，免征消费税。对其他用途或直接对外销售的成品油照章征收消费税。

政策五：从2009年1月1日起，对同时符合下列条件的利用废弃的动物油和植物油为原料生产的纯生物柴油免征消费税。

（1）生产原料中废弃的动物油和植物油用量所占比重不低于70%。

（2）生产的纯生物柴油符合国家《柴油机燃料调合生物柴油（BD100）》标准。

对不符合第一条规定的生物柴油，或者以柴油、柴油组分调合生产的牛物柴油照章征收消费税。

项目二　计算应纳消费税

任务一　采用从价定率办法计算应纳消费税

（一）从价定率办法征税的计税依据

在应税消费品中除黄酒、啤酒、汽油、柴油等9种产品实行从量定额计征办法外，其他产品一般都实行从价定率的计税办法。实行从价定率办法征税的应税消费品，计税依据为应税消费品的销售额。

所谓销售额是指纳税人销售应税消费品向购买方收取的全部价款和价外费用。价外费用，是指价外收取的基金、集资费、返还利润、补贴、违约金（延期付款利息）和手续费、包装费、储备费、优质费、运输装卸费、代收款项、代垫款项以及其他各种性质的价外收费，但下列款项不包括在内：(1) 承运部门的运费发票开具给购货方的；(2) 纳税人将该项发票转交给购货方的。

其他价外费用，无论是否属于纳税人的收入，均应并入销售额计算征税。

实行从价定率办法计算应纳税额的应税消费品连同包装销售的，无论包装是否单独计价，也不论在会计上如何换算，均应并入应税消费品的销售额中征收消费税。如果包装物不作价随同产品销售，而是收取押金，此项押金则不应并入应税消费品的销售额中征税。但对逾期未收回的包装物不再退还的已收取1年以上的押金，应并入应税消费品的销售额，依照应税消费品的适用税率征收消费税。

对既作价随同应税消费品销售又另收取押金的包装物的押金，凡纳税人在规定的期限内不予退还的，均应并入消费品的销售额，按照应税消费品的适用税率征收消费税。

对酒类产品生产企业销售酒类产品（黄酒、啤酒除外）而收取的包装物押金，无论押金是否返还与会计上如何核算，均需并入酒类产品销售额中，依酒类产品的适用税率征收消费税。财税［2006］20号文件规定，啤酒的包装物押金不包括重复使用的塑料周转箱的押金。

纳税人销售的应税消费品，以外汇结算销售额的，其销售额的人民币折合率可以选择结算当天或者当月1日的国家外汇牌价（原则上为中间价）。纳税人应在事先确定采取何种折合率，确定后1年内不得变更。

（二）应纳消费税的计算

税额计算的基本公式为：应纳税额＝销售额×税率

【例4-1】某化妆品厂为增值税一般纳税人，2011年10月生产销售化妆品取得收入430 000元，其中销售给“一般纳税人”的化妆品为300 000元，销售给“小规模纳税人”和消费者个人的化妆品为130 000元，价税混合收取，化妆品消费税税率为30%，计算该企业应纳消费税。

计税销售额＝300 000+［130 000÷（1+17%）］

=300 000+111 111.11=411 111.11（元）

应纳消费税=411 111.11×30%=123 333.33（元）

温馨提示

纳税人将自产的应税消费品与外购或自产的非应税消费品组成套装销售，以套装产品的销售额（不含增值税）为计税依据。

任务二 采用从量定额办法计算应纳消费税

（一）从量定额计征办法的计税依据

消费税对啤酒、黄酒、汽油、柴油、石脑油、溶济油、润滑油、燃料油、航空煤油9种特定消费品实行从量征收，根据应税消费品的销售数量和规定的税额计算纳税。销售数量是指应税消费品的数量，具体为：（1）销售应税消费品的为应税消费品的销售数量；（2）自产自用应税消费品的，为应税消费品的移送使用数量；（3）委托加工应税消费品的，为纳税人收回的应税消费品数量；（4）进口的应税消费品，为海关核定的应税消费品进口征税数量。

（二）应纳消费税的计算

实行从量定额办法计算应纳税额的基本公式为：

应纳税额=销售数量×单位税额

由于黄酒、啤酒以吨为税额单位，汽油、柴油、石脑油、溶剂油、润滑油、燃料油、航空煤油以升为税额单位，为了规范不同产品的计量单位，以准确计算应纳税额，还应掌握应税消费品计量单位的换算标准：

啤酒	1吨=988升	黄酒	1吨=962升	润滑油	1吨=1 126升
航空煤油	1吨=1 246升	汽油	1吨=1 388升	溶剂油	1吨=1 282升
柴油	1吨=1 176升	燃料油	1吨=1 015升	石脑油	1吨=1 385升

【例4-2】某啤酒厂2011年4月销售啤酒1 000吨，出厂价格为3 500元/吨，求当月应纳消费税。

应纳消费税=销售数量×单位税额=1 000×250=250 000（元）

任务三 采用从量定额与从价定率相结合办法计算应纳消费税

（一）从量定额与从价定率相结合计征办法的计税依据

对烟类、酒类产品实行从量定额与从价定率相结合征税办法，其计税依据是纳税人销售应税消费品的数量和销售额。

生产销售卷烟、粮食白酒、薯类白酒从量定额计税依据为实际销售数量。进口、委托加工、自产自用卷烟、粮食白酒、薯类白酒从量定额计税依据分别为海关核定的进口征税数量、委托方收回数量、移送使用数量。

非标准条包装卷烟应当折算成标准条包装卷烟的数量，依其实际销售收入计算确定其折算成标准条包装后的实际销售价格，并确定适用的比例税率。

2001年国家对卷烟、粮食白酒和薯类白酒计税办法作了调整，由实行从价定率计算应纳税额改为实行从价定率和从量定额相结合计算应纳税额的复合计税办法。

（二）应纳消费税的计算

应纳税额计算公式为：

应纳税额＝销售数量×定额税率＋销售额×比例税率

【例4-3】某酒厂为增值税一般纳税人，2011年2月发生以下业务：

①销售粮食白酒3 625公斤，取得销售额58 000元，代垫运费400元，运输部门将发票开给购货方。

②采取委托银行收款方式销售粮食白酒6 250公斤，销售额100 000元，货已发出，办妥托收手续，货款尚未收到。

③用粮食白酒和其他果酒做成礼品盒分送给协作单位，价值16 000元，净重500公斤。

④工厂春节招待会用粮食白酒300公斤，价值10 000元。

⑤销售黄酒1吨，销售额3 000元。

⑥广告样品用酒有粮食白酒、果酒，未单独核算，总计价值4 000元，净重200公斤。

根据以上业务计算酒厂应缴纳的消费税（题中的销售额均不含增值税）。

白酒、广告样品酒、礼盒酒应纳消费税＝(3 625+6 250+500+300+200)×2×0.5+(58 000+100 000+16 000+10 000+4 000)×20%＝10 875+37 600＝48 475（元）

黄酒应纳消费税＝1×240＝240（元）

任务四　应纳税额的特殊计算方法

（一）自产自用应税消费品应纳税额的计算方法

自产自用应税消费品通常是指纳税人生产应税消费品后，不是直接用于对外销售，而是用于连续生产应税消费品或者用于生产非应税消费品，或用于在建工程、管理部门、非生产机构、提供劳务以及用于馈赠、赞助、集资、广告、样品、职工福利、奖励等其他方面。

纳税人自产自用的应税消费品用于其他方面，应当按照纳税人生产同类消费品的销售价格计算纳税。同类消费品的销售价格是指纳税人当月销售的同类消费品的价格，如果当月同类消费品各期销售价格高低不同，应按销售数量加权平均计算。

没有同类消费品销售价格的，按照组成计税价格计算纳税。组成计税价格计算公式是：

从价计税：（成本+利润）÷（1-消费税税率）

从量计税：不用组价。

复合计税：（成本+利润+自产自用数量×定额税率）÷（1-消费税税率）

上述公式中所说的“成本”，是指应税消费品的产品生产成本。所说的“利润”，是指根据应税消费品的全国平均成本利润率计算的利润。应税消费品全国平均成本利润率由国家税务总局确定（见表4-3）。

表4-3

类　型	成本利润率
高档手表	20%
甲类卷烟、粮食白酒、高尔夫球及球具和游艇	10%
乘用车	8%
摩托车、贵重首饰及珠宝玉石	6%
乙类卷烟、雪茄烟、烟丝，薯类白酒、其他酒、酒精，化妆品，鞭炮、焰火，汽车轮胎，木制一次性筷子，实木地板和中轻型商用客车等	5%

温馨提示

销售的应税消费品有下列情况之一的，不得列入加权平均计算：（1）销售价格明显偏低又无正当理由的；（2）无销售价格的。如果当月无销售或者当月未完结，应按照同类消费品上月或最近月份的销售价格计算纳税。

（二）委托加工应税消费品的计税依据

1. 委托加工应税消费品的确定。委托加工的应税消费品是指由委托方提供原料和主要材料，受托方只收取加工费和代垫部分辅助材料加工的应税消费品。对于由受托方提供原材料生产的应税消费品，或者受托方先将原材料卖给委托方，然后再接受加工的应税消费品，以及受托方以委托方名义购进原材料生产的应税消费品，不论纳税人在财务上是否作销售处理，都不得作为委托加工应税消费品，而应当按照销售自制应税消费品缴纳消费税。

2. 代收代缴税款。对于确定属于委托方提供原料和主要材料，受托方只收取加工费和代垫部分辅助材料加工的应税消费品，税法规定，由受托方在向委托方交货时代收代缴消费税。这样，受托方就是法定的代收代缴义务人。如果受托方对委托加工应税消费品未代收代缴或少代收代缴消费税，就要依照《税收征收管理法》的规定，承担补税和罚款的法律责任。因此，受托方必须严格履行代收代缴义务，正确计算和按时代缴税款。为了加强对受托方代收代缴税款的管理，1994年5月国家税务总局在颁发的《关于消费税若干征税问题的通知》中，对委托个体经营者加工应税消费品纳税问题作了调整，由原定一律由受托方代收代缴税款，改为纳税人委托个体经营者加工应税消费品，一律于委托方收回后在委托方所在地缴纳消费税。

3. 组成计税价格的计算。委托加工的应税消费品，受托方在交货时代收代缴消费税，委托方收回后直接出售的，不再征收消费税。委托加工的应税消费品按照受托方的同类消费品的销售价格计算纳税，没有同类消费品销售价格的，按照组成计税价格计算纳税。组成计税价格的计算公式为：

组成计税价格 =（材料成本+加工费）÷（1-消费税税率）

公式中的“材料成本”是指委托方所提供加工材料的实际成本。委托加工应税消费品的纳税人必须在委托加工合同上如实注明（或以其他方式提供）材料成本，凡未提供材料成本的，受托方所在地主管税务机关有权核定其材料成本。

公式中的“加工费”，是指受托方加工应税消费品向委托方所收取的全部费用，包括代垫辅助材料的实际成本，不包括增值税税金。

4. 用委托加工收回的应税消费品连续生产应税消费品，已纳税款的抵扣方法。委托加工的应税消费品已由受托方代收代缴消费税，因此，委托方收回货物后用于连续生产应税消费品的，其已纳税款准予按照规定从连续生产的应税消费品应纳消费税税额中抵扣，按照国家税务总局的有关规定，目前下列连续生产的应税消费品准予从应纳消费税税额中按当期生产领用数量计算扣除委托加工收回的应税消费品已纳消费税税款：

（1）以委托加工收回的已税烟丝为原料生产的卷烟。

（2）以委托加工收回的已税化妆品为原料生产的化妆品。

（3）以委托加工收回的已税珠宝玉石为原料生产的贵重首饰及珠宝玉石。

（4）以委托加工收回的已税鞭炮、焰火为原料生产的鞭炮、焰火。

（5）以委托加工收回的已税汽车轮胎连续生产的汽车轮胎。

（6）以委托加工收回的已税摩托车连续生产的摩托车。

（7）以委托加工收回的已税石脑油为原料生产的应税消费品。

（8）以委托加工收回的已税润滑油为原料生产的润滑油。

（9）以委托加工收回的已税杆头、杆身和握把为原料生产的高尔夫球杆。

（10）以委托加工收回的已税木制一次性筷子为原料生产的木制一次性筷子。

（11）以委托加工收回的已税实木地板为原料生产的实木地板。

上述当期准予扣除委托加工收回的应税消费品已纳消费税税款的计算公式是：

当期准予扣除的委托加工应税消费品已纳税款 = 期初库存的委托加工应税消费品已纳税款 + 当期收回的委托加工应税消费品已纳税款 - 期末库存的委托加工应税消费品已纳税款

需要注意的是，已改在零售环节征收消费税的金银首饰、钻石及钻石饰品，在计税时一律不得扣除委托加工时已纳的消费税税款。

（三）进口应税消费品的计税依据

进口的应税消费品按从价定率办法征收消费税的，按照组成计税价格纳税。组成计税价格的计算公式为：

组成计税价格 =（到岸价格+关税）÷（1-消费税税率）

消费品的到岸价格，是指采购地的正常批发价格，加上国外已纳的出口税和运抵我国输入地点起卸前的包装费、运费、保险费、手续费等经海关审查确定的一切费用。

进口的应税消费品按从量定额办法计征消费税的，计税依据是进口应税消费品的数量。

实行复合计税办法的进口应税消费品，按照组成计税价格纳税。

$$组成计税价格=\frac{关税完税价格+关税+进口数量\times消费税定额税率}{1-消费税比例税率}$$

（四）计税依据的特殊规定

1. 计税价格的核定。应税消费品计税价格明显偏低又无正当理由的，税务机关有权核定其计税价格。应税消费品计税价格的核定权限规定如下：

（1）烟类和酒类产品的计税价格由国家税务总局核定；

（2）其他应税消费品的计税价格由各省、自治区、直辖市国家税务局核定；

（3）进口的应税消费品的计税价格由海关核定。

2. 应税消费品已纳税额扣除。由于某些应税消费品是用外购已缴税的应税消费品连续生产出来的，对这些连续生产出来的应税消费品计算征税时，按当期生产领用数量计算准予扣除外购应税消费品已纳消费税税款。扣除范围同委托加工。

上述当期准予扣除外购应税消费品已纳消费税税款的计算公式是：

$$\begin{matrix}当期准予扣除的外购\\应税消费品已纳税额\end{matrix}=\begin{matrix}当期准予扣除的外购\\应税消费品买价或数量\end{matrix}\times\begin{matrix}外购应税消费品\\适用税率或税额\end{matrix}$$

$$\begin{matrix}当期准予扣除的\\外购应税消费品的\\买价或数量\end{matrix}=\begin{matrix}期初库存的\\外购应税消费品的\\买价或数量\end{matrix}+\begin{matrix}当期购进的\\应税消费品的\\买价或数量\end{matrix}-\begin{matrix}期末库存的\\外购应税消费品的\\买价或数量\end{matrix}$$

外购应税消费品的买价是指外购应税消费品增值税专用发票上注明的销售额（不包括增值税税额）。

石油化工行业工艺生产复杂，原料一次投入，下游产品很多，例如，以外购石脑油为原料生产乙烯或其他化工产品，在同一生产过程中，既可以生产乙烯等非应税消费品，又可生产裂解汽油等应税消费品，因此，在计算准予扣除外购石脑油已纳消费税税额时，应按生产的应税消费品的收率占外购石脑油的比重计算，计算公式如下：

$$\begin{matrix}当期准予扣除外购\\石脑油已纳税额\end{matrix}=\begin{matrix}当期准予扣除\\外购石脑油数量\end{matrix}\times收率\times\begin{matrix}外购应税消费品\\单位税额\end{matrix}$$

$$收率=\frac{当期应税消费品产出量}{生产当期应税消费品所有原料投入数量}\times100\%$$

3. 自设非独立核算门市部计税的规定。纳税人通过自设非独立核算门市部销售的自产应税消费品，应当按照门市部对外销售额或者销售数量计算征收消费税。

项目三　办理消费税纳税申报

任务一　消费税的征收管理

（一）纳税期限

《消费税暂行条例》规定，消费税的纳税期限分别为1日、3日、5日、10日、15日、1个月或者1个季度。纳税人的具体纳税期限，由主管税务机关根据纳税人应纳税额的大小分别核定；不能按照固定期限纳税的，可以按次纳税。

纳税人以1个月或者1个季度为1个纳税期的，自期满之日起15日内申报纳税；以1日、3日、5日、10日或者15日为1个纳税期的，自期满之日起5日内预缴税款，于次月1日起15日内申报纳税并结清上月应纳税款。

纳税人进口应税消费品，应当自海关填发税款缴款书之日起15日内缴纳税款。

如果纳税人不能按照规定的纳税期限依法纳税，将按《税收征收管理法》的有关规定处理。

（二）纳税地点

纳税人生产销售以及自产自用的应税消费品，除另有规定者外均应在纳税人的核算地缴纳消费税。

纳税人的总机构与分支机构不在同一县（市）的，应在生产应税消费品分支机构所在地缴纳消费税，如需改由总机构汇总在总机构所在地纳税的，需经国家税务总局所属分局批准；纳税人的总机构与分支机构不在同一省（自治区、直辖市）的，如需改由总机构汇总在总机构所在地纳税的，需经国家税务总局批准。

纳税人到外县（市）销售或委托外县（市）代销自产应税消费品的，于应税消费品销售后，回纳税人核算地或所在地缴纳消费税。

纳税人委托加工的应税消费品，除受托方为个体经营者外，由受托方向所在地主管税务机关缴纳消费税。

进口的应税消费品，由进口人或者其代理人向报关地海关申报纳税。

纳税人销售的应税消费品，如因质量等原因由购买方退回时，经所在地主管税务机关审核批准后，可退还已征收的消费税税款，但不能自行直接抵减应纳税额。

任务二　消费税的纳税申报

（一）纳税申报资料

1. 消费税纳税申报表两份。

2. 生产石脑油、溶剂油、航空煤油、润滑油、燃料油的纳税人在办理纳税申报时还应提供生产企业生产经营情况表和生产企业产品销售明细表（油品）。

3. 外购应税消费品连续生产应税消费品的，提供外购应税消费品增值税专用发票（抵扣联）原件和复印件。如果外购应税消费品的增值税专用发票属于汇总填开的，除提供增值税专用发票（抵扣联）原件和复印件外，还应提供随同增值税专用发票取得的由销售方开具并加盖财务专用章或发票专用章的销货清单原件和复印件。

4. 委托加工收回应税消费品连续生产应税消费品的，提供“代扣代收税款凭证”原件和复印件。

5. 进口应税消费品连续生产应税消费品的，提供“海关进口消费税专用缴款书”原件和复印件。

6. 扣缴义务人必须报送消费税代扣代缴税款报告表。

7. 汽油、柴油消费税纳税人还需报送：①生产企业生产经营情况表（油品）；②生产企业产品销售明细表（油品）；③主管部门下达的月度生产计划；④企业根据生产计划制定的月份排产计划。

8. 抵减进口葡萄酒消费税退税纳税人还需报送“海关进口消费税专用缴款书”复印件。

（二）主表的内容及格式

纳税人无论当期有无销售或是否赢利，均应在次月1日至15日内根据应税消费品分别填写烟类应税消费品消费税纳税申报表、卷烟消费税纳税申报表（批发）、酒及酒精消费税纳税申报表、成品油消费税纳税申报表、小汽车消费税纳税申报表、其他应税消费品消费税纳税申报表，向主管税务机关进行纳税申报。

除了纳税申报表以外，每类申报表都有附表：本期准予扣除计算表、本期代收代缴税额申报表、生产经营情况表、准予扣除消费税凭证明细表等，在申报时一并填写。

（三）网上申报流程

按照规定的格式填列的消费税纳税申报表应在规定的时间内报送主管税务机关。目前主要的报送方式有直接报送和网上报送。

直接报送是将纳税申报表直接送达主管税务机关的办税服务大厅，由税务人员签收。经税务机关审核，纳税人提供的资料完整、填写内容准确、各项手续齐全、无违章问题、符合条件的，当场办结，并在消费税纳税申报表上签章，返回一份给纳税人。当期申报有税款的，纳税人需缴纳税款，税务机关确认税款缴纳后开具完税凭证予以办结。

网上报送是比较经济快捷的报送方式。网上申报的主要程序如下：

1. 进入主管国税申报大厅。

2. 点击“申报征收”菜单，可以进入申报页面，系统自动带出可以申报的税种，选择消费税申报。

3. 填写系统弹出的税款所属日期对话框。

4. 填写起止所属时期后，点击“进入申报”按钮，在纳税申报表中填写申报数据，填写完成后，点击“计算”按钮，系统自动计算税款。

5. 填写完纳税申报表，点击“提交”按钮，经检查无误后，点击“确定”按钮提交本次申报。

6. 网上缴税。申报完成后，直接进入“网上缴税”页面，显示企业欠税信息，点击“清缴税款”按钮，系统弹出提示，点击“确定”按钮，系统将自动从纳税人银行账户进行扣款。

项目四　办理出口货物消费税退（免）税

纳税人出口应税消费品与出口已纳增值税货物一样，国家都给予退（免）税优惠。出口应税消费品同时涉及退（免）增值税和消费税，两者在退（免）税办理程序、退（免）税审核、退（免）税管理等许多方面一致。下面仅就两者不同的地方予以介绍。

任务一　确定出口退税率

计算出口应税消费品应退消费税的税率或单位税额，依据《消费税暂行条例》所附消费税税目税率（税额）表执行。企业出口不同税率应税消费品，应分别核算、申报，按各自适用税率计算退税额，否则，只能从低适用税率退税。

任务二　确定适用的退（免）税政策

出口应税消费品退（免）消费税在政策上分为以下三种情况：

（1）出口免税并退税。适用于外贸企业购进应税消费品直接出口，或受其他外贸企业委托代理出口。

（2）出口免税但不退税。适用于生产企业自营出口或委托外贸企业代理出口自产的应税消费品。

（3）出口不免税也不退税。适用于一般商贸企业委托外贸企业代理出口的情况。

任务三　计算出口应税消费品退税额

外贸企业从生产企业购进货物直接出口或受其他外贸企业委托代理出口应税消费品的应退消费税税款，分两种情况处理：

（1）属于从价定率计征消费税的应税消费品，应依照外贸企业从工厂购进货物时征收消费税的价格计算应退消费税税款，其公式为：

应退消费税=出口货物的工厂销售额×消费税税率

温馨提示

上述公式中“出口货物的工厂销售额”不包含增值税。对含增值税的价格应换算为不含增值税的销售额。

（2）属于从量定额计征消费税的应税消费品，应依货物购进和报关出口的数量计算应退消费税税款。其公式为：

应退消费税=出口数量×单位税额

【例4-4】某生产企业出口兼内销，产品为鞭炮、烟火。2011年4月发生以下业务：

①自营出口自产产品的离岸价格1 000万元；

②销售给外贸企业一批鞭炮，开具的专用发票上注明销售额500万元。外贸企业将购进货物的80%外销，离岸价格480万元，其余部分内销，取得不含税收入120万元。

计算生产企业及外贸企业当月应纳消费税。

生产企业：

内销部分应纳消费税 $=500\times15\%=75$（万元）

外销部分免税不退税。

外贸企业：

外销部分应退消费税 $=500\times80\%\times15\%=60$（万元）

内销部分不纳消费税。

任务四　出口应税消费品退税申报

出口的应税消费品办理退税后，发生退关或者国外退货进口时予以免税的，报关出口者必须及时向其所在地主管税务机关申报补缴已退的消费税税款。

纳税人直接出口的应税消费品办理免税后发生退关或国外退货，进口时予以免税的，经所在地主管税务机关批准，可暂不办理补税，待其转为国内销售时，再向其主管税务机关申报补缴消费税。

模块五 营业税法

学习任务

1. 了解营业税法律知识。
2. 掌握计算应纳营业税的方法。
3. 掌握填制营业税纳税申报表并进行网上申报。

项目一 熟悉营业税法律知识

营业税是对在我国境内提供应税劳务、转让无形资产和销售不动产的单位和个人，就其取得的营业额所征收的一种税。

任务一 明确营业税的征税范围

凡在我国境内从事交通运输业、建筑业、金融保险业、邮电通信业、文化体育业、娱乐业、服务业、转让无形资产和销售不动产业务，都属于营业税的征税范围。加工和修理、修配，不属于《营业税暂行条例》规定的劳务。单位和个体工商户聘用的员工为本单位或雇主提供劳务，不包括在内。

营业税的税目是营业税征收范围的具体体现，营业税的税目按照行业、类别的不同分别设置，现行营业税共设置了9个税目，见表5-1。

表 5-1 营业税税目表

税目	子税目	说明事项
交通运输业	1. 陆路运输 2. 水路运输 3. 航空运输 4. 管道运输 5. 装卸搬运	交通运输业是指使用运输工具或人力、畜力将货物或旅客送达目的地、使其空间位置得到转移的业务活动 对远洋运输企业从事程租、期租业务和航空运输企业从事湿租业务取得的收入，按“交通运输业”税目征收营业税
建筑业	1. 建筑 2. 安装 3. 修缮 4. 装饰 5. 其他工程作业	自建自用建筑物，其自建行为不是建筑业税目的征税范围。出租或投资入股的自建建筑物，也不是建筑业税目的征税范围。但单位和个人自建并销售建筑物，首先将自建行为视同“建筑业”税目征收营业税，其次就其销售建筑物行为按“销售不动产”税目征收营业税
金融保险业	1. 金融 2. 保险	金融包括贷款、融资租赁、金融商品转让、金融经纪业和其他金融业务 保险劳务有两个含义：一是指境内保险机构为境内标的物提供的保险，不包括境内保险机构为出口货物提供保险；二是指境外保险机构以在境内的物品为标的提供保险劳务
邮电通信业	1. 邮政 2. 电信	邮政包括传递函件或包件、邮汇、报刊发行、邮务物品销售、邮政储蓄及其他邮政业务 电信包括电报、电传、电话、电话机安装、电信物品销售及其他电信业务 单位和个人从事快递业务按“邮电通信业”税目征收营业税
文化体育业	1. 文化业 2. 体育业	文化业包括表演、播映、其他文化业，经营游览场所的业务，比照文化业征税 体育业是指举办各种体育比赛和为体育比赛或体育活动提供场所的业务。以租赁方式为文化活动、体育比赛提供场所，不按本税目征税
娱乐业		包括经营歌厅、舞厅、卡拉 OK 歌舞厅、音乐茶座、台球、高尔夫球、保龄球场、网吧、游艺场等娱乐场所，以及娱乐场所为顾客进行娱乐活动提供服务的业务 娱乐场所为顾客进行娱乐活动提供的饮食服务及其他各种服务，均属于本税目征收范围
服务业	1. 代理业 2. 旅店业 3. 饮食业 4. 旅游业 5. 仓储业 6. 租赁业 7. 广告业 8. 其他服务业	对远洋运输企业从事光租业务和航空运输企业从事干租业务取得的收入，按“租赁业”征收营业税 以租赁方式为文化活动、体育比赛提供场所，按“租赁业”征收营业税 单位和个人在旅游景点经营索道取得的收入按“旅游业”征收营业税 福利彩票机构发行销售福利彩票取得的收入不征收营业税。对福利彩票机构以外的代销单位销售福利彩票取得的手续费收入应按规定征收营业税

续表

税目	子税目	说明事项
转让无形资产		包括转让土地使用权、商标权、专利权、非专利技术，出租电影拷贝，转让著作权和转让商誉 以无形资产投资入股，参与接受投资方的利润分配，共同承担投资风险的行为，不征收营业税，在投资后转让其股权的也不征收营业税
销售不动产		包括销售建筑物或构筑物和销售其他土地附着物。在销售不动产时，连同不动产所占土地的使用权一并转让的行为，比照销售不动产征收营业税 以不动产投资入股，参与接受投资方利润分配，共同承担投资风险的行为，不征营业税，在投资后转让该项股权的也不征营业税 单位或者个人将不动产或者土地使用权无偿赠送其他单位或者个人，应视同发生应税行为

知识链接

1. 程租业务，是指远洋运输企业为租船人完成某一特定航次的运输任务并收取租赁费的业务。

2. 期租业务，是指远洋运输企业将配备有操作人员的船舶承租给他人使用一定期限，承租期内听候承租方调遣，不论是否经营，均按天向承租方收取租赁费，发生的固定费用（如人员工资、维修费用等）均由船东负担的业务。

3. 湿租业务，是指航空运输企业将配备有机组人员的飞机承租给他人使用一定期限，承租期内听候承租方调遣，不论是否经营，均按一定标准向承租方收取租赁费，发生的固定费用（如人员工资、维修费用等）均由承租方负担的业务。

4. 光租业务，是指远洋运输企业将船舶在约定的时间内出租给他人使用，不配备操作人员，不承担运输过程中发生的各种费用，只收取固定租赁费的业务。

5. 干租业务，是指航空运输企业将飞机在约定的时间内出租给他人使用，不配备机组人员，不承担运输过程中发生的各种费用，只收取固定租赁费的业务。

任务二　确定营业税的纳税人

（一）纳税义务人

在中华人民共和国境内提供应税劳务、转让无形资产或者销售不动产的单位和个人，为营业税的纳税人，应当依照规定缴纳营业税。在中华人民共和国境内是指税收行政管辖权的区域。具体情况为：（1）提供或者接受《营业税暂行条例》规定劳务的单位或者个人在境内；（2）所转让的无形资产（不含土地使用权）的接受单位或者个人在境内；（3）所转让或者出租土地使用权的土地在境内；（4）所销售或者出租的不动产在境内。

负有营业税纳税义务的单位为发生应税行为并收取货币、货物或者其他经济利益的单位，但不包括单位依法不需要办理税务登记的内设机构。单位是指企业、行政单位、事业单位、军事单位、社会团体及其他单位。个人是指个体工商户和其他个人。

知识链接

单位以承包、承租、挂靠方式经营的，承包人、承租人、挂靠人（以下统称承包人）发生应税行为，承包人以发包人、出租人、被挂靠人（以下统称发包人）名义对外经营并由发包人承担相关法律责任的，以发包人为纳税人，否则以承包人为纳税人。

中央铁路运营业务的纳税人为铁道部，合资铁路运营业务的纳税人为合资铁路公司，地方铁路运营业务的纳税人为地方铁路管理机构，基建临管线运营业务的纳税人为基建临管线管理机构。

（二）扣缴义务人

境外单位或者个人在境内发生应税行为而在境内未设有经营机构的，其应纳税款以代理者为扣缴义务人；没有代理者的，以受让者或者购买者为扣缴义务人。

其他扣缴义务人由国务院财政、税务主管部门规定。

任务三　确定营业税的适用税率

营业税涉及的行业较多，每个行业特点不同。因此，根据不同行业，税法规定了3%、5%、20%等三个档次的税率，见表5-2。

表5-2　　营业税税率表

税目	税率	税目	税率
交通运输业	3%	娱乐业	5%～20%
建筑业	3%	服务业	5%
金融保险业	5%	销售不动产	5%
邮电通信业	3%	转让无形资产	5%
文化体育业	3%		

温馨提示

纳税人经营娱乐业具体适用的税率，由省、自治区、直辖市人民政府在《营业税暂行条例》规定的幅度内决定。

湖北省财政厅、地税局联合发出通知（鄂财税发〔2011〕4号）：经省政府同意，自2011年1月1日起，我省娱乐业中的歌厅、舞厅、卡拉OK厅、音乐茶座、网吧、高尔夫球场的营业税适用税率调整为10%，游艺、台球、保龄球等的营业税适用税率调整为5%。

任务四　熟悉营业税的优惠政策

（一）政策一：免征营业税的劳务

1. 托儿所、幼儿园、养老院、残疾人福利机构提供的育养服务，婚姻介绍，殡葬服务。

2. 残疾人员个人提供的劳务。

3. 医院、诊所和其他医疗机构提供的医疗服务。

4. 学校和其他教育机构提供的教育劳务，学生勤工俭学提供的劳务。学校和其他教育机构是指普通学校以及经地、市级以上人民政府或者同级政府的教育行政部门批准成立、国家承认其学员学历的各类学校。

5. 农业机耕、排灌、病虫害防治、植物保护、农牧保险以及相关技术培训业务，家禽、牲畜、水生动物的配种和疾病防治。

6. 纪念馆、博物馆、文化馆、文物保护单位管理机构、美术馆、展览馆、书画院、图书馆举办文化活动的门票收入，宗教场所举办文化、宗教活动的门票收入。

纪念馆、博物馆、文化馆、文物保护单位管理机构、美术馆、展览馆、书画院、图书馆举办文化活动，是指这些单位在自己的场所举办的属于文化体育业税目征税范围的文化活动。其门票收入，是指销售第一道门票的收入。宗教场所举办文化、宗教活动的门票收入，是指寺院、宫观、清真寺和教堂举办文化、宗教活动销售门票的收入。

7. 境内保险机构为出口货物提供的保险服务。

除上述规定外，营业税的免税、减税项目由国务院规定。任何地区、部门均不得规定免税、减税项目。

（二）政策二：减征或免征营业税的劳务

1. 保险公司开展的1年期限以上返还性人身保险业务的保费收入免征营业税。

2. 对单位或个人从事技术转让、技术开发业务和与之相关的技术咨询、技术服务业务取得的收入，免征营业税。

3. 个人转让著作权，免征营业税。

4. 将土地使用权转让给农业生产者用于农业生产，免征营业税。

5. 社会团体按财政部门或民政部门规定标准收取的会费，不征收营业税。

6. 对经营公租房所取得的租金收入，免征营业税、房产税。公租房租金收入与其他住房经营收入应单独核算，未单独核算的，不得享受免征营业税、房产税优惠政策。

7. 对住房公积金管理中心用住房公积金在指定的委托银行发放个人住房贷款取得的收入，免征营业税。

8. 为促进军队转业干部自主择业，从事个体经营的军队转业干部、随军家属，经主管税务机关批准，自领取税务登记证之日起，3 年内免征营业税。

9. 对非营利性医疗机构按照国家规定的价格取得的医疗服务收入，免征营业税。

10. 自 2011 年 1 月 28 日起，个人将购买不足 5 年的住房对外销售的，全额征收营业税；个人将购买超过 5 年（含 5 年）的非普通住房对外销售的，按照其销售收入减去购买房屋的价款后的差额征收营业税；个人将购买超过 5 年（含 5 年）的普通住房对外销售的，免征营业税。

11. 对中华人民共和国境内单位或者个人在中华人民共和国境外提供建筑业、文化体育业（除播映）劳务暂免征收营业税。

12. 担保机构从事中小企业信用担保或再担保业务取得的收入（不含信用评级、咨询、培训等收入），符合免税条件的，3 年内免征营业税，免税时间自担保机构向主管税务机关办理免税手续之日起计算。享受 3 年营业税减免政策期限已满的担保机构，仍符合上述条件的，可继续申请。

13. 经广播电影电视行政主管部门按职能权限批准从事电影制片、发行、放映的电影集团公司（含成员企业）、电影制片厂及其他电影企业取得的销售电影拷贝收入、转让电影版权收入、电影发行收入以及在农村取得的电影放映收入免征增值税和营业税。

14. 自 2010 年 1 月 1 日起，对中华人民共和国境内单位或者个人提供的国际运输劳务免征营业税。国际运输劳务是指：(1) 在境内载运旅客或者货物出境。(2) 在境外载运旅客或者货物入境。(3) 在境外发生载运旅客或者货物的行为。

15. 为支持有线数字电视整体转换试点工作，推动有线数字电视的发展，根据省级物价部门有关文件规定标准收取的有线数字电视基本收视维护费，自 2010 年 1 月 1 日起，3 年内免征营业税。

16. 对持就业失业登记证（注明“自主创业税收政策”或附高校毕业生自主创业证）人员从事个体经营（除建筑业、娱乐业以及销售不动产、转让土地使用权、广告业、房屋中介、桑拿、按摩、网吧、氧吧外）的，在 3 年内以每户每年 8 000 元为限额依次扣减其当年实际应缴纳的营业税、城市维护建设税、教育费附加和个人所得税。

纳税人年度应缴纳税款小于上述扣减限额的，以其实际缴纳的税款为限；大于上述扣减限额的，应以上述扣减限额为限。

对商贸企业、服务型企业（除广告业、房屋中介、典当、桑拿、按摩、氧吧外）、劳动就业服务企业中的加工型企业和街道社区具有加工性质的小型企业实体，在新增加的岗位中，当年新招用持就业失业登记证（注明“企业吸纳税收政策”）人员，与其签订 1 年以上期限劳动合同并依法缴纳社会保险费的，在 3 年内按实际招用人数予以定额依次扣减营业税、城市维护建设税、教育费附加和企业所得税优惠。定额标准为每人每年 4 000 元，可上下浮动 20%，由各省、自治区、直辖市人民政府根据本地区实际情况在此幅度内确定具体定额标准，并报财政部和国家税务总局备案。

按上述标准计算的税收扣减额应在企业当年实际应缴纳的营业税、城市维护建设税、教育费附加和企业所得税税额中扣减，当年扣减不足的，不得结转下年使用。该税收优惠政策的审批期限为2011年1月1日至2013年12月31日，以纳税人到税务机关办理减免税手续之日起作为优惠政策起始时间。税收优惠政策在2013年12月31日未执行到期的，可继续享受至3年期满为止。下岗失业人员再就业税收优惠政策在2010年12月31日未执行到期的，可继续享受至3年期满为止。

17. 单位或个人出租境外的属于不动产的电信网络资源（包括境外电路、海缆、卫星转发器等）取得的收入，不属于营业税征税范围，不征收营业税。

境外单位或个人在境外向境内单位或个人提供的国际通信服务（包括国际通话服务、移动电话国际漫游服务、移动电话国际互联网服务、国际短信互通服务、国际彩信互通服务），不属于营业税征税范围，不征收营业税。

18. 自2009年1月1日至2013年12月31日，对金融机构农户小额贷款的利息收入，免征营业税。自2009年1月1日至2013年12月31日，对金融机构农户小额贷款的利息收入在计算应纳税所得额时，按90%计入收入总额。自2009年1月1日至2011年12月31日，对农村信用社、村镇银行、农村资金互助社、由银行业机构全资发起设立的贷款公司、法人机构所在地在县（含县级市、区、旗）及县以下地区的农村合作银行和农村商业银行的金融保险业收入减按3%的税率征收营业税。自2009年1月1日至2013年12月31日，对保险公司为种植业、养殖业提供保险业务取得的保费收入，在计算应纳税所得额时，按90%比例减计收入。

（三）政策三：起征点

营业税起征点的适用范围限于个人。按期纳税的起征点为月营业额5 000～20 000元，按次纳税的起征点为每次（日）营业额300～500元。

省、自治区、直辖市财政厅（局）、税务局应当在规定的幅度内，根据实际情况确定本地区适用的起征点，并报财政部、国家税务总局备案。

纳税人营业额达到起征点的，应按营业额全额计算应纳税额，未达到起征点的营业额免税。

项目二　计算应纳营业税

任务一　确定营业税的计税依据

营业税的计税依据是纳税人提供应税劳务的营业额、转让无形资产的转让额或者销售不动产的销售额，统称为营业额。

（一）营业税计税依据的基本规定

1. 计税依据为收入全额的情况。包括纳税人提供应税劳务、转让无形资产或者销售不动产向对方收取的全部价款和价外费用。价外费用包括收取的手续费、补贴、基金、集资费、返还利润、奖励费、违约金、滞纳金、延期付款利息、赔偿金、代收款项、代垫款项、罚息及其他各种性质的价外收费，但不包括同时符合以下条件代为收取的政府性基金或者行政事业性收费：（1）由国务院或者财政部批准设立的政府性基金，由国务院或者省级人民政府及其财政、价格主管部门批准设立的行政事业性收费；（2）收取时开具省级以上财政部门印制的财政票据；（3）所收款项全额上缴财政。

折扣处理原则：纳税人发生应税行为，如果将价款与折扣额在同一张发票上注明，以折扣后的价款为营业额；如果将折扣额另开发票，不论其在财务上如何处理均不得从营业额中减除。

2. 计税依据为收入差额的情况。允许减除特定项目金额（必须取得合法有效凭证）。

3. 需核定营业额的情况。纳税人提供应税劳务、转让无形资产或销售不动产价格明显偏低而无正当理由的，主管税务机关有权按下列程序核定其营业额：（1）按纳税人最近时期同类应税行为的平均价格核定。（2）按其他纳税人最近时期发生的同类应税行为的平均价格核定。（3）按下列公式核定：计税价格=营业成本或工程成本×（1+成本利润率）÷（1-营业税税率），公式中的成本利润率，由省、自治区、直辖市税务局确定。

知识链接

合法有效凭证的规定

1. 支付给境内单位或者个人的款项，且该单位或者个人发生的行为属于营业税或者增值税征收范围的，以该单位或者个人开具的发票为合法有效凭证。

2. 支付的行政事业性收费或者政府性基金，以开具的财政票据为合法有效凭证。

3. 支付给境外单位或者个人的款项，以该单位或者个人的签收单据为合法有效凭证，税务机关对签收单据有疑义的，可以要求其提供境外公证机构的确认证明。

4. 国家税务总局规定的其他合法有效凭证。

（二）不同行业的具体规定

1. 交通运输业的计税依据。运输业务的营业额一般包括客运收入、货运收入、装卸搬运收入、其他运输业务收入和运输票价中包含的保险费收入以及随同票价、运价向客户收取的各种建设基金等。

纳税人将承揽的运输业务分给其他单位或者个人的，以其取得的全部价款和价外费用扣除其支付给其他单位或者个人的运输费用后的余额为营业额。

2. 建筑业的计税依据。建筑业的营业额为承包建筑、修缮、安装、装饰和其他工程作业取得的营业收入额，即建筑安装企业向建设单位收取的工程价款（即工程造价）及工程价款之外收取的各种费用。

（1）纳税人将建筑工程分包给其他单位的，以其取得的全部价款和价外费用扣除其支付给其他单位的分包款后的余额为营业额。

（2）纳税人提供建筑业劳务（不含装饰劳务）的，其营业额应当包括工程所用原材料、设备及其他物资和动力价款在内，但不包括建设方提供的设备价款。

（3）自建行为和单位将不动产无偿赠与他人，由主管税务机关按照特别规定顺序核定营业额。

知识链接

通信线路工程和输送管道工程所使用的电缆、光缆和构成管道工程主体的防腐管段、管件（弯头、三通、冷弯管、绝缘接头）、清管器、收发球筒、机泵、加热炉、金属容器等物品均属于设备，其价值不包括在工程的计税营业额中。其他建筑安装工程的计税营业额也不应包括设备价值，具体设备名单可由省级地方税务机关根据各自实际情况列举。

3. 金融保险业的计税依据。一般贷款以利息收入全额为营业额。对金融机构当期实际收到的结算罚款、罚金、加息等收入应并入营业额中征税。对金融机构的出纳长款收入不征收营业税。

外汇转贷业务营业额按照国税发［2000］6号的规定确认：（1）各银行（不包括中国银行）总行统一从境外借入外汇资金，再通过其所属分支机构贷给用户，由所属分支机构按向用户所收取的贷款利息，减除支付给境外的借款利息支出后的余额为营业额计算纳税。（2）中国银行总行统一从境外借入外汇资金，再通过其所属的分支机构贷给用户，由所属分支机构按所收利息全额缴纳营业税，向境外支付的借款利息支出由总行从其营业额中统一减除。

中国人民银行对金融机构的贷款业务不征收营业税。中国人民银行对企业贷款或委托金融机构贷款的业务应当征收营业税。

典当业的抵押贷款的营业额为经营者取得的利息和其他各种名目的费用。

金融企业从事融资租赁业务，以纳税人向承租人收取的全部价款和价外费用（包括残值）减去出租方承担的出租货物的实际成本后的余额以直线法折算出本期的营业额。

外汇、有价证券、期货等金融商品买卖业务，以卖出价减去买入价后的余额为营业额。

金融企业买卖金融商品（包括股票、债券、外汇及其他金融商品，下同），可在同一会计年度末将不同纳税期出现的正差和负差按同一会计年度汇总的方式计算并缴纳营业税，如果汇总计算应缴的营业税税额小于本年已缴纳的营业税税额，可以向税务机关申请办理退税，但不得将一个会计年度内汇总后仍为负差的部分结转下一会计年度。

非金融机构和个人买卖外汇、有价证券或期货，不征收营业税。

金融经纪业和其他金融业务以金融服务手续费等收入为营业额。

金融企业从事受托收款业务，如代收电话费、水电煤气费、信息费、学杂费、寻呼费、社保统筹费、交通违章罚款、税款等，以全部收入减去支付给委托方价款后的余额为营业额。

保险业的营业额是纳税人提供属于保险业征税范围劳务向受让方取得的全部收入。保险企业取得的追偿款不征收营业税。初保业务营业额为全部保费收入。储金业务营业额为储金的利息（即纳税人在纳税期内的储金平均余额乘以人民银行公布的 1 年期存款利率折算的月利率）。

保险企业已征收营业税的应收未收保费，凡在财务会计制度规定的核算期限内未收回的，允许从营业额中减除。在会计核算期限以后收回的已冲减的应收未收保费，再并入当期营业额中。

保险企业开展无赔偿奖励业务，以向投保人实际收取的保费为营业额。境外再保险人办理分保业务，以全部保费收入减去分保保费后的余额为营业额。境外再保险人应就其分保收入承担营业税纳税义务。

4. 邮电通信业的计税依据。邮电通信业一般以收入全额为营业额。多方合作共同提供服务的，以收入总额减去付给合作方价款后的余额为营业额。

电信单位销售的各种有价电话卡，由于其计费系统只能按有价电话卡面值出账并按有价电话卡面值确认收入，不能直接在销售发票上注明折扣折让额，以按面值确认的收入减去当期财务会计上体现的销售折扣折让后的余额为营业额。

5. 文化体育业的计税依据。单位或个人进行演出，以全部票价收入或包场收入（即全部收入）减去付给提供演出场所的单位、演出公司或者经纪人的费用后的余额为营业额。提供演出场所的单位、演出公司或者经纪人不是文化体育业的纳税人，提供演出场所的单位的场租收入按租赁业征收营业税；演出公司或者经纪人的收入按代理业征收营业税。

6. 娱乐业的计税依据。娱乐业的营业额为经营娱乐业收取的全部价款和价外费用，包括门票、台位、点歌、烟酒、饮料、茶水、鲜花、小吃等收费及经营娱乐业的其他各项收费。

7. 服务业的计税依据。服务业的营业额是指纳税人提供代理业、旅店业、饮食业、旅游业、仓储业、租赁业、广告业、其他服务业的应税劳务向对方收取的全部价款和价外费用。服务业一般以收入全额为营业额。

纳税人从事旅游业务的，以其取得的全部价款和价外费用扣除替旅游者支付给其他单位或者个人的住宿费、餐费、交通费、旅游景点门票和支付给其他接团旅游企业的旅游费后的余额为营业额。

代理业的营业额为纳税人从事代理业务向委托方实际收取的报酬。

广告业以广告业务收入作为营业额征税。广告业务收入是指广告的设计、制作、刊登收入、广告性赞助收入等，对其应按全额征收营业税。

物业管理企业代有关部门收取费用的代理手续费收入应征收营业税。从事物业管理的单位，以与物业管理有关的全部收入减去代业主支付的水、电、燃气以及代承租者支付的水、电、燃气、房屋租金的价款后的余额为营业额。

劳务公司接受用工单位的委托，为其安排劳动力，凡用工单位将其应支付给劳动力的工资和为劳动力上交的社会保险以及住房公积金统一交给劳务公司代为发放或办理的，以劳务公司从用工单位收取的全部价款减去代收转付给劳动力的工资和为劳动力办理社会保险及住房公积金后的余额为营业额。

境内单位派出本单位的员工为境外企业提供劳务，不属于在境内提供应税劳务，境外劳务服务取得的各项收入不征营业税。

8. 转让无形资产的计税依据。转让无形资产的营业额，是指受让方支付给转让方的全部货币、实物和其他经济利益。转让方收取实物时，由税务机关根据同类物品的市场价值核定实物的价值；转让方取得其他经济利益时，也由税务机关核定其货币价值。

转让无形资产的营业额一般以全额为计税依据，但单位和个人销售或转让其购置的不动产或受让的土地使用权，以全部收入减去不动产或土地使用权的购置或受让原价后的余额为营业额；单位和个人销售或转让抵债所得的不动产、土地使用权的，以全部收入减去抵债时该项不动产或土地使用权作价后的余额为营业额。

9. 销售不动产的计税依据。销售不动产的计税依据是指销售不动产的销售额，包括向对方收取的全部价款及价外费用。

以不动产抵顶贷款的营业额，核定不动产原所有人（以下简称借款人）的营业额时，应根据不同情况分别核定：如果在贷款期满以前，不动产仍归借款人使用，这时借款人的营业额并非其所欠银行的贷款本金，而是其尚未归还银行的本息合计；如果在贷款期间就已将不动产交与银行使用，以不动产租金抵充贷款利息，那么借款人销售不动产的营业额就为其所欠银行的贷款本金。

以"还本"方式销售建筑物的行为，不得减除所谓"还本"支出。以"还本"方式销售建筑物，是指商品房经营者在销售建筑物时许诺若干年后可将房屋价款归还购物者，主要是经营者为了加快资金周转而采取的一种促销手段。

温馨提示

1. 单位和个人提供营业税应税劳务、转让无形资产和销售不动产发生退款，凡该项退款已征收过营业税的，允许退还已征税款，也可以从纳税人以后的营业额中减除。

2. 营业税纳税人购置税控收款机，经主管税务机关审核批准后，可凭购进税控收款机取得的增值税专用发票，按照发票上注明的增值税税额，抵免当期应纳营业税税额，或者按照购进税控收款机取得的普通发票上注明的价款，依照下列公式计算可抵免税额。

$$可抵免税额=价款\div(1+17\%)\times17\%$$

任务二　计算营业税应纳税额

纳税人提供应税劳务、转让无形资产或销售不动产，按照营业额和规定的税率计算应纳税额。应纳税额计算公式为：

$$应纳营业税=计税营业额\times适用税率$$

温馨提示

应纳税额应以人民币计算。纳税人以外汇结算营业额的，其营业额的人民币折合率可以选择营业额发生的当天或当月1日的人民币汇率中间价，但金融保险企业营业额的人民币折合率为上年度决算报表确定的汇率。纳税人应当在事先确定采用何种折合率，确定后1年内不得变更。

知识链接

营业税纳税义务时间

1. 营业税的纳税义务发生时间为纳税人收讫营业收入款项或者取得索取营业收入款项凭据的当天。

取得索取营业收入款项凭据的当天，为书面合同确定的付款日期的当天；未签订书面合同或者书面合同未确定付款日期的，为应税行为完成的当天。

收讫营业收入款项，是指纳税人应税行为发生过程中或者完成后收取的款项。

2. 转让土地使用权或销售不动产采用预收款方式的，纳税义务发生时间为收到预收款的当天。预收款包括预收定金但不包括押金。

3. 提供建筑业或者租赁业劳务，采取预收款方式的，纳税义务发生时间为收到预收款的当天。

4. 单位或者个人自己新建建筑物后销售，其自建行为的纳税义务发生时间，为其销售自建建筑物并收讫营业额或者取得索取营业额凭据的当天。

5. 纳税人将不动产或者土地使用权无偿赠送其他单位或者个人的，其纳税义务发生时间为不动产所有权、土地使用权转移的当天。

营业税扣缴义务发生时间为纳税人营业税纳税义务发生的当天。

（一）交通运输业应纳营业税计算

【例5-1】 湖北某建筑公司下设非独立核算的昌盛运输队，于6月10日与河南A运输公司为运通物流公司联运一批货物到河南，共收到运通物流公司运费6 500元，其中支付给河南A运输公司2 800元。请计算昌盛运输队此笔业务应缴纳的营业税。

应纳营业税＝（6 500－2 800）×3%＝185（元）

（二）建筑业应纳营业税计算

【例5-2】 湖北某建筑公司承接一项工程，6月收到工程款5 000万元，支付给某装修公司分包价款1 000万元。请计算建筑公司此笔业务应缴纳的营业税。

应纳营业税＝（5 000－1 000）×3%＝120（万元）

（三）金融保险业应纳营业税计算

【例 5-3】 某商业银行 2011 年第三季度吸收居民存款，支付利息 100 万元，向企业发放贷款取得利息 500 万元，逾期贷款的罚息收入 4 万元。请计算银行应缴纳的营业税。

应纳营业税 =（500+4）×5% = 25.2（万元）

（四）邮电通信业应纳营业税计算

【例 5-4】 某电信公司 3 月取得电报收入 73 万元，电话收入 400 万元，出售物品收入 5 万元。请计算电信公司当月应缴纳的营业税。

应纳营业税 =（73+400+5）×3% = 14.34（万元）

（五）文化体育业应纳营业税计算

【例 5-5】 某歌舞团举办一场大型演出，与开明演出公司签订协议，由演出公司联系演出地点并协助宣传，共支付宣传费、场地费等 10 万元，演出门票收入 50 万元，请计算歌舞团应缴纳的营业税。

应纳营业税 =（50-10）×3% = 1.2（万元）

（六）娱乐业应纳营业税计算

【例 5-6】 湖北某建筑公司内设非独立核算的歌舞厅 6 月 10 日接待一大型商务团，取得歌舞厅消费收入 20 000 元，保龄球收入 8 000 元，请计算建筑公司应缴纳的营业税。

应纳营业税 = 20 000×20% +8 000×5% = 4 400（元）

（七）服务业应纳营业税计算

【例 5-7】 湖北某建筑公司内设非独立核算的宾馆 6 月 10 日接待一大型商务团，取得客房收入 2 万元，餐饮收入 5 万元，请计算建筑公司应缴纳的营业税。

应纳营业税 =（2+5）×5% = 0.35（万元）

（八）销售不动产应纳营业税计算

【例 5-8】 湖北某建筑公司自建的两幢房屋本月竣工结算，工程总成本 2 000 万元，核定的成本利润率为 10%，当月对外销售一幢，取得出售收入 1 400 万元。请计算建筑公司应缴纳的营业税。

应纳营业税 = 1 400×5% +1 000×（1+10%）×3% = 103（万元）

（九）转让无形资产应纳营业税计算

【例 5-9】 湖北某建筑公司去年取得一块土地，成本 420 万元。经过开发，今年 6 月售出，取得收入 560 万元，转让时发生相关费用 10 万元。请计算建筑公司应缴纳的营业税。

应纳营业税 =（560-420）×5% = 7（万元）

任务三 几种特殊经营行为的税务处理

（一）兼营不同税目的应税行为

营业税纳税人从事不同税目的应税行为的，应当分别核算不同税目的营业额、转让额、销售额，然后按各自税率计税；未分别核算的，将从高适用税率计算应纳税额。

（二）混合销售行为

一项销售行为如果既涉及应税劳务又涉及货物，为混合销售行为。从事货物的生产、批发或者零售的企业、企业性单位和个体工商户的混合销售行为，视为销售货物，不缴纳营业税；其他单位和个人的混合销售行为，视为提供应税劳务，缴纳营业税。

（三）兼营应税行为与货物或者非应税劳务的行为

纳税人兼营应税行为和货物或者非应税劳务的，应当分别核算应税行为的营业额和货物或者非应税劳务的销售额，其应税行为营业额缴纳营业税，货物或者非应税劳务销售额不缴纳营业税；不分别核算或不能准确核算的，由主管税务机关核定其应税行为营业额。

（四）常见的增值税与营业税范围的划分

1. 建筑业务征税问题。纳税人的下列混合销售行为，应当分别核算应税劳务的营业额和货物的销售额，其应税劳务的营业额缴纳营业税，货物销售额不缴纳营业税；未分别核算的，由主管税务机关核定其应税劳务的营业额：（1）提供建筑业劳务的同时销售自产货物的行为；（2）财政部、国家税务总局规定的其他情形。

基本建设单位和从事建筑安装业务的企业附设的工厂、车间生产的水泥预制构件、其他构件或建筑材料，用于本单位或本企业的建筑工程的，应在移送使用时征收增值税。但对在建筑现场制造的预制构件，凡直接用于本单位或本企业建筑工程的，征收营业税，不征收增值税。

2. 邮电业务征税问题，具体见表5-3。

表5-3

增值税	营业税
集邮商品的生产，邮政部门以外的其他单位与个人销售集邮商品	邮政部门销售集邮商品
其他单位和个人发行报刊	邮政部门发行报刊
单纯销售无线寻呼机、移动电话等不提供有关的电信劳务服务	电信单位自己销售无线寻呼机、移动电话，并为客户提供有关的电信劳务服务

3. 其他与增值税的划分问题。

(1) 燃气公司和生产、销售货物或提供增值税应税劳务的单位，在销售货物或提供增值税应税劳务时，代有关部门向购买方收取的集资费、手续费、代收款等，属于增值税价外收费，应征收增值税，不征收营业税。

(2) 随汽车销售提供汽车按揭服务和代办服务业务的征收增值税，单独提供按揭、代办服务业务并不销售汽车的，应征收营业税。

4. 商业企业向货物供应方收取的部分费用征收流转税问题。商业企业向供货方收取的与商品销售量、销售额无必然联系，且商业企业向供货方提供一定劳务的收入，例如，进场费、广告费、促销费、上架费、展示费、管理费等，不属于平销返利，不冲减当期增值税进项税额，应按营业税的适用税目税率（5%）征收营业税。

5. 视同发生应税行为。纳税人有下列情形之一的，视同发生应税行为：

(1) 单位或者个人将不动产或者土地使用权无偿赠送其他单位或者个人；

(2) 单位或者个人自己建造（以下简称自建）建筑物后销售，其所发生的自建行为；

(3) 财政部、国家税务总局规定的其他情形。

项目三　办理营业税纳税申报

任务一　营业税的征收管理

(一) 纳税期限

营业税的纳税期限分别为 5 日、10 日、15 日、1 个月或者 1 个季度。纳税人的具体纳税期限由主管税务机关根据纳税人应纳税额的大小分别核定，不能按照固定期限纳税的，可以按次纳税。

纳税人以 1 个月或者 1 个季度为一个纳税期的，自期满之日起 15 日内申报纳税；以 5 日、10 日或者 15 日为一个纳税期的，自期满之日起 5 日内预缴税款，于次月 1 日起 15 日内申报纳税并结清上月应纳税款。

扣缴义务人解缴税款的期限，依照上述规定执行。

银行、财务公司、信托投资公司、信用社、外国企业常驻代表机构的纳税期限为 1 个季度，自纳税期满之日起 15 日内申报纳税。保险业的纳税期限为 1 个月。

(二) 纳税地点

为了解决在实际执行中一些应税劳务的发生地难以确定的问题，考虑到大多数应税劳务的发生地与机构所在地是一致的，而且有些应税劳务的纳税地点现行政策已经规定为机构所在地，将营业税纳税人提供应税劳务的纳税地点由按劳务发生地原则确定调整为按机构所在地或者居住地原则确定。

1. 纳税人提供应税劳务应当向其机构所在地或者居住地的主管税务机关申报纳税。但是，纳税人提供的建筑业劳务以及国务院财政、税务主管部门规定的其他应税劳务，应当向应税劳务发生地的主管税务机关申报纳税。

2. 纳税人转让无形资产应当向其机构所在地或者居住地的主管税务机关申报纳税。但是，纳税人转让、出租土地使用权，应当向土地所在地的主管税务机关申报纳税。

3. 纳税人销售、出租不动产应当向不动产所在地的主管税务机关申报纳税。

扣缴义务人应当向其机构所在地或者居住地的主管税务机关申报缴纳其扣缴的税款。

任务二 营业税的纳税申报

（一）纳税申报资料

1. 营业税纳税申报表。

2. 按照纳税人发生营业税应税行为所属的税目，分别填报相应税目的营业税纳税申报表附表；同时发生两种或两种以上税目应税行为的，应同时填报相应的纳税申报表附表。

3. 凡使用税控收款机的纳税人应同时报送税控收款机 IC 卡。

4. 主管税务机关规定的其他申报资料。

纳税申报资料的报送方式、报送的具体份数由省一级地方税务局确定。

（二）主表的内容及格式

对实行查账征收的营业税纳税人，申报缴纳营业税应填写营业税纳税申报表；有代扣代缴业务的，应填写营业税扣缴报告表并在规定的期限内向主管税务机关申报纳税。

营业税纳税申报表包括一个主表（见表 5-4）和七个附表。附表分别为交通运输业营业税纳税申报表、建筑业营业税纳税申报表、金融保险业营业税纳税申报表、娱乐业营业税纳税申报表、服务业营业税纳税申报表、异地提供建筑业劳务税款缴纳情况申报表、营业税营业额减除项目明细表等。

（三）申报流程

纳税人持填好的营业税纳税申报表和相关资料到办税服务厅申报纳税窗口进行申报。经税务机关审核，纳税人提供的资料完整、填写内容准确、各项手续齐全、无违章问题、符合条件的，当场办结，并在营业税纳税申报表上签章，返还一份给纳税人。当期申报有税款的，纳税人需缴纳税款，税务机关确认税款缴纳后开具完税凭证予以办结。

为了方便纳税人，税务机关提供网上申报、邮寄申报等多元化申报方式。采用网上申报的主要程序如下：

1. 进入网上办税大厅。

2. 进入纳税申报窗口。

3. 建立新期，生成申报本月税款的界面。

4. 确定业务所属范围，即本期申报业务的起止时间。

5. 填写纳税申报表及相关附表。采用网上申报方式的交通运输业、建筑业、金融保险业、娱乐业、服务业营业税纳税申报人只需填写附表，主表自动生成；邮电通信业、文化体育业、转让无形资产、销售不动产的营业税纳税申报人，没有相应附表的，直接填写主表。

6. 纳税申报表填写完毕检查无误后，点击“确定”按钮，出现网络通信提示框，提示纳税人是否申报成功。如提示成功，说明纳税人本期税款已经申报成功，等待税务机关开票或自行扣税。

模块六 关 税 法

学习任务

1. 了解关税的税制要素。
2. 熟悉关税最新的法律法规。
3. 掌握关税税额的计算方法。

项目一 熟悉关税法律知识

任务一 确定关税的征税对象和纳税人

关税是由海关对进出国境和关境的货物和物品征收的一种流转税。国境是一个国家以边界为界限，全面行使主权的境域，包括领土、领海和领空。关境是一个国家关税法令完全施行的境域。一般情况下，一个国家的国境与关境是一致的，但当一个国家在国境内设立自由贸易港、自由贸易区、保税区、保税仓库时，关境就小于国境；当几个国家结成关税同盟，成员国之间相互取消关税，对外实行共同的关税税则时，就其成员国而言，关境就大于国境。

我国关税具有以下特点：(1) 在统一的国境或关境内征收；(2) 只对进出国境或关境的货物和物品征税；(3) 对同一进口货物采用复式税则制，分别设置优惠税率和普通税率，具有维护国家主权、平等互利、促进国际贸易和技术经济合作的特点；(4) 由国家专设的海关机构负责征收。

(一) 征税对象

我国关税的征税对象为国家特许进出国境或关境的应税货物和

物品。

1. 货物。货物是指中国允许进出口的贸易性商品，包括境外采购的原产于中国境内的货物。

2. 物品。物品是指入境旅客随身携带的行李物品、个人邮递物品、各种运输工具的服务人员携带进口的自用物品、馈赠物品以及其他方式进境的个人物品。

（二）纳税人

我国关税的纳税（义务）人分贸易性进出口货物的纳税人和非贸易性进出口物品的纳税人两类。

1. 贸易性进出口货物的纳税人。贸易性进出口货物的纳税人是进出口货物的收货人、发货人或进出口货物的代理人。进出口货物的收、发货人是依法取得对外贸易经营权，并进口或者出口货物的法人或者其他社会团体，具体包括：外贸进出口公司、工贸或农贸进出口公司、科技贸易进出口公司、大型商业集团以及其他经批准经营进出口商品的企业。

2. 非贸易性进出口物品的纳税人。非贸易性进出口物品的纳税人为进出口物品的所有人。在所有人难以确定的情况下，税法规定以推定所有人为纳税人。一般情况下，对携带进境的物品，推定其携带人为所有人；对分离运输的行李，推定相应的进出境旅客为所有人；对以邮递方式进境的物品，推定其收件人为所有人；对以邮递或其他方式出境的物品，推定其寄件人或托运人为所有人。

想一想

下列各项中，属于关税法定纳税义务人的有（　　）。

A. 进口货物的收货人　　B. 进口货物的代理人

C. 出口货物的发货人　　D. 出口货物的代理人

任务二　确定不同货物适用的关税税率

由于进出口商品种类繁多，变化日新月异，要把每一种进出口商品准确地进行归类并确定不同的适用税率，是一项专业性、技术性很强的工作。目前我国以《商品名称及编码协调制度》为基础制定了关税进出口税则，按一定标准对进出口货物进行分类并确定了相关的税率，2011 年我国进出口关税税目总共 7 977 个。我国现行关税的税率为差别比例税率，具体分为进口关税税率、出口关税税率和进口特别关税税率三部分，具体包括最惠国税率、协定税率、特惠税率、普通税率、配额税率和暂定税率等税率。

（一）进口关税税率的设置与适用

1. 最惠国税率。适用原产于与我国适用最惠国待遇条款的世界贸易组织成员国家或地区的进口货物，或原产于与我国签订有相互给予最惠国待遇条款的双边贸易协定的国家或地区的进口货物，以及原产于我国境内的进口货物。

2. 协定税率。适用原产于我国参加的含有关税优惠条款的区域性贸易协定的有关缔约方的进口货物。

3. 特惠税率。适用原产于与我国签订有特殊优惠关税协定的国家或地区的进口货物。

4. 普通税率。适用原产于上述国家或地区以外的国家或地区的进口货物。

5. 配额税率。配额内关税是对一部分实行关税配额的货物，按低于配额外税率的进口税率征税的关税。按照国家规定实行关税配额管理的进口货物，关税配额内的，适用关税配额税率；关税配额外的，其税率的适用按照前述的规定执行。

6. 暂定税率。暂定税率是对某些税号中的部分货物在适用最惠国税率的前提下，通过法律程序暂时实施的进口税率，具有非全税目的特点，低于最惠国税率。

适用最惠国税率的进口货物又暂定税率的，应当适用暂定税率；适用协定税率、特惠税率的进口货物又暂定税率的，从低适用税率；适用普通税率的进口货物，不适用暂定税率。

（二）进口特别关税税率

进口特别关税税率主要是征收特别关税时适用的税率。特别关税主要是国家用于宏观调控的一种手段，对于贸易国采取不正当的方式进行竞争，或者对中国进行倾销的一种抑制措施。特别关税包括报复性关税、反倾销税与反补贴税、保障性关税。征收特别关税的货物、适用国别、税率、期限和征收办法，由国务院关税税则委员会决定，海关总署负责实施。

（三）出口关税税率

出口关税税率是对出口货物征收关税而规定的税率。为鼓励出口，我国大部分商品不征收出口关税，仅对少数资源性产品及需要规范出口秩序的半制成品征收出口关税。目前我国主要是对鳗鱼苗、部分有色金属矿砂及其精矿、生锑、磷、氟硅酸盐、苯、山羊板皮、部分合金铁、钢铁废碎料、硅铜和铝原料及其制品、镍锭、锌锭、锑锭等36种税目进行征税，而且对其中23个税目实行零或较低的出口暂定税率。2011年提高了个别稀土产品的出口关税，适当调整了化肥出口季节关税淡旺季税率适用时段和淡季出口关税基准价格，继续以暂定税率的形式对煤炭、原油、化肥、有色金属等“两高一资”产品征收出口关税。

任务三 确定关税的计税依据

关税的计税依据一般有两种情况，若是从量计征，其计税依据为进出口货物的数量；若是从价计征，其计税依据为关税完税价格。关税完税价格是海关计征关税所使用的计税价格，根据《完税价格办法》一般贸易进口货物的完税价格确定方法有两种。对能确定成交价格的进口货物，其完税价格为由海关以进口货物的实际成交价格为基础审定的价格。对不能确定成交价格的进口货物，其完税价格由海关依法估定。实际成交价格是一般贸易项下进口或出口货物的买方为该项货物向卖方实际支付或应当支付的价格。纳税人向海关申报的价格不一定等于完税价格，只有经海关审核并接受的申报价格才能作为完税价格。

（一）进口货物完税价格的确定

1. 一般贸易方式进口货物的完税价格的确定：

（1）以成交价格为基础确定完税价格。进口货物的完税价格，由海关以该货物的成交价格为基础审查确定，并应当包括货物运抵我国境内输入地点起卸前的运输及其相关费用、保险费。进口货物的成交价格是指买方为购买该货物，并按照《完税价格办法》的有关规定调整后的实付或应付价格。

下列费用应包括在进口货物的完税价格中：

①由买方负担的除购货佣金以外的佣金和经纪费。“购货佣金”是指买方为购买进口货物向自己的采购代理人支付的劳务费用；“经纪费”是指买方进口货物向代表买卖双方利益的经纪人支付的劳务费用。

②由买方负担的与该货物视为一体的容器费用。

③由买方负担的包装材料和包装劳务费用。

④与该货物的生产和向我国境内销售有关的，由买方以免费或者低于成本的方式提供并可以按适当比例分摊的料件、工具、模具、消耗材料及类似货物的价款，以及在境外开发、设计等相关服务的费用。

⑤作为该货物向我国境内销售的一项条件，应当由买方直接或间接支付的与该货物有关的特许权使用费。

⑥卖方直接或间接从买方获得的该货物进口后转售、处置或者使用的收益。

下列费用，如能与纳税人进口货物实付或应付价格区分单列的，不得计入完税价格：①厂房、机械、设备等货物进口后的基建、安装、装配、维修和技术服务的费用；②货物运抵境内输入地点后的运输费用、保险费和其他相关费用；③进口关税及其他国内税收。

（2）海关估定进口货物完税价格。《完税价格办法》规定，进口货物的价格不符合成交价格条件或者成交价格不能确定的，海关应当依次以相同货物成交价格方法、类似货物成交价格方法、倒扣价格方法、计算价格方法及其他合理方法确定的价格为基础，估定完税价格。

2. 特殊贸易方式进口货物的完税价格的确定：

（1）加工贸易进口料件及其制成品。加工贸易进口料件及其制成品需征税或内销补税的，海关按照一般进口货物的完税价格规定，审定完税价格。其中：

①进口时需征税的进料加工进口料件，以该料件申报进口时的价格估定。

②内销的进料加工进口料件或其制成品（包括残次品、副产品），以料件原进口时的价格估定。

③内销的来料加工进口料件或其制成品（包括残次品、副产品），以料件申报内销时的价格估定。

④出口加工区内的加工企业内销的制成品（包括残次品、副产品），以制成品申报内销时的价格估定。

⑤保税区内的加工企业内销的进口料件或其制成品（包括残次品、副产品），分别以料件或制成品申报内销时的价格估定。如果内销的制成品中含有从境内采购的料件，则以

所含从境外购入的料件原进口时的价格估定。

⑥加工贸易加工过程中产生的边角料，以申报内销时的价格估定。

（2）保税区、出口加工区货物运往境外修理的。运往境外修理的机械器具、运输工具或其他货物，出境时已向海关报明，并在海关规定期限内复运进境的，应当以海关审定的境外修理费和料件费为完税价格。

（3）从保税区或出口加工区销往区外、从保税仓库出库内销的进口货物（加工贸易进口料件及其制成品除外），以海关审定的从保税区或出口加工区销往区外、从保税仓库出库内销的价格估定完税价格。对经审核销售价格不能确定的，海关按照《审价办法》第七条至第十一条的规定确定完税价格。如果销售价格中未包括在保税区、出口加工区或保税仓库中发生的仓储、运输及其他相关费用，海关按照客观量化的数据资料予以计入。

（4）运往境外加工的货物，出境时已向海关报明，并在海关规定期限内复运进境的，应当以海关审定的境外加工费和料件费，以及该货物复运进境的运输及其相关费用、保险费估定完税价格。

（5）暂时进境货物。对于经海关批准的暂时进境的货物，应当按照一般进口货物估价办法的规定，估定完税价格。

（6）租赁方式进口的货物中，以租金方式对外支付的租赁货物，在租赁期间以海关审定的租金作为完税价格；留购的租赁货物，以海关审定的留购价格作为完税价格；承租人申请一次性缴纳税款的，经海关同意，按照一般进口货物估价办法的规定估定完税价格。

（7）留购的进口货样等。对于境内留购的进口货样、展览品和广告陈列品，以海关审定的留购价格作为完税价格。

（8）予以补税的减免税货物。减税或免税进口的货物需要补税时，应当以海关审定的该货物原进口时的价格，扣除折旧部分价值作为完税价格，计算公式为：

$$\text{完税价格}=\frac{\text{海关审定的该货物}}{\text{原进口时的价格}}\times\frac{1-\text{申请补税时实际已使用的时间（月）}}{\text{监管年限}\times 12}$$

（9）以其他方式进口的货物。以易货贸易、寄售、捐赠、赠送等其他方式进口的货物，应当按照一般进口货物估价办法的规定，估定完税价格。

3. 进口货物关税完税价格中运输及相关费用、保险费的确定：

（1）以一般陆运、海运、空运方式进口的货物。陆运、海运和空运进口的货物的运费和保险费，应当按照实际支付的费用计算。如果进口货物的运费无法确定或未实际发生，海关应当按照该货物进口同期运输行业公布的运费率（额）计算运费，按照“货价加运费”两者总额的3‰计算保险费。

（2）以其他方式进口的货物。邮运进口的货物应当以邮费作为运输及相关费用、保险费；以境外边境口岸价格条件成交的铁路或者公路运输进口货物，海关应当按照货价的1%计算运费及其相关费用、保险费；作为进口货物的自驾进口的运输工具，海关在审定关税价格时，可以不另行计入运费。

（二）出口货物完税价格的确定

1. 以成交价格为基础确定完税价格。出口货物的完税价格，由海关以出口货物的成交价格以及该货物运至中国境内输出地点装载前的运输及其相关费用、保险费为基础审查确定，但是要扣除其中包含的出口关税。出口货物成交价格中含有支付给境外的佣金的，如果单列，应当扣除。

2. 海关估定出口货物完税价格。出口货物的成交价格不能确定时，完税价格由海关依次使用下列方法估定：

（1）同时或大约同时向同一国家或地区出口相同货物的成交价格；

（2）同时或大约同时向同一国家或地区出口类似货物的成交价格；

（3）根据境内生产相同或类似货物的成本、利润和一般费用，以及境内发生的运输及其相关费用、保险费计算所得的价格；

（4）其他合理方法估定的价格。

项目二　计算应纳关税

任务一　计算进口关税

我国《进出口关税条例》规定，进出口货物关税，以从价计征、从量计征或者国家规定的其他方式征收。目前我国关税的计征方法主要有从价计征、从量计征、从量从价复合计征、滑准计征、选择计征等。

（一）从价税的计算

从价计征是指以货物的完税价格为征税依据，适用比例税率征收的一种方法。计算公式如下：

应纳进口关税＝应税进口货物数量×单位完税价格×关税税率
＝关税完税价格×关税税率

（二）从量税的计算

从量计征是指以进（出）口货物的重量、长度、容量、面积等计量单位为计税依据的一种关税计征方法。计算公式如下：

应纳进口关税＝应税进口货物数量×单位货物税额

【例 6-1】深圳某进出口公司从法国进口啤酒 200 万升，假设该啤酒进口关税税率 7.5 元/升。请计算进口啤酒应纳的进口关税。

应纳进口关税＝200×7.5＝1 500（万元）

（三）复合税的计算

复合计征是指对某种进（出）口货物同时使用从价计征和从量计征的一种关税计征

方法。我国目前实行的复合税都是先计征从量税，再计征从价税。

$$\text{应纳进口关税}=\text{应税进口货物数量}\times\text{单位货物税额}+\text{应税进口货物数量}\times\text{单位完税价格}\times\text{关税税率}$$

（四）滑准税的计算

滑准税是指关税的税率随着进口货物价格的变动而反方向变动的一种税率形式，即价格越高，税率越低，税率为比例税率。因此，实行滑准税率的进口货物应纳关税税额的计算方法与从价税的计算方法相同。

应纳进口关税=应税进口货物数量×单位完税价格×滑准税率

任务二 计算出口关税

（一）从价税的计算

应纳出口关税=应税出口货物数量×单位完税价格×关税税率
=关税完税价格×关税税率

【例6-2】大连某进出口公司出口产品一批，成交价格为大连离岸价204 000美元，其中含支付国外佣金2%，另外进口方还支付货物包装费5 000美元，当日的外汇牌价为100美元=681人民币，关税税率为10%，计算应交出口关税。

离岸价内包含的支付国外的佣金应扣除，而买方在出口货物离岸价外另支付的包装费应计入完税价格，则：

不含佣金的离岸价=204 000÷（1+2%）=200 000（美元）

完税价格=（200 000+5 000）÷（1+10%）=200 980.39（美元）

应纳出口关税=200 980.39×6.81×10%=136 867.65（元）

（二）从量税的计算

从量计征出口关税税额计算与进口关税的计算方法一样：

应纳出口关税=应税出口货物数量×单位货物税额

（三）复合税的计算

$$\text{应纳出口关税}=\text{应税出口货物数量}\times\text{单位货物税额}+\text{应税出口货物数量}\times\text{单位完税价格}\times\text{关税税率}$$

（四）滑准税的计算

应纳出口关税=应税出口货物数量×单位完税价格×滑准税率

项目三 办理关税纳税申报

在进出口贸易的实际业务中，绝大多数是卖方负责出口货物报关，买方负责进口货物报关，即绝大多数的贸易公司只是同自己国家的海关打交道。

任务一　熟悉报关流程

（一）进出口报关流程

1. 报关资料准备。报关注册登记单位应向海关提交有关文件材料：经贸管理部门批准其经营进出口业务的文件副本或影印件；工商行政管理部门核发的营业执照副本或影印件；银行出具的经济担保书或具有同等效力的证明文件；报关注册登记申请书；有关部门批准开业的证件副本或者影印件。以上内容经海关审核批准后，发给报关注册登记证明书。

代理报关注册登记单位应向海关提交有关文件材料：工商行政管理部门核发的营业执照；代理报关注册登记申请书；资信证明文件，如有足够的流动资产或银行存款、保证进出口货物税款能够及时缴纳的证明文件，或者向金融机构投保并向海关提交金融机构出具的经济担保书，或者通过公证机关以固定资产抵押形式保证缴纳的资信证明文件。申请经海关审核批准后，发给报关注册登记证明书。企业取得报关单位的资格后，即可由专职或兼职报关员办理货物进出关境的手续。

2. 进出口报关程序。报关工作的全部程序分为申报、查验、放行三个阶段。

（1）进出口货物的申报。进出口货物的收、发货人或其代理人，在货物进出口时，应在海关规定的期限内，按海关规定的格式填写进出口货物报关单，随附有关的货运、商业单据，同时提供批准货物进出口的证件，向海关申报。

报关的主要单证有以下几种：①进口货物报关单。一般填写一式两份（有的海关要求三份）。②出口货物报关单。一般填写一式两份（有的海关要求三份）。填单要求与进口货物报关单基本相同。如因填报有误或需变更填报内容而未主动、及时更改的，出口报关后发生退关情况，报关单位应在 3 天内向海关办理更正手续。③随报关单交验的货运、商业单据。④进（出）口货物许可证。⑤入（出）境货物通关单和入（出）境检验检疫证书。⑥其他单证。

（2）进出口货物的查验。进出口货物，除海关总署特准查验的以外，都应接受海关查验。查验的目的是核对报关单证所报内容与实际到货是否相符，有无错报、漏报、瞒报、伪报等情况，审查货物的进出口是否合法。

（3）进出口货物的放行。海关对进出口货物的报关，经过审核报关单据、查验实际货物，并依法办理征收货物税费手续或减免税手续后，在有关单据上签盖放行章，货物的所有人或其代理人才能提取或装运货物。此时，海关对进出口货物的监管才算结束。

另外，进出口货物因各种原因需海关特殊处理的，可向海关申请担保放行。海关对担保的范围和方式均有明确的规定。

（二）报关期限

进出口货物的报关期限在《海关法》中有明确的规定，而且出口货物报关期限与进口货物报关期限是不同的。

1. 出口货物报关期限。出口货物的发货人或其代理人除海关特许外，应当在装货的24小时以前向海关申报。做出这样的规定是为了在装货前给海关充足的查验货物的时间，以保证海关工作的正常进行。如果在这一规定的期限之前没有向海关申报，海关可以拒绝接受通关申报，这样，出口货物就得不到海关的检验、征税和放行，无法装货运输，从而影响运输单据的取得，甚至导致延迟装运、违反合同。因此，应该及早向海关办理申报手续，做到准时装运。

2. 进口货物报关期限。进口货物的收货人或其代理人应当自载运该货物的运输工具申报进境之日起14天内向海关办理进口货物的通关申报手续。做出这样的规定是为了加快口岸疏运，促使进口货物早日投入使用，减少差错，防止舞弊。如果在法定的14天内没有向海关办理申报手续，海关将征收滞报金。滞报金的起收日期为运输工具申报进境之日起的第15天；转关运输货物为货物运抵指运地之日起的第15天；邮运进口货物为收到邮局通知之日起的第15天。截止日期为海关申报之日。滞报金的每日征收率为0.5‰，起征点为人民币10元。计算滞报金的公式为：

滞报金总额＝货物的到岸价格×滞报天数×0.5‰

进口货物的收货人自运输工具申报进境之日起超过3个月未向海关申报的，其进口货物由海关提取变卖处理。所得价款在扣除运输、装卸、存储等费用和税款后，尚有余款的，自货物变卖之日起1年内经收货人申请，予以发还；逾期无人申请的，上缴国库。确属误卸或者溢卸的进境货物除外。

任务二　缴纳进出口关税

（一）缴纳期限

进口货物自运输工具申报进境之日起14日内、出口货物在货物运抵海关监管区后装货的24小时以前，应由进出口货物的纳税义务人向货物进（出）境地海关申报，海关根据税则归类和完税价格计算应缴纳的关税和进口环节代征税，并填发税款缴款书。纳税义务人应当自海关填发税款缴款书之日起15日内，向指定银行缴纳税款。如关税缴纳期限的最后1日是周末或法定节假日，则关税缴纳期限顺延至周末或法定节假日过后的第一个工作日。为方便纳税义务人，经申请且海关同意，进（出）口货物的纳税义务人可以在设有海关的指运地（启运地）办理海关申报，纳税手续。

关税纳税人因不可抗力或者在国家税收政策调整的情形下，不能按期缴纳税款的，经海关总署批准，可以延期缴纳税款，但最长不超过6个月。

（二）缴纳方式

我国的关税缴纳方式有两种：一是口岸地纳税，即进出口货物和物品的关税，在货物和物品的进出口岸所在地海关按申报进口或出口之日实施的税率计算纳税。二是集中纳税，即为了简化手续、加速验放，对由经直属各进出口总公司向国外订货并负责对外付款的进出口货物，由总公司集中在北京向中央金库计算缴纳。

海关在接受进出口货物通关手续申报后，逐票计算应征关税并向纳税人或其代理人填发海关进（出）口关税专用缴款书，纳税人或其代理人持海关进（出）口关税专用缴款书在规定期限内向银行办理税款交付手续。

（三）强制执行

纳税义务人未在关税缴纳期限内缴纳税款，即构成关税滞纳。为保证海关征收关税的有效执行和国家财政收入的及时入库，《海关法》赋予海关对滞纳关税的纳税义务人强制执行的权力。强制措施主要有两类：

1. 征收关税滞纳金。滞纳金自关税缴纳期限届满滞纳之日起，至纳税义务人缴纳关税之日止，按滞纳税款0.5‰的比例按日征收，周末或法定节假日不予扣除。具体计算公式为：

关税滞纳金金额=滞纳关税税额×滞纳金征收比率（0.5‰）×滞纳天数

2. 强制征收。如纳税义务人自海关填发缴款书之日起3个月仍未缴纳税款，经海关关长批准，海关可以采取强制扣缴、变价抵缴等强制措施。强制扣缴即海关从纳税义务人在开户银行或其他金融机构的存款中直接扣缴税款。变价抵缴即海关将应税货物依法变卖，以变卖所得抵缴税款。

想一想

某公司进口一批货物，海关于2011年3月1日填发税款缴款书，但公司迟至3月27日才缴纳500万元的关税。海关应征收多少关税滞纳金？

（四）关税退还

关税退还是关税纳税义务人按海关核定的税款缴纳关税后，因某种原因的出现，海关将实际征收多于应当征收的税额退还给原纳税人的一种行政行为。我国《海关法》规定，海关发现多征税款的，应当立即通知纳税义务人办理退还手续。

按规定有下列情形之一的，进出口货物的纳税人可以自缴纳税款之日起1年内，书面声明理由，连同原纳税收据向海关申请退税并加算银行同期活期存款利息，逾期不予受理：（1）因海关误征，多纳税款的；（2）海关核准免验进口的货物，在完税后发现有短卸情形，经海关审查认可的；（3）已征出口关税的货物，因故未将其出口，申报退关，经海关查验属实的。

（五）补征和追征

补征和追征是海关在关税纳税义务人按海关核定的税额缴纳关税后，发现实际征收税额少于应当征收的税额（称短征关税）时，责令纳税义务人补缴所差税款的一种行政行为。《海关法》根据短征关税的原因，将海关征收原短征关税的行为分为补征和追征两种。由于纳税人违反海关规定造成短征关税的，称为追征；非因纳税人违反海关规定造成短征关税的，称为补征。区分关税追征和补征的目的是区别不同情况适用不同的征收时效，超过时效规定的期限，海关就丧失了追补关税的权力。《海关法》规定，进出口货物放行后，海关发现少征或者漏征税款的，应当自缴纳税款或者货物放行之日起1年内，向纳税义务人补征税款；因纳税义务人违反规定造成少征或者漏征税款的，海关可以自缴纳税款之日起3年内追征税款，并从缴纳税款之日起按日加收少征或者漏征税款0.5‰的滞纳金。

（六）纳税争议处理

为保护纳税人合法权益，我国《海关法》和《关税条例》都规定了纳税义务人对海关确定的进出口货物的征税、减税、补税或者退税等有异议时，有提出申诉的权利。纳税义务人同海关发生纳税争议，可以向海关申请复议，但同时应当在规定期限内按海关核定的税额缴纳关税，逾期则构成滞纳，海关有权按规定采取强制执行措施。

纳税争议的内容一般为进出境货物和物品的纳税义务人对海关在原产地认定、税则归类、税率或汇率适用、完税价格确定、关税减征、免征、追征、补征和退还等征税行为是否合法或适当，是否侵害了纳税义务人的合法权益，而对海关征收关税的行为表示异议。

纳税争议的申诉程序是：纳税义务人自海关填发税款缴款书之日起30天内，向原征税海关的上一级海关书面申请复议。逾期申请复议的，海关不予受理。海关应当自收到复议申请之日起60天内作出复议决定，并以复议决定书的形式正式答复纳税义务人；纳税义务人对海关复议决定仍然不服的，可以自收到复议决定书之日起15天内，向人民法院提起诉讼。

模块七　资源税法

学习任务

1. 了解资源税、土地增值税、城镇土地使用税、耕地占用税法律知识。
2. 掌握应纳资源税税额的计算方法。
3. 掌握资源各税的纳税申报。

项目一　资源税法

任务一　熟悉资源税法律知识

资源税是对在中国境内从事开采矿产品及生产盐的单位和个人，就其产品的课税数量征收的一种税。它以各种自然资源为课税对象。

为了正确处理国家与自然资源开发和利用者之间的分配关系，充分发挥税收的调节作用，我国于 1984 年 10 月 1 日起开征资源税，把自然资源条件差异形成的级差收入收归国家所有。1994 年税制改革，把盐税归并到资源税中，同时扩大了资源税征税范围，并适当提高了税率。

2011 年 9 月 21 日国务院第 173 次常务会议通过了《国务院关于修改〈中华人民共和国资源税暂行条例〉的决定》，自 2011 年 11 月 1 日起施行。

调整原油天然气资源税的计征办法和税率，是这次《资源税暂行条例》修改的重点。该条例修改后，即在全国范围内实施原油天然气资源税改革。其意义主要体现在以下方面：一是有利于促进节能减排。实施油气资源税改革，提高资源开采使用成本，使企业承担相应的生态恢复和环境补偿成本，对促进资源节约开采利用、保护环境，实现经济社会可持续发展具有积极作用。二是有利于建立地方财政收入稳定增长的长效机制，增加资源地财政收入，增强这些地方保障民生等基本公共服务能力，改善地区发展环境，促进区域经济协调发展。三是有利于公平各类企业资源税费负担。油气企业资源税政策的统一，符合“统一各类企业税收制度”的税制改革目标。四是有利于维护国家利益。改变目前资源税税负水平偏低的状况，提高资源税在资源价格中的比重，有利于避免属于国家所有的稀缺性资源利益的流失。

（一）征税范围、税率或税额

资源税的征税范围目前只有7大类，具体是：

1. 原油，指开采的天然原油，不包括人造石油，税率为5%～10%。

2. 天然气，指专门开采或与原油同时开采的天然气，暂不包括煤矿生产的天然气，税率为5%～10%。

3. 煤炭，指原煤，不包括洗煤、选煤及其他煤炭制品。焦煤税额为8～20元/吨，其他煤炭税额为0.3～5元/吨。

4. 其他非金属矿原矿，指上列产品和井矿盐以外的非金属矿原矿。普通非金属矿原矿税额为每吨或者每立方米0.5～20元；贵重非金属矿原矿税额为每千克或者每克拉0.5～20元。

5. 黑色金属矿原矿，指纳税人开采后自用、销售的，用于直接入炉冶炼或作为主产品先入选精矿，制造人工矿，再最终入炉冶炼的黑色金属矿石原矿，包括铁矿石、锰矿石和铬矿石等。税额为每吨2～30元。

6. 有色金属矿原矿，包括铜矿石、铅矿石、铝土矿石、钨矿石、锡矿石、镍矿石、黄金矿石等。稀土矿税额为每吨0.4～60元；其他有色金属矿原矿税额为每吨0.4～30元。

7. 盐，包括固体盐、液体盐。固体盐，是指海盐、湖盐、原盐和井矿盐，税额为每吨10～60元。液体盐，是指卤水，税额为每吨2～10元。

纳税人具体适用的税率，在《资源税税目税率表》规定的税率幅度内，根据纳税人所开采或者生产应税产品的资源品位、开采条件等情况，由财政部商国务院有关部门确定；财政部未列举名称且未确定具体适用税率的其他非金属矿原矿和有色金属矿原矿，由省、自治区、直辖市人民政府根据实际情况确定，报财政部和国家税务总局备案。

（二）纳税人

凡是在中华人民共和国领域及管辖海域开采《资源税暂行条例》规定的矿产品或者生产盐（以下称开采或者生产应税产品）的单位和个人，均为资源税的纳税义务人，包括各类企事业单位、社会团体及其他单位、外商投资企业、外国企业、个人等。中外合作开采海洋石油资源的中国企业和外国企业和对外合作开采陆上石油资源的企业依法缴纳资源税，不再缴纳矿区使用费。但是，2011年11月1日前已依法订立的中外合作开采海洋石油资源和陆上石油资源的合同，在已约定的合同有效期内，继续依照当时国家有关规定缴纳矿区使用费，不缴纳资源税；合同期满后，依法缴纳资源税。

为了加强资源税的征管，对税源小、零散、不定期开采或生产的应税产品，可在收购环节，由收购未税矿产品的单位代扣代缴资源税。

（三）计税依据

资源税实行从价定率或者从量定额征收，以纳税人的销售额、销售数量或使用数量为计税依据，计税依据确定的基本要求是：

1. 计税依据的一般规定：

（1）纳税人开采或生产应税产品销售的，以销售额或者销售数量为计税依据。

（2）纳税人开采或者生产应税产品，用于连续生产应税产品的，不缴纳资源税；用于其他方面的，视同销售，以同类产品价格或自用数量为计税依据。

2. 计税依据的特殊规定：

（1）纳税人不能准确提供应税产品销售数量或移送使用数量的，以应税产品的产量或主管税务机关确定的折算比换算的数量为课税数量。

（2）煤炭，对于连续加工前无法正确计算原煤移送使用量的，可按加工产品的综合回收率将加工产品实际销量和自用量折算还原成原煤数量作为课税数量。

（3）金属和非金属矿产品原矿，无法准确掌握纳税人移送使用原矿数量的，可将其精矿按选矿比折算成原矿数量作为课税数量。其计算公式为：

选矿比=精矿数量÷耗用原矿数量

（4）纳税人以自产液体盐加工固体盐，由于二者均为应税产品，为避免重复征税，规定以加工的固体盐数量为课税数量，按固体盐税额征税。纳税人以外购的已税液体盐加工固体盐，其加工固体盐所耗用液体盐的已纳税额准予抵扣。

纳税人开采或者生产不同税目应税产品的，应当分别核算不同税目应税产品的课税数量；未分别核算或者不能准确提供不同税目应税产品的课税数量的，从高适用税额。

（四）优惠政策

1. 开采原油过程中用于加热、修井的原油免税；

2. 纳税人开采或者生产应税产品过程中，因意外事故或者自然灾害等原因遭受重大损失的，由省、自治区、直辖市人民政府酌情决定减税或者免税；

3. 国务院规定的其他减税、免税项目。

纳税人的减税、免税项目，应当单独核算销售额或者销售数量；未单独核算或者不能准确提供销售额或者销售数量的，不予减税或者免税。

（五）纳税义务发生时间和地点

1. 纳税义务发生时间：

（1）纳税人销售应税产品，其纳税义务发生时间为：

①纳税人采取分期收款结算方式的，其纳税义务发生时间为销售合同规定的收款日期的当天。

②纳税人采取预收货款结算方式的，其纳税义务发生时间为发出应税产品的当天。

③纳税人采取其他结算方式的，其纳税义务发生时间为收到销售款或者取得索取销售款凭据的当天。

（2）纳税人自产自用应税产品的纳税义务发生时间，为移送使用应税产品的当天。

（3）扣缴义务人代扣代缴税款的纳税义务发生时间，为支付首笔货款或者开具应支付货款凭据的当天。

2. 纳税地点：

（1）纳税人应纳的资源税，应当向应税产品的开采或者生产所在地主管税务机关缴纳。

（2）纳税人在本省、自治区、直辖市范围内开采或者生产应税产品，其纳税地点需要调整的，由所在地省、自治区、直辖市税务机关决定。

（3）扣缴义务人代扣代缴资源税，向收购地主管税务机关缴纳。

任务二　计算应纳资源税

（一）销售应税矿产品资源税计算

【例 7-1】 某油田 2011 年 12 月销售原油取得销货款 120 000 000 元，该油田适用的资源税税率为 10%，计算其当月应纳资源税。

应纳资源税＝销售额×适用税率＝120 000 000×10%＝12 000 000（元）

【例 7-2】 某铁矿开采企业 2011 年 12 月开采铁矿 40 万吨，当月销售铁矿 35 万吨，已知该铁矿每吨单位税额 2 元，计算其当月应纳资源税。

应纳资源税＝销售数量×单位税额＝350 000×2＝700 000（元）

（二）自产自用应税矿产品资源税计算

【例 7-3】 某省一独立核算的煤炭企业 2011 年 12 月开采原煤 50 万吨，当月销售原煤 9 万吨，所属发电厂领用 40 万吨。已知原煤每吨单位税额 4 元，计算当月该企业应纳资源税。

应纳资源税＝（90 000+400 000）×4＝1 960 000（元）

（三）收购未税矿产品应纳资源税计算

企业收购未税矿产品时，按实际支付的收购款或者收购矿产品数量计算资源税。

【例 7-4】 湖北某企业 2011 年 12 月 10 月在襄阳市某县收购磷矿石 2 000 吨，已知磷矿石每吨单位税额 5 元，计算当月该企业应纳资源税。

应纳资源税＝2 000×5＝10 000（元）

（四）外购液体盐加工固体盐应纳资源税计算

【例 7-5】 某企业 2011 年 12 月购入液体盐 1 000 吨，每吨含增值税价款 117 元，价税合计 117 000 元，该液体盐资源税每吨 5 元；企业将外购液体盐全部领用，加工成固体盐 350 吨，月末全部售出，每吨含增值税价款 702 元，取得含增值税收入 245 700 元；固体盐资源税每吨40元。计算应纳资源税。

应纳资源税 = 350×40 − 1 000×5 = 9 000（元）

任务三　办理资源税纳税申报

资源税的纳税人应按《资源税暂行条例》的有关规定，如实填写资源税纳税申报表，具体格式见表7-1。

表7-1　　　　**资源税纳税申报表**

纳税人识别号 □□□□□□□□□□□□□□□□□□□□

纳税人名称：（公章）

税款所属期限：自　　年　　月　　日至　　年　　月　　日

填表日期：　　年　　月　　日　金额单位：元（列至角分）

<table>
<tr><td colspan="2">产品名称</td><td>课税单位</td><td>课税数量</td><td>单位税额</td><td>本期应纳税额</td><td>本期已纳税额</td><td>本期应补（退）税额</td><td rowspan="2">备注</td></tr>
<tr><td colspan="2">1</td><td>2</td><td>3</td><td>4</td><td>5 = 3×4</td><td>6</td><td>7 = 5−6</td></tr>
<tr><td rowspan="3">应纳税项目</td><td></td><td></td><td></td><td></td><td></td><td></td><td></td><td></td></tr>
<tr><td></td><td></td><td></td><td></td><td></td><td></td><td></td><td></td></tr>
<tr><td></td><td></td><td></td><td></td><td></td><td></td><td></td><td></td></tr>
<tr><td rowspan="3">减免税项目</td><td></td><td></td><td></td><td></td><td></td><td></td><td></td><td></td></tr>
<tr><td></td><td></td><td></td><td></td><td></td><td></td><td></td><td></td></tr>
<tr><td></td><td></td><td></td><td></td><td></td><td></td><td></td><td></td></tr>
</table>

<table>
<tr><td rowspan="7">纳税人或代理人声明：
此纳税申报表是根据国家税收法律的规定填报的，我确信它是真实的、可靠的、完整的。</td><td colspan="6">如纳税人填报，由纳税人填写以下各栏</td></tr>
<tr><td>经办人（签章）</td><td></td><td>会计主管（签章）</td><td></td><td>法定代表人（签章）</td><td></td></tr>
<tr><td colspan="6">如委托代理人填报，由代理人填写以下各栏</td></tr>
<tr><td>代理人名称</td><td colspan="2"></td><td colspan="3" rowspan="4">代理人（公章）</td></tr>
<tr><td>经办人（签章）</td><td colspan="2"></td></tr>
<tr><td>联系电话</td><td colspan="2"></td></tr>
</table>

以下由税务机关填写

受理人		受理日期		受理税务机关（签章）	

按照规定的格式填列的资源税纳税申报表应在规定的时间内报送主管税务局，资源税申报表的报送可以采取直接报送和网上申报。直接报送是将纳税申报表直接送达主管税务局的办税服务大厅，由税务工作人员签收。资源税的网上申报可参照营业税的网上申报流程。

项目二　土地增值税法

任务一　熟悉土地增值税法律知识

（一）征税范围

土地增值税是对有偿转让国有土地使用权、地上建筑物及其附着物产权，取得增值收入的单位和个人征收的一种税。其基本法律依据是1993年12月国务院颁布的《中华人民共和国土地增值税暂行条例》和1995年1月财政部制定的《中华人民共和国土地增值税暂行条例实施细则》。

土地增值税的征税对象是有偿转让国有土地使用权及地上建筑物和其他附着物产权所取得的增值额。其征税范围的一般规定为：

（1）土地增值税只对转让国有土地使用权的行为征税，转让非国有土地和出让国有土地的行为均不征税。对于属于集体所有的土地，按现行规定，必须先由国家征用后才能转让。土地出让在性质上属于政府凭借所有权在土地一级市场上收取租金，因此出让行为及出让取得的收入不属于土地增值税范围之列。

（2）土地增值税既对转让土地使用权征税，也对转让地上建筑物和其他附着物的产权征税，即纳税人转让房产取得的全部增值额都要征税，而不是仅仅对土地使用权转让收入征税。

（3）土地增值税只对有偿转让的房地产征税，而对继承、赠与等方式无偿转让的房地产不征税。

征税范围的具体规定为：

（1）以房地产进行投资、联营。对于以房地产进行投资、联营的，如果投资、联营的一方以土地（房地产）作价入股进行投资或作为联营条件，暂免征收土地增值税。但是，如果投资、联营企业将上述房地产再转让，则要征收土地增值税。

财政部、国家税务总局《关于土地增值税若干问题的通知》（财税［2006］21号）规定，自2006年3月2日起，对于以土地（房地产）作价入股进行投资或联营的，凡所投资、联营的企业从事房地产开发的，或者房地产开发企业以其建造的商品房进行投资和联营的，均不适用财政部、国家税务总局《关于土地增值税一些具体问题规定的通知》（财税字［1995］48号）第一条暂免征收土地增值税的规定。

（2）合作建房。对于一方出地，另一方出资金，双方合作建房，建成后分房自用的，暂免征收土地增值税。但如果建成后转让的，则应征收土地增值税。

（3）企业兼并转让房地产。在企业兼并中，对被兼并企业将房地产转让给兼并企业，暂免征收土地增值税。

（4）房地产出租。出租行为虽然取得了收入但并未发生产权转让，因此不征土地增值税。

（5）房地产抵押。在抵押期内，没有发生产权转移，因此不征土地增值税。期满后，如果收回房产，不征土地增值税；如果因抵债而发生房地产产权转移，则应征收土地增值税。

（6）房地产交换。交换房地产行为既发生了产权转移，交换双方又取得了实物形态的收入，按规定应属于征收土地增值税的范围。但对于个人之间互相交换自有居住用房地产的，经当地税务机关核实，可以免征土地增值税。

（7）房地产评估增值。并未发生房地产权属转移，因此不征土地增值税。

（8）国家收回国有土地使用权、征用地上建筑物及附着物。虽然发生了产权转移，同时转让方取得了一定的收入，但按税法有关规定，免征土地增值税。

（二）纳税人

《土地增值税暂行条例》规定，土地增值税的纳税人是转让国有土地使用权及地上的一切建筑物和其他附着物产权，并取得收入的单位和个人。单位包括各类企事业单位、国家机关、社会团体及其他组织，包括外商投资企业、外国企业及外国机构；个人包括个体经营者，也包括华侨、港澳台同胞及外国公民等。

（三）税率

土地增值税实行的是四级超率累进税率，其目的是抑制房地产的投机、炒卖活动，适当调节纳税人的收入分配，增值多的多征，增值少的少征，无增值的不征。具体税率如表7-2所示。

表7-2

级数	增值额与扣除项目金额的比率	税率（%）	速算扣除系数（%）
1	不超过50%的部分	30	0
2	超过50%～100%的部分	40	5
3	超过100%～200%的部分	50	15
4	超过200%的部分	60	35

（四）优惠政策

1. 纳税人建造普通标准住宅出售，增值额未超过扣除项目金额20%的，免征土地增值税。这里所称的普通标准住宅，是指按所在地一般民用住宅标准建造的居住用住宅。高级公寓、别墅、度假村等不属于普通标准住宅。普通标准住宅与其他住宅的具体划分界限由各省、自治区、直辖市人民政府规定。纳税人建造普通标准住宅出售，增值额超过扣除项目金额20%的，应就其全部增值额按规定计税。纳税人既建造普通标准住宅，又从事其他房地产开发，应分别核算增值额；未分别核算或不能准确核算的，其建造的普通标准住宅不适用该免税规定。

2. 因国家建设需要依法征用、收回的房地产，免征土地增值税。这里所说的“因国家建设需要依法征用、收回的房地产”是指因城市实施规划、国家建设的需要而被政府批准征用的房产或收回的土地使用权。因城市实施规划、国家建设的需要而搬迁，由纳税人自行转让原房地产的，比照有关规定免征土地增值税。

符合上述免税规定的单位和个人，须向房地产所在地税务机关提出免税申请，经税务机关审核后，免予征收土地增值税。

3. 个人因工作调动或改善居住条件而转让原自用住房，经向税务机关申报核准，凡居住满5年或5年以上的，免予征收土地增值税；居住满3年未满5年的，减半征收土地增值税。居住未满3年的，按规定计征土地增值税。

（五）纳税地点

土地增值税的纳税人应向房地产所在地主管税务机关申报纳税，并向税务机关提供相关合同资料。纳税人转让的房地产坐落在两个或两个以上地区的，应按房地产所在地分别申报。

纳税人是法人，当转让的房地产坐落地与其机构所在地或经营所在地一致时，则在办理税务登记的原管辖税务机关申报纳税即可；如果转让的房地产坐落地与其机构所在地或经营所在地不一致，则应在房地产坐落地的税务机关申报纳税。

纳税人是自然人，当转让的房地产坐落地与其居住所在地一致时，则在住所所在地税务机关申报纳税；当转让的房地产坐落地与其居住所在地不一致时，在办理过户手续所在地的税务机关申报纳税。

任务二 计算房地产企业应纳土地增值税

（一）确定应税收入与扣除项目

1. 收入的确定。房地产企业转让房地产所取得的收入，包括货币收入、实物收入及其他收入在内的全部价款及有关的经济利益。取得的实物收入，要按取得时的市场价格折算成货币收入；取得的外币收入，应以取得收入当天或当月1日国家公布的市场汇率折合成人民币；取得的无形资产收入，应进行专门的评估，确定其价值后折算成货币收入。

2. 扣除项目金额的确定。准予纳税人从转让收入额扣减的扣除项目包括以下几项：

（1）取得土地使用权所支付的金额，包括：

①纳税人为取得土地使用权支付的地价款。以出让方式取得土地使用权时，为支付的土地出让金；以行政划拨方式取得土地使用权时，为转让土地使用权时按规定补缴的出让金；以转让方式取得土地使用权时，为支付的地价款。

②纳税人在取得使用权时按国家统一规定缴纳的有关费用，是指纳税人在取得土地使用权过程中为办理有关手续，按国家统一规定缴纳的有关登记、过户手续费。

（2）房地产开发成本，是指纳税人从事房地产开发项目实际发生的成本，包括土地征用及拆迁补偿费、前期工程费、建筑安装工程费、基础设施费、公共配套设施费、开发间接费用。

（3）房地产开发费用，是指与房地产开发项目有关的销售费用、管理费用、财务费用。

财务费用中的利息支出，凡能够按转让房地产项目计算分摊并提供金融机构证明的，允许据实扣除，但最高不能超过按商业银行同类同期贷款利率计算的金额。其他房地产开发费用，按取得土地使用权支付的金额和房地产开发成本之和的5%以内计算扣除。

凡不能按转让房地产项目计算分摊利息支出或不能提供金融机构证明的，房地产开发费用按取得土地使用权支付的金额和房地产开发成本之和的10%以内计算扣除。

对于超过贷款期限的利息部分和加罚的利息不允许扣除。

上述计算扣除的具体比例，由各省、自治区、直辖市人民政府规定。

（4）与转让房地产有关的税金，是指在转让房地产时缴纳的营业税、城市维护建设税、印花税。因转让房地产交纳的教育费附加，也可视同税金予以扣除。房地产开发企业缴纳的印花税已列入管理费用中作为开发费用扣除，因此在计算与转让有关的税金时不再扣除印花税。

（5）加计扣除。房地产企业可按取得土地使用权支付的金额和房地产开发成本之和，加计20%的扣除。

（二）确定增值额和税率

土地增值税的增值额等于纳税人的应税收入减去扣除项目金额后的余额。根据土地增值额对照税率表选择适用税率和速算扣除系数。

土地增值额＝应税收入－扣除项目金额

（三）计算应纳土地增值税

土地增值税按照纳税人转让房地产所取得的增值额和规定的税率计算征收，计算公式为：

应纳土地增值税＝土地增值额×适用税率－扣除项目金额×速算扣除系数

【例7-6】某房地产开发公司2011年4月出售一幢写字楼，收入总额为8 000万元，开发该写字楼有关支出为：支付地价款及各种费用800万元，房地产开发成本2 400万元，财务费用中利息支出为500万元（可按转让项目计算分摊并提供金融机构证明），但其中有50万元属加罚的利息。转让环节缴纳的有关税费为444万元，其中包含印花税4万元。该单位所在地政府规定的其他房地产开发费用计算扣除比例为5%。计算应纳土地增值税。

取得土地使用权支付的地价款及有关费用为800万元，房地产开发成本为2 400万元。

房地产开发费用＝500－50＋（800＋2 400）×5%＝610（万元）

转让环节相关税费＝444－4＝440（万元）（印花税已在管理费用中列支，不得再次扣除）

加计扣除＝（800＋2 400）×20%＝640（万元）

扣除项目金额合计＝800＋2 400＋610＋440＋640＝4 890（万元）

增值额＝8 000－4 890＝3 110（万元）

增值率 = 3 110÷4 890×100% = 63.6%

应纳税额 = 3 110×40% − 4 890×5% = 999.5（万元）

知识链接

其他纳税人销售房地产应纳土地增值税计算

其他纳税人与房地产开发企业在应纳土地增值税的计算中主要有两点不同：

1. 没有按取得土地使用权支付的金额和房地产开发成本之和加计20%的扣除；

2. 转让环节相关税费中可列支印花税。

任务三　房地产开发企业土地增值税清算

自2009年6月1日起，各省（自治区、直辖市、计划单列市）税务机关可按以下规定对房地产开发企业土地增值税进行清算。各省税务机关可根据以下规定并结合本地实际情况，对《土地增值税清算管理规程》进行进一步细化。

（一）清算单位

土地增值税以国家有关部门审批的房地产开发项目为单位进行清算，对于分期开发的项目，以分期项目为单位清算。

（二）清算条件

1. 符合下列情形之一的，纳税人应进行土地增值税的清算：

（1）房地产开发项目全部竣工、完成销售的；

（2）整体转让未竣工决算房地产开发项目的；

（3）直接转让土地使用权的。

2. 符合下列情形之一的，主管税务机关可要求纳税人进行土地增值税清算：

（1）已竣工验收的房地产开发项目，已转让的房地产建筑面积占整个项目可售建筑面积的比例在85%以上，或该比例虽未超过85%，但剩余的可售建筑面积已经出租或自用的；

（2）取得销售（预售）许可证满3年仍未销售完毕的；

（3）纳税人申请注销税务登记但未办理土地增值税清算手续的；

（4）省（自治区、直辖市、计划单列市）税务机关规定的其他情况。

对上述第三种情形，应在办理注销登记前进行土地增值税清算。

（三）非直接销售和自用房地产的收入确定

1. 房地产开发企业将开发产品用于职工福利、奖励、对外投资、分配给股东或投资人、抵偿债务、换取其他单位和个人的非货币性资产等，发生所有权转移时应视同销售房地产，其收入按下列方法和顺序确认：

（1）按本企业在同一地区、同一年度销售的同类房地产的平均价格确定；

（2）由主管税务机关参照当地当年同类房地产的市场价格或评估价值确定。

2. 房地产开发企业将开发的部分房地产转为企业自用或用于出租等商业用途时，如果产权未发生转移，不征收土地增值税，在税款清算时不列收入，不扣除相应的成本和费用。

（四）扣除项目

1. 扣除取得土地使用权所支付的金额、房地产开发成本、费用及与转让房地产有关税金，须提供合法有效凭证；不能提供合法有效凭证的，不予扣除。

2. 房地产开发企业办理土地增值税清算所附送的前期工程费、建筑安装工程费、基础设施费、开发间接费用的凭证或资料不符合清算要求或不实的，地方税务机关可参照当地建设工程造价管理部门公布的建筑安装造价定额资料，结合房屋结构、用途、区位等因素，核定上述四项开发成本的单位面积金额标准，并据以计算扣除。具体核定方法由省税务机关确定。

3. 房地产开发企业开发建造的与清算项目配套的居委会和派出所用房、会所、停车场（库）、物业管理场所、变电站、热力站、水厂、文体场馆、学校、幼儿园、托儿所、医院、邮电通信等公共设施，按以下原则处理：

（1）建成后产权属于全体业主所有的，其成本、费用可以扣除。

（2）建成后无偿移交给政府、公用事业单位用于非营利性社会公共事业的，其成本、费用可以扣除。

（3）建成后有偿转让的，应计算收入，并准予扣除成本、费用。

（4）房地产开发企业销售已装修的房屋，其装修费用可以计入房地产开发成本。

（5）属于多个房地产项目共同的成本费用，应按清算项目可售建筑面积占多个项目可售总建筑面积的比例或其他合理的方法，计算确定清算项目的扣除金额。

（五）清算时应提供的资料

对于符合《土地增值税清算管理规程》第九条规定，应进行土地增值税清算的项目，纳税人应当在满足条件之日起 90 日内到主管税务机关办理清算手续。对于符合该规程第十条规定税务机关可要求纳税人进行土地增值税清算的项目，由主管税务机关确定是否进行清算；对于确定需要进行清算的项目，由主管税务机关下达清算通知，纳税人应当在收到清算通知之日起 90 日内办理清算手续。

应进行土地增值税清算的纳税人或经主管税务机关确定需要进行清算的纳税人，在上述规定的期限内拒不清算或不提供清算资料的，主管税务机关可依据《税收征收管理法》有关规定处理。

纳税人清算土地增值税时应提供以下资料：

1. 土地增值税清算表及其附表。

2. 房地产开发项目清算说明，主要内容应包括房地产开发项目立项、用地、开发、销售、关联方交易、融资、税款缴纳等基本情况及主管税务机关需要了解的其他情况。

3. 项目竣工决算报表、取得土地使用权所支付的地价款凭证、国有土地使用权出让合同、银行贷款利息结算通知单、项目工程合同结算单、商品房购销合同统计表、销售明细表、预售许可证等与转让房地产的收入、成本和费用有关的证明资料。主管税务机关需要相应项目记账凭证的，纳税人还应提供记账凭证复印件。

4. 纳税人委托税务中介机构审核鉴证的清算项目，还应报送中介机构出具的土地增值税清算税款鉴证报告。

纳税人委托税务中介机构进行清算申报的，还应附送具有鉴证资格的税务中介机构出具的土地增值税清算鉴证报告（以下简称鉴证报告）和税务中介机构资格、年检证明材料。

主管税务机关收到纳税人清算资料后，对符合清算条件的项目且报送的清算资料完备的，予以受理；对纳税人符合清算条件但报送的清算资料不全的，应要求纳税人在规定期限内补报，纳税人在规定的期限内补齐清算资料后，予以受理；对不符合清算条件的项目，不予受理。上述具体期限由各省、自治区、直辖市、计划单列市税务机关确定。主管税务机关已受理的清算申请，纳税人无正当理由不得撤销。

（六）土地增值税清算项目的审核鉴证

清算审核包括案头审核、实地审核。

案头审核，是指对纳税人报送的清算资料进行数据、逻辑审核，重点审核项目归集的一致性、数据计算准确性等。

实地审核，是指在案头审核的基础上，通过对房地产开发项目实地查验等方式，对纳税人申报情况的客观性、真实性、合理性进行审核。

清算审核时，应审核房地产开发项目是否以国家有关部门审批、备案的项目为单位进行清算；对于分期开发的项目，是否以分期项目为单位清算；对不同类型房地产是否分别计算增值额、增值率，缴纳土地增值税。

审核收入情况时，应结合销售发票、销售合同（含房管部门网上备案登记资料）、商品房销售（预售）许可证、房产销售分户明细表及其他有关资料，重点审核销售明细表、房地产销售面积与项目可售面积的数据关联性，以核实计税收入；对销售合同所载商品房面积与有关部门实际测量面积不一致，而发生补、退房款的收入调整情况进行审核；对销售价格进行评估，审核有无价格明显偏低情况。

必要时，主管税务机关可通过实地查验，确认有无少计、漏计事项，确认有无将开发产品用于职工福利、奖励、对外投资、分配给股东或投资人、抵偿债务、换取其他单位和个人的非货币性资产等情况。

土地增值税扣除项目审核的内容包括：(1) 取得土地使用权所支付的金额；(2) 房地产开发成本，包括土地征用及拆迁补偿费、前期工程费、建筑安装工程费、基础设施费、公共配套设施费、开发间接费用；(3) 房地产开发费用；(4) 与转让房地产有关的税金；(5) 国家规定的其他扣除项目。

纳税人委托中介机构审核鉴证的清算项目，主管税务机关应当采取适当方法对有关鉴证报告的合法性、真实性进行审核，对符合要求的鉴证报告，税务机关可以采信。

对纳税人委托中介机构审核鉴证的清算项目，主管税务机关未采信或部分未采信鉴证报告的，应当告知其理由。

税务机关应对从事土地增值税鉴证工作的税务中介机构在准入条件、工作程序、鉴证内容、法律责任等方面提出明确要求，并做好必要的指导和管理工作。

（七）土地增值税的核定征收

在土地增值税清算过程中，发现纳税人符合核定征收条件的，应按核定征收方式对房地产项目进行清算。

在土地增值税清算中符合以下条件之一的，可实行核定征收：

（1）依照法律、行政法规的规定应当设置但未设置账簿的；

（2）擅自销毁账簿或者拒不提供纳税资料的；

（3）虽设置账簿，但账目混乱或者成本资料、收入凭证、费用凭证残缺不全，难以确定转让收入或扣除项目金额的；

（4）符合土地增值税清算条件，企业未按照规定的期限办理清算手续，经税务机关责令限期清算，逾期仍不清算的；

（5）申报的计税依据明显偏低，又无正当理由的。

符合上述核定征收条件的，由主管税务机关发出核定征收的税务事项告知书后，税务人员对房地产项目开展土地增值税核定征收核查，经主管税务机关审核，通知纳税人申报缴纳应补缴税款或办理退税。

（八）清算后再转让房地产的处理

在土地增值税清算时未转让的房地产，清算后销售或有偿转让的，纳税人应按规定进行土地增值税的纳税申报，扣除项目金额按清算时的单位建筑面积成本费用乘以销售或转让面积计算。

单位建筑面积成本费用=清算时的扣除项目总金额÷清算的总建筑面积

任务四　办理土地增值税纳税申报

土地增值税的纳税人应在转让房地产合同签订后的7日内，到房地产所在地主管税务机关办理纳税申报，并向税务机关提交房屋及建筑物产权、土地使用权证书，土地转让、房产买卖合同，房地产评估报告及其他与转让房地产有关的资料。

纳税人因经常发生房地产转让而难以在每次转让后申报的，经税务机关审核同意后，可以定期进行纳税申报，具体期限由税务机关根据情况确定。具体要求如下：

（1）以一次交割并付清价款方式转让房地产的，主管税务机关可在纳税人办理纳税申报后，根据其应纳税额的大小及向有关部门办理过户、登记手续的期限等，规定其在办理过户、登记手续前数日内一次性缴纳全部税款。

（2）以分期收款方式转让房地产的，主管税务机关可根据合同规定的收款日期来确定具体的纳税期限，即先计算出应交纳的全部土地增值税，再将总税额除以转让房地产的总收入，算出应纳税额占总收入的比例。然后，在每次收到价款时，按收到的价款乘以该比例，计算出每次应纳的土地增值税。

(3) 项目全部竣工决算前转让房地产的，可以预征土地增值税，待项目办理竣工结算后再进行清算，多退少补。

2009 年 5 月 12 日，国家税务总局制定并下发了土地增值税纳税申报表。此表包括适用于从事房地产开发纳税人的土地增值税项目登记表和土地增值税纳税申报表（一）（见表 7-3）及适用于非从事房地产开发纳税人的土地增值税纳税申报表（二）（见表 7-4）。纳税人必须按照税法的有关规定，向房地产所在地主管税务机关如实申报转让房地产所取得的收入、扣除项目金额以及应纳的土地增值税，并按期缴纳税额。

表 7-3 **土地增值税纳税申报表（一）**

（从事房地产开发的纳税人适用）

税款所属时间： 年 月 日 填表日期： 年 月 日

纳税人编码： 金额单位：人民币元 面积单位：平方米

纳税人名称		项目名称		项目地址			
业　别		经济性质		纳税人地址		邮政编码	
开户银行		银行账号		主管部门		电　话	

项　目		行次	金　额
一、转让房地产收入总额 1＝2+3		1	
其中	货币收入	2	
	实物收入及其他收入	3	
二、扣除项目金额合计 4＝5+6+13+16+20		4	
1. 取得土地使用权所支付的金额		5	
2. 房地产开发成本 6＝7+8+9+10+11+12		6	
其中	土地征用及拆迁补偿费	7	
	前期工程费	8	
	建筑安装工程费	9	
	基础设施费	10	
	公共配套设施费	11	
	开发间接费用	12	
3. 房地产开发费用 13＝14+15		13	

续表

项　　目		行次	金　　额
其中	利息支出	14	
	其他房地产开发费用	15	
4. 与转让房地产有关的税金等　16＝17+18+19		16	
其中	营业税	17	
	城市维护建设税	18	
	教育费附加	19	
5. 财政部规定的其他扣除项目		20	
三、增值额　21＝1－4		21	
四、增值额与扣除项目金额之比（%）22＝21÷4		22	
五、适用税率（%）		23	
六、速算扣除系数（%）		24	
七、应缴土地增值税税额　25＝21×23－4×24		25	
八、已缴土地增值税税额		26	
九、应补（退）土地增值税税额　27＝25－26		27	

授权代理人	（如果你已委托代理申报人，请填写下列资料） 为代理一切税务事宜，现授权____（地址）____为本纳税人的代理申报人，任何与本报表有关的来往文件都可寄与此人。 授权人签字：________	声明	我声明：此纳税申报表是根据《中华人民共和国土地增值税暂行条例》及其《实施细则》的规定填报的。我确信它是真实的、可靠的、完整的。 声明人签字：________

纳税人签章		法人代表签章		经办人员（代理申报人）签章		备注	

（以下部分由主管税务机关负责填写）

主管税务机关收到日期		接收人		审核日期		税务审核人员签章	
审核记录						主管税务机关盖章	

表 7-4

土地增值税纳税申报表（二）

（非从事房地产开发的纳税人适用）

税款所属时间：　　年　　月　　日　　填表日期：　　年　　月　　日

纳税人编码：　　　　　　　　金额单位：人民币元　　　　　　面积单位：平方米

纳税人名称		项目名称		项目地址			
业　别		经济性质		纳税人地址		邮政编码	
开户银行		银行账号		主管部门		电　话	

项　目		行次	金　额
一、转让房地产收入总额　1=2+3		1	
其中	货币收入	2	
	实物收入及其他收入	3	
二、扣除项目金额合计　4=5+6+9		4	
1. 取得土地使用权所支付的金额		5	
2. 旧房及建筑物的评估价格　6=7×8		6	
其中	旧房及建筑物的重置成本价	7	
	成新度折扣率	8	
3. 与转让房地产有关的税金等　9=10+11+12+13		9	
其中	营业税	10	
	城市维护建设税	11	
	印花税	12	
	教育费附加	13	
三、增值额　14=1−4		14	
四、增值额与扣除项目金额之比（%）15=14÷4		15	
五、适用税率（%）		16	
六、速算扣除系数（%）		17	
七、应缴土地增值税税额　18=14×16−4×17		18	

授权代理人	（如果你已委托代理申报人，请填写下列资料） 为代理一切税务事宜，现授权____（地址）____为本纳税人的代理申报人，任何与本报表有关的来往文件都可寄与此人。 授权人签字：________	声明	我声明：此纳税申报表是根据《中华人民共和国土地增值税暂行条例》及其《实施细则》的规定填报的。我确信它是真实的、可靠的、完整的。 声明人签字：________

纳税人签章		法人代表签章		经办人员（代理申报人）签章		备注	

（以下部分由主管税务机关负责填写）

<table>
<tr><td>主管税务机关收到日期</td><td></td><td>接收人</td><td></td><td>审核日期</td><td></td><td>税务审核人员签章</td><td></td></tr>
<tr><td>审核记录</td><td colspan="5"></td><td>主管税务机关盖章</td><td></td></tr>
</table>

项目三　城镇土地使用税法

任务一　熟悉城镇土地使用税法律知识

（一）征税范围

城镇土地使用税的征税范围，包括在城市、县城、建制镇和工矿区内的国家所有和集体所有的土地。城市的土地包括市区和郊区的土地，县城的土地是指县人民政府所在地的城镇的土地，建制镇的土地是指镇人民政府所在地的土地。建在城市、县城、建制镇和工矿区以外的工矿企业则不需要缴纳城镇土地使用税。

城市、县城、建制镇和工矿区的具体征税范围，由省、自治区、直辖市人民政府具体划定。

（二）纳税人

在城市、县城、建制镇、工矿区范围内使用土地的单位和个人为城镇土地使用税的纳税人。所称单位，包括国有企业、集体企业、私营企业、股份制企业、外商投资企业、外国企业及其他企业和事业单位、社会团体、国家机关、军队及其他单位。所称个人，包括个体工商户及其他个人。具体规定如下：

1. 拥有土地使用权的单位和个人，为纳税义务人。

2. 拥有土地使用权的单位和个人不在土地所在地的，其土地的实际使用人和代管人为纳税义务人。

3. 土地使用权未确定或权属纠纷未解决的，其实际使用人为纳税义务人。

4. 土地使用权共有的，共有各方都是纳税义务人，由共有各方分别纳税。

（三）税率

城镇土地使用税采用定额税率，即采用有幅度的差别税额，按大、中、小城市和县城、建制镇、工矿区分别规定每平方米土地使用税年应纳税额。具体标准如表 7-5 所示。

表 7-5

级别	人口（人）	每平方米税额（元）
大城市	50万人以上	1.5~30
中等城市	20万~50万	1.2~24
小城市	20万以下	0.9~18
县城、建制镇、工矿区		0.6–12

（四）优惠政策

城镇土地使用税的税收优惠包括：法定免缴土地使用税的优惠和省、自治区、直辖市地方税务局确定减免土地使用税的优惠。

1. 法定免缴土地使用税的优惠：

（1）国家机关、人民团体、军队自用的土地。

（2）由国家财政部门拨付事业经费的单位自用的土地。

（3）宗教寺庙、公园、名胜古迹自用的土地，如宗教人员生活用地、公园公共参观游览用地及其管理单位的办公用地。以上单位的生产、经营用地和其他用地，不属于免税范围，应按规定缴纳土地使用税，如公园、名胜古迹中附设的营业单位如影剧院、饮食部、茶社、照相馆、索道公司等使用的土地。

（4）市政街道、广场、绿化地带等公共用地。

（5）直接用于农、林、牧、渔业的生产用地。这部分土地是指直接从事种植、养殖、饲养的专业用地，不包括农副产品加工场地和生活办公用地。

（6）经批准开山填海整治的土地和改造的废弃土地，从使用的月份起免缴土地使用税5~10年。

（7）对非营利性医疗机构、疾病控制机构和妇幼保健机构等卫生机构自用的土地，免征城镇土地使用税。对营利性医疗机构自用的土地自2000年起免征城镇土地使用税3年。

（8）企业办的学校、医院、幼儿园、托儿所，其用地能与企业其他用地明确区分的，免征城镇土地使用税。

（9）免税单位无偿使用纳税单位的土地（如公安、海关等单位使用铁路、民航等单位的土地），免征城镇土地使用税。纳税单位无偿使用免税单位的土地，纳税单位应照章缴纳城镇土地使用税。纳税单位与免税单位共同使用共有使用权土地上的多层建筑，对纳税单位可按其占用的建筑面积占建筑总面积的比例计征城镇土地使用税。

（10）对行使国家行政管理职能的中国人民银行总行（含国家外汇管理局）所属分支机构自用的土地，免征城镇土地使用税。

（11）为了体现国家的产业政策，支持重点产业的发展，对石油、电力、煤炭等能源用地，民用港口、铁路等交通用地和水利设施用地，三线调整企业、盐业、采石场、邮电等一些特殊用地划分了征免税界限和给予政策性减免税照顾：

①对企业的铁路专用线、公路等用地，在厂区以外、与社会公用地段未加隔离的，暂免征收城镇土地使用税。

②对企业厂区以外的公共绿化用地和向社会开放的公园用地，暂免征收城镇土地使用税。

③对林业系统所属林区的育林地、运材道、防火道、防火设施用地，免征城镇土地使用税。林业系统的森林公园、自然保护区，可以比照公园免征土地使用税。

④自2007年1月1日起，在城镇土地使用税征收范围内经营采摘、观光农业的单位和个人，其直接用于采摘、观光的种植、养殖、饲养的土地，免征城镇土地使用税。

⑤从2007年9月10日起，对核电站的核岛、常规岛、辅助厂房和通信设施用地（不包括地下线路用地），生活、办公用地按规定征收城镇土地使用税，其他用地免征城镇土地使用税。对核电站应税土地在基建期内减半征收城镇土地使用税。

2. 省、自治区、直辖市地方税务局确定减免土地使用税的优惠。下列土地免征城镇土地使用税：个人所有的居住房屋及院落用地；房产管理部门在房租调整改革前经租的居民住房用地；免税单位职工家属的宿舍用地；民政部门举办的安置残疾人占一定比例的福利工厂用地；集体和个人办的各类学校、医院、托儿所、幼儿园用地；向居民供热并向居民收取采暖费的供热企业用地。

“供热企业”包括专业供热企业、兼营供热企业、单位自供热及为小区居民供热的物业公司等，不包括从事热力生产但不直接向居民供热的企业。

对既向居民供热，又向非居民供热的企业，可按向居民供热收取的收入占其总供热收入的比例划分征免税界限；对于兼营供热的企业，可按向居民供热收取的收入占其生产经营总收入的比例划分征免税界限。

（五）纳税时间和地点

1. 纳税期限。城镇土地使用税实行按年计算、分期缴纳的征收办法，具体纳税期限由省、自治区、直辖市人民政府确定。

2. 纳税义务发生时间。使用城镇土地，一般是从次月起发生纳税义务，只有新征用耕地是在批准使用之日起满1年时开始纳税。具体归纳如表7-6所示。

表7-6

情况	纳税义务发生时间
购置新建商品房	房屋交付使用之次月起
购置存量房	房地产权属登记机关签发房屋权属证书之次月起
出租、出借房地产	交付出租、出借房产之次月起
以出让或转让方式有偿取得土地使用权	应由受让方从合同约定交付土地时间的次月起缴纳城镇土地使用税；合同未约定交付土地时间的，由受让方从合同签订的次月起缴纳城镇土地使用税
新征用耕地	批准使用之日起满1年时

续表

情况	纳税义务发生时间
新征用非耕地	批准征用次月起
纳税人因土地权利状态发生变化而依法终止土地使用税的纳税义务	其应纳税款的计算应截至房产的实物或权利发生变化的当月末（即次月免除纳税义务）

想一想

纳税人新征用耕地应缴纳城镇土地使用税，其纳税义务发生时间是（　　）。

A. 自批准征用之日起满3个月　　B. 自批准征用之日起满6个月

C. 自批准征用之日起满1年　　D. 自批准征用之日起满2年

3. 纳税地点。城镇土地使用税的纳税地点为土地所在地，由土地所在地的税务机关负责征收。

任务二　计算应纳城镇土地使用税

（一）确定城镇土地使用税的计税依据

城镇土地使用税以纳税义务人实际占用的土地面积为计税依据。纳税义务人实际占用土地面积按下列方法确定：

1. 凡由省、自治区、直辖市人民政府确定的单位组织测定土地面积的，以测定的面积为准。

2. 尚未组织测量，但纳税人持有政府部门核发的土地使用证书的，以证书确认的土地面积为准。

3. 尚未核发土地使用证书的，应由纳税人申报土地面积，据以纳税。等到核发土地使用证以后再作调整。

（二）计算城镇土地使用税的应纳税额

城镇土地使用税采用从量定额方法计算应纳税额。其计算公式为：

全年应纳税额＝实际占用应税土地面积（平方米）×适用税额

【例7-7】某公司实际使用土地面积25 000平方米，该公司所在城市计税标准为每平米5元，计算该公司应纳土地使用税。

应纳城镇土地使用税＝25 000×5＝125 000（元）

任务三　办理城镇土地使用税纳税申报

城镇土地使用税的纳税人应按《城镇土地使用税暂行条例》的有关规定，如实填写城镇土地使用税纳税申报表，并在规定的时间内，将填列的纳税申报表报送主管税务机关，及时缴纳税款。

项目四　耕地占用税法

耕地占用税是对占用耕地建房或从事其他非农业建设的单位和个人，就其占用的耕地面积征收的一种税。耕地占用税法是用以调整国家与耕地占用税纳税人之间征纳关系的法律规范，其基本法律依据是2007年12月1日国务院发布的《中华人民共和国耕地占用税暂行条例》（以下简称《条例》），该条例自2008年1月1日起执行。

耕地是从事农业生产的基本条件，开征此税是加强土地管理、防止乱占耕地、综合治理非农业占用耕地的一种法律和经济手段。

任务一　熟悉耕地占用税法律知识

（一）征税范围

耕地占用税以占用农用耕地（包括国家所有和集体所有的耕地）建房或从事其他非农业建设为征税范围。耕地是指种植农作物的土地（包括菜地、园地）。园地包括苗圃、花圃、茶园、果园、桑园和其他种植经济林木的土地。占用鱼塘及其他农用土地建房或从事其他非农业建设，也视同占用耕地，必须依法征收耕地占用税。占用其他农用土地，例如占用已开发从事种植、养殖的滩涂、草场、水面和林地等从事非农业建设，是否征税，由省、自治区、直辖市本着有利保护农用土地资源和保护生态平衡的原则，结合具体情况加以确定。

想一想

下列各项中，属于耕地占用税征税范围的有（　　）。

A. 占用菜地开发花圃　　　　B. 占用2年前的农用土地建造住宅区

C. 占用耕地开发食品加工厂　　　　D. 占用养殖的滩涂修建飞机场跑道

（二）纳税人

耕地占用税的纳税人是占用土地建房或从事其他非农业建设的单位和个人。这里所称单位，包括国有企业、集体企业、私营企业、股份制企业、外商投资企业、外国企业以及其他企业和事业单位、社会团体、国家机关、部队以及其他单位；所称个人，包括个体工商户以及其他个人。

（三）税率

耕地占用税实行定额幅度税率，以县为单位按人均占有耕地多少（按总人口和现有耕地计算），并参照经济发展情况，确定适用税额。具体规定如下：

1. 人均耕地不超过1亩的地区（以县级行政区域为单位，下同），每平方米为10～

50元；

2. 人均耕地超过1亩但不超过2亩的地区，每平方米为8~40元；

3. 人均耕地超过2亩但不超过3亩的地区，每平方米为6~30元；

4. 人均耕地超过3亩的地区，每平方米为5~25元。

国务院财政、税务主管部门根据人均耕地面积和经济发展情况确定各省、自治区、直辖市的平均税额。

各地适用税额，由省、自治区、直辖市人民政府在《条例》第五条第一款规定的税额幅度内，根据本地区情况核定。各省、自治区、直辖市人民政府核定的适用税额的平均水平，不得低于《条例》第五条第二款规定的平均税额。

经济特区、经济技术开发区和经济发达且人均耕地特别少的地区，适用税额可以适当提高，但是提高的部分最高不得超过《条例》第五条第三款规定的当地适用税额的50%。

占用基本农田的，适用税额应当在《条例》第五条第三款、第六条规定的当地适用税额的基础上提高50%。

（四）优惠政策

1. 下列经批准征用的耕地，免征耕地占用税：军事设施占用耕地，学校、幼儿园、养老院、医院占用耕地。

2. 根据《条例》的有关规定，下列项目减征或免征耕地占用税：

（1）铁路线路、公路线路、飞机场跑道、停机坪、港口、航道占用耕地，减按每平方米2元的税额征收耕地占用税。根据实际需要，国务院财政、税务主管部门商国务院有关部门并报国务院批准后，可以对上述情形免征或者减征耕地占用税。

（2）农村居民占用耕地新建住宅，按照当地适用税额减半征收耕地占用税。

（3）农村烈士家属、残疾军人、鳏寡孤独以及革命老根据地、少数民族聚居区和边远贫困山区生活困难的农村居民，在规定用地标准以内新建住宅缴纳耕地占用税确有困难的，经所在地乡（镇）人民政府审核，报经县级人民政府批准后，可以免征或者减征耕地占用税。

依照《条例》第八条、第九条规定免征或者减征耕地占用税后，纳税人改变原占地用途，不再属于免征或者减征耕地占用税情形的，应当按照当地适用税额补缴耕地占用税。

想一想

下列各项中，可以按照当地适用税额减半征收耕地占用税的是（　　）。

A. 供电部门占用耕地新建变电站　　B. 农村居民占用耕地新建住宅

C. 市政部门占用耕地新建自来水厂　　D. 国家机关占用耕地新建办公楼

任务二 计算应纳耕地占用税

耕地占用税以纳税人实际占用的耕地面积为计税依据，按规定的单位税额计算应纳税额：

$$应纳税额=实际占用的耕地面积\times单位税额$$

【例 7-8】某市高新区一汽车改装厂经批准扩建，占用耕地 40 亩，该高新区耕地占用税适用税额为每平方米 25 元，计算当月该企业应缴纳的耕地占用税（1 亩=666.67 平方米）。

应纳税额=40×666.67×25=666 670（元）

任务三　办理耕地占用税纳税申报

耕地占用税由各级地方税务机关负责征收。纳税人应在耕地批准占用之日起 30 日内向地方税务机关申报纳税。

土地管理部门在通知单位或者个人办理占用耕地手续时，应当同时通知耕地所在地同级地方税务机关。获准占用耕地的单位或者个人应当在收到土地管理部门的通知之日起 30 日内缴纳耕地占用税。土地管理部门凭耕地占用税完税凭证或者免税凭证和其他有关文件发放建设用地批准书。

纳税人临时占用耕地，应当依照《条例》的规定缴纳耕地占用税。纳税人在批准临时占用耕地的期限内恢复所占用耕地原状的，全额退还已经缴纳的耕地占用税。

模块八 财 产 税 法

学习任务

1. 熟悉房产税、车船税、车辆购置税、契税法律知识。
2. 掌握计算房产税等财产税的应纳税额的方法。
3. 掌握填制纳税申报表、办理纳税申报业务的方法。

项目一 房 产 税 法

任务一 熟悉房产税法律知识

所谓房产税，是以房屋为征税对象，按照房屋的计税余值或租金收入，向产权所有人征收的一种财产税。房产税法是指国家制定的用来调整房产税的征收与缴纳权利义务关系的法律规范。1986 年 9 月 15 日，国务院颁布了《中华人民共和国房产税暂行条例》(以下简称《条例》)，自同年 10 月 1 日起实施。

房产税有三个特点：(1) 房产税属于财产税中的个别财产税；(2) 征税范围限于城镇的经营性房屋；(3) 区别房屋的经营使用方式规定征税办法。

(一) 征税范围

根据《条例》的规定，房产税在城市、县城、建制镇和工矿区征收。因此，房产税的征税范围包括：

1. 城市。城市是指国务院批准设立的市。
2. 县城。县城是指县人民政府所在地的地区。
3. 建制镇。建制镇是指经省、自治区、直辖市人民政府批准设立的建制镇。

4. 工矿区。工矿区是指符合国务院规定的建制镇标准，但尚未设立建制镇的大中型工矿企业所在地。

（二）纳税人

房产税的纳税人是指房屋的产权所有人。产权所有人是指拥有房屋产权的单位、集体或个人，即房屋的使用权、收益权、转让权、赠与权等权利归其所有，也就是常说的“产权人”、“房东”或“业主”。具体包括：产权所有人、经营管理单位、承典人、房产代管人或者使用人。

1. 产权属国家所有的，由经营管理单位纳税；产权属集体和个人所有的，由集体单位和个人纳税。

2. 产权出典的，由承典人纳税。

3. 产权所有人、承典人不在房屋所在地的，由房产代管人或者使用人纳税。

4. 产权未确定及租典纠纷未解决的，由房产代管人或者使用人纳税。

5. 无租使用其他房产的，由房产使用人纳税。

6. 外商投资企业、外国企业和组织以及外籍个人，依照《条例》缴纳房产税。

（三）征税对象

房产税的征税对象是有屋面和围护结构，能遮风避雨，可供人们生产、学习、工作、生活的场所。与房屋不可分割的各种附属设施或不单独计价的配套设施，也属于房屋，应一并征收房产税，但独立于房屋之外的建筑物（如水塔、围墙等）不属于房屋，不征房产税。

房地产开发企业建造的商品房，在出售前不征收房产税，但对出售前房地产开发企业已使用或出租、出借的商品房应按规定征收房产税。

（四）税率

现行房产税采用比例税率。由于房产税的计税依据有从价计征和从租计征两种形式，房产税的税率对应也有两种：对于从价计征的，税率为1.2%；对于从租计征的，税率为12%。另外，从2001年1月1日起，对个人按市场价格出租的居民住房，用于居住的，可暂按4%的税率征收房产税。

（五）优惠政策

1. 国家机关、人民团体、军队自用的房产免征房产税。若上述免税单位出租房产以及非自身业务使用的生产、营业用房，则不属于免税范围。

2. 由国家财政部门拨付经费的事业单位自用的房产免征房产税。对于事业单位的非自用、公用房产，如事业单位的附属工厂、商店、招待所等，应照章纳税。此外，由国家拨付经费的事业单位，为了鼓励其经济自立，自其经济来源实行自收自支的年度起，免征3年房产税。

3. 宗教寺庙、公园、名胜古迹自用的房产免征房产税，但上述单位所附设的营业单位，如影剧院、饮食部、茶楼、照相馆等所使用的房产及其出租的房产，不属于免税房产，应照章纳税。

4. 个人所有非营业用的房产免征房产税。这里的个人所有非营业用的房产，主要是指居住用房，不分面积多少，一律免征房产税。对个人拥有的营业用房或出租的房屋，则不属于免征范围，应照章纳税。

5. 经财政部批准免税的其他房产。

（1）损坏不堪使用的房屋和危险房屋，经有关部门鉴定，在停止使用后，可免征房产税。

（2）对因企业停产、撤销而停止使用的房产，经省、自治区、直辖市地方税务局批准可暂不征收房产税。如果这些房产转给其他征收单位使用或企业恢复生产，应照章纳税。

（3）房产大修停用半年以上的，经纳税人申请，税务机关审核，在大修期间可免征房产税。

（4）在基建工地为基建工地服务的各种工棚、材料棚、休息棚和办公室、食堂、茶炉房、汽车房等临时性房屋，在施工期间，一律免征房产税。但工程结束后，施工企业将这种临时性房屋交还或估价转让给基建单位的，应从基建单位接收的次月起，照章纳税。

（5）为鼓励利用地下人防设施，暂不征收房产税。

（6）老年服务机构自用的房产，如老年社会福利院、敬老院、养老院、老年服务中心、老年公寓等福利性、非营利性机构专门为老年人提供生活照料、护理、健身所使用的房产，免征房产税。

（7）从 1988 年 1 月 1 日起，对房管部门经租的居民房屋，在房租调整改革之前收取租金偏低的，可暂缓征收房产税。对房管部门经租的其他非营业用房，是否给予照顾，由各省、自治区、直辖市根据当地具体情况按税收管理体制的规定办理。

（8）对高校后勤实体免征房产税。

（9）对非营利性医疗机构、疾病控制机构和妇幼保健机构等卫生机构自用的房产，免征房产税。

（10）向居民供热并向居民收取采暖费的供热企业暂免征收房产税。

（11）对邮政部门坐落在城市、县城、建制镇、工矿区范围以外的尚在县邮政局内核算的房产在单位财务账中划分清楚，自 2001 年 1 月 1 日起不再征收房产税。

任务二　计算应纳房产税

（一）纳税人自用房产应纳房产税计算

对纳税人经营自用的房产，按房产原值一次扣除 10% ~30% 的损耗价值以后的余值计征房产税。其具体扣除幅度由省、自治区、直辖市人民政府自主确定。

至于房产原值，不同情况下有不同的确定原则。通常情形下，房产原值是指纳税人按有关会计制度规定，在“固定资产”账户中记录的房屋造价或原始价值，包括与房屋不可分割的各种附属设施以及不单独计价的各种配套设施。纳税人未按规定记录房产原值的，应参照当地同类房屋的现行市价来确定房产原价；房产原值明显不合理的，应聘请有关资产评估机构对该房产进行重新评估。

温馨提示

1. 以房产联营投资，房产税计税依据应区别对待：

（1）以房产联营投资，共担经营风险的，以房产余值为计税依据计征房产税；

（2）以房产联营投资，收取固定收入，不承担经营风险，实际是以联营名义取得房产租金，因此应由出租方按租金收入计征房产税。

2. 融资租赁房屋，以房产余值为计税依据计征房产税。

3. 房屋附属设备和配套设施的计税规定：

（1）凡以房屋为载体，不可随意移动的附属设备和配套设施，如给排水、采暖、消防、中央空调、电气及智能化楼宇设备等，无论在会计核算中是否单独记账与核算，都应计入房产原值，计征房产税。

（2）对于更换房屋附属设备和配套设施的，在将其价值计入房产原值时，可扣减原来相应设备和设施的价值；对附属设备和配套设施中易损坏、需要经常更换的零配件，更新后不再计入房产原值。

4. 居民住宅区内业主共有经营性房产，由实际经营的代管人或使用人缴纳房产税。其中自营的，依照房产原值减除10%～30%后的余值计征；没有房产原值或不能将业主共有房产与其他房产的原值准确划分开的，由房产所在地地方税务机关参照同类房产核定房产原值；出租的，依照租金收入计征。

5. 从价计征房产税的房产，无论会计上如何核算，房产原值均应包含地价，包括为取得土地使用权支付的价款、开发土地发生的成本费用等。宗地容积率低于0.5的，按房产建筑面积的2倍计算土地面积并据此确定计入房产原值的地价。

从价计征房产税公式为：

$$应纳房产税=应税房产原值\times(1-扣除比例)\times1.2\%$$

【例8-1】某公司2009年购进一处房产，2011年5月1日用于投资联营（收取固定收入，不承担联营风险），投资期3年，当年取得固定收入160万元。该房产原值3 000万元，当地政府规定的减除幅度为30%，计算该公司2011年应缴纳的房产税。

应纳房产税 $=160\times12\%+3\,000\times(1-30\%)\times4/12\times1.2\%=27.6$（万元）

【例8-2】甲公司2010年支付4 000万元取得20万平方米土地使用权，新建房屋建筑面积8万平方米，工程造价1 800万元，2011年12月完工并通过验收。该房产的房产税如何计收？

宗地容积率＝8万平方米÷20万平方米＝0.4

宗地容积率低于0.5的，按房产建筑面积的2倍计算土地面积并据此确定计入房产原值的地价。

土地单价＝4 000÷20＝200（元/平方米）

应税房产原值＝1 800+（2×8×200）＝1 800+3 200＝5 000（万元）

在不考虑其他相关税费的情况下，该房产从2012年1月开始计算征收房产税。

【例8-3】 某公司固定资产账户记录其经营用房原值为1 000万元，按照当地规定允许扣除房产原值的30%后的余值计税，适用税率为1.2%。计算其应纳房产税。

应纳房产税＝1 000×（1-30%）×1.2%＝8.4（万元）

（二）纳税人出租房产应纳房产税计算

对纳税人出租的房产，以其收取的房产租金收入作为计税依据。所谓房产的租金收入是指房产所有人在出租房产使用权时所获得的总收入，包括货币收入、实物收入、劳务收入以及其他形式的收入。如果获得的是劳务形式或其他形式的收入，则应根据当地同类房产的平均租金水平从租计征。其公式为：

应纳房产税＝租金收入×12%

【例8-4】 某公司出租门面房3间，年租金收入总共为54 000元，适用税率为12%。计算其应纳房产税。

应纳房产税＝54 000×12%＝6 480（元）

任务三　办理房产税纳税申报

（一）纳税义务发生时间

1. 纳税人将原有房产用于生产经营的，自生产经营之月起，缴纳房产税。

2. 纳税人自行建造房产用于生产经营的，自建成的下一月起，缴纳房产税。

3. 纳税人委托施工企业建造的房产，自办理验收手续后的下一月起，缴纳房产税。

4. 纳税人购买新建商品房的，自房屋交付使用的下一月起，缴纳房产税。

5. 纳税人购买存量房的，自办理产权过户、变更登记手续，获取房屋产权证书后的下一月起，缴纳房产税。

6. 纳税人出租、出借房产的，自交付出租、出借房产的下一月起，缴纳房产税。

7. 房地产开发企业自用、出租、出借本企业建造的商品房的，自房屋使用或交付的下一月起，缴纳房产税。

（二）纳税期限和纳税地点

房产税实行按年计算、分期缴纳的征收方法，具体纳税期限由省、自治区、直辖市人民政府确定。

房产税在房产所在地缴纳。房产不在同一地的纳税人，按房产的坐落地点分别向房产所在地的税务机关纳税。

（三）填写和报送房产税纳税申报表

房产税的纳税人应按《条例》的有关规定，如实填写房产税申报表，具体格式见表8-1。

表 8-1 **房产税纳税申报表**

填表日期：　　年　月　日

纳税人识别号：　　　　　　　　　　　　　　　　　　　金额单位：　　元（列至角分）

<table>
<tr><td colspan="2">纳税人名称</td><td colspan="3"></td><td colspan="4">税款所属时间</td><td colspan="4"></td></tr>
<tr><td colspan="2">房产坐落地</td><td colspan="3"></td><td colspan="3">建筑面积（m^2）</td><td></td><td colspan="2">房屋结构</td><td colspan="2"></td></tr>
<tr><td colspan="5">以房产余值计征房产税</td><td colspan="3">以租金收入计征房产税</td><td rowspan="2">全年应纳税额</td><td rowspan="2">缴纳次数</td><td colspan="2">本期</td><td rowspan="2">应补（退）税额</td></tr>
<tr><td>房产原值</td><td>扣除率（%）</td><td>房产余值</td><td>适用税率（1.2%）</td><td>应纳税额</td><td>租金收入</td><td>适用税率（12%）</td><td>应纳税额</td><td>应纳税额</td><td>已纳税额</td></tr>
<tr><td>1</td><td>2</td><td>3=1-1×2</td><td>4</td><td>5=3×4</td><td>6</td><td>7</td><td>8=6×7</td><td>9=5+8</td><td>10</td><td>11=9/10</td><td>12</td><td>13=11-12</td></tr>
<tr><td></td><td></td><td></td><td></td><td></td><td></td><td></td><td></td><td></td><td></td><td></td><td></td><td></td></tr>
<tr><td></td><td></td><td></td><td></td><td></td><td></td><td></td><td></td><td></td><td></td><td></td><td></td><td></td></tr>
<tr><td></td><td></td><td></td><td></td><td></td><td></td><td></td><td></td><td></td><td></td><td></td><td></td><td></td></tr>
<tr><td>合计</td><td></td><td></td><td></td><td></td><td></td><td></td><td></td><td></td><td></td><td></td><td></td><td></td></tr>
<tr><td colspan="4">如纳税人填报，由纳税人填写以下各栏</td><td colspan="8">如委托代理人填报，由代理人填写以下各栏</td><td>备注</td></tr>
<tr><td colspan="2" rowspan="3">会计主管（签章）</td><td colspan="2" rowspan="3">纳税人（签章）</td><td colspan="3">代理人名称</td><td colspan="4"></td><td rowspan="2">代理人（公章）</td><td rowspan="3"></td></tr>
<tr><td colspan="3">代理人地址</td><td colspan="4"></td></tr>
<tr><td colspan="3">经办人姓名</td><td colspan="4"></td><td>电话</td></tr>
<tr><td colspan="13">以下由税务机关填写</td></tr>
<tr><td colspan="3">收到申报表日期</td><td colspan="3"></td><td colspan="3">接收人</td><td colspan="4"></td></tr>
</table>

说明：1. 房产原值是指纳税人按照会计制度规定，在账簿“固定资产”科目中记载的房屋原价。
2. 房产余值=原产原值×（1-税法规定的扣除率）

企业填列申报表一式三联，按税务机关规定时间进行申报，申报时一式三联一并交专管员审核，经专管员审签后，第一联由纳税人保存，第二联由主管税务机关保存，第三联纳税时交税务机关人员凭此开税票，并由税务机关人员做税收会计原始凭证。

项目二　车 船 税 法

车船税是指国家依法对中华人民共和国境内属于《车船税税目税额表》规定的车辆、船舶的所有人或者管理人征收的一种税。车船税法是指国家制定的用以调整车船税征收与缴纳之间权利和义务的法律规范。2006 年 12 月 29 日，国务院颁布并于 2007 年 1 月 1 日起实施《中华人民共和国车船税暂行条例》（以下简称《条例》）。2011 年 2 月 25 日，第十一届全国人民代表大会常务委员会第十九次会议通过了《中华人民共和国车船税法》

(以下简称《车船税法》)。同日，国家主席胡锦涛签署第43号主席令予以公布，自2012年1月1日起施行。《车船税法》出台主要有以下四个方面的意义：一是体现税收法定原则。二是促进税收法律体系建设。三是通过立法完善税制，体现税负公平。四是作为第一部由条例上升的法律和第一部地方税法律，具有标志性意义。

任务一　熟悉车船税法律知识

(一) 征税范围

车船税的征税范围，是指在中华人民共和国境内属于《车船税法》所附《车船税税目税额表》规定的车辆、船舶(以下简称车船)。

原《条例》规定，车船税的征税范围是依法应当在车船管理部门登记的车船。不需登记的单位内部作业车船不征税。从车船税财产税性质和公平税负的角度出发，不论车船是否应向管理部门登记，都应纳入征税范围。新《车船税法》不再按车船是否登记来确定是否具有纳税义务，将征税范围统一为该法规定的车船，主要包括乘用车、商用车、挂车、其他车辆(专用作业车、轮式专用机械车)、摩托车、船舶(机动船舶、游艇)。

(二) 纳税人

车船税的纳税人，是指在中华人民共和国境内属于《车船税税目税额表》规定的车辆、船舶的所有人或者管理人。

(三) 税率

车船税实行幅度定额税率，各省、自治区、直辖市在规定的子税目税额幅度内，有确定本地区使用税额的权力。车船税税目税额见表8-2。

表8-2　　车船税税目税额

税目		计税单位	年基准税额	备注
乘用车(按发动机汽缸容量(排气量)分档)	1.0升(含)以下的	每辆	60~360元	核定载客人数9人(含)以下
	1.0升以上至1.6升(含)的		300~540元	
	1.6升以上至2.0升(含)的		360~660元	
	2.0升以上至2.5升(含)的		660~1 200元	
	2.5升以上至3.0升(含)的		1 200~2 400元	
	3.0升以上至4.0升(含)的		2 400~3 600元	
	4.0升以上的		3 600~5 400元	

续表

税目		计税单位	年基准税额	备注
商用车	客车	每辆	480～1 440元	核定载客人数9人以上,包括电车
	货车	整备质量每吨	16～120元	包括半挂牵引车、三轮汽车和低速载货汽车等
挂车		整备质量每吨	按照货车税额的50%计算	
其他车辆	专用作业车	整备质量每吨	16～120元	不包括拖拉机
	轮式专用机械车		16～120元	
摩托车		每辆	36～180元	
船舶	机动船舶	净吨位每吨	3～6元	拖船、非机动驳船分别按照机动船舶税额的50%计算
	游艇	艇身长度每米	600～2 000元	

（四）优惠政策

1. 以下车船免征车船税：（1）捕捞、养殖渔船，拖拉机；（2）军队、武装警察部队专用的车船；（3）警用车船；（4）依照法律规定应当予以免税的外国驻华使领馆、国际组织驻华代表机构及其有关人员的车船。

2. 对节约能源、使用新能源的车船可以减征或者免征车船税；对受严重自然灾害影响纳税困难以及有其他特殊原因确需减税、免税的，可以减征或者免征车船税。具体办法由国务院规定，并报全国人民代表大会常务委员会备案。

省、自治区、直辖市人民政府根据当地实际情况，可以对公共交通车船，农村居民拥有并主要在农村地区使用的摩托车、三轮汽车和低速载货汽车定期减征或者免征车船税。

任务二　计算应纳车船税

车船税对各类车船分别以排气量、辆、自重、净吨位和艇身长度为计税依据，其中：乘用车按排气量大小分档计征，客车、摩托车以辆为计税依据，货车、专用作业车、轮式专用机械车以自重量为计税依据，机动船舶以净吨位为计税依据，游艇以游艇长度作为计税依据。

车船税税额的计算公式为：

乘用车、客车、摩托车应纳税额=车辆数×适用单位税额

货车（包括半挂牵引车、三轮汽车和低速载货汽车等）、专用作业车、轮式专用机械车应纳税额=自重吨位数×适用单位税额

$$机动船舶应纳税额=净吨位数\times适用单位税额$$

$$游艇应纳税额=艇身长度\times适用单位税额$$

温馨提示

挂车应纳税额按载货汽车税额的50%计算，而拖船、非机动驳船分别按照机动船舶税额的50%计算。

【例8-5】 某公司拥有净吨位为500吨的船舶20艘，净吨位为2 000吨的船舶5艘，净吨位为6 000吨的船舶3艘，载客汽车5辆。当地省政府规定单位税额分别为3元/吨、3.5元/吨、5元/吨、500元/辆。请计算该公司全年应纳的车船税。

净吨位500吨的船舶应纳税额=500×3×20=30 000（元）

净吨位2 000吨的船舶应纳税额=2 000×3.5×5=35 000（元）

净吨位6 000吨的船舶应纳税额=6 000×5×3=90 000（元）

载客汽车应纳税额=5×500=2 500（元）

任务三 办理车船税纳税申报

（一）纳税义务发生时间、纳税期限和纳税地点

1. 车船税的纳税义务发生时间为取得车船所有权或者管理权的当月。

2. 车船税按年申报缴纳，具体申报纳税期限由省、自治区、直辖市人民政府规定。

机动车的车船税涉及面广、税源流动性强，且纳税人多为个人，征管难度较大。另外，纳税人直接到税务机关缴纳税款又存在道路不熟悉、停车困难、排队时间长等种种不便。为方便纳税人缴纳车船税，新《车船税法》规定，从事机动车第三者责任强制保险业务的保险机构为机动车车船税的扣缴义务人，应当在收取保险费时依法代收车船税，并出具代收税款凭证。

3. 车船税的纳税地点为车船的登记地或者车船税扣缴义务人所在地。依法不需要办理登记的车船，车船税的纳税地点为车船的所有人或者管理人所在地。

公安、交通运输、农业、渔业等车船登记管理部门、船舶检验机构和车船税扣缴义务人的行业主管部门应当在提供车船有关信息等方面，协助税务机关加强车船税的征收管理。

车辆所有人或者管理人在申请办理车辆相关登记、定期检验手续时，应当向公安机关交通管理部门提交依法纳税或者免税证明。公安机关交通管理部门核查后办理相关手续。

（二）填写和报送纳税申报表

车船税的纳税义务人应按有关规定及时办理纳税申报，并如实填写车船税纳税申报表（见表8-3）。

表 8-3 **车船税纳税申报表**

填表日期：　　年　月　日

纳税人识别号：　　　　　　　　　　　　　　　　　　　　　　　单位：　　元（列至角分）

<table>
<tr><td colspan="2">纳税人名称</td><td colspan="4"></td><td colspan="2">税款所属时期</td><td></td></tr>
<tr><td rowspan="2">车船类别</td><td rowspan="2">计税标准</td><td rowspan="2">数量</td><td rowspan="2">单位税额</td><td rowspan="2">全年应纳税额</td><td rowspan="2">年缴纳次数</td><td colspan="3">本　期</td></tr>
<tr><td>应纳税额</td><td>已纳税额</td><td>应补（退）税额</td></tr>
<tr><td>1</td><td>2</td><td>3</td><td>4</td><td>5=3×4</td><td>6</td><td>7=5÷6</td><td>8</td><td>9=7-8</td></tr>
<tr><td></td><td></td><td></td><td></td><td></td><td></td><td></td><td></td><td></td></tr>
<tr><td></td><td></td><td></td><td></td><td></td><td></td><td></td><td></td><td></td></tr>
<tr><td></td><td></td><td></td><td></td><td></td><td></td><td></td><td></td><td></td></tr>
<tr><td></td><td></td><td></td><td></td><td></td><td></td><td></td><td></td><td></td></tr>
<tr><td colspan="2">合　计</td><td></td><td></td><td></td><td></td><td></td><td></td><td></td></tr>
<tr><td colspan="2">车船税税收缴款书号</td><td colspan="7"></td></tr>
<tr><td colspan="4">如纳税人填报，由纳税人填写以下各栏</td><td colspan="4">如委托代理人填报，由代理人填写以下各栏</td><td>备注</td></tr>
<tr><td colspan="2" rowspan="3">会计主管（签章）</td><td colspan="2" rowspan="3">纳税人（公章）</td><td>代理人名称</td><td></td><td colspan="2" rowspan="2">代理人（公章）</td><td rowspan="3"></td></tr>
<tr><td>代理人地址</td><td></td></tr>
<tr><td>经办人姓名</td><td></td><td colspan="2">电话</td></tr>
<tr><td colspan="9">以下由税务机关填写</td></tr>
<tr><td colspan="2">收到申报表日期</td><td colspan="3"></td><td>接收人</td><td colspan="3"></td></tr>
</table>

企业填列申报表一式三联，按税务机关规定时间进行申报，申报时一式三联一并交专管员审核，经专管员审签后，第一联由纳税人保存，第二联由主管税务机关保存，第三联纳税时交税务机关人员凭此开税票，并由税务机关人员做税收会计原始凭证。

项目三　契　税　法

契税是以所有权发生转移变动的不动产为征税对象，向产权承受人征收的一种财产税。契税法是指国家制定的用来调整契税征收与缴纳双方权利、义务关系的法律规范。现行契税的基本规范，是 1997 年 7 月 7 日国务院颁布并于同年 10 月 1 日起施行的《中华人民共和国契税暂行条例》。

开征契税，有利于增加地方财政收入；有利于保护合法产权，避免产权纠纷；有利于调节财富分配，体现社会公平。

任务一 熟悉契税法律知识

（一）征税范围

契税的征收对象是指在中华人民共和国境内的土地、房屋权属转移。具体征收范围包括以下内容：

1. 国有土地使用权出让，是指土地使用者向国家交纳土地出让费，国家将国有土地使用权在一定年限内让与土地使用者的行为。

2. 土地使用权转让，是指土地使用者将土地使用权以出售、赠与、交换或其他方式转移给其他单位或个人的行为。土地使用权的转让不包括农村集体土地承包经营权的转移。

3. 房屋买卖，是指房屋所有者向购买者出售其房产所有权的交易行为。以房产抵债或以实物交换房屋均应视同房屋买卖，应由房屋产权承受人，按房屋现值为计税依据缴纳契税。以房产作投资或作股权转让，实质属于房屋产权转移，应视同房屋买卖处理，由房屋产权受让人按投资房产价值或房产买价缴纳契税。以自有房产作股投入本人独资经营的企业，免纳契税。因为以自有的房产投入本人独资经营的企业，产权的所有人与房产的使用人未发生变化，不需办理房产变更手续，也就不需缴纳契税；买房拆料或翻建新房，应照章缴纳契税。

4. 房屋赠与，是指房屋产权所有人将房屋无偿转让给他人所有的行为。由于房屋是不动产，价值较大，故法律要求房屋赠与应有书面合同（契约），并须办理房屋登记过户手续。房屋的受赠人应按规定缴纳契税。

5. 房屋交换，是指房屋所有者之间互相交换房屋的行为。

6. 承受国有土地使用权所支付的土地出让金，应计征契税。不得因减免土地出让金而减免契税。

【例 8-6】下列各项中，应当征收契税的有（　　）。

A. 以房产抵债　　　　B. 将房产赠与他人

C. 以房产作投资　　　D. 子女继承父母房产

【答案】ABC

（二）纳税人

契税的纳税人是指在中华人民共和国境内转移土地、房屋权属，承受的单位和个人。“土地、房屋权属”是指土地使用权、房屋所有权。“承受”是指以受让、购买、受赠、交换等方式取得土地、房屋权属的行为。“单位”是指企事业单位、国家机关、军事单位和社会团体以及其他组织。“个人”是指个体经营者及其他个人，包括中国公民和外籍人员。

（三）税率

契税实行 3% ~5% 的幅度比例税率。考虑到我国各地经济发展不平衡，各省、自治区、直辖市人民政府可根据本地区的实际情况，在3%～5%的幅度范围内自行确定契税税率。

（四）优惠政策

1. 契税优惠的一般规定。根据税法规定，以下情形可减征或免征契税：

（1）国家机关、事业单位、社会团体、军事单位承受的土地、房屋用于办公、教学、科研和军事设施的，免征契税。

（2）因为不可抗力灭失住房而重新购买住房的，酌情减、免契税。

（3）土地、房屋被县级以上人民政府征用、占用后，重新承受土地、房屋权属的，由省级人民政府确定是否减、免契税。

（4）承受荒山、荒沟、荒丘、荒滩土地使用权，用于农、林、牧、渔业生产的，免征契税。

（5）依照我国有关法律规定以及我国缔结或参加的双边和多边条约或协定，应当予以免税的外国驻华使馆、领事馆、联合国驻华机构及其外交代表、领事官员和其他外交人员承受的土地、房屋权属。

2. 契税优惠的特殊规定：

（1）企业公司制改造。非公司制企业，整体改建为有限责任公司或股份有限公司，或者有限责任公司整体改建为股份有限公司的，对改建后的公司承受原企业土地、房屋权属，免征契税。

非公司制国有独资企业或国有独资有限责任公司，以其部分资产与他人组建新公司，且该国有独资企业（公司）在新设公司中所占股份超过50%的，对新设公司承受该国有独资企业（公司）的土地、房屋权属，免征契税。

（2）企业股权重组。在股权转让中，单位、个人承受企业股权，企业的土地、房屋权属不发生转移，不征契税。

国有控股公司以部分资产投资组建新公司，且该国有控股公司占新公司股份85%以上的，对新公司承受该国有控股公司土地、房屋权属免征契税。

股份合作制改造，承受原土地、房屋权属的免征契税。

（3）企业合并。合并后的企业承受各方的土地、房屋权属，不征契税。

（4）企业分立。企业依照法律规定、合同约定分设为两个或两个以上投资主体相同的企业，对派生方、新设方承受原企业土地、房屋权属，不征收契税。

（5）企业出售。国有、集体企业出售，被出售企业法人予以注销，并且买受人按照《劳动法》等国家有关法律法规政策妥善安置原企业全部职工，与原企业30%以上职工签订服务年限不少于3年的劳动用工合同的，对其承受所购企业的土地、房屋权属，减半征收契税；与原企业全部职工签订服务年限不少于3年的劳动用工合同的，免征契税。

（6）企业注销、破产。企业依照有关法律、法规的规定实施注销、破产后，债权人（包括注销、破产企业职工）承受注销、破产企业土地、房屋权属以抵偿债务的，免征契税；对非债权人承受注销、破产企业土地、房屋权属，凡按照《劳动法》等国家有关法律法规政策妥善安置原企业全部职工，与原企业30%以上职工签订服务年限不少于3年的劳动用工合同的，对其承受所购企业的土地、房屋权属，减半征收契税；与原企业全部职工签订服务年限不少于3年的劳动用工合同的，免征契税。

(7) 房屋的附属设施。对于承受与房屋相关的附属设施（包括停车位、汽车库、自行车库、顶层阁楼以及储藏室，下同）所有权或土地使用权的行为，征收契税；对于不涉及土地使用权和房屋所有权转移变动的，不征收契税。

(8) 继承土地、房屋权属。法定继承人（包括配偶、子女、父母、兄弟姐妹、祖父母、外祖父母）继承土地、房屋权属，不征收契税。

非法定继承人根据遗嘱承受死者生前的土地、房屋权属，属于赠与行为，应征收契税。

(9) 财政部、国家税务总局、住房和城乡建设部《关于调整房地产交易环节契税、个人所得税优惠政策的通知》（财税［2010］94号）规定：对个人购买普通住房，且该住房属于家庭（成员范围包括购房人、配偶以及未成年子女，下同）唯一住房的，减半征收契税。对个人购买90平方米及以下普通住房，且该住房属于家庭唯一住房的，减按1%税率征收契税。

征收机关应查询纳税人契税纳税记录，无记录或有记录但有疑义的，根据纳税人的申请或授权，由房地产主管部门通过房屋登记信息系统查询纳税人家庭住房登记记录，并出具书面查询结果。因当地暂不具备查询条件而不能提供家庭住房登记查询结果的，纳税人应向征收机关提交家庭住房实有套数书面诚信保证。诚信保证不实的，属于虚假纳税申报，按照《中华人民共和国税收征收管理法》的有关规定处理。

(10) 其他。拆迁居民因拆迁重新购置住房的，对购房成交价格中相当于拆迁补偿款的部分免征契税，成交价格超过拆迁补偿款的，对超过部分征收契税。

任务二 计算应纳契税

（一）确定契税的计税依据

契税的计税依据是不动产的价格。依不动产的转移方式、定价方法不同，契税计税依据有以下几种情况：

1. 国有土地使用权出让、土地使用权出售、房屋买卖，以成交价格为计税价格。

出让国有土地使用权，契税计税依据为承受人为取得该土地使用权而支付的全部经济利益。对通过“招、拍、挂”程序承受国有土地使用权的，应按照土地成交总价款计征契税，其中的土地前期开发成本不得扣除。

2. 土地使用权赠与、房屋赠与，由征收机关参照土地使用权出售、房屋买卖的市场价格核定。

3. 土地使用权交换、房屋交换，以所交换土地使用权、房屋的价格差额为计税依据。

4. 以划拨方式取得土地使用权，经批准转让房地产时，由房地产转让者补交契税，计税依据为补交的土地使用权出让金或者土地收益。

5. 房屋附属设施征收契税依据的规定。

（1）采取分期付款方式购买房屋附属设施土地使用权、房屋所有权的，按照合同规定的总价款计算征收契税。

（2）承受的房屋附属设施权属如果单独计价，按照当地适用的税率征收；如果与房屋统一计价，适用与房屋相同的税率。

6. 对于个人无偿赠与不动产行为，应对受赠人（法定继承人除外）全额征收契税。

如果纳税人申报的成交价格明显低于市场价格并且无正当理由的，或者所交换土地使用权、房屋的价格差额明显不合理并且无正当理由的，可由征收机关参照市场价格核定。

（二）计算应纳契税

契税的计算公式为：

应纳契税=计税依据×税率

【例8-7】某公司于2011年2月9日将其一栋房屋出售给乙单位，房屋成交价格为500 000元，另将一处房屋与乙单位的一处房屋交换，取得交换房差价款20 000元。请计算乙单位应纳契税（假设契税税率为5%）。

应纳契税=（500 000+20 000）×5%=26 000（元）

任务三　办理契税纳税申报

（一）纳税义务发生时间、纳税期限、纳税地点

契税的纳税义务发生时间是纳税人签订土地、房屋权属转移合同的当天，或者纳税人取得其他具有土地、房屋权属转移合同性质凭证的当天。

纳税人应当自纳税义务发生之日起10日内，向土地、房屋所在地的契税征收机关办理纳税申报，并在契税征收机关核定的期限内缴纳税款。

契税在土地、房屋所在地的征收机关缴纳。

纳税人办理纳税后，征收机关应向纳税人开具契税完税凭证。纳税人持契税完税凭证和其他规定的文件材料，依法向土地管理部门、房产管理部门办理有关土地、房屋的权属变更登记手续。土地管理部门、房产管理部门应向契税征收机关提供有关材料，并协助其依法征收契税。

（二）填写和报送纳税申报表

凡发生土地使用权、房屋所有权属转移行为（如出让、转让、买卖、赠与、继承、交换等）时，承受土地使用权、房屋所有权的单位和个人，应当在确定权属转移发生之日起10日内向土地、房屋所在地契税征收机关报送契税纳税申报表（见表8-4），并提交下列文件的复印件：（1）纳税申报人的法人或法人代表证明、个人身份证或户籍证明。（2）土地使用权出让或转让合同。（3）购房合同及发票。（4）房产交易双方的契约。（5）土地界址平面图或房屋分层分户平面图。

表 8-4　　　　　　　　　　**契税纳税申报表**

契证号：

填表日期：　　年　月　日　　　　　　　　　　　　编　号：

<table>
<tr><td>承受方(纳税人)</td><td>单位/姓名</td><td></td><td>联系电话</td><td></td></tr>
<tr><td>出 让 方</td><td>单位/姓名</td><td colspan="3"></td></tr>
<tr><td>房屋/土地坐落位置</td><td colspan="4">小区(新区、大厦)名称：　区　街(路)　巷(弄)　幢　号　室</td></tr>
<tr><td>类　型</td><td colspan="4">(1)商品房　(2)房改房　(3)二手房　(4)其他</td></tr>
<tr><td>用　途</td><td colspan="4">(1)住宅　(2)商业　(3)办公　(4)军事　(5)医疗　(6)厂房　(7)教育　(8)科研　(9)其他</td></tr>
<tr><td>转 移 方 式</td><td colspan="4">(1)房屋买卖　(2)房屋赠与　(3)房屋交换　(4)土地出让　(5)土地转让　(6)其他</td></tr>
<tr><td>建 筑 面 积</td><td colspan="2"></td><td>成交价格</td><td></td></tr>
<tr><td>税率(3%～5%)</td><td colspan="2"></td><td>买入日期</td><td>年　月　日</td></tr>
<tr><td>计征税额=成交价格×税率</td><td colspan="4"></td></tr>
<tr><td>减免税额</td><td colspan="2"></td><td>应缴税额</td><td></td></tr>
<tr><td rowspan="2">滞纳金申报</td><td colspan="2">应纳税期限</td><td>逾期天数</td><td>应纳滞纳金(应缴税额×万分之五×逾期天数)</td></tr>
<tr><td colspan="2">年　月　日</td><td>天</td><td>元</td></tr>
<tr><td>备　注</td><td colspan="4">领证人签字：</td></tr>
<tr><td>声　明</td><td colspan="4">此纳税申报表是根据《中华人民共和国契税暂行条例》的规定填报的，以上内容是真实、可靠、完整的。
声明人(纳税人或代理人)：</td></tr>
</table>

以下由征收机关填写

审核记录： 审核人： 审核日期：　年　月　日

纳税人未按规定期限向契税征收机关办理纳税申报的，依据《税收征收管理法》第三十九条规定处罚。契税征收机关在收到契税纳税申报表及相关资料后，于两个工作日内办理完毕。

项目四 车辆购置税法

任务一 熟悉车辆购置税法律知识

车辆购置税是以在中国境内购置规定的车辆为课税对象、在特定的环节向车辆购置者征收的一种税。就其性质而言，属于直接税的范畴。车辆购置税法是指国家制定的用来调整车辆购置税征收与缴纳双方权利及义务关系的法律规范。它是从2001年1月1日起执行的一个税种。

开征车辆购置税，有利于合理筹集建设资金，积累国家财政收入，促进交通基础设施建设事业的健康发展；有利于规范政府行为、理顺税费关系、深化和完善财税制度改革；在消费环节对消费应税车辆的使用者征收车辆购置税，有利于调节收入差别，体现公平原则，缓解社会分配不公的矛盾。

（一）征税范围

车辆购置税的征税范围是：汽车、摩托车、电车、挂车、农用运输车，未列举的车辆不纳税。具体的规定如下：

1. 汽车，包括各类汽车。

2. 摩托车，具体包括：

（1）轻便摩托车，即最高设计时速不大于50公里/小时，发动机汽缸总排量不大于50立方厘米的两个或三个车轮的机动车。

（2）二轮摩托车，即最高设计时速大于50公里/小时，或发动机汽缸总排量大于50立方厘米的两个车轮的机动车。

（3）三轮摩托车，即最高设计时速大于50公里/小时，或发动机汽缸总排量大于50立方厘米，空车质量不大于400公斤的三个车轮的机动车。

3. 电车，具体包括：

（1）无轨电车，即以电能为动力，由专用输电电缆线供电的轮式公共车辆。

（2）有轨电车，即以电能为动力，在轨道上行驶的公共车辆。

4. 挂车，具体包括：

（1）全挂车，即无动力设备，独立承载，由牵引车牵引行驶的车辆。

（2）半挂车，即无动力设备，与牵引车共同承载，由牵引车牵引行驶的车辆。

5. 农用运输车，具体包括：

（1）三轮农用运输车，即使用柴油发动机，功率不大于7.4千瓦，载重量不大于500公斤，最高车速不大于40公里/小时的三个车轮的机动车。

（2）四轮农用运输车，即使用柴油发动机，功率不大于28千瓦，载重量不大于1 500公斤，最高车速不大于50公里/小时的四个车轮的机动车。

（二）纳税人和税率

车辆购置税的纳税人是指在我国境内购买、进口、自产、受赠、获奖或者以其他方式取得并自用应税车辆的单位和个人。具体是指：

1. 单位，包括国有企业、集体企业、私营企业、股份制企业、外资企业、事业单位、社会团体、国家机关、部队以及其他单位。

2. 个人，包括个体工商户及其他个人，既包括中国公民，又包括外国公民。

车辆购置税实行统一比例税率，税率为10%。

（三）优惠政策

法定减免包括：

1. 外国驻华使馆、领事馆和国际组织驻华机构及其外交人员自用车辆免税。

2. 中国人民解放军和中国人民武装警察部队列入军队武器装备订货计划的车辆免税。

3. 设有固定装置的非运输车辆免税。

4. 国务院规定予以免税或者减税的其他情形：

（1）防汛部门和森林消防部门用于指挥、检查、调度、报汛（警）、联络的设有固定装置的指定型号的车辆。

（2）回国服务的留学人员用现汇购买的1辆自用国产小轿车。

（3）长期来华定居专家的1辆自用小轿车。

任务二 计算应纳车辆购置税

由于应税车辆购置的来源不同，计税价格的组成也就不一样。车辆购置税的计税依据有以下几种情况：

1. 购买自用，计税依据为纳税人购买应税车辆而支付给销售方的全部价款和价外费用（不含增值税）。

2. 进口自用，以组成计税价格为计税依据：

$$组成计税价格=关税完税价格+关税+消费税$$

知识链接

如果进口自用的是应缴消费税的小轿车，这个组价也是进口消费税、增值税的计税依据。

3. 其他自用，如自产、受赠、获奖和以其他方式取得并自用。凡不能或不能准确提供车辆价格的，由主管税务机关依国家税务总局核定的相应类型的应税车辆的最低计税价格确定。

4. 纳税人购买自用或者进口自用应税车辆，申报的计税价格低于同类型应税车辆的最低计税价格，又无正当理由的，按照最低计税价格征收车辆购置税。

几种特殊情形应税车辆的最低计税价格规定如下：

（1）对已缴纳车辆购置税并办理了登记注册手续的车辆，其底盘和发动机同时发生更换，其最低计税价格按同类型新车最低计税价格的70%计算。

（2）免税、减税条件消失的车辆，其最低计税价格的确定方法为：

$$\text{最低计税价格}=\text{同类型新车最低计税价格}\times\left(1-\frac{\text{已使用年限}}{\text{规定使用年限}}\right)\times 100\%$$

其中，规定使用年限为：国产车辆按10年计算，进口车辆按15年计算。超过规定使用年限的车辆，不再征收车辆购置税。

（3）非贸易渠道进口车辆的最低计税价格，为同类型新车最低计税价格。

车辆购置税计算公式为：

$$\text{应纳税额}=\text{计税价格}\times\text{税率}$$

【例8-8】某汽车贸易公司2011年6月进口11辆小轿车，海关审定的关税完税价格为25万元/辆，当月销售8辆，取得含税销售收入240万元；2辆企业自用，1辆用于抵偿债务。合同约定的含税价格为30万元。计算该公司应纳车辆购置税（小轿车关税税率为28%，消费税税率为9%）。

应纳车辆购置税＝2×（25+25×28%）÷（1−9%）×10%＝7.03（万元）

【例8-9】某汽车制造厂将自产轿车20辆向某汽车租赁公司进行投资，将自产轿车3辆转作本企业固定资产，将自产轿车1辆奖励给对企业发展有突出贡献的员工。该汽车制造厂应纳车辆购置税的计税依据为（　　）。

A. 投资作价　　　　　B. 轿车售价

C. 核定的最低计税价格　　D. 核定的最高计税价格

【答案】B

【例8-10】某企业于2011年2月15日购买车辆一部，价款117 000元。请计算其应纳车辆购置税。

由于价款117 000元含增值税，故应将其换算为不含增值税的计税价格。

计税价格＝117 000÷（1+17%）＝100 000（元）

应纳车辆购置税＝100 000×10%＝10 000（元）

任务三　办理车辆购置税纳税申报

（一）纳税期限

纳税人购买自用应税车辆的，应当自购买之日起60日内申报纳税。纳税人进口自用应税车辆的，应当自进口之日起60日内申报纳税。纳税人自产、受赠、获奖或者以其他方式取得并自用应税车辆的，应当自取得之日起60日内申报纳税。免税、减税车辆因转让、改变用途等原因不再属于免税、减税范围的，应当在办理车辆过户手续前或者办理变更车辆登记注册手续前缴纳车辆购置税。

（二）纳税地点

纳税人购置应税车辆，应当向车辆登记注册地的主管税务机关申报纳税；购置不需办理车辆登记注册手续的应税车辆，应当向纳税人所在地主管税务机关申报纳税。车辆登记注册地是指车辆的上牌落籍地或落户地。

（三）纳税环节

纳税人应当在向公安机关等车辆管理机构办理车辆登记注册手续前，缴纳车辆购置税，即在最终消费环节缴纳。

（四）缴税方法

1. 自报核缴。由纳税人自行计算应纳税额，自行填写纳税申报表，向主管税务机关申报纳税。经税务机关审核后，开具完税证明，由纳税人持完税凭证向当地金库缴纳税款。

2. 集中征收缴纳。一是由纳税人集中向税务机关统一申报纳税。该种方式适用于集中购置应税车辆的单位缴纳车辆购置税和经批准实行代理制的经销商缴纳车辆购置税。二是由税务机关集中报缴税款。该种方式适用于税源分散、税额较少、税务部门实行集中征收管理地区。

3. 代征、代收、代扣。扣缴业务人按税法规定代扣代缴、代收代缴税款，税务机关委托征收单位代征税款。它适用于税务机关委托征收或纳税人依法受托征收税款的情形。

（五）缴税管理

1. 税款缴纳方式。税款的缴纳方式主要有：现金支付、支票、信用卡和电子结算及委托银行代收、银行划转等方式。

2. 完税凭证及使用要求。纳税人以现金方式向税务机关缴纳车辆购置税的，由主管税务机关开具税收通用完税凭证；纳税人以支票、信用卡和电子结算方式缴纳车辆购置税以及税务机关委托银行代收税款的，由主管税务机关开具税收转账专用完税证；纳税人从其银行存款账户直接划转税款的，由主管税务机关开具税收通用缴款书。

（六）纳税申报

车辆购置税实行一车一申报制度。纳税人办理纳税申报时应如实填写车辆购置税纳税申报表。

（七）退税制度

纳税人已经缴纳车辆购置税但在办理车辆登记注册手续前，因下列原因需要办理退还车购税的，由纳税人申请，征收机构审查后办理退还车辆购置税手续：

1. 公安机关车辆管理机构不予办理车辆登记注册手续的，凭公安机关车辆管理机构出具的证明办理退税手续。

2. 因质量等原因发生退回所购车辆的，凭经销商的退货证明办理退税手续。

已经办理车辆登记注册手续的车辆，不论出于何种原因，均不得退还已缴纳的车辆购置税。

模块九 行为税法

学习任务

1. 了解印花税、城市维护建设税和教育费附加法律知识。
2. 掌握计算行为各税应纳税额的方法。
3. 掌握填制纳税申报表、办理行为各税纳税申报业务的方法。

项目一 印花税法

印花税是对经济活动和经济交往中书立、使用、领受具有法律效力的凭证的单位和个人征收的一种税。印花税因其采用在应税凭证上粘贴印花税票的方法缴纳税款而得名。1988 年 8 月 6 日国务院发布《中华人民共和国印花税暂行条例》，从 1988 年 10 月 1 日起实行。

任务一 熟悉印花税法律知识

（一）明确印花税的征税范围

印花税的征税范围为在中华人民共和国境内书立、领受《印花税暂行条例》所列举的应税凭证和各类经济合同，具体分为五大类：

1. 经济合同，包括购销合同、加工承揽合同、建设工程勘察设计合同、建筑安装工程承包合同、财产租赁合同、货物运输合同、仓储保管合同、借款合同、财产保险合同、技术合同以及具有合同性质的凭证。

2. 产权转移书据，包括财产所有权和版权、商标专用权、专利权、专有技术使用权等转移书据。

3. 营业账簿，即单位和个人记载生产经营活动的财务会计核算账簿，包括记载资金的账簿和其他营业账簿。

4. 权利、许可证照，包括政府部门发给的房屋产权证、工商营业执照、商标注册证、专利证、土地使用证。

5. 财政部确定征收的其他凭证。

印花税的征税范围，除包括《印花税暂行条例》所列举的各种合同外，还包括具有合同性质的协议、契约、单据、确认书以及其他各种名称的凭证。在我国境外书立、领受，但在我国境内使用并具有法律效力，受我国法律保护的凭证，应按规定缴纳印花税。对已缴纳印花税的凭证副本或抄本，属备查性质的，对外不发生法律效力，不再征收印花税。若副本或抄本视同正本使用的，应按规定贴花纳税。

（二）纳税人

凡在中华人民共和国境内书立、使用、领受《印花税暂行条例》所列举的凭证的单位和个人，都是印花税的纳税人，包括国内各类企业、外国企业和其他经济组织及其在华机构等单位和个人。

印花税的纳税人按书立、使用、领受应税凭证的不同，可以分为以下几种：

1. 立合同人，指合同的当事人，不包括合同的担保人、证人、鉴定人。

2. 立据人。订立各种财产转移书据的，以立据人为纳税人。若立据人未贴花或少贴花，则书据的持有人应负责（补）贴花。所立书据以合同形式签订的，应由持有书据的各方分别按全额贴花。

3. 立账簿人。建立营业账簿的，以立账簿人为纳税人。所谓立账簿人，是指设立并使用营业账簿的单位和个人。

4. 领受人。领取权利、许可证照的，以领受人为纳税人。领受人是指领取或接受并持有该项证照的单位和个人。

5. 使用人。在国外书立、领受，但在国内使用应税凭证的，以使用人为纳税人。

6. 各类电子应税凭证的签订人。

（三）税率

印花税税目税率见表9-1。

表9-1

应税凭证类别	税　目	税率形式	纳税人
合同或具有合同性质的凭证	1. 购销合同	按购销金额0.3‰	订合同人
	2. 加工承揽合同	按加工或承揽收入0.5‰	
	3. 建设工程勘察设计合同	按收取费用0.5‰	
	4. 建筑安装工程承包合同	按承包金额0.3‰	

续表

应税凭证类别	税　目	税率形式	纳税人
合同或具有合同性质的凭证	5. 财产租赁合同	按租赁金额 1‰	订合同人
	6. 货物运输合同	按收取的运输费用 0.5‰	
	7. 仓储保管合同	按收取的仓储保管费用 1‰	
	8. 借款合同（包括融资租赁合同）	按借款金额 0.05‰	
	9. 财产保险合同	按收取的保险费收入 1‰	
	10. 技术合同（包括专利申请转让、专利实施许可和非专利技术转让合同）	按所载金额 0.3‰	
产权转移书据	土地使用权出让合同、土地使用权转让合同、商品房销售合同、专利权转让合同、个人无偿赠送不动产所签订的“个人无偿赠与不动产登记表”	按所载金额 0.5‰	立据人
营业账簿	日记账簿和各明细分类账簿	记载资金的账簿，按实收资本和资本公积的合计 0.5‰；其他账簿按件贴花 5 元	立账簿人
权利、许可证照	房屋产权证、工商营业执照、商标注册证、专利证、土地使用证	按件贴花 5 元	领受人

（四）计税依据

1. 计税依据的一般规定。印花税以各种应税凭证上所记载的计税金额为计税依据。具体规定如下：

（1）借款合同以借款金额为计税依据。

（2）购销合同以合同记载的购销金额为计税依据。

（3）加工承揽合同以加工或承揽收入金额为计税依据。

（4）建设工程勘察设计合同以收取的费用为计税依据。

（5）建筑安装工程承包合同以承包金额为计税依据。

（6）货物运输合同以取得的运费收入为计税依据，不包括所运货物的金额、装卸费和保险费等。

（7）财产租赁合同以租赁金额为计税依据。税额不足 1 元的，按 1 元贴花。

（8）财产保险合同以支付或收取的保险费为计税依据，不包括所保财产的金额。

（9）仓储保管合同以收取的仓储保管费用为计税依据。

（10）产权转移书据以所载金额为计税依据。

（11）技术合同以合同所载的价款、报酬或使用费为计税依据。对于技术开发合同，只就合同所载的报酬金额计税，研究开发经费不作为计税依据。但对合同约定按研究开发经费的一定比例计算报酬的，应按一定比例的报酬金额贴花。

（12）营业账簿中记载资金的账簿以“实收资本”与“资本公积”的合计金额作为计税依据。其他账簿以应税凭证件数为计税依据。

（13）权利、许可证照以应税凭证的件数为计税依据。

2. 计税依据的特殊规定：

（1）上述凭证以“金额”、“收入”、“费用”为计税依据的，应全额计税，不得作任何扣除。

（2）同一凭证，记载两个或两个以上经济事项而又适用于不同税目税率的，若分别记载金额，应分别计算应纳税额，相加后按合计税额贴花；若未分别记载金额，按税率高的计算贴花。

（3）应税凭证所载金额为外国货币的，应按凭证书立当日国家外汇管理局公布的外汇牌价折合成人民币，再计算应纳税额。

（4）按金额比例贴花的应税凭证，未标明金额的，应按凭证所记载的数量及国家牌价计算金额；没有国家牌价的，按市场价格计算金额，然后按规定税率计算应纳税额。

（5）应纳税额不足 1 角的，免征印花税；1 角以上的，其税额尾数不满 5 分的不计，满 5 分的按 1 角计算。

（6）有些合同，如技术转让合同中的转让收入是按销售收入的一定比例收取或按实现的利润分成，财产租赁合同只是规定了月租金标准而无租赁期限，对于这类合同，由于签订时无法确认计税金额，可在签订时先按定额 5 元贴花，以后结算时再按实际金额计税，补贴印花。

（7）不论合同是否兑现或是否按期兑现，均应贴花。因为应税合同在签订时，纳税义务就已产生，就应计算应纳税额并贴花。对已履行并贴花的合同，所载金额与合同履行后实际金额不一致的，只要双方未修改合同金额，一般不再办理完税手续。

（8）以货换货的商品交易合同，是既反映购又反映销的双重经济合同，对于这类合同，应按合同所载的购、销合计金额计税贴花。合同未列明金额的，应按合同所载购、销数量依照国家牌价或市场价格计算应纳税额。

（9）施工单位将自己承包的建设项目分包或转包给其他施工单位所签订的分包合同或转包合同，应按新的分包合同或转包合同所载金额计算应纳税额。因为印花税是一种行为性质的凭证税，尽管总承包合同已依法计税贴花，但新的分包合同或转包合同是一种新的凭证，又发生了新的纳税义务。

（10）因购买、继承、赠与所书立的股权转让书据，均依书立时证券市场当日实际成交价格计算的金额，由立据双方当事人分别按规定的税率缴纳印花税。

（11）对有经营收入的事业单位，凡属由国家财政下拨事业经费、实行差额预算管理的单位，其记载经营业务的账簿按其他账簿定额贴花，不记载经营业务的账簿不贴花；凡其经费来源实行自收自支的单位，应对其营业账簿中记载资金的账簿和其他账簿分别计算应纳税额。

（12）对国内各种形式的货物联运，凡在起运地统一结算全程运费的，应以全程运费为计税依据，由起运地运费结算双方缴纳印花税；凡分程结算运费的，应以分程的运费为计税依据，分别由办理运费结算的各方缴纳印花税。

印花税票为有价证券，其票面金额以人民币为单位，分为1角、2角、5角、1元、2元、5元、10元、50元、100元九种。

（五）优惠政策

下列凭证免征印花税：

1. 已缴纳印花税的凭证的副本或者抄本免征印花税。
2. 对财产所有人将财产赠给政府、社会福利单位、学校所立的书据免征印花税。
3. 对无息、贴息贷款合同免征印花税。
4. 对国家指定的收购部门与村委会、农民个人书立的农副产品收购合同免征印花税。
5. 对外国政府或者国际金融组织向中国政府及国家金融机构提供优惠贷款所书立的合同免征印花税。
6. 对房地产管理部门与个人订立的用于生活居住的租房合同免征印花税，如若用于生产经营，则须按规定贴花纳税。
7. 对农牧业保险合同免征印花税。
8. 对军事、救灾、新建铁路施工运料等特殊运输合同免征印花税。

（六）纳税时间和地点

印花税应当在书立或领受时贴花，即在合同签订时、账簿启用时、证照领受时贴花。在国外签订的合同，且不便在国外贴花的，应在将合同带入境内时办理贴花纳税手续。

印花税一般实行就地纳税。对于全国性商品物资订货会（包括展览会、交易会）上所签订合同应纳的印花税，由纳税人返回其所在地后及时办理贴花纳税手续；对于地方主办、不涉及省际关系的订货会、展销会上所签合同的印花税，其纳税地点由各省、自治区、直辖市人民政府自行确定。

任务二　计算应纳印花税

纳税人的应纳税额根据应纳税凭证的性质，分别按比例税率或者定额税率计算，其计算公式为：

应纳税额＝应税凭证计税金额（或应税凭证件数）×适用税率

【例9-1】东方公司2011年7月开业经营，当月书立、领受印花税应税凭证情况如下：与南方公司签订转让专有技术使用权书据一件，所载金额为1 200 000元；领受工商营业执照、商标注册证、房屋产权证、技术专利证、土地使用证各一件；签订借款合同一份，所载金额为500 000元；签订财产保险合同一份，保险费金额为23 000元；签订产品销售合同一份，所载金额为4 000 000元；公司资金账簿中“实收资本”和“资本公积”科目载有资金5 000 000元，其他账簿6本。计算该公司7月应纳印花税。

产权转移书据应纳税额＝1200 000×0. 5‰＝600（元）

权利、许可证照应纳税额＝5×5＝25（元）

借款合同应纳税额＝500 000×0. 05‰＝25（元）

财产保险合同应纳税额＝23 000×1‰＝23（元）

产品销售合同应纳税额＝4 000 000×0.3‰＝1 200（元）

资金账簿应纳税额＝5 000 000×0.5‰＝2 500（元）

其他账簿应纳税额＝6×5＝30（元）

7 月应纳印花税＝600+25+25+23+1 200+2 500+30＝4 403（元）

任务三　办理印花税纳税申报

印花税纳税申报表见表 9-2，填写要求如下：

表 9-2　**印花税纳税申报表**

纳税人识别号 □□□□□□□□□□□□□□□□□□□□

纳税人名称：（公章）

税款所属期限：自　　年　　月　　日至　　年　　月　　日

填表日期：　　年　　月　　日　　　　　　　　　　金额单位：元（列至角分）

应税凭证	计税金额或件数	适用税率	核定征收		本期应纳税额	本期已缴税额	本期应补(退)税额
			核定依据	核定比例			
	1	2	3	4	5＝1×2+2×3×4	6	7＝5−6
购销合同		0.3‰					
加工承揽合同		0.5‰					
建设工程勘察设计合同		0.5‰					
建筑安装工程承包合同		0.3‰					
财产租赁合同		1‰					
货物运输合同		0.5‰					
仓储保管合同		1‰					
借款合同		0.05‰					
财产保险合同		1‰					
技术合同		0.3‰					
产权转移书据		0.5‰					
营业账簿(记载资金的账簿)		0.5‰	——	——			
营业账簿(其他账簿)		5	——	——			
权利、许可证照		5	——	——			
合计	——	——	——	——			

续表

<table>
<tr><td rowspan="6">纳税人或代理人声明：
此纳税申报表是根据国家税收法律的规定填报的，我确信它是真实的、可靠的、完整的。</td><td colspan="6">如纳税人填报，由纳税人填写以下各栏</td></tr>
<tr><td>经办人(签章)</td><td></td><td>会计主管(签章)</td><td></td><td>法定代表人(签章)</td><td></td></tr>
<tr><td colspan="6">如委托代理人填报，由代理人填写以下各栏</td></tr>
<tr><td>代理人名称</td><td colspan="3"></td><td colspan="2" rowspan="3">代理人(公章)</td></tr>
<tr><td>经办人(签章)</td><td colspan="3"></td></tr>
<tr><td>联系电话</td><td colspan="3"></td></tr>
</table>

以下由税务机关填写

受理人		受理日期		受理税务机关(签章)	

1. 纳税人识别号是办理税务登记时由税务机关确定的税务登记号。

2. 核定依据指采用核定方式征收印花税的应税凭证所对应的费用、收入金额，如购销合同对应采购金额、销售收入，加工承揽合同对应加工承揽金额，建筑安装承包合同对应承包金额等。

3. 对于购、销业务量较大的纳税人，在此申报表后须附购、销合同编号目录。

印花税的纳税单位在书立领受各项印花税应税凭证时贴花完税，贴花完税后将本季度应税凭证的完税情况（包括大额缴款、汇总缴纳）填写印花税纳税申报表，于每季度终了之日起10日内向所在地地方税务机关申报。机关、团体、部队、学校等单位一般只办理注册税务登记的，一年申报一次，于次年1月底以前申报。

项目二　城市维护建设税法

城市维护建设税（简称城建税）是对缴纳增值税、消费税、营业税（简称“三税”）的单位和个人就其实际缴纳“三税”税额为计税依据而征收的一种税，是国家为加强城市的维护建设，扩大和稳定城市维护建设资金的来源而采取的一项税收措施。1985年2月8日国务院发布《中华人民共和国城市维护建设税暂行条例》，1985年1月1日起实行。

为了进一步统一税制、公平税负，创造平等竞争的外部环境，自2010年12月1日起，外商投资企业、外国企业及外籍个人适用国务院1985年发布的《中华人民共和国城市维护建设税暂行条例》和1986年发布的《征收教育费附加的暂行规定》。1985年及1986年以来国务院及国务院财税主管部门发布的有关城市维护建设税和教育费附加的法规、规章、政策同时适用于外商投资企业、外国企业及外籍个人。

任务一　熟悉城市维护建设税法律知识

（一）纳税人

城建税的纳税人是负有缴纳增值税、消费税、营业税的单位和个人。不论是国有企业、集体企业、私营企业、个体工商户、股份制企业、行政事业单位、机关团体、军事单位、外商投资企业和外国企业，还是其他单位或个人，只要其缴纳了“三税”中的任何一种税，都必须同时缴纳城建税。

（二）征税范围

城建税的征税范围较广，具体包括城市、县城、建制镇以及税法规定征税的其他地区。城市、县城、建制镇的范围，根据行政区域作为划分标准，不能随意扩大或缩小各自行政区域的管辖范围。

（三）计税依据

城建税以纳税人实际缴纳的消费税、增值税、营业税的税额为计税依据。纳税人违反“三税”有关税法而加收的滞纳金和罚款，是税务机关对纳税人违法行为的经济制裁，不能作为城建税的计税依据，但纳税人在被查补“三税”和被处罚时，应同时对其偷漏的城建税进行补税、征收滞纳金和罚款。

城建税以“三税”为计税依据并同时征收。如果“三税”免征或减征，也要同时免征或减征城建税。但对出口产品退还增值税、消费税的，不退还已缴纳的城建税。

（四）税率

城建税实行地区差别比例税率，按纳税人所在地的不同，设置了三个档次的税率：

1. 纳税人所在地为市区，税率为7%；
2. 纳税人所在地为县城、建制镇，税率为5%；
3. 纳税人所在地不在市区、县城、建制镇，税率为1%。

城建税的适用税率一律按纳税人所在地的规定税率执行，但下列两种情况可按缴纳“三税”所在地的规定税率就地缴纳城建税。这两种情况是：

（1）由受托方代征代扣“三税”的单位和个人，其代征代扣的城建税按受托方所在地适用税率执行；

（2）流动经营等无固定纳税地点的单位和个人，在经营地缴纳“三税”的，其城建税的缴纳按经营地适用税率执行。

（五）优惠政策

城建税是以增值税、消费税、营业税的税额为计税依据并与“三税”同时征收的，具有附加税的性质。一旦“三税”发生减免，城建税相应地发生减免。城建税具体的税收减免规定如下：

1. 城建税按减免后实际缴纳的“三税”税额计征，即随“三税”的减免而减免。
2. 因减免税而进行“三税”退库的，城建税也可同时退库。
3. 海关对进口产品代征的增值税、消费税，不征收城建税。
4. 对“三税”实行先征后返、先征后退、即征即退办法的，除另有规定外，对随“三税”附征的城建税，一律不退（返）还。

任务二 计算城市维护建设税

城建税以纳税人实际缴纳的消费税、增值税、营业税的税额为计税依据。纳税人的应纳税额的计算公式为：

应纳税额=纳税人实际缴纳的增值税、消费税、营业税税额×适用税率

【例9-2】地处某市区的甲企业2011年3月实际缴纳增值税3万元，营业税4万元，消费税2万元。计算该企业应纳的城建税。

应纳城建税=（30 000+40 000+20 000）×7%=6 300（元）

任务三 办理城市维护建设税纳税申报

（一）纳税环节

城建税的纳税环节，实际就是纳税人缴纳“三税”的环节。纳税人只要发生“三税”的纳税义务，就要在同样的环节，分别计算缴纳城建税。

（二）纳税地点

纳税人缴纳“三税”的地点，就是该纳税人缴纳城建税的地点。但属于下列情况的，其纳税地点为：

1. 代征代扣“三税”的单位和个人，其城建税的纳税地点在代征代扣地。

2. 流动经营等无固定纳税地点的单位和个人，其城建税的纳税地点在其经营地。

3. 对管道局输油部分的收入，由取得收入的各管道局于所在地缴纳营业税，故其城建税也应由取得收入的各管道局于所在地缴纳营业税时一并缴纳。

4. 跨省开采的油田，下属生产单位与核算单位不在一个省内的，其生产的原油在油井所在地缴纳增值税，其应纳税款由核算单位按照各油井的产量和规定税率，计算汇拨各油井缴纳。所以，各油井应纳的城建税，应由核算单位计算，随同增值税一并汇拨油井所在地，由油井在缴纳增值税的同时，一并缴纳城建税。

（三）纳税期限

城建税随“三税”的缴纳而同时缴纳，所以其纳税期限分别与“三税”的纳税期限一致。增值税、消费税的纳税期限均分别为1日、3日、5日、10日、15日或1个月；营业税的纳税期限分别为5日、10日、15日或1个月。增值税、消费税、营业税的纳税人的具体纳税期限，由主管税务机关根据纳税人应纳税额的大小分别核定；不能按固定期限纳税的，可按次纳税。

《城建税暂行条例》是在1994年分税制改革前制定的，1994年后，增值税、消费税由国家税务局征收管理，而城建税由地方税务局征收管理，因此，缴税入库的时间不一定完全一致。

（四）填写城市维护建设税纳税申报表

城建税与实际缴纳的消费税、增值税、营业税同时申报，纳税人应按有关税法的规定，如实填写城市维护建设税纳税申报表。

项目三　教育费附加

任务一　熟悉教育费附加的基本规定

教育费附加是对缴纳增值税、消费税、营业税的单位和个人，就其实际缴纳的税额为计税依据征收的一种附加费，其本质是一种税。

教育费附加是为加快发展地方教育事业，扩大地方教育经费的资金来源而征收的一项专用基金。它对加快教育事业的发展发挥了积极的作用。一是扩大了地方教育经费的资金来源，促进了地方教育事业的发展；二是逐步改善了中小学教学设施和办学条件。

（一）征收范围及计征依据

教育费附加对缴纳增值税、消费税、营业税的单位和个人征收，以其实际缴纳的增值税、消费税营业税为计征依据，分别与增值税、消费税、营业税同时缴纳。

（二）计征比率

1986 年计征时，教育费附加的计征比率为 1%。1990 年 5 月《国务院关于修改〈征收教育费附加的暂行规定〉的决定》中规定为 2%。1994 年 2 月 7 日《国务院关于教育费附加征收问题的紧急通知》中规定，现行教育费附加征收比率为 3%。

（三）减免规定

1. 对海关进口的产品征收的增值税、消费税，不征收教育费附加。

2. 对由于减免增值税、消费税、营业税而发生退税的，可同时退还已征收的教育费附加。但对出口产品退还增值税、消费税的，不得退还已征的教育费附加。

3. 对“三税”实行先征后返、先征后退、即征即退办法的，除另有规定外，对随“三税”附征的教育费附加，一律不退（返）还。

任务二　计算教育费附加

应纳教育费附加的计算公式为：

应纳教育费附加 = 实际缴纳的增值税、消费税、营业税×征收比率

【例 9-3】地处某市区的乙企业 2011 年 4 月实际缴纳增值税 30 000 元，营业税 20 000 元，消费税 10 000 元。计算该企业应纳的教育费附加。

应纳教育费附加 =（30 000+20 000+10 000）×3% =1 800（元）

任务三　办理教育费附加申报

由于教育费附加和城建税一样，随“三税”的缴纳而同时缴纳，所以其缴纳环节、缴纳期限、缴纳地点等征收管理规定与城建税相同。

模块十 企业所得税法

学习任务

1. 熟悉企业所得税法律知识。
2. 掌握计算应纳企业所得税的方法。
3. 掌握办理企业所得税纳税申报业务的方法。

项目一 熟悉企业所得税法律知识

企业所得税是对我国境内的企业或组织就其取得的生产经营所得和其他所得征收的一种税。

任务一 确定企业所得税的纳税人

企业所得税的纳税人是在中华人民共和国境内的企业（不包括个人独资企业、合伙企业）和其他取得收入的组织（可以统称为企业）。不同类型的企业向中国政府缴纳所得税时，其纳税义务有所差别，因此，我国根据登记注册地和实际管理机构地双重标准，把企业所得税的纳税义务人分为居民企业和非居民企业。所谓实际管理机构，是指对企业的生产经营、人员、账务、财产等实施实质性全面管理和控制的机构。

（一）居民企业

1. 依照中国法律、行政法规在中国境内成立的企业、事业单位、社会团体以及其他取得收入的组织。

2. 依照外国（地区）法律成立但实际管理机构在中国境内的企业和其他取得收入的组织。

（二）非居民企业

1. 依照外国（地区）法律成立且实际管理机构不在中国境内，但在中国境内设立机构、场所的企业。

2. 在中国境内未设立机构、场所，但有来源于中国境内所得的企业。

知识链接

上述所称机构、场所是指在中国境内从事生产经营活动的机构、场所，包括：(1) 管理机构、营业机构、办事机构；(2) 工厂、农场、开采自然资源的场所；(3) 提供劳务的场所；(4) 从事建筑、安装、装配、修理、勘探等工程作业的场所；(5) 其他从事生产经营活动的机构、场所。

【例 10-1】下列各项中，不属于企业所得税纳税人的是（　　）。

A. 在外国成立但实际管理机构在中国境内的企业

B. 在中国境内成立的外商独资企业

C. 在中国境内成立的个人独资企业

D. 在中国境内未设立机构、场所，但有来源于中国境内所得的企业

【答案】C

任务二　确定企业所得税的征税对象

企业所得税的征税对象是企业年应纳税所得，包括销售货物所得、提供劳务所得、转让财产所得、股息红利所得、利息所得、租金所得、特许权使用费所得、接受捐赠所得和其他所得。企业所得税的纳税人分为居民纳税人和非居民纳税人，这两类纳税人的具体征税对象有所差别。

居民纳税人就来源于中国境内、境外的所得纳税。

非居民纳税人在中国境内设立机构、场所的，就来源于中国境内的所得，以及发生在中国境外但与其所设机构、场所有实际联系的所得纳税；在中国境内未设立机构、场所的，或者虽设立机构、场所但取得的所得与其所设机构、场所没有实际联系的，就来源于中国境内的所得纳税。

所谓实际联系，是指非居民企业在中国境内设立的机构、场所拥有据以取得所得的股权、债权，以及拥有、管理、控制据以取得所得的财产等。

来源于中国境内、境外的所得，按照以下原则确定：

(1) 销售货物所得，按照交易活动发生地确定；

(2) 提供劳务所得，按照劳务发生地确定；

(3) 转让财产所得，不动产转让所得按照不动产所在地确定，动产转让所得按照转让动产的企业或者机构、场所所在地确定，权益性投资资产转让所得按照被投资企业所在地确定；

(4) 股息、红利等权益性投资所得，按照分配所得的企业所在地确定；

(5) 利息所得、租金所得、特许权使用费所得，按照负担、支付所得的企业或者机构、场所所在地确定，或者按照负担、支付所得的个人的住所地确定；

(6) 其他所得，由国务院财政、税务主管部门确定。

【例 10-2】 下列各项中，属于企业所得税征税范围的有（　　）。

A. 居民企业来源于境外的所得

B. 非居民企业来源于中国境内的所得

C. 非居民企业来源于中国境外的，与所设机构没有实际联系的所得

D. 居民企业来源于中国境内的所得

【答案】 ABCD

任务三　确定企业所得税的适用税率

（一）基本税率

居民企业以及在中国境内设立机构、场所且取得的所得与其所设机构、场所有实际联系的非居民企业，应当就其来源于中国境内、境外的所得缴纳企业所得税，适用税率为25%。

（二）低税率

1. 符合条件的小型微利企业，减按 20% 的税率征收企业所得税。

(1) 工业企业，年度应纳税所得额不超过 30 万元，从业人数不超过 100 人，资产总额不超过 3 000 万元。

(2) 其他企业，年度应纳税所得额不超过 30 万元，从业人数不超过 80 人，资产总额不超过 1 000 万元。

2. 国家需要重点扶持的高新技术企业，减按 15% 的税率征收企业所得税。

3. 在中国境内未设立机构、场所，或者虽设立机构、场所但取得的所得与其所设机构、场所没有实际联系的非居民企业适用税率为 20%，但实际征税时适用 10% 的税率。

【例 10-3】 根据《企业所得税法》的规定，以下适用 25% 税率的是（　）。

A. 高新技术生产企业

B. 在中国境内设有机构、场所且所得与机构、场所有关联的非居民企业

C. 在中国境内未设立机构、场所但有来源于中国境内所得的非居民企业

D. 在中国境内虽设立机构、场所但取得所得与境内机构、场所没有实际联系的非居民企业

【答案】 BC

任务四　熟悉企业所得税的优惠政策

《企业所得税法》规定：国家对重点扶持和鼓励发展的产业和项目，给予企业所得税优惠。现行的企业所得税优惠政策实行“产业优惠为主、区域优惠为辅”的税收优惠体

系。优惠政策除了任务三中所述税率优惠外，还包括免税收入、减计收入、加计扣除、减计应纳税所得额、抵扣应纳税所得额、免征、减征企业所得税和抵免所得税额等优惠政策，具体见表 10-1。

表 10-1

优惠政策	适用产业、项目或区域	优惠内容
免税收入	国债利息收入	收入免税
	符合条件的投资收益	符合条件的居民企业之间的股息、红利等权益性投资收益即居民企业直接投资于其他居民企业所取得的投资收益，不包括连续持有居民企业公开发行并上市流通的股票不足 12 个月取得的投资收益；在中国境内设立机构、场所的非居民企业从居民企业取得与该机构、场所有实际联系的股息、红利等权益性投资收益
	证券投资基金收入	对证券投资基金从证券市场中取得的收入，包括买卖股票、债券的差价收入，股权的股息、红利收入，债券的利息收入及其他收入，暂不征收企业所得税 对投资者从证券投资基金分配中取得的收入，暂不征收企业所得税 对证券投资基金管理人运用基金买卖股票、债券的差价收入，暂不征收企业所得税
	软件生产企业、集成电路设计企业实行增值税即征即退政策所退还的税款	软件生产企业、集成电路设计企业实行增值税即征即退政策所退还的税款，由企业用于研究开发软件产品和扩大再生产，不作为企业所得税应税收入，不予征收企业所得税
	符合条件的非营利组织的收入	收入免税
减计收入	企业综合利用资源，生产国家非限制和禁止并符合国家和行业相关标准的产品取得的收入	减按 90% 计入收入总额
加计扣除	企业开发新技术、新产品、新工艺发生的研究开发费用	未形成无形资产计入当期损益的，在据实扣除的基础上，再加计扣除 50%；形成无形资产的，按照无形资产成本的 150% 摊销
	企业安置残疾人员以及国家鼓励安置的其他就业人员所支付的工资	在支付给残疾职工工资据实扣除的基础上，可按支付给残疾职工实际工资的 100% 加计扣除；企业安置国家鼓励安置的其他就业人员所支付的工资的加计扣除办法，由国务院另行规定
减计应纳税所得额		至 2011 年 12 月 31 日，对年应纳税所得额低于 3 万元（含 3 万元）的小型微利企业，其所得减按 50% 计入应纳税所得额

续表

优惠政策	适用产业、项目或区域	优惠内容
抵扣应纳税所得额	创业投资企业采取股权投资方式投资于未上市的中小高新技术企业2年以上的投资额	可以按其投资额的70%在股权持有满2年的当年抵扣该创业投资企业的应纳税所得额；当年不足抵扣的，可以在以后年度结转抵扣
免征、减征企业所得税	农、林、牧、渔业所得	企业从事下列项目的所得，免征企业所得税： • 蔬菜、谷物、薯类、油料、豆类、棉花、麻类、糖料、水果、坚果等农作物的种植 • 农作物新品种的选育 • 中药材的种植 • 林木的培育和种植 • 牲畜、家禽的饲养 • 林产品的采集 • 灌溉、农产品初加工、兽医、农技推广、农机作业和维修等农、林、牧、渔服务业项目 • 远洋捕捞 企业从事下列项目的所得，减半征收企业所得税： • 花卉、茶以及其他饮料作物和香料作物的种植 • 海水养殖、内陆养殖
	从事国家重点扶持的公共基础设施项目的投资经营的所得	自项目取得第一笔生产经营收入所属纳税年度起，第一年至第三年免征企业所得税，第四年至第六年减半征收企业所得税。企业承包经营、承包建设和内部自建自用上述规定的项目，不得享受此项企业所得税优惠。在减免税期限内转让的，受让方自受让之日起，可以在剩余期限内享受规定的减免税优惠；减免税期限届满后转让的，受让方不得就该项目重复享受减免税优惠
	从事环境保护与节能节水所得	自项目取得第一笔生产经营收入所属纳税年度起，第一年至第三年免征企业所得税，第四年至第六年减半征收企业所得税。在减免税期限内转让的，受让方自受让之日起，可以在剩余期限内享受规定的减免税优惠；减免税期限届满后转让的，受让方不得就该项目重复享受减免税优惠
	新办软件生产企业和集成电路设计企业	我国境内新办软件生产企业和集成电路设计企业经认定后，自获利年度起，第一年和第二年免征企业所得税，第三年至第五年减半征收企业所得税
	居民企业技术转让所得	一个纳税年度内，居民企业技术转让所得不超过500万元的部分，免征企业所得税；超过500万元的部分，减半征收企业所得税。居民企业从直接或间接持有股权之和达到100%的关联方取得的技术转让所得，不享受技术转让减免企业所得税优惠政策

续表

优惠政策	适用产业、项目或区域	优惠内容
免征、减征企业所得税	符合条件的非居民企业利息所得	外国政府向中国政府提供贷款取得的利息所得 国际金融组织向中国政府和居民企业提供优惠贷款取得的利息所得
	民族自治地区	民族自治地方的自治机关对本民族自治地方的企业应缴纳的企业所得税中属于地方分享的部分，可以决定减征或者免征。自治州、自治县决定减征或者免征的，须报省、自治区、直辖市人民政府批准
	西部地区	对在西部地区新办交通、电力、水利、邮政、广播电视企业，上述项目业务收入占企业总收入70%以上的，可以享受企业所得税如下优惠政策：自开始生产经营之日起，第一年至第二年免征企业所得税，第三年至第五年减半征收企业所得税
抵免所得税额	企业购置用于环境保护、节能节水、安全生产等专用设备的投资额	设备投资额的10%可从企业当年的应纳税额中抵免，当年不足抵免的，可以在以后5个纳税年度结转抵免 享受上款规定的税收优惠的企业，应当购置并自身实际投入使用前款规定的专用设备；企业购置上述专用设备在5年内转让、出租的，应当停止享受企业所得税优惠，并补缴已经抵免的企业所得税税款

【例10-4】下列有关税收优惠政策表述正确的是（　　）。

A. 符合条件的小型微利非居民企业适用税率20%

B. 民族自治地方的企业应缴纳的企业所得税，民族自治地方的自治机关可以决定减征或者免征

C. 企业开发新技术、新产品、新工艺发生的研究开发费用未形成无形资产计入当期损益的，在据实扣除的基础上，再加计扣除50%；形成无形资产的，按照无形资产成本的150%摊销

D. 企业从事远洋捕捞、海水养殖、内陆养殖减半征收企业所得税

【答案】C

任务五　确定企业所得税的纳税地点和纳税年度

（一）纳税地点

1. 除税收法律、行政法规另有规定外，居民企业以企业登记注册地为纳税地点；登记注册地在境外的，以实际管理机构所在地为纳税地点。

居民企业在中国境内设立不具有法人资格的营业机构的，应当汇总计算并缴纳企业所得税。

2. 非居民企业在中国境内设立机构、场所的，所设机构、场所取得的来源于中国境

内的所得，以及发生在中国境外但与其所设机构、场所有实际联系的所得，以机构、场所所在地为纳税地点。

非居民企业在中国境内设立两个或者两个以上机构、场所的，经税务机关审核批准，可以选择由其主要机构、场所汇总缴纳企业所得税。

非居民企业在中国境内未设立机构、场所的，或者虽设立机构、场所但取得的所得与其所设机构、场所没有实际联系的，应当就其来源于中国境内的所得，以扣缴义务人所在地为纳税地点。

3. 除国务院另有规定外，企业之间不得合并缴纳企业所得税。

2009年起新增企业所得税纳税人中，应缴纳增值税的企业，其企业所得税由国家税务局管理；应缴纳营业税的企业，其企业所得税由地方税务局管理。既不缴纳增值税也不缴纳营业税的企业，其企业所得税暂由地方税务局管理。既缴纳增值税又缴纳营业税的企业，原则上按照其税务登记时自行申报的主营业务应缴纳的流转税税种确定征管归属；企业税务登记时无法确定主营业务的，一般以工商登记注明的第一项业务为准；一经确定，原则上不再调整。

（二）纳税年度

企业所得税按纳税年度计算。纳税年度自公历1月1日起至12月31日止。

企业在一个纳税年度中间开业，或者终止经营活动，使该纳税年度的实际经营期不足12个月的，应当以其实际经营期为一个纳税年度。

企业依法清算时，应当以清算期间作为一个纳税年度。

（三）纳税申报

1. 企业所得税分月或者分季预缴。企业应当自月份或者季度终了之日起15日内，向税务机关报送预缴企业所得税纳税申报表，预缴税款。分月或者分季预缴企业所得税时，应当按照月度或者季度的实际利润额预缴；按照月度或者季度的实际利润额预缴有困难的，可以按照上一纳税年度应纳税所得额的月度或者季度平均额预缴，或者按照经税务机关认可的其他方法预缴。预缴方法一经确定，该纳税年度内不得随意变更。

2. 年度申报汇算清缴。企业应当自年度终了之日起5个月内，向税务机关报送年度企业所得税纳税申报表，并汇算清缴，结清应缴税款。

企业在报送企业所得税纳税申报表时，应当按照规定附送财务会计报表和其他有关资料。

企业在年度中间终止经营活动的，应当自实际经营终止之日起60日内，向税务机关办理当期企业所得税汇算清缴。

企业应当在办理注销登记前，就其清算所得向税务机关申报并依法缴纳企业所得税。

【例10-5】下列有关企业所得税纳税地点和纳税期限表述正确的是（　　）。

A. 居民企业登记注册地在境外的，在登记注册地纳税

B. 居民企业登记注册地在境外的，在实际管理机构所在地纳税

C. 企业应当自月份或者季度终了之日起15日内，向税务机关报送预缴企业所得税纳

税申报表，预缴税款

D. 企业应当自年度终了之日起5个月内，向税务机关报送年度企业所得税纳税申报表，并汇算清缴，结清应缴税款

【答案】BCD

项目二　熟悉企业所得税的核定征收方法和清算所得应纳税额的计算

任务一　居民企业纳税人企业所得税的核定征收

（一）核定征收的范围

纳税人具有下列情形之一的，应采取核定征收方式征收企业所得税：

1. 依照法律、行政法规的规定可以不设置账簿的；

2. 依照法律、行政法规的规定应当设置但未设置账簿的；

3. 擅自销毁账簿或者拒不提供纳税资料的；

4. 虽设置账簿，但账目混乱或者成本资料、收入凭证、费用凭证残缺不全，难以查账的；

5. 发生纳税义务，未按照规定的期限办理纳税申报，经税务机关责令限期申报，逾期仍不申报的；

6. 申报的计税依据明显偏低，又无正当理由的。

特殊行业、特殊类型的纳税人和一定规模以上的纳税人不适用上述办法。

（二）核定征收依据

税务机关应根据纳税人具体情况，对核定征收企业所得税的纳税人，核定应税所得率或者核定应纳所得税额。

1. 核定应税所得率。具有下列情形之一的，核定其应税所得率：

（1）能正确核算（查实）收入总额，但不能正确核算（查实）成本费用总额的；

（2）能正确核算（查实）成本费用总额，但不能正确核算（查实）收入总额的；

（3）通过合理方法，能计算和推定纳税人收入总额或成本费用总额的。

2. 核定应纳所得税额。纳税人不属于以上情形的，核定其应纳所得税额。

（三）核定方法

1. 参照当地同类行业或者类似行业中经营规模和收入水平相近的纳税人的税负水平核定。

2. 按照应税收入额或成本费用支出额定率核定。

3. 按照耗用的原材料、燃料、动力等推算或测算核定。

4. 按照其他合理方法核定。

采用一种方法不足以正确核定应纳税所得额或应纳税额的，可以同时采用两种以上的方法核定。采用两种以上方法测算的应纳税额不一致时，可按测算的应纳税额从高核定。

（四）采用应税所得率方式计算应纳所得税额

应纳所得税额=应纳税所得额×适用税率

应纳税所得额=应税收入额×应税所得率

或：　　应纳税所得额=成本（费用）支出额÷（1-应税所得率）×应税所得率

应税收入额等于收入总额减去不征税收入和免税收入后的余额，用公式表示为：

应税收入额=收入总额-不征税收入-免税收入

应税所得率按表10-2规定的幅度标准确定。

表10-2

行　业	应税所得率（%）	行　业	应税所得率（%）
农、林、牧、渔业	3~10	建筑业	8~20
制造业	5~15	饮食业	8~25
批发和零售贸易业	4~15	娱乐业	15~30
交通运输业	7~15	其他行业	10~30

实行应税所得率方式核定征收企业所得税的纳税人经营多业的，无论其经营项目是否单独核算，均由税务机关根据其主营项目确定适用的应税所得率。

主营项目应为纳税人所有经营项目中，收入总额或者成本（费用）支出额或者耗用原材料、燃料、动力数量所占比重最大的项目。

纳税人的生产经营范围、主营业务发生重大变化，或者应纳税所得额或应纳税额增减变化达到20%的，应及时向税务机关申报调整已确定的应纳税额或应税所得率。

（五）纳税申报与税款缴纳期限

1. 纳税人实行核定应税所得率方式的纳税申报与税款缴纳期限：

（1）主管税务机关根据纳税人应纳税额的大小确定纳税人按月或者按季预缴，年终汇算清缴。预缴方法一经确定，一个纳税年度内不得改变。

（2）纳税人应依照确定的应税所得率计算纳税期间实际应缴纳的税额，进行预缴。按实际数额预缴有困难的，经主管税务机关同意，可按上一年度应纳税额的1/12或1/4预缴，或者按经主管税务机关认可的其他方法预缴。

（3）纳税人预缴税款或年终进行汇算清缴时，应按规定填写企业所得税月（季）度预缴纳税申报表（B类），在规定的纳税申报时限内报送主管税务机关。

2. 纳税人实行核定应纳所得税额方式的纳税申报与税款缴纳期限：

（1）纳税人在应纳所得税额尚未确定之前，可暂按上年度应纳所得税额的1/12或1/4预缴，或者按经主管税务机关认可的其他方法，按月或按季分期预缴。

(2) 在应纳所得税额确定以后，减除当年已预缴的所得税额，余额按剩余月份或季度均分，以此确定以后各月或各季的应纳税额，由纳税人按月或按季填写企业所得税月（季）度预缴纳税申报表（B类），在规定的纳税申报期限内进行纳税申报。

(3) 年度终了后，纳税人在规定的时限内按照实际经营额或实际应纳税额向税务机关申报纳税。申报额超过核定经营额或应纳税额的，按申报额缴纳税款；申报额低于核定经营额或应纳税额的，按核定经营额或应纳税额缴纳税款。

（六）核定征收企业所得税的鉴定工作程序

主管税务机关应及时向纳税人送达企业所得税核定征收鉴定表，及时完成对其核定征收企业所得税的鉴定工作。具体程序如下：

1. 纳税人应在收到企业所得税核定征收鉴定表后10个工作日内，填好该表并报送主管税务机关。企业所得税核定征收鉴定表一式三联，主管税务机关和县税务机关各执一联，另一联送达纳税人执行。主管税务机关还可根据实际工作需要，适当增加联次备用。

2. 主管税务机关应在受理企业所得税核定征收鉴定表后20个工作日内，分类逐户审查核实，提出鉴定意见，并报县税务机关复核、认定。

3. 县税务机关应在收到企业所得税核定征收鉴定表后30个工作日内，完成复核、认定工作。

纳税人收到企业所得税核定征收鉴定表后，未在规定期限内填列、报送的，税务机关视同纳税人已经报送，按上述程序进行复核认定。

税务机关应在每年6月底前对上年度实行核定征收企业所得税的纳税人进行重新鉴定。重新鉴定工作完成前，纳税人可暂按上年度的核定征收方式预缴企业所得税；重新鉴定工作完成后，按重新鉴定的结果进行调整。

主管税务机关应当分类逐户公示核定的应纳所得税额或应税所得率。主管税务机关应当按照便于纳税人及社会各界了解、监督的原则确定公示地点、方式。

纳税人对税务机关确定的企业所得税征收方式、核定的应纳所得税额或应税所得率有异议的，应当提供合法、有效的相关证据，税务机关经核实认定后调整有异议的事项。

任务二 非居民企业纳税人企业所得税的核定征收

（一）核定征收范围

非居民企业因会计账簿不健全、资料残缺难以查账，或者其他原因不能准确计算并据实申报其应纳税所得额的，税务机关有权核定其应纳税所得额。

（二）核定应纳税所得额的方法

1. 按收入总额核定应纳税所得额，适用于能够正确核算收入或通过合理方法推定收入总额，但不能正确核算成本费用的非居民企业。计算公式如下：

应纳税所得额＝收入总额×经税务机关核定的利润率

2. 按成本费用核定应纳税所得额，适用于能够正确核算成本费用，但不能正确核算收入总额的非居民企业。计算公式如下：

$$应纳税所得额=\frac{成本费用总额}{1-经税务机关核定的利润率}\times 经税务机关核定的利润率$$

3. 按经费支出换算收入核定应纳税所得额，适用于能够正确核算经费支出总额，但不能正确核算收入总额和成本费用的非居民企业。计算公式如下：

$$应纳税所得额=\frac{经费支出总额}{1-经税务机关核定的利润率-营业税税率}\times 经税务机关核定的利润率$$

4. 税务机关可按照以下标准确定非居民企业的利润率：

（1）从事承包工程作业、设计和咨询劳务的，利润率为15%～30%；

（2）从事管理服务的，利润率为30%～50%；

（3）从事其他劳务或劳务以外经营活动的，利润率不低于15%。

税务机关有根据认为非居民企业的实际利润率明显高于上述标准的，可以按照比上述标准更高的利润率核定其应纳税所得额。在中国境内从事适用不同核定利润率的经营活动并取得应税所得的，应分别核算并适用相应的利润率计算缴纳企业所得税；凡不能分别核算的，应从高适用利润率，计算缴纳企业所得税。

5. 非居民企业与中国居民企业签订机器设备或货物销售合同，同时提供设备安装、装配、技术培训、指导、监督服务等劳务，其销售货物合同中未列明提供上述劳务服务收费金额，或者计价不合理的，主管税务机关可以根据实际情况，参照相同或相近业务的计价标准核定劳务收入。无参照标准的，以不低于销售货物合同总价款的10%为原则，确定非居民企业的劳务收入。

6. 非居民企业为中国境内客户提供劳务取得的收入，凡其提供的服务全部发生在中国境内的，应全额在中国境内申报缴纳企业所得税。凡其提供的服务同时发生在中国境内外的，应以劳务发生地为原则划分其境内外收入，并就其在中国境内取得的劳务收入申报缴纳企业所得税。税务机关对其境内外收入划分的合理性和真实性有疑义的，可以要求非居民企业提供真实有效的证明，并根据工作量、工作时间、成本费用等因素合理划分其境内外收入；如非居民企业不能提供真实有效的证明，税务机关可视同其提供的服务全部发生在中国境内，确定其劳务收入并据以征收企业所得税。

（三）核定征收企业所得税的鉴定工作程序

拟采取核定征收方式的非居民企业应填写非居民企业所得税征收方式鉴定表（以下简称鉴定表），报送主管税务机关。主管税务机关应对企业报送的鉴定表的适用行业及所适用的利润率进行审核，并签注意见。

对经审核不符合核定征收条件的非居民企业，主管税务机关应自收到企业提交的鉴定表后15个工作日内向其下达税务事项通知书，将鉴定结果告知企业。非居民企业未在上述期限内收到税务事项通知书的，其征收方式视同已被认可。

税务机关发现非居民企业采用核定征收方式计算申报的应纳税所得额不真实，或者明显与其承担的功能风险不相匹配的，有权予以调整。

各省、自治区、直辖市和计划单列市国家税务局与地方税务局可按照上述适用的核定利润率幅度，制定具体操作规程，报国家税务总局（国际税务司）备案。

任务三　清算所得应纳税额的计算

应纳税额=清算所得额×适用税率

企业依法清算时，应当以清算期间作为一个纳税年度。企业应当在办理注销登记前，就其清算所得向税务机关申报并依法缴纳企业所得税。清算所得，是指企业的全部资产可变现价值或者交易价格减除资产净值、清算费用以及相关税费等后的余额。

项目三　查账征收方式应纳企业所得税计算

任务一　确定企业所得税的计税依据

企业所得税的计税依据是应纳税所得额。企业每一纳税年度的收入总额，减除不征税收入、免税收入、各项扣除以及允许弥补的以前年度亏损后的余额，为应纳税所得额。用公式表示为：

$$\text{应纳税所得额}=\text{收入总额}-\text{不征税收入和免税收入}-\text{准予扣除项目金额}-\text{弥补以前年度亏损}$$

如果企业符合税收优惠政策条件，那么利用公式计算时还应考虑在收入、扣除和所得各方面的优惠政策。如果企业还取得境外所得，则境外所得与境内所得要分开计算。

企业应纳税所得额的计算，以权责发生制为原则，属于当期的收入和费用，不论款项是否收付，均作为当期的收入和费用；不属于当期的收入和费用，即使款项已经在当期收付，均不作为当期的收入和费用。《企业所得税法》和国务院财政、税务主管部门另有规定的除外。

知识链接

对于非居民企业在中国境内未设立机构、场所的，或者虽设立机构、场所但取得的所得与其所设机构、场所没有实际联系的，按照下列方法计算其应纳税所得额：

1. 股息、红利等权益性投资收益和利息、租金、特许权使用费所得，以收入全额为应纳税所得额；

2. 转让财产所得，以收入全额减除财产净值后的余额为应纳税所得额；

3. 其他所得，参照前两项规定的方法计算应纳税所得额。

投资方企业从被清算企业分得的剩余资产，其中相当于从被清算企业累计未分配利润和累计盈余公积中应当分得的部分，应当确认为股息所得；剩余资产减除上述股息所得后的余额，超过或者低于投资成本的部分，应当确认为投资资产转让所得或者损失。

（一）确定收入总额

企业收入总额是指以货币形式和非货币形式从各种来源取得的收入。企业以货币形式取得的收入包括现金、银行存款、应收账款、应收票据、准备持有至到期的债券投资以及债务的豁免等；企业以非货币形式取得的收入包括存货、固定资产、生物资产、无形资产、股权投资、不准备持有至到期的债券投资、劳务以及有关权益等。企业以非货币形式取得的收入，应当按公允价值确定收入额。在企业的会计核算与企业所得税规定不存在差异的情况下，收入总额即为年度利润表的营业收入、投资收益和营业外收入三项合计数。具体而言，收入种类和确认时间如下：

企业的收入总额包括以货币形式和非货币形式从各种来源取得的收入，具体有：销售货物收入，提供劳务收入，转让财产收入，股息、红利等权益性投资收益，利息收入，租金收入，特许权使用费收入，接受捐赠收入和其他收入。

企业取得货币形式的收入包括现金、存款、应收账款、应收票据、准备持有至到期的债券以及债务的豁免等；纳税人以非货币形式取得的收入包括固定资产、生物资产、无形资产、股权投资、存货、不准备持有至到期的债券投资、劳务以及有关权益等，这些非货币收入应当按照公允价值确定收入额，公允价值是指按照市场价格确定的价值。收入的具体构成为：

1. 销售货物收入，是指企业销售商品、产品、原材料、包装物、低值易耗品以及其他存货取得的收入。

2. 提供劳务收入：

（1）安装费应根据完工进度确认收入。如果安装工作是商品销售的附带条件，安装费在确认商品销售实现时确认收入。

（2）为特定客户开发软件的收费，应根据开发的完工进度确认收入。

（3）包含在商品售价内可区分的服务费在提供服务的期间分期确认收入。

（4）长期为客户提供重复的劳务收取的劳务费，在相关劳务活动发生时确认收入。

3. 转让财产收入，是指企业转让固定资产、生物资产、无形资产、股权、债权等财产取得的收入。

企业转让股权收入，应于转让协议生效且完成股权变更手续时，确认收入的实现；转让股权收入扣除为取得该股权所发生的成本后，为股权转让所得；企业在计算股权转让所得时，不得扣除被投资企业未分配利润等股东留存收益中按该项股权所可能分配的金额。

最新政策

国家税务总局《关于企业取得财产转让等所得企业所得税处理问题的公告》

国家税务总局公告 2010 年第 19 号（2010 年 10 月 27 日）

根据《中华人民共和国企业所得税法实施条例》第二十五条规定，现就企业以不同形式取得财产转让等收入征收企业所得税问题公告如下：

1. 企业取得财产（包括各类资产、股权、债权等）转让收入、债务重组收入、接受捐赠收入、无法偿付的应付款收入等，不论是以货币形式还是以非货币形式体现，除另有规定外，均应一次性计入确认收入的年度计算缴纳企业所得税。

2. 本公告自发布之日起30日后施行。2008年1月1日至本公告施行前，各地就上述收入计算的所得，已分5年平均计入各年度应纳税所得额计算纳税的，在本公告发布后，对尚未计算纳税的应纳税所得额，应一次性作为本年度应纳税所得额计算纳税。

4. 股息、红利等权益性投资收益，除国务院财政、税务主管部门另有规定外，按照被投资方作出利润分配决定的日期确认收入的实现。

被投资企业将股权（票）溢价所形成的资本公积转为股本，不作为投资方企业的股息、红利收入，投资方企业也不得增加该项长期投资的计税基础。

5. 利息收入，包括存款利息、贷款利息、债券利息、欠款利息等收入，按照合同约定的债务人应付利息的日期确认收入的实现。

6. 租金收入，按照合同约定的承租人应付租金的日期确认收入的实现。

如果交易合同或协议中规定租赁期限跨年度且租金提前一次性支付，根据收入与费用配比原则，出租人可对上述已确认的收入，在租赁期内分期均匀计入相关年度收入。

7. 特许权使用费收入，按照合同约定的特许权使用人应付特许权使用费的日期确认收入的实现。

8. 接受捐赠收入，按照实际收到捐赠资产的日期确认收入的实现。

9. 其他收入包括企业资产溢余收入、逾期未退包装物押金收入、确实无法偿付的应付款项、已作坏账损失处理后又收回的应收款项、债务重组收入、补贴收入、违约金收入、汇兑收益等。

企业发生债务重组，应在债务重组合同或协议生效时确认收入的实现。

（二）确定不征税收入和免税收入

国家为了扶持和鼓励某些特殊的纳税人、特定的项目，或者避免因征税影响企业的正常经营，对企业取得的某些收入予以不征税或免税的特殊政策，以减轻企业的负担，促进经济的协调发展。

1. 不征税收入包括财政拨款，依法收取并纳入财政管理的行政事业性收费、政府性基金，以及企业取得的由国务院财政、税务主管部门规定专门用途并经国务院批准的财政性资金。

2. 免税收入见税收优惠政策部分。

【例10-6】 甲企业2011年度实现营业（销售货物）收入1 000万元，投资收益830万元，其中居民企业之间长期股权投资采用权益法核算计入投资收益200万元（实际分配股利100万元），转让长期股权投资取得投资收益50万元，在A国分支机构取得境外所得100万元，居民企业之间长期股权投资采用成本法核算取得股利分配收益100万元，投资证券投资基金取得投资收益350万元，国债利息收入30万元，公允价值变动损益100万元；

营业外收入550万元，其中取得财政拨款补贴收入400万元，处置固定资产取得收入150万元。按税法规定，本年度境内收入总额、免税收入、不征税收入、境外所得分别为多少？

本年度收入总额＝1 000+630+550＝2 180（万元）

免税收入＝100+100+350+30＝580（万元）

不征税收入＝400（万元）

境外所得＝100（万元）

（三）确定准予扣除项目金额

企业实际发生的与取得收入有关、合理的支出，包括成本、费用、税金、损失和其他支出，准予在计算应纳税所得额时扣除。有关的支出，是指与取得收入直接相关的支出；合理的支出，是指符合生产经营活动常规，应当计入当期损益或者有关资产成本的必要和正常的支出。企业发生的支出应当区分收益性支出和资本性支出。收益性支出在发生当期直接扣除；资本性支出应当分期扣除或者计入有关资产成本，不得在发生当期直接扣除。除《企业所得税法》及其实施条例另有规定外，企业实际发生的成本、费用、税金、损失和其他支出，不得重复扣除。综合税法的规定，可以归纳为：在扣除项目范围内，除了不得扣除项目和要按标准扣除的部分项目外，其他项目的扣除与会计利润扣除计算一致。

1. 扣除项目范围：

（1）成本，包括销售成本、销货成本、业务支出以及其他耗费。

（2）费用，包括销售费用、管理费用和财务费用。

（3）税金，即除企业所得税和允许抵扣的增值税以外的各项税金及其附加。

（4）损失，包括固定资产和存货的盘亏、毁损、报废净损失，转让财产损失，呆账损失，坏账损失，自然灾害等不可抗力因素造成的非常损失及其他损失。

（5）其他支出，即除成本、费用、税金、损失外的合理支出。

2. 不得扣除项目：

（1）向投资者支付的股息、红利等权益性投资收益款项。

（2）企业所得税税款。

（3）税收滞纳金。

（4）因违反法律、行政法规而交付的罚金、罚款和被没收财物的损失。

（5）超过国家允许扣除的公益性捐赠以及非公益性的捐赠支出。

（6）赞助支出，即企业发生的与生产经营活动无关的各种非广告性质支出。

（7）未经核定的准备金支出，即不符合国务院财政、税务主管部门规定的各项资产减值准备、风险准备等准备金支出。

（8）除委托个人代理外，企业以现金等非转账方式支付的手续费及佣金不得在税前扣除；企业为发行权益性证券支付给有关证券承销机构的手续费及佣金不得在税前扣除。

（9）企业之间支付的管理费、企业内营业机构之间支付的租金和特许权使用费，以及非银行企业内营业机构之间支付的利息。

（10）依照国家有关规定为特殊工种职工支付的人身安全保险费和国务院财政、税务主管部门规定可以扣除的其他商业保险费外，企业为投资者或者职工支付的商业保险费。

(11) 企业依照法律、行政法规有关规定提取的用于环境保护、生态恢复等方面的专项资金，提取后改变用途的。

(12) 房屋、建筑物以外未投入使用的固定资产所提的折旧。

(13) 与取得收入无关的其他支出，如贿赂等非法支出，企业为其他独立纳税人提供的与本身应纳税收入无关的贷款担保，因被担保方还不清贷款而承担的本息等。

(14) 企业的不征税收入用于支出所形成的费用或财产，不得扣除或计算对应的折旧和摊销不得扣除。

【例 10-7】 甲企业 2011 年发生的下列支出不得扣除的是（　　）。

A. 缴纳税收滞纳金 40 万元

B. 支付利息 50 万元

C. 支付采购合同违约金 20 万元

D. 将财政拨款补贴收入 400 万元用于支付居民拆迁款

【答案】 AD

3. 按标准扣除项目。下列项目在符合税法规定的条件下，实际发生数小于扣除标准（或限额）的，则本期计算企业应纳税所得额时按实际发生数扣除，反之按标准（或限额）扣除。资产成本的扣除，无论企业账面价值多少，一律按计税基础计算扣除。

(1) 工资薪金支出扣除标准。企业发生的合理的工资薪金支出，准予扣除。工资薪金，是指企业每一纳税年度支付给在本企业任职或者受雇的员工的所有现金形式或者非现金形式的劳动报酬，包括基本工资、奖金、津贴、补贴、年终加薪、加班工资，以及与员工任职或者受雇有关的其他支出。合理的工资薪金，是指企业按照股东大会、董事会、薪酬委员会或相关管理机构制订的工资薪金制度规定实际发放给员工的工资薪金。属于国有性质的企业，其工资薪金不得超过政府有关部门给予的限定数额；超过部分，不得计入企业工资薪金总额，也不得在计算企业应纳税所得额时扣除。

(2) 工会经费、职工福利费、职工教育经费的扣除标准：

企业拨缴的工会经费，不超过工资薪金总额 2% 的部分，准予扣除。

企业实际发生的职工福利费支出，不超过工资薪金总额 14% 的部分，准予扣除。

除国务院财政、税务主管部门另有规定外，企业实际发生的职工教育经费支出，不超过工资薪金总额 2.5% 的部分，准予扣除；超过部分，准予在以后纳税年度结转扣除。软件生产企业和集成电路设计企业发生的职工教育经费中的职工培训费用，根据《财政部　国家税务总局关于企业所得税若干优惠政策的通知》（财税［2008］1 号）规定，可以全额在企业所得税前扣除。

【例 10-8】 甲企业 2011 年实际发生的合理的工资薪金支出 210 万元，其中安置的残疾人员工资 10 万元。2011 年拨缴的工会经费 4.2 万元、实际发生的职工福利费支出 33.6 万元、实际发生的职工教育经费支出 8.4 万元。计算以上支出按税法规定不得扣除的金额和加计扣除金额。

工资薪金支出可扣除的标准 = 210（万元）

拨缴的工会经费可扣除的标准 = 210×2% = 4.2（万元）

职工福利费支出可扣除的标准=210×14%=29.4（万元）

职工教育经费支出可扣除的标准=210×2.5%=5.25（万元）

三项经费合计不得扣除金额=4.2-4.2+33.6-29.4+8.4-5.25=7.35（万元）

工资薪金加计扣除=10×100%=10（万元）

（3）保险费用的扣除标准。企业依照国务院有关主管部门或者省级人民政府规定的范围和标准为职工缴纳的基本养老保险费、基本医疗保险费、失业保险费、工伤保险费、生育保险费等基本社会保险费和住房公积金，准予扣除。

企业为投资者或者职工支付的补充养老保险费、补充医疗保险费，在国务院财政、税务主管部门规定的范围和标准内，准予扣除。

（4）借款利息支出的扣除标准：

①非金融企业向金融企业借款的利息支出、金融企业的各项存款利息支出和同业拆借利息支出、企业经批准发行债券的利息支出可据实扣除。

②非金融企业向非金融企业借款的利息支出，不超过按照金融企业同期同类贷款利率计算的数额的部分可据实扣除，超过部分不许扣除。

③关联企业利息费用的扣除：

第一，企业从其关联方接受的债权性投资与权益性投资的比例超过规定标准而发生的利息支出，不得在计算应纳税所得额时扣除。

企业接受关联方债权性投资与权益性投资比例，金融企业为5：1，其他企业为2：1。

第二，企业从其关联方接受的债权性投资与权益性投资比例未超过规定标准而发生的利息支出，不超过按照金融企业同期同类贷款利率计算的数额的部分可据实扣除，超过部分不允许扣除。

第三，相关交易活动符合独立交易原则，或者该企业的实际税负不高于境内关联方，企业自关联方取得的不符合规定的利息收入应按照有关规定缴纳企业所得税。

④企业向自然人借款的利息支出：

第一，企业向股东或其他与企业有关联关系的自然人借款的利息支出，符合规定条件的，准予扣除。

第二，企业向除上述规定以外的内部职工或其他人员借款的利息支出，其借款情况同时符合以下条件的，其利息支出不超过按照金融企业同期同类贷款利率计算的数额的部分，准予扣除。

条件一：企业与个人之间的借贷是真实、合法、有效的，并且不具有非法集资目的或其他违反法律、法规的行为；

条件二：企业与个人之间签订了借款合同。

【例10-9】甲企业2011年签订借款合同向内部职工（非股东）借款200万元，年利率6%，金融企业同期同类贷款利率4%。计算该项借款可扣除利息标准。

可扣除利息标准=200×4%=8（万元）

不得扣除金额=200×6%-8=4（万元）

（5）业务招待费的扣除标准。企业实际发生的与生产经营活动有关的业务招待费支出，按照发生额的60%扣除，但最高不得超过当年销售（营业）收入的5‰。

销售（营业）收入，是指按会计准则核算的主营业务收入和其他业务收入，以及根据税法规定应确认为当期收入的视同销售收入。

【例 10-10】甲企业全年营业收入为 1 000 万元，账面实际列支的业务招待费为 15 万元。计算可扣除业务招待费。

15×60% =9（万元）　　1 000×5‰=5（万元）

可扣除业务招待费=5（万元）

不得扣除业务招待费=15-5=10（万元）

（6）广告费和业务宣传费的扣除标准。企业每一纳税年度实际发生的符合条件的广告费和业务宣传费支出，除国务院财政、税务主管部门另有规定外，不超过当年销售（营业）收入 15% 的部分，准予扣除；超过部分准予在以后年度结转扣除。

【例 10-11】甲企业全年营业收入为 1 000 万元，账面实际列支的广告费和业务宣传费为 30 万元。计算可扣除广告费和业务宣传费。

可扣除广告费和业务宣传费=1 000×15% =150（万元）

实际发生广告费和业务宣传费 30 万元小于可扣除标准，计算应纳税所得额时 30 万元可扣除。

（7）手续费及佣金支出的扣除标准。手续费及佣金支出，不超过以下规定计算限额以内的部分准予扣除，超过部分不得扣除。

①保险企业。财产保险企业按当年全部保费收入扣除退保金等后余额的 15%（含本数，下同）计算限额；人身保险企业按当年全部保费收入扣除退保金等后余额的 10% 计算限额。

②其他企业。按与具有合法经营资格中介服务机构或个人（不含交易双方及其雇员、代理人和代表人等）所签订服务协议或合同确认的收入金额的 5% 计算限额。

（8）租赁费支出的扣除标准。以经营租赁方式租入固定资产发生的租赁费支出，按照租赁年限均匀扣除。

（9）捐赠的扣除标准。企业发生的公益性捐赠支出，不超过年度利润总额 12% 的部分，准予据实扣除。公益性捐赠是指企业通过公益性社会团体或县级以上人民政府及其部门，用于下列公益事业的捐赠：救助灾害、救济贫困、扶助残疾人等困难的社会群体和个人的活动；教育、科学、文化、卫生、体育事业；环境保护、社会公共设施建设；促进社会发展和进步的其他社会公共和福利事业。年度利润总额，是指企业依照国家统一会计制度的规定计算的大于零的数额。在会计核算中，年度利润总额反映在年度利润表的“利润总额”行次。

【例 10-12】甲企业 2011 年账面利润 840 万元，在营业外支出中列支通过县民政部门对灾区的捐赠支出 100 万元，规定扣除比例为 12%。计算可扣除的捐赠支出。

捐赠支出扣除限额=840×12% =100. 8（万元）

捐赠支出 100 万元可扣除。

（10）劳动保护支出的扣除标准。企业实际发生的合理的劳动保护支出，准予扣除。劳动保护支出是指确因工作需要为雇员配备或提供工作服、手套、安全保护用品、防暑降温用品等所发生的支出。

（11）总机构分摊费用的扣除标准。非居民企业在中国境内设立的机构、场所，就其中国境外总机构发生的与该机构、场所生产经营有关的费用，能够提供总机构出具的费用汇集范围、定额、分配依据和方法等证明文件并合理分摊的，准予扣除。

（12）资产成本的扣除标准及资产税务处理。资产成本的扣除与资产计税基础和摊销方法等税务处理相关，因此在确定资产成本扣除项目时，应当遵循资产税务处理的要求。企业的各项资产，包括固定资产、生物资产、无形资产、长期待摊费用、投资资产、存货等，以历史成本为计税基础。历史成本，是指企业取得该项资产时实际发生的支出。企业持有各项资产期间资产增值或者减值，除国务院财政、税务主管部门规定可以确认损益外，不得调整该资产的计税基础。除国务院财政、税务主管部门另有规定外，企业在重组过程中，应当在交易发生时确认有关资产的转让所得或者损失，相关资产应当按照交易价格重新确定计税基础。

①固定资产，是指企业为生产产品、提供劳务、出租或者经营管理而持有的、使用时间超过12个月的非货币性资产，包括房屋、建筑物、机器、机械、运输工具以及其他与生产经营活动有关的设备、器具、工具等。

外购的固定资产，以购买价款和支付的相关税费以及直接归属于使该资产达到预定用途发生的其他支出为计税基础；融资租入的固定资产，以租赁合同约定的付款总额和承租人在签订租赁合同过程中发生的相关费用为计税基础，租赁合同未约定付款总额的，以该资产的公允价值和承租人在签订租赁合同过程中发生的相关费用为计税基础；盘盈的固定资产，以同类固定资产的重置完全价值为计税基础。

企业应当根据固定资产的性质和使用情况，合理确定固定资产的预计净残值。固定资产的预计净残值一经确定，不得变更。

固定资产按照直线法计算折旧。除国务院财政、税务主管部门另有规定外，固定资产计算折旧的最低年限如下：房屋、建筑物，为20年；飞机、火车、轮船、机器、机械和其他生产设备，为10年；与生产经营活动有关的器具、工具、家具等，为5年；飞机、火车、轮船以外的运输工具，为4年；电子设备，为3年。从事开采石油、天然气等矿产资源的企业，在开始商业性生产前发生的费用和有关固定资产的折耗、折旧方法，由国务院财政、税务主管部门另行规定。由于技术进步，产品更新换代较快的固定资产或常年处于强震动、高腐蚀状态的固定资产，可以采取缩短折旧年限或者加速折旧的方法。采取缩短折旧年限的，最低折旧年限不得低于上述最低折旧年限的60%；采取加速折旧方法的，可以采取双倍余额递减法或者年数总和法。企事业单位购进软件，凡符合固定资产或无形资产确认条件的，可以按照固定资产或无形资产进行核算，经主管税务机关核准，其折旧或摊销年限可以适当缩短，最短可为2年。

②长期待摊费用，是指企业发生的应在一个年度以上或几个年度进行摊销的费用。

已足额提取折旧的固定资产的改建支出，按预计尚可使用年限分期摊销；以经营租赁方式租入固定资产的改建支出，按合同约定的剩余租赁期限分期摊销；固定资产的大修理支出，按照固定资产尚可使用年限分期摊销；其他应当作为长期待摊费用的支出，自支出发生月份的次月起，分期摊销，摊销年限不得低于3年。

知识链接

固定资产的改建支出，即改变房屋或者建筑物结构、延长使用年限等发生的支出。

固定资产的大修理支出，是指同时符合下列条件的支出：(1) 修理支出达到取得固定资产时的计税基础50%以上；(2) 修理后固定资产的使用年限延长2年以上。

开（筹）办费未明确列作长期待摊费用，企业可以在开始经营之日的当年一次性扣除，也可以按照新税法有关长期待摊费用的处理规定处理，但一经选定，不得改变。

③生产性生物资产，是指企业为生产农产品、提供劳务或者出租等而持有的生物资产，包括经济林、薪炭林、产畜和役畜等。企业应当根据生产性生物资产的性质和使用情况，合理确定生产性生物资产的预计净残值。生产性生物资产的预计净残值一经确定，不得变更。生产性生物资产按照直线法计算折旧，计算折旧的最低年限如下：林木类生产性生物资产为10年；畜类生产性生物资产为3年。

④无形资产，是指企业为生产产品、提供劳务、出租或者经营管理而持有的、没有实物形态的非货币性长期资产，包括专利权、商标权、著作权、土地使用权、非专利技术、商誉等。无形资产按照直线法计算摊销费用，摊销年限不得低于10年。作为投资或者受让的无形资产，有关法律规定或者合同约定了使用年限的，可以按照规定或者约定的使用年限分期摊销。外购商誉的支出，在企业整体转让或者清算时，准予扣除。

⑤投资资产，是指企业对外进行权益性投资和债权性投资形成的资产。企业在转让或者处置投资资产时，投资资产的成本准予扣除。投资资产按照以下方法确定成本：通过支付现金方式取得的投资资产，以购买价款为成本；通过支付现金以外的方式取得的投资资产，以该资产的公允价值和支付的相关税费为成本。

⑥存货，是指企业持有以备出售的产品或者商品、处在生产过程中的在产品、在生产或者提供劳务过程中耗用的材料和物料等。存货按照以下方法确定成本：通过支付现金方式取得的存货，以购买价款和支付的相关税费为成本；通过支付现金以外的方式取得的存货，以该存货的公允价值和支付的相关税费为成本；生产性生物资产收获的农产品，以产出或者采收过程中发生的材料费、人工费和分摊的间接费用等必要支出为成本。企业使用或者销售的存货的成本计算方法，可以在先进先出法、加权平均法、个别计价法中选用一种。计价方法一经选用，不得随意变更。

【例10-13】甲企业2011年有关长期资产（折旧和摊销均采用直线法）资料如下：

①房屋建筑物原值1 600万元，预计净残值率10%，折旧年限20年，本年计提折旧72万元。

②机器、机械和生产设备原值2 000万元，预计净残值率5%，折旧年限10年。已计提折旧8年，本年计提减值准备30万元，折旧175万元。

③小汽车原值120万元，预计净残值率5%，折旧年限5年。本年计提折旧22.8万元。

④专利原值150万元，企业自定摊销年限8年，本年度摊销18.75万元。

合计折旧、摊销：72+175+22.8+18.75=288.55（万元）

根据资产税务处理和扣除规定，分析计算如下：

甲企业房屋建筑物处理与《企业所得税法》规定一致，本年计提折旧可扣除。

机器、机械和生产设备2011年的计税基础为：

2 000×（1-5%）-2 000×（1-5%）÷10×8=380（万元）

本年度计提折旧应为190万元。

《企业所得税法》规定，小汽车折旧年限4年，本年度计提折旧应为28.5万元。

《企业所得税法》规定，专利摊销年限不得低于10年，本年度专利摊销应为15万元。

根据《企业所得税法》的规定，上述资产折旧、摊销本年度合计可扣除：

72+190+28.5+15=305.5（万元）

已扣除288.55万元，还可扣除：

305.5-288.55=16.95（万元）

【例10-14】甲企业2011年全年发生营业成本600万元，营业税金及附加110万元，销售费用80万元，管理费用120万元，财务费用100万元，资产减值损失90万元，营业外支出540万元，其中通过县民政部门对灾区的捐赠支出为100万元。结合【例10-7】至【例10-13】资料，计算甲企业2011年可扣除金额。

$$\text{可扣除金额}=\text{扣除项目范围金额}-\text{超标准扣除金额}-\text{不得扣除项目金额}+\text{附加扣除金额和其他}$$

$$=600+110+80+120+100+90+540-40-400-7.35-4-10-90+10+(305.5-288.5)$$

$$=1\ 115.65\text{（万元）}$$

（四）确定亏损的结转弥补金额

税法上所说的亏损，是指企业依照《企业所得税法》及其实施条例的规定将每一纳税年度的收入总额减除不征税收入、免税收入和各项扣除额后小于零的数额，而不是企业财务报表中反映的亏损额。企业纳税年度发生的亏损，准予用以后年度的税前所得弥补，但结转弥补年限最长不得超过5年。5年内不论是盈利还是亏损，都作为实际弥补年限计算。企业在汇总计算缴纳企业所得税时，其境外营业机构的亏损不得抵减境内营业机构的盈利，境外应纳税所得可弥补境内亏损。

【例10-15】甲企业2005—2010年度按税法规定计算的盈亏情况如下（单位：万元）：

年　度	2005	2006	2007	2008	2009	2010
盈　亏	-350	-50	-10	60	50	210

按规定2005年度的亏损弥补期为2006—2010年，可依次以2008年、2010年的盈利弥补，弥补后尚有30万元亏损不能延续到2011年，只能以企业2011年及以后年度的税后利润自行解决。2006年、2007年的亏损共计60万元可在2011年用税前所得弥补。结合【例10-6】至【例10-14】的资料，计算甲企业2011年度应纳税所得额。

应纳税所得额=收入总额-不征税、免税收入-准予扣除项目金额-弥补以前年度亏损

=2 180-580-400-1 115.65-60=24.35（万元）

知识链接

税法规定，应纳税所得额=收入总额-不征税、免税收入-准予扣除项目金额-弥补以前年度亏损。这种计算方法叫做直接计算法，计算比较复杂。尽管应纳税所得额与会计利润是两个不同的概念，但二者计算思路一致，只是某些项目存在一些差异，在会计利润基础上调整这些差异便可得出应纳税所得额。计算公式为：应纳税所得额=会计利润总额+纳税调整增加额-纳税调整减少额-弥补以前年度亏损。这种方法叫间接计算法，会计利润可来自于利润表，调整项目可结合相关账户及其凭证分析判断。纳税调整增加额包括：税法规定应计收入而会计核算未计或少计；会计核算已扣除的金额而按税法规定不应当扣除；税法规定的不得扣除和超扣除标准部分。纳税调整减少额包括：税法规定应当扣除的金额而会计核算未扣除或少扣除；会计核算已计收入而按税法规定不应当计入。

根据间接计算法，应纳税所得额=会计利润总额+纳税调整增加额-纳税调整减少额-弥补以前年度亏损。根据【例10-6】和【例10-14】的资料，可求甲企业的会计利润总额。

会计利润总额=2 480-（600+110+80+120+100+90+540）=840（万元）

根据【例10-7】至【例10-12】的资料，可求甲企业的纳税调整增加额。

纳税调整增加额=40+400+7.35+4+10+90=551.35（万元）

根据【例10-6】、【例10-8】和【例10-14】的资料，可求甲企业的纳税调整减少额。

纳税调整减少额=100（境外所得）+100（权益法）+100（公允价值变动）+580（免税）+400（不征税）+10+（305.5-288.5）

=1 307（万元）

根据【例10-15】的资料，可知弥补以前年度亏损为60万元。

应纳税所得额=840+551.35-1 307-60=24.35（万元）

知识链接

关于“境外所得可弥补境内亏损”这一规定，企业是可以选择运用的。在当年境内所得为负数而境外所得又需要补税时，选择用境外所得弥补境内亏损有利；在当年境内所得为零而境外所得又需要补税时，用境外所得弥补以前年度亏损有利。其他情形对企业当期纳税总额没有影响。

按照企业所得税纳税申报表的格式，境外所得在表中31行和32行单独计算，所以境外所得在会计利润的基础上作为纳税调整减少额。

任务二　应纳企业所得税计算

企业的应纳税所得额乘以适用税率，减除依照《企业所得税法》和国务院的税收优惠规定的减征、免征和抵免的税额后的余额，为应纳税额。公式为：

应纳税额=应纳税所得额×适用税率-减免税额-抵免税额

根据上述计算可知：

甲企业应纳税额=应纳税所得额×适用税率-减免税额-抵免税额

=24.35×25%=6.0875（万元）

如果企业还取得境外所得，则境外所得应纳企业所得税要单独核算。

境外所得应纳税额=境外应纳税所得额×适用税率-减免税额-抵免税额

企业取得的下列所得已在境外缴纳的所得税税额可以按限额抵免：居民企业来源于中国境外的应税所得；非居民企业在中国境内设立机构、场所，取得发生在中国境外但与该机构、场所有实际联系的应税所得。

除国务院财政、税务主管部门另有规定外，该抵免限额应当分国（地区）不分项计算，计算公式如下：

抵免限额=中国境内、境外所得依照企业所得税法和条例的规定计算的应纳税总额×来源于某国（地区）的应纳税所得额÷中国境内、境外应纳税所得总额

或简化计算：

抵免限额=来源于某国（地区）的应纳税所得额×实际适用的税率或税收负担率（实际适用的税率或税收负担率目前一律为25%）

境外应纳税所得额=（不含税）境外所得额÷（1-境外所得税税率）

企业已在境外缴纳的所得税税额低于所计算的该国（地区）抵免限额的，应以该项税额作为境外所得税抵免额从企业应纳税总额中据实抵免；超过抵免限额的部分，可以在以后5个年度内，用每年度抵免限额抵免当年应抵税额后的余额进行抵补。

【例10-16】沿用【例10-6】的资料，甲企业2011年在A国的分支机构取得应纳税所得额100万元，A国的企业所得税税率为20%，甲企业已据实缴纳税款。我国法定企业所得税税率为25%。计算甲企业2011年实际应纳税额。

A国企业所得税的抵免限额=124.35×25%×100/124.35=25（万元）

境外所得100万元在A国实际缴纳所得税20万元，实际缴纳所得税小于抵免限额，应按20万元扣除。

A国所得应纳税额 = 100×25% − 20 = 5（万元）

根据上述计算结果：

甲企业2011年实际应纳税额 = 企业应纳税额+境外所得应纳税额

= 6.087 5+5 = 11.087 5（万元）

假定甲企业已预缴企业所得税10万元，则企业本年应补的所得税额 = 11.087 5 − 10 = 1.087 5（万元）。

任务三　熟悉企业所得税的特别纳税调整

特别纳税调整，是指企业与其关联方之间的业务往来，不符合独立交易原则而减少企业或者其关联方应纳税收入或者所得额的，税务机关有权按照合理方法调整。企业与其关联方共同开发、受让无形资产，或者共同提供、接受劳务发生的成本，在计算应纳税所得额时应当按照独立交易原则进行分摊。

为了加强特别纳税调整管理，税务机关对企业的转让定价、预约定价安排、成本分摊协议、受控外国企业、资本弱化以及一般反避税条款等特别纳税调整事项实施管理。

（一）转让定价

企业与其关联方之间的业务往来，不符合独立交易原则而减少企业或者其关联方应纳税收入或者所得额的，税务机关有权按照合理方法调整。

1. 关联方，是指与企业有下列关联关系之一的企业、其他组织或者个人：

（1）在资金、经营、购销等方面存在直接或者间接的控制关系；

（2）直接或者间接地同为第三者控制；

（3）在利益上具有相关联的其他关系。

2. 独立交易原则，是指没有关联关系的交易各方，按照公平成交价格和营业常规进行业务往来遵循的原则。

在判断关联企业与其关联方之间的业务往来是否符合独立交易原则时，应将关联交易定价或利润水平与可比情形下没有关联关系的交易定价和利润水平进行比较，如果存在差异，就说明因为关联关系的存在而导致企业没有遵循正常市场交易原则和营业常规，从而违背了独立交易原则。

3. 调整方法：

（1）可比非受控价格法，是指按照没有关联关系的交易各方进行相同或者类似业务往来的价格进行定价的方法；

（2）再销售价格法，是指按照从关联方购进商品再销售给没有关联关系的交易方的价格，减除相同或者类似业务的销售毛利进行定价的方法；

（3）成本加成法，是指按照成本加合理的费用和利润进行定价的方法；

（4）交易净利润法，是指按照没有关联关系的交易各方进行相同或者类似业务往来取得的净利润水平确定利润的方法；

（5）利润分割法，是指将企业与其关联方的合并利润或者亏损在各方之间采用合理标准进行分配的方法；

（6）其他符合独立交易原则的方法。

企业发生关联交易以及税务机关审核、评估关联交易均应遵循独立交易原则，选用合理的转让定价方法。选用合理的转让定价方法应进行可比性分析。

4. 核定征收。企业不提供与其关联方之间业务往来资料，或者提供虚假、不完整资料，未能真实反映其关联业务往来情况的，税务机关有权依法核定其应纳税所得额。核定方法有：（1）参照同类或者类似企业的利润率水平核定；（2）按照企业成本加合理的费用和利润的方法核定；（3）按照关联企业集团整体利润的合理比例核定；（4）按照其他合理方法核定。

企业对税务机关按照上述方法核定的应纳税所得额有异议的，应当提供相关证据，经税务机关认定后，调整核定的应纳税所得额。

5. 加收利息。企业实施其他不具有合理商业目的的安排而减少其应纳税收入或者所得额的，税务机关有权按照合理方法调整。不具有合理商业目的，是指以减少、免除或者推迟缴纳税款为主要目的。

税务机关依照规定进行特别纳税调整后，除了应当补征税款外，并按照国务院规定加收利息。

对补征的税款，自税款所属纳税年度的次年6月1日起至补缴税款之日止的期间，按日加收利息。加收的利息不得在计算应纳税所得额时扣除。

6. 纳税调整的时效。企业与其关联方之间的业务往来不符合独立交易原则，或者企业实施其他不具有合理商业目的安排，税务机关有权在该业务发生的纳税年度起10年内，进行纳税调整。

（二）预约定价安排

预约定价安排，是指企业就其未来年度关联交易的定价原则和计算方法，向税务机关提出申请，与税务机关按照独立交易原则协商、确认后达成的协议。

适用条件是：（1）年度发生的关联交易金额在4 000万元人民币以上；（2）依法履行关联申报义务；（3）按规定准备、保存和提供同期资料。

预约定价安排适用于自企业提交正式书面申请年度的次年起3~5个连续年度的关联交易。

（三）成本分摊协议

企业与其关联方共同开发、受让无形资产，或者共同提供、接受劳务发生的成本，在计算应纳税所得额时应当按照独立交易原则进行分摊。

企业可以依照《企业所得税法》的规定，按照独立交易原则与其关联方分摊共同发生的成本，达成成本分摊协议。企业与其关联方分摊成本时，应当按照成本与预期收益相配比的原则进行分摊，并在税务机关规定的期限内，按照税务机关的要求报送有关资料。企业与其关联方分摊成本时违反前述规定的，其自行分摊的成本不得在计算应纳税所得额时扣除。

（四）受控外国企业

由居民企业或者由居民企业和中国居民控制的设立在实际税负低于我国《企业所得税法》规定税率水平（即25%）50%的国家（地区）的企业，并非由于合理的经营需要而对利润不作分配或者减少分配的，上述利润中应归属于该居民企业的部分，应当计入该居民企业的当期收入。

（五）资本弱化

企业从其关联方接受的债权性投资与权益性投资的比例超过规定标准而发生的利息支出，不得在计算应纳税所得额时扣除。标准由国务院财政、税务主管部门另行规定。

不得在计算应纳税所得额时扣除的利息支出应按以下公式计算：

$$\text{不得扣除利息支出}=\text{年度实际支付的全部关联方利息}\times\left(1-\frac{\text{标准比例}}{\text{关联债资比例}}\right)$$

关联债资比例，是指根据《企业所得税法》及其实施条例的规定，企业从其全部关联方接受的债权性投资（以下简称关联债权投资）占企业接受的权益性投资（以下简称权益投资）的比例，关联债权投资包括关联方以各种形式提供担保的债权性投资。

（六）一般反避税条款

税务机关可依法对存在以下避税安排的企业，启动一般反避税调查：（1）滥用税收优惠；（2）滥用税收协定；（3）滥用公司组织形式；（4）利用避税港避税；（5）其他不具有合理商业目的的安排。

项目四　办理企业所得税纳税申报

企业在纳税年度内无论盈利或者亏损，都应当依照《企业所得税法》规定的期限，向税务机关报送预缴企业所得税纳税申报表、年度企业所得税纳税申报表、财务会计报表和税务机关规定应当报送的其他有关资料。申报征收方式主要包括查账征收和核定征收两种方式。

任务一　查账征收方式纳税申报表的填列

（一）填列企业所得税月（季）度预缴纳税申报表（A类）

企业所得税月（季）度预缴纳税申报表（A类）见表10-3。

表 10-3　　中华人民共和国企业所得税月（季）度预缴纳税申报表（A 类）

税款所属时间：　　年　　月　　日至　　年　　月　　日

纳税人识别号：□□□□□□□□□□□□□□□□□□□□

纳税人名称：　　　　　　　　　　　　　　　　金额单位：人民币元（列至角分）

行次	项目		本期金额	累计金额
1	**一、据实预缴**			
2	营业收入			
3	营业成本			
4	实际利润额			
5	税率			
6	应纳所得税额（4 行×5 行）			
7	减免所得税额			
8	实际已缴所得税额		——	
9	应补（退）的所得税额（6 行−7 行−8 行）		——	
10	**二、按照上一纳税年度应纳税所得额的平均额预缴**			
11	上一纳税年度应纳税所得额		——	
12	本月（季）应纳税所得额（11 行÷12 或 11 行÷4）			
13	税率		——	——
14	本月（季）应纳所得税额（12 行×13 行）			
15	**三、按照税务机关确定的其他方法预缴**			
16	本月（季）确定预缴的所得税额			
17	总分机构纳税人			
18	总机构	总机构应分摊的所得税额（9 行或 14 行或 16 行×25%）		
19		中央财政集中分配的所得税额（9 行或 14 行或 16 行×25%）		
20		分支机构分摊的所得税额（9 行或 14 行或 16 行×50%）		
21	分支机构	分配比例		
22		分配的所得税额（20 行×21 行）		

谨声明：此纳税申报表是根据《中华人民共和国企业所得税法》、《中华人民共和国企业所得税法实施条例》和国家有关税收规定填报的，是真实的、可靠的、完整的。

法定代表人（签字）：　　　　　　　　年　月　日

纳税人公章： 会计主管： 填表日期：　　年　月　日	代理申报中介机构公章： 经办人： 经办人执业证件号码： 代理申报日期：　　年　月　日	主管税务机关受理专用章： 受理人： 受理日期：　　年　月　日

（二）填列企业所得税年度纳税申报表及附表

根据前述甲企业2011年的资料，填列企业所得税年度纳税申报表如下，见表10-4。

表10-4　　中华人民共和国企业所得税年度纳税申报表（A类）

税款所属时间：　年　月　日至　年　月　日

纳税人识别号：□□□□□□□□□□□□□□□□□

纳税人名称：　　　　金额单位：　元（列至角分）

类别	行次	项目	金额
利润总额计算	1	一、营业收入（填附表一）	10 000 000
	2	减：营业成本（填附表二）	6 000 000
	3	营业税金及附加	1 100 000
	4	销售费用（填附表二）	800 000
	5	管理费用（填附表二）	1 200 000
	6	财务费用（填附表二）	1 000 000
	7	资产减值损失	900 000
	8	加：公允价值变动收益	1 000 000
	9	投资收益	8 300 000
	10	二、营业利润	8 300 000
	11	加：营业外收入（填附表一）	5 500 000
	12	减：营业外支出（填附表二）	5 400 000
	13	三、利润总额（10+11-12）	8 400 000
应纳税所得额计算	14	加：纳税调整增加额（填附表三）	5 513 500
	15	减：纳税调整减少额（填附表三）	13 070 000
	16	其中：不征税收入	4 000 000
	17	免税收入	5 800 000
	18	减计收入	0
	19	减、免税项目所得	0
	20	加计扣除	100 000
	21	抵扣应纳税所得额	0
	22	加：境外应税所得弥补境内亏损	0
	23	纳税调整后所得（13+14-15+22）	843 500
	24	减：弥补以前年度亏损（填附表四）	600 000
	25	应纳税所得额（23-24）	243 500

续表

类别	行次	项目	金额
应纳税额计算	26	税率（25%）	25%
	27	应纳所得税额（25×26）	60 875
	28	减：减免所得税额（填附表五）	0
	29	减：抵免所得税额（填附表五）	0
	30	应纳税额（27-28-29）	60 875
	31	加：境外所得应纳所得税额（填附表六）	250 000
	32	减：境外所得抵免所得税额（填附表六）	200 000
	33	实际应纳所得税额（30+31-32）	110 875
	34	减：本年累计实际已预缴的所得税额	100 000
	35	其中：汇总纳税的总机构分摊预缴的税额	0
	36	汇总纳税的总机构财政调库预缴的税额	0
	37	汇总纳税的总机构所属分支机构分摊的预缴税额	0
	38	合并纳税（母子体制）成员企业就地预缴比例	0
	39	合并纳税企业就地预缴的所得税额	0
	40	本年应补（退）的所得税额（33-34）	10 875
附列资料	41	以前年度多缴的所得税额在本年抵减额	
	42	以前年度应缴未缴在本年入库所得税额	

纳税人公章： 经办人： 申报日期：　年　月　日	代理申报中介机构公章： 经办人及执业证件号码： 代理申报日期：　年　月　日	主管税务机关受理专用章： 受理人： 受理日期：　年　月　日

任务二　企业清算所得税纳税申报表的填列

企业进行清算时，应当在办理注销工商登记之前，办理所得税申报，填制企业清算所得税纳税申报表，见表10-5。

表 10-5　企业清算所得税申报表

清算期间：　　年　　月　　日至　　年　　月　　日

纳税人名称：

纳税人识别号：□□□□□□□□□□□□□□□□□　　金额单位：　元（列至角分）

类别	行次	项目	金额
应纳税所得额计算	1	资产处置损益（填附表一）	
	2	负债清偿损益（填附表二）	
	3	清算费用	
	4	清算税金及附加	
	5	其他所得或支出	
	6	清算所得（1+2-3-4+5）	
	7	免税收入	
	8	不征税收入	
	9	其他免税所得	
	10	弥补以前年度亏损	
	11	应纳税所得额（6-7-8-9-10）	
	12	税率（25%）	
	13	应纳所得税额（11×12）	
应补（退）所得税额计算	14	减（免）企业所得税额	
	15	境外应补所得税额	
	16	境内外实际应纳所得税额（13-14+15）	
	17	以前纳税年度应补（退）所得税额	
	18	实际应补（退）所得税额（16+17）	

纳税人盖章： 清算组盖章： 经办人签字： 申报日期： 年　月　日	代理申报中介机构盖章： 经办人签字及执业证件号码： 代理申报日期： 年　月　日	主管税务机关 受理专用章： 受理人签字： 受理日期： 年　月　日

任务三　报送纳税申报表

按照规定的格式填列的企业所得税纳税申报表应在规定的时间内报送主管税务局，目前主要的报送方式是直接报送和网上申报。直接报送是将纳税申报表直接送达主管税务局的办税服务大厅，由税务工作人员签收。网上报送是目前广泛采用的经济快捷的报送方式。

（一）查账征收纳税人的网上申报步骤

1. 点击“申报征收”菜单链接，可以进入申报界面。系统自动带出可以进行申报的税种。选择“企业所得税季度申报”，点击“进入申报”，见图10-1。

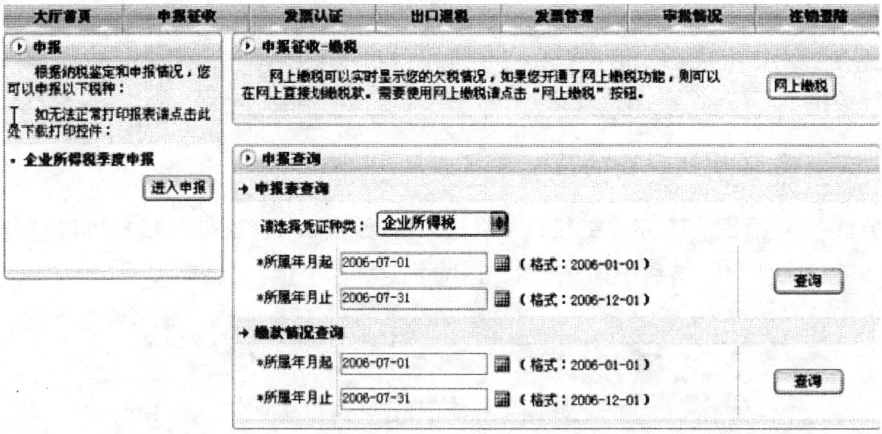

图10-1

2. 系统弹出对话框。填写所属时期起止后，点击“进入申报”按钮，见图10-2。

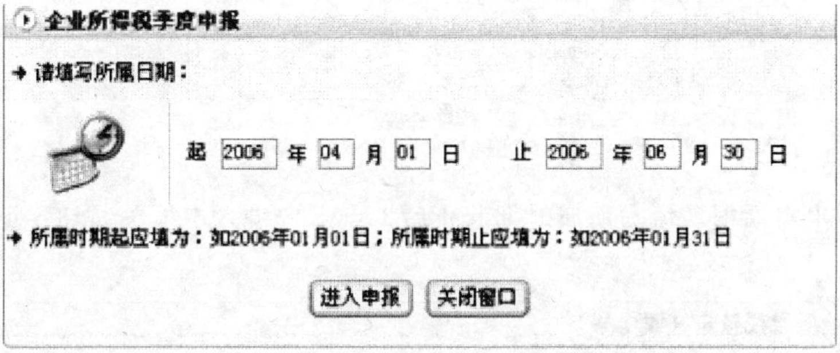

图10-2

说明：（1）“所属时期起”应填为某季的第一天；“所属时期止”应填为某季的最后一天。（2）点击“进入申报”按钮后，系统将对纳税人填写的“所属时期”进行审核。如果填写不合规则，则不能通过系统审核。

3. 在预缴纳税申报表中填写申报数据（填写规则与纸质报表相同）。填写完成后，点击“计算”按钮，系统将自动计算税款。

注意：（1）如果出现系统计税误差，纳税人可以在规定允许的修改范围内（±1.00元）手工修改误差，修改完误差后需要再次点击“计算”按钮，计算税款。

（2）不允许重复申报。

（3）纳税人在申报所属时期内处于停业状态不允许网上申报。

（4）逾期不允许网上申报。

（5）上期未申报，则本期不能进行网上申报。

（6）有5年弥补亏损的系统自动带出，并带入税款计算。

4. 核对数据无误后，点击“提交”按钮，提交申报数据。系统提示“您确定‘提交’操作吗?”，如果确认申报表无误，则点击“确定”提交此次申报。

5. 系统提示申报成功，用户即完成了本次申报的全部操作。用户可以继续打印报表或者进行缴税。

（二）核定征收纳税人的网上申报步骤

1. 点击“申报征收”菜单链接，可以进入申报界面。系统自动带出可以进行申报的税种。选择“企业所得税核定征收申报”，点击“进入申报”，见图10-3。

图10-3

2. 系统弹出对话框。填写所属时期起止后，点击“进入申报”按钮，见图10-4。

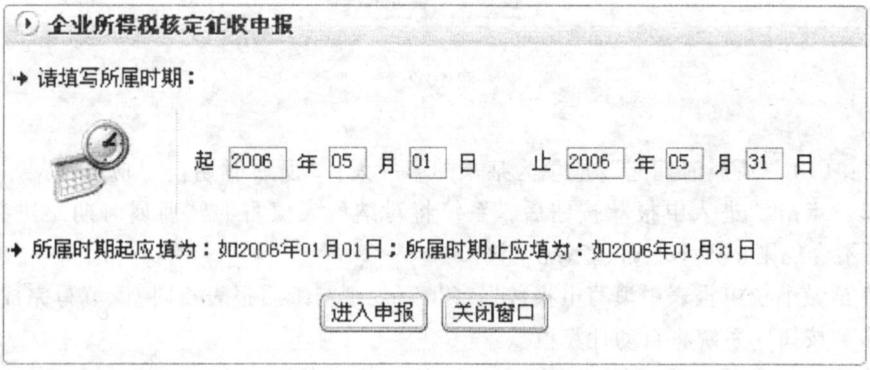

图10-4

说明：(1)“所属时期起”应填为某季的第一天；“所属时期止”应填为某季的最后一天。(2)点击“进入申报”按钮后，系统将对纳税人填写的“所属时期”进行审核。如果填写不合规则，则不能通过系统审核。

3. 在预缴纳税申报表中填写申报数据（填写规则与纸质报表相同）。填写完成后，点击“计算”按钮，系统将自动计算税款。

注意事项同查账征收。

4. 核对数据无误后，点击“提交”按钮，提交申报数据。系统提示“您确定‘提交’操作吗?”，如果确认申报表无误，则点击“确定”提交此次申报。

5. 系统提示申报成功，用户即完成了本次申报的全部操作。用户可以继续打印报表或者进行缴税。

（三）纸质申报资料的报送

使用网上申报企业所得税和涉外企业所得税的纳税人，纸质申报资料每年分两次报送，具体时间为：第一、二季度纸质纳税资料报送时间为当年的 8 月 31 日前；第三、四季度纸质纳税资料可连同年度申报资料一起报送，具体报送时间为次年的 4 月 30 日前。如需在年度中间办理税务登记注销，需在申请注销同时，提交当年各个季度和年度申报表到主管税务机关留存。注意纸质资料必须与网上申报数据一致，不一致的要求书面说明原因。

1. 核定征收企业的申报资料包括：(1) 企业所得税纳税申报表（适用于核定征收企业）一式两份；(2) 企业财务会计报表，即资产负债表、利润表；(3) 主管税务机关要求的其他资料。

2. 查账征收企业的申报资料包括：(1) 企业所得税预缴纳税申报表一式两份；(2) 企业财务会计报表，即资产负债表、利润表；(3) 主管税务机关要求的其他资料。

模块十一　个人所得税法

学习任务

1. 了解个人所得税法律知识。
2. 掌握各项个人所得税应纳税额计算方法。
3. 掌握自行申报和源泉扣缴两种个人所得税的申报方式。
4. 掌握填写代扣代缴个人所得税申报表的方法。

项目一　熟悉个人所得税法律知识

个人所得税是对个人（自然人）取得各项应税所得征收的一种税。个人所得税法是指国家制定的用于调整个人所得税征收与缴纳之间权利及义务关系的法律规范。现行个人所得税的基本规范是1980年9月10日第五届全国人民代表大会第三次会议制定、根据1993年10月31日第八届全国人民代表大会常务委员会第四次会议决定修改的《中华人民共和国个人所得税法》（以下简称《个人所得税法》）以及2011年6月30日第十一届全国人民代表大会常务委员会关于修改《中华人民共和国个人所得税法》的决定。个人所得税是与广大居民个人关系最为紧密的一个税种，个人从单位取得的工资收入、为社会提供劳动获得的劳务报酬、转让财产所得、合法投资分得的股息、红利以及中奖所得都需要依法缴纳个人所得税。个人所得税不仅能为国家增加财政收入，更能培养公民的纳税意识，还可以调节个人收入，缩小贫富差距，实现和维护社会和谐稳定发展。

任务一　确定个人所得税的征税范围

我国个人所得税列举征税的项目共11项：

（一）工资、薪金所得

工资、薪金所得是指个人因任职或受雇而取得的工资、薪金、奖金、年终加薪、劳动分红、津贴、补贴以及与任职或者受雇有关的其他所得，包括现金、有价证券和实物。

奖金是指所有具有工资性质的奖金，不包括个人因在科学、教育、技术、文化、卫生、体育、环境保护等方面有发明创造成果，而由省级人民政府、国务院部委和中国人民解放军军以上单位以及外国组织、国际组织颁发的奖金。

津贴、补贴不包括国务院规定发给的政府特殊津贴和国务院规定免纳个人所得税的补贴、津贴。此外，下列项目也不属于征税所得：独生子女补贴，执行公务员制度未纳入基本工资总额的补贴、津贴差额和家属成员的副食品补贴，托儿补助费，按国家规定发放的差旅费津贴、误餐补助。

关于企业减员增效和行政事业单位、社会团体在机构改革过程中实行内部退养办法人员取得收入如何征税问题，现行规定如下：

实行内部退养的个人在其办理内部退养手续后至法定离退休年龄之间从原任职单位取得的工资、薪金，不属于离退休工资，应按工资、薪金所得项目计征个人所得税。

个人在办理内部退养手续后从原任职单位取得的一次性收入，应按办理内部退养手续后至法定退休年龄之间的所属月份进行平均，并与领取当月的工资、薪金所得合并后减除当月费用扣除标准，以余额为基数确定适用税率，再将当月工资、薪金加上取得的一次性收入，减除费用扣除标准，按适用税率计征个人所得税。

个人在办理内部退养手续后至法定离退休年龄之间重新就业取得的工资、薪金所得，应与其从原任职单位取得的同一月份的工资、薪金所得合并，并依法自行向主管税务机关申报缴纳个人所得税。

算一算

因单位减员增效，距离法定退休年龄尚有2年零6个月的赵某于2011年5月办理了内部退养手续，当月领取工资2 500元和一次性补偿收入45 000元。王某5月应缴纳个人所得税是多少？

公司职工取得的用于购买企业国有股权的劳动分红，按工资、薪金所得项目计征个人所得税。

出租汽车经营单位对出租车驾驶员采取单车承包或承租方式运营，出租车驾驶员从事客货运营取得的收入，按工资、薪金所得项目征税。

想一想

演员李某到武汉演出取得演出费2 000元，是否属于工资薪金所得？他需要缴纳个人所得税吗？

（二）个体工商户的生产、经营所得

个体工商户的生产、经营所得是指：

1. 个体工商户从事工业、手工业、建筑业、交通运输业、商业、饮食业、服务业、修理业以及其他行业生产、经营取得的所得。

2. 个人经政府有关部门批准，取得执照，从事办学、医疗、咨询以及其他有偿服务活动取得的所得。

3. 上述个体工商户和个人取得的与生产、经营有关的各项应纳税所得。

4. 个人因从事彩票代销业务而取得的所得。

5. 其他个人从事个体工商业生产、经营取得的所得。

个体工商户和从事生产、经营的个人，取得与生产、经营活动无关的其他各项应税所得，应分别按照其他应税项目的有关规定，计算征收个人所得税。如对外投资取得的股息所得，应按股息、利息、红利项目的规定单独计征个人所得税。

个人独资企业、合伙企业的个人投资者以企业资金为本人、家庭成员及其相关人员支付与企业生产经营无关的消费性支出及购买汽车、住房等财产性支出，视为企业对个人投资者的利润分配，并入投资者个人的生产经营所得，依照个体工商户的生产、经营所得项目计征个人所得税。个人独资企业和合伙企业的生产经营所得，比照个体工商户生产、经营所得应税项目，征收个人所得税。

温馨提示

合伙企业以每一个合伙人为纳税人，从2008年1月1日起，合伙企业合伙人为自然人的，缴纳个人所得税；合伙人是法人或其他组织的，缴纳企业所得税。

合伙企业的生产经营所得和其他所得，采取“先分后税”的原则，应纳税所得额的具体分配原则如下：

1. 合伙企业的合伙人以合伙企业的生产经营所得和其他所得应按照合伙协议约定的分配比例确定应纳税所得额。

2. 合伙协议未约定或约定不明确的，以全部生产经营所得和其他所得，按合伙人协商决定的比例确定应纳税所得额。

3. 协商不成的，以全部生产经营所得和其他所得，按照合伙人实缴出资比例确定应纳税所得额。

4. 无法确定出资比例的，以全部生产经营所得和其他所得，按照合伙人数量平均计算每个合伙人的应纳税所得额。

合伙企业的合伙人是法人和其他组织的，合伙人在缴纳企业所得税时不得用合伙企业的亏损抵减盈利。

（三）对企事业单位的承包经营、承租经营所得

对企事业单位的承包经营、承租经营所得是指个人承包经营、承租经营以及转包、转

租取得的所得。承包项目可分多种，如生产经营、采购、销售、建筑安装等各种承包。转包包括全部转包或部分转包。承包人或承租人按月或按次领取的工资、薪金性质的所得，也包括在承包、承租经营所得中。承包、承租经营所得不包括企事业单位内部层层承包的个人取得的所得。

（四）劳务报酬所得

劳务报酬所得是指个人从事设计、装潢、安装、制图、化验、测试、医疗、法律、会计、咨询、讲学、新闻、广播、翻译、审稿、书画、雕刻、影视、录音、录像、演出、表演、广告、展览、技术服务、介绍服务、经纪服务、代办服务以及其他劳务取得的所得。

（五）稿酬所得

稿酬所得是指个人因其作品以图书、报刊形式出版、发表而取得的所得。

温馨提示

任职、受雇于报刊的编辑、记者等专业人员，因在本单位的报刊上发表作品取得的所得，属于任职、受雇而取得的所得，应与当月的工资收入合并，按工资、薪金所得项目缴纳个人所得税。除上述专业人员外，其他人员在本单位的报刊上发表作品取得的所得，应按稿酬所得项目缴纳个人所得税。出版社的专业作者撰写、编写或翻译作品，由本社以图书形式出版而取得的稿费收入，应按稿酬所得项目缴纳个人所得税。

（六）特许权使用费所得

特许权使用费所得是指个人提供专利权、商标权、著作权、非专利技术以及其他特许权的使用权取得的所得；提供著作权的使用权取得的所得，不包括稿酬所得。

（七）利息、股息、红利所得

利息、股息、红利所得是指个人拥有债权、股权而取得的利息、股息、红利所得。利息，一般是指存款、贷款和债券的利息。股息、红利，是指个人拥有股权取得的股息、红利，属于公司、企业的分红。按照一定的比率派发的每股息金，叫股息；根据公司、企业应分配的利润，按股份分配的叫红利。

（八）财产租赁所得

财产租赁所得是指个人出租建筑物、土地使用权、机器设备、车船以及其他财产取得的所得。

个人取得的财产转租收入，属于财产租赁所得的征税范围，由财产转租人缴纳个人所得税。在确认纳税义务人时，应以产权凭证为依据；对无产权凭证的，由主管税务机关根据实际情况确定。产权所有人死亡，在未办理产权继承手续期间，该财产出租而有租金收人的，以领取租金的个人为纳税义务人。

（九）财产转让所得

财产转让所得是指个人转让有价证券股权、建筑物、土地使用权、机器设备、车船以及其他财产取得的所得。

由于我国证券市场发育不够成熟，所以税法规定对股票转让所得暂不征收个人所得税。

自2010年10月1日起，对出售自有住房并在1年内重新购房的纳税人不再减免个人所得税。

最新政策

国家税务总局公告2010年第27号（2010年12月14日）

根据《中华人民共和国个人所得税法》及其实施条例、《中华人民共和国税收征收管理法》及其实施细则和《国家税务总局关于加强股权转让所得征收个人所得税管理的通知》（国税函［2009］285号）的有关规定，现将股权转让所得个人所得税计税依据核定问题公告如下：

1. 自然人转让所投资企业股权（份）（以下简称股权转让）取得所得，按照公平交易价格计算并确定计税依据。

计税依据明显偏低且无正当理由的，主管税务机关可采用本公告列举的方法核定。

2. 计税依据明显偏低且无正当理由的判定方法。

（1）符合下列情形之一且无正当理由的，可视为计税依据明显偏低：

①申报的股权转让价格低于初始投资成本或低于取得该股权所支付的价款及相关税费的；

②申报的股权转让价格低于对应的净资产份额的；

③申报的股权转让价格低于相同或类似条件下同一企业同一股东或其他股东股权转让价格的；

④申报的股权转让价格低于相同或类似条件下同类行业的企业股权转让价格的；

⑤经主管税务机关认定的其他情形。

（2）本条第一项所称正当理由，是指以下情形：

①所投资企业连续3年以上（含3年）亏损；

②因国家政策调整的原因而低价转让股权；

③将股权转让给配偶、父母、子女、祖父母、外祖父母、孙子女、外孙子女、兄弟姐妹以及对转让人承担直接抚养或者赡养义务的抚养人或者赡养人；

④经主管税务机关认定的其他合理情形。

3. 对申报的计税依据明显偏低且无正当理由的，可采取以下核定方法：

（1）参照每股净资产或纳税人享有的股权比例所对应的净资产份额核定股权转

让收入。

对知识产权、土地使用权、房屋、探矿权、采矿权、股权等合计占资产总额比例达50%以上的企业，净资产额须经中介机构评估核实。

（2）参照相同或类似条件下同一企业同一股东或其他股东股权转让价格核定股权转让收入。

（3）参照相同或类似条件下同类行业的企业股权转让价格核定股权转让收入。

（4）纳税人对主管税务机关采取的上述核定方法有异议的，应当提供相关证据，主管税务机关认定属实后，可采取其他合理的核定方法。

4. 纳税人再次转让所受让的股权的，股权转让的成本为前次转让的交易价格及买方负担的相关税费。

各级税务机关应切实加强股权转让所得征收个人所得税的动态税源管理，通过建立电子台账，跟踪股权转让的交易价格和税费情况，保证股权交易链条中各环节转让收入和成本的真实性。

5. 本公告所称股权转让不包括上市公司股份转让。

6. 本公告自发布之日起30日后施行。

（十）偶然所得

偶然所得是指个人得奖、中奖、中彩以及其他偶然性质的所得。得奖是指参加各种有奖竞赛活动，取得名次得到的奖金；中奖、中彩是指参加各种有奖活动，如有奖销售、有奖储蓄或者购买彩票，经过规定程序，抽中、摇中号码而取得的奖金。偶然所得应由发奖单位代扣代缴个人所得税。

（十一）经国务院财政部门确定征税的其他所得

纳税人取得的应纳税所得，包括现金、实物和有价证券。实物应按取得时的市场价格折算金额。有价证券按票面价格计算。

知识链接

所得来源地确定

判断所得来源地，是确定该项所得是否征收个人所得税的重要依据。特别是对非居民纳税人，因只就其来源于中国境内的所得征税，所以判断其所得来源地就显得十分重要。我国个人所得税法对所得来源地的具体规定如下：

（1）工资、薪金所得，以纳税人任职、受雇的公司、企业、事业单位、机关、团体、部队、学校等单位所在地作为所得来源地。

（2）生产、经营所得，以生产、经营活动实现地为所得来源地。

(3) 劳务报酬所得，以纳税人实际提供劳务的地点作为所得来源地。

(4) 不动产转让所得，以不动产坐落地为所得来源地。动产转让所得，以实现转让的地点为所得来源地。

(5) 财产租赁所得，以被租赁财产的使用地作为所得来源地。

(6) 利息、股息、红利所得，以支付利息、股息、红利的企业、机构、组织的所在地作为所得来源地。

(7) 特许权使用费所得，以特许权的使用地作为所得来源地。

所得的来源地与所得的支付地并不是同一概念，有时两者是一致的，有时却是不相同的。根据上述原则和方法，来源于中国境内的所得有：

(1) 在中国境内的公司、企业、事业单位、机关、社会团体、部队、学校等单位或经济组织中任职、受雇而取得的工资、薪金所得。

(2) 在中国境内提供各种劳务而取得的劳务报酬所得。

(3) 在中国境内从事生产、经营活动而取得的所得。

(4) 个人出租的财产，被承租人在中国境内使用而取得的财产租赁所得。

(5) 转让中国境内的房屋、建筑物、土地使用权，以及在中国境内转让其他财产而取得的财产转让所得。

(6) 提供在中国境内使用的专利权、专有技术、商标权、著作权，以及其他各种特许权利而取得的特许权使用费所得。

(7) 因持有中国的各种债券、股票、股权而从中国境内的公司、企业或其他经济组织以及个人取得的利息、股息、红利所得。

(8) 在中国境内参加各种竞赛活动取得名次的奖金所得，参加中国境内有关部门和单位组织的有奖活动而取得的中奖所得，购买中国境内有关部门和单位发行的彩票取得的中彩所得。

(9) 在中国境内以图书、报刊方式出版、发表作品，取得的稿酬所得。

任务二　确定个人所得税的纳税人

个人所得税的纳税人为取得以上项目收入的中国公民、个体工商户以及在中国有所得的外籍个人（包括无国籍的人员，下同）和香港、澳门、台湾同胞。

个人所得税纳税人依据住所和居住时间两个标准，区分为居民纳税人和非居民纳税人。

（一）居民纳税人

根据《个人所得税法》的规定，在中国境内有住所，或者无住所而在境内居住满1年的个人，为居民纳税人；居民纳税人应当承担无限纳税义务，即其从中国境内和境外取得的所得，均应按照税法规定缴纳个人所得税。

上述所说的在“中国境内有住所”是指因户籍、家庭、经济利益关系而在中国境内习惯性居住，这样的个人也就是中国公民。这里所说的习惯性居住不是指实际居住，也不是指在一个特定时期中在何处居住，而是确定纳税义务人是居民或非居民的一个法律意义上的标准，如某一中国人在外国学习、工作、探亲、旅游等在国外居住的理由不再存在时，必须回到中国境内居住，则中国即为该纳税人习惯性居住地。

上述所说“境内居住满1年”，是指在一个纳税年度中在中国境内居住365天，临时离境的不扣减日数。这里所说的临时离境，是指在一个纳税年度中一次不超过30日或者多次累计不超过90日的离境。

具体来说，个人所得税的居民纳税人包括以下两类：

1. 在中国境内定居的中国公民和外国侨民。不包括虽具有中国国籍，但并没有在中国大陆定居，而是侨居海外的华侨和居住在香港、澳门、台湾的同胞。

2. 从公历1月1日起至12月31日止，居住在中国境内的外国人、海外侨胞和香港、澳门、台湾同胞。这些人如果在一个纳税年度内，一次离境不超过30日，或者多次离境不超过90日，仍被视为全年在中国境内居住，从而判定为居民纳税人。

现行税法中关于“中国境内”的概念，是指中国大陆地区，目前还不包括香港、澳门和台湾地区。

（二）非居民纳税人

非居民纳税人，是指在中国境内无住所又不居住或者无住所而在境内居住不满1年的个人。非居民纳税人负有限纳税义务，只就来源于中国境内的所得，向中国缴纳个人所得税。

另外，自2001年1月1日起，个人独资企业和合伙企业投资者也成为个人所得税的纳税义务人。

【例11-1】某外国人2007年2月12日来华工作，2008年2月15日回国，2008年3月2日返回中国，2008年11月15日至2008年11月30日期间，因工作需要去了日本，2008年12月1日返回中国，后于2009年11月20日离华回国，则该纳税人（　　）。

A. 2007年度为我国居民纳税人，2008年度为我国非居民纳税人

B. 2008年度为我国居民纳税人，2009年度为我国非居民纳税人

C. 2008年度和2009年度均为我国非居民纳税人

D. 2007年度和2008年度均为我国居民纳税人

【答案】B

任务三　确定个人所得税的适用税率

按照现行税法，个人所得税实行分项计算，适用税率有以下五种：

（一）工资、薪金所得

工资、薪金所得适用七级超额累进税率，税率为3%～45%，见表11-1。

表 11-1　**工资、薪金所得个人所得税税率表**

级数	全月应纳税所得额（含税所得额）	税率%	速算扣除数
1	不超过 1 500 元	3	0
2	超过 1 500 元至 4 500 元	10	105
3	超过 4 500 元至 9 000 元	20	555
4	超过 9 000 元至 35 000 元	25	1 005
5	超过 35 000 元至 55 000 元	30	2 755
6	超过 55 000 元至 80 000 元	35	5 505
7	超过 80 000 元	45	13 505

注：本表所称全月应纳税所得额是指依照税法的规定以每月收入额减除费用 3 500 元后的余额或者减除附加费用后的余额。

（二）个体工商户的生产、经营所得和对企、事业单位的承包经营、承租经营所得

个体工商户的生产、经营所得和对企事业单位的承包经营、承租经营所得，适用 5% ~35% 的超额累进税率，见表 11-2。

表 11-2　**个体工商户的生产、经营所得和对企、事业单位的承包经营、承租经营所得适用税率表**

级　数	全年应纳税所得额	税率（%）	速算扣除数
1	不超过 15 000 元的	5	0
2	超过 15 000 元至 30 000 元的部分	10	750
3	超过 30 000 元至 60 000 元的部分	20	3 750
4	超过 60 000 元至 100 000 元的部分	30	9 750
5	超过 100 000 元的部分	35	14 750

注：本表所称全年应纳税所得额，对个体工商户的生产、经营所得，是指以每一纳税年度的收入总额，减除成本、费用以及损失后的余额；对企、事业单位的承包经营、承租经营所得，是指以每一纳税年度的收入总额减除必要费用后的余额。

此外，个人独资企业和合伙企业的生产经营所得，也适用 5% ~35% 的五级超额累进税率。

这里值得一提的是，由于目前实行承包（租）经营的形式较多，分配方式也不相同，所以，承包、承租人按照承包、承租经营合同（协议）规定取得所得的适用税率也不一致。根据国家税务总局 1994 年 8 月 1 日发出的《关于个人对企事业单位实行承包经营、承租经营取得所得征税问题的通知》，其适用税率分为以下两种情况：

1. 承包、承租人对企业经营成果不拥有所有权，仅是按合同（协议）规定取得一定

所得的，其所得按工资、薪金所得项目征税，适用5%～45%的七级超额累进税率。

2. 承包、承租人按合同（协议）的规定向发包、出租方交纳一定费用后，企业经营成果归其所有的，承包、承租人取得的所得，按对企事业单位的承包经营、承租经营所得项目征税，适用5%～35%的五级超额累进税率。

（三）稿酬所得

稿酬所得适用比例税率，税率为20%，并按应纳税额减征30%，故其实际税率为14%。

（四）劳务报酬所得

劳务报酬所得适用比例税率，税率为20%，对劳务报酬所得一次收入较高的，可以实行加成征收，具体办法是，个人一次取得的劳务报酬，其应纳税所得额超过2万元至5万元的部分，依照税法规定计算应纳税额后再按照应纳税额加征五成；超过5万元的部分，加征十成。因此，劳务报酬所得实际上适用20%、30%、40%的三级超额累进税率，见表11-3。

表11-3　　劳务报酬所得适用税率表

级数	每次应纳税所得税（含税）	税率（%）	速算扣除数（元）
1	不超过20 000元	20	0
2	超过20 000元至50 000元的部分	30	2 000
3	超过50 000元的部分	40	7 000

（五）特许权使用费所得，利息、股息、红利所得，财产租赁所得，财产转让所得，偶然所得和其他所得

特许权使用费所得，利息、股息、红利所得，财产租赁所得，财产转让所得，偶然所得和其他所得，适用比例税率，税率为20%。从2007年8月15日起，居民储蓄利息税率调为5%。自2008年10月9日起暂免征收储蓄存款利息的个人所得税。对个人出租住房所得减按10%的税率征收个人所得税。

任务四　熟悉个人所得税的优惠政策

《个人所得税法》及其实施条例以及财政部、国家税务总局的若干规定等，都对个人所得项目给予了减税免税的优惠，主要有：

（一）免征个人所得税的优惠

《个人所得税法》规定下列各项个人所得免征个人所得税：

1. 省级人民政府、国务院部委和中国人民解放军军以上单位，以及外国组织、国际

组织颁发的科学、教育、技术、文化、卫生、体育、环境保护等方面的奖金。

2. 国债和国家发行的金融债券利息。国债利息，是指个人持有中华人民共和国财政部发行的债券取得的利息；国家发行的金融债券利息，是指个人持有经国务院批准发行的金融债券而取得的利息所得。

3. 按照国家统一规定发给的补贴、津贴，是指按照国务院规定发给的政府特殊津贴和国务院规定免纳个人所得税的补贴、津贴。发给中国科学院资深院士和中国工程院资深院士每人每年1万元的资深院士津贴免予征收个人所得税。

4. 福利费、抚恤金、救济金。福利费是指根据国家有关规定，从企业、事业单位、国家机关、社会团体提留的福利费或者工会经费中支付给个人的生活补助费；救济金是指国家民政部门支付给个人的生活困难补助费。

5. 保险赔款。

6. 军人的转业费、复员费。

7. 按照国家统一规定发给干部、职工的安家费、退职费、退休工资、离休工资、离休生活补助费。

8. 依照我国有关法律规定应予免税的各国驻华使馆、领事馆的外交代表、领事官员和其他人员的所得，是指依据《中华人民共和国外交特权与豁免条例》和《中华人民共和国领事特权与豁免条例》规定免税的所得。

9. 中国政府参加的国际公约、签订的协议中规定免税的所得。

10. 对乡、镇（含乡、镇）以上人民政府或经县（含县）以上人民政府主管部门批准成立的有机构、有章程的见义勇为基金或者类似性质组织，奖励见义勇为者的奖金或奖品，经主管税务机关核准，免征个人所得税。

11. 企业和个人按照省级以上人民政府规定的比例提取并缴付的住房公积金、医疗保险金、基本养老保险金、失业保险金，不计入个人当期的工资、薪金收入，免予征收个人所得税。超过规定的比例缴付的部分计征个人所得税。

个人领取原提存的住房公积金、医疗保险金、基本养老保险金时，免予征收个人所得税。

12. 对个人取得的教育储蓄存款利息所得及国务院财政部门确定的其他专项储蓄存款、专项基金存款的利息所得，免征个人所得税。

13. 储蓄机构内从事代扣代缴工作的办税员取得的扣缴利息税手续费所得免征个人所得税。

14. 经国务院财政部门批准免税的所得。

（二）减税项目

根据税法规定，有下列情形之一的，经批准可以减征个人所得税：

1. 残疾、孤老人员和烈属的所得；

2. 因严重自然灾害造成重大损失的；

3. 其他经国务院财政部门批准减税的。

（三）暂免征税项目

对下列所得暂免征收个人所得税：

1. 外籍个人以非现金形式或实报实销形式取得的住房补贴、伙食补贴、搬迁、洗衣费。

2. 外籍个人按合理标准取得的境内、外出差补贴。

3. 外籍个人取得的探亲费、语言训练费、子女教育费等，经当地税务机关审核批准为合理的部分。

4. 个人举报、协查各种违法、犯罪行为而获得的奖金。

5. 个人办理代扣代缴税款手续，按规定取得的扣缴手续费。

6. 个人转让自用达5年以上，并且是唯一的家庭居住用房取得的所得。

7. 对按《国务院关于高级专家离休退休若干问题的暂行规定》和《国务院办公厅关于杰出高级专家暂缓离退休审批问题的通知》精神，达到离休、退休年龄，但确因工作需要，适当延长离休、退休年龄的高级专家（指享受国家发放政府特殊津贴的专家、学者），其在延长离休、退休期间的工资、薪金所得，视同退休工资、离休工资，免征个人所得税。

8. 外籍个人从外商投资企业取得的股息、红利所得。

9. 凡符合下列条件之一的外籍专家取得的工资、薪金所得可免征个人所得税：

（1）根据世界银行专项贷款协议由世界银行直接派往我国工作的外国专家；

（2）联合国组织直接派往我国工作的专家；

（3）为联合国援助项目来华工作的专家；

（4）援助国派往我国专为该国无偿援助项目工作的专家；

（5）根据两国政府签订文化交流项目来华工作2年以内的文教专家，其工资、薪金所得由该国负担的；

（6）根据我国大专院校国际交流项目来华工作2年以内的文教专家，其工资、薪金所得由该国负担的；

（7）通过民间科研协定来华工作的专家，其工资、薪金所得由该国政府机构负担的。

10. 对被拆迁人按照国家有关城镇房屋拆迁管理办法规定的标准取得的拆迁补偿款，免征个人所得税。

11. 个人取得单张有奖发票奖金所得不超过800元（含800元）的，暂免征收个人所得税；个人取得单张有奖发票奖金所得超过800元的，应全额按照《个人所得税法》规定的“偶然所得”项目征收个人所得税。

12. 自2006年6月1日起，对保险营销员佣金中的展业成本，免征个人所得税；对劳务报酬部分，扣除实际缴纳的营业税金及附加后，依照税法有关规定计算征收个人所得税。保险营销员的佣金由展业成本和劳务报酬构成，所谓“展业成本”即营销费，根据目前保险营销员展业的实际情况，佣金中展业成本的比例暂定为40%。

（四）对在中国境内无住所，但在境内居住1年以上、不到5年的纳税人的减免税优惠

《个人所得税法实施条例》规定，在中国境内无住所，但是居住1年以上5年以下的个人，其来源于中国境外的所得，经主管税务机关批准，可以只就由中国境内公司、企业以及其他经济组织或者个人支付的部分缴纳个人所得税；居住超过5年的个人，从第六年起，应当就其来源于中国境内外的全部所得缴纳个人所得税。

1995年9月16日，财政部、国家税务总局又发出通知，对执行上述规定时5年期限的计算问题作了明确规定：

1. 关于5年期限的具体计算。个人在中国境内居住满5年，是指个人在中国境内连续居住满5年，即在连续5年中的每一纳税年度内均居住满1年。

2. 关于个人在华居住满5年以后纳税义务确定。个人在中国境内居住满5年后，从第六年起的以后年度中，凡在境内居住满1年的，应当就其来源于境内、境外的所得申报纳税；凡在境内居住不满1年的，则仅就该年内来源于境内的所得申报纳税。如果该个人在第六年起以后的某一纳税年度内在境内居住不足90天，可以按《个人所得税法实施条例》第七条的规定确定纳税义务，并从再次居住满1年的年度起重新计算5年期限。

3. 关于计算5年期限的起始日期。个人在境内是否居住满5年，自1994年1月1日起开始计算。

（五）对在中国境内无住所，同时一个纳税年度中在中国境内居住不超过90日的纳税人的减免税优惠

《个人所得税法实施条例》规定，在中国境内无住所，同时在一个纳税年度中在中国境内连续或者累计居住不超过90日的个人，其来源于中国境内的所得，由境外雇主支付并且不由该雇主在中国境内的机构、场所负担的部分，免予缴纳个人所得税。

项目二　计算个人所得税应纳税额

任务一　计算工资、薪金所得应纳个人所得税

工资、薪金所得，以每月收入额减除费用3 500元后的余额为应纳税所得额。

对外籍人员、华侨、港、澳、台同胞和在境外工作的中国公民在3 500元扣除额的基础上，再附加一个费用扣除额，即再减除1 300元，其余额为应纳税所得额。

外籍人员是指在中国境内的外商投资企业和外国企业中工作的外籍人员，应聘在中国境内的企业、事业单位、社会团体、国家机关中工作的外籍专家，在中国境内有住所而在中国境外任职或者受雇取得工资、薪金所得的个人。

工资、薪金所得应纳税额的计算公式为：

应纳税额 = 应纳税所得额 × 适用税率 − 速算扣除数

= （每月收入额 − 3 500或4 800）× 适用税率 − 速算扣除数

公式中速算扣除数，是指在采用超额累进税率情况下，根据超额累进税率表中划分的所得额级距和税率，先用全额累进方法计算出税额，再减去用超额累进方法计算的应征税额以后的差额。

【例 11-2】 某纳税人在某中外合资企业工作，月薪 4 800 元，取得奖金 400 元，取得职务津贴 300 元，取得其他补贴 150 元，该纳税人不适用附加减除费用的规定。计算该纳税人该月应纳个人所得税税额。

应纳税所得额 =（4 800+400+300+150）−3 500 = 5 650−3 500 = 2 150（元）

应纳税额 = 2 150×10% −105 = 215−105 = 110（元）

【例 11-3】 在广州一外商投资企业工作的日本专家，2011 年 10 月取得工资收入 8 800 元，取得奖金 1 500 元，要求计算该纳税人 7 月应纳税额。

应纳税所得额 =（8 800+1 500）−（3 500+1 300）= 5 500（元）

应纳税额 = 5 500×20% −555 = 545（元）

任务二　计算个体工商户的生产、经营所得应纳个人所得税

个体工商户的生产、经营所得，以每一纳税年度的收入总额，减除成本、费用以及损失后的余额，为应纳税所得额。成本，是指纳税人为生产、经营商品和提供劳务等所发生的各项直接支出和各项间接支出；费用，是指纳税人在生产、经营商品和提供劳务等所发生的销售费用、管理费用和财务费用；损失，是指纳税人在生产、经营过程中发生的各项营业外支出。纳税人不能提供完整、准确的纳税资料，不能正确计算应纳税所得额的，由主管税务机关核定其应纳税所得额。

个体工商户和从事生产、经营的个人，取得与生产、经营活动无关的各项应税所得，应分别适用各应税项目的规定计算征收个人所得税。

个体工商户的生产、经营所得应纳税额的计算公式为：

应纳税额 = 应纳税所得额×适用税率−速算扣除数

= （全年收入总额−成本、费用及损失）×适用税率−速算扣除数

知识链接

根据新修订的《个人所得税法》及其实施条例和相关政策规定，现对个体工商户业主、个人独资企业和合伙企业自然人投资者个人所得税费用扣除标准问题通知如下：

1. 对个体工商户业主、个人独资企业和合伙企业自然人投资者的生产经营所得依法计征个人所得税时，个体工商户业主、个人独资企业和合伙企业自然人投资者本人的费用扣除标准统一确定为 42 000 元/年（3 500 元/月）。

2.《国家税务总局关于印发〈个体工商户个人所得税计税办法（试行）〉的通知》（国税发［1997］43 号）第十三条第一款修改为："个体户业主的费用扣除标准为 42 000 元/年（3 500 元/月）；个体户向其从业人员实际支付的合理的工资、薪金支出，允许在税前据实扣除。"

3.《财政部　国家税务总局关于印发〈关于个人独资企业和合伙企业投资者征收个人所得税的规定〉的通知》（财税［2000］91号）附件1第六条（一）修改为："投资者的费用扣除标准为42 000元/年（3 500元/月）。投资者的工资不得在税前扣除。"

4.《财政部　国家税务总局关于调整个体工商户　个人独资企业和合伙企业个人所得税税前扣除标准有关问题的通知》（财税［2008］65号）第一条停止执行。

5. 本通知自2011年9月1日起执行。

财政部　国家税务总局

2011年7月29日

【例11-4】某个体经营户账证比较健全，2011年12月取得营业额为130 750元，本月耗用原材料成本为80 000元。缴纳水费、电费、房租等15 000元，支付5名雇员工资4 000元。缴纳其他税费7 150元。1—11月累计应纳税所得额为220 000元。1—11月累计已预缴个人所得税为65 000元。要求计算该个体经营户12月应缴纳的个人所得税。

12月应纳税所得额＝130 750－80 000－15 000－4 000－2 000－7 150＝22 600（元）

全年累计应纳税所得额＝220 000＋22 600＝242 600（元）

$$前8个月应纳税额=\left(\begin{matrix}全年应纳税\\所得额\end{matrix}\times\begin{matrix}税法修改前的\\对应税率\end{matrix}-速算扣除数\right)\times 8/12$$

$$=(242\ 600\times 35\%-6\ 750)\times 8/12=52\ 106.67（元）$$

$$后4个月应纳税额=\left(\begin{matrix}全年应纳税\\所得额\end{matrix}\times\begin{matrix}税法修改后的\\对应税率\end{matrix}-速算扣除数\right)\times 4/12$$

$$=(242\ 600\times 35\%-14\ 750)\times 4/12$$

$$=(84\ 910-14\ 750)\times 4/12=23\ 386.67（元）$$

全年应纳税额＝前8个月应纳税额＋后4个月应纳税额＝75 493.34（元）

12月应缴纳个人所得税＝75 493.34－65 000＝10 493.34（元）

任务三　计算个人独资企业和合伙企业投资者的生产、经营所得应纳个人所得税

对个人独资企业和合伙企业投资者的生产、经营所得，其个人所得税应纳税额的计算有以下两种方法：

（一）查账征收

1. 自2008年3月1日起，个人独资企业和合伙企业投资者的生产经营所得依法计征个人所得税时，个人独资企业和合伙企业投资者本人的费用扣除标准统一确定为24 000元/年（2 000元/月）。投资者的工资不得在税前扣除。

2. 自2008年1月1日起，个人独资企业和合伙企业向其从业人员实际支付的合理的工资、薪金支出允许在税前据实扣除。

3. 个人独资企业和合伙企业拨缴的工会经费、发生的职工福利费、职工教育经费支出分别在工资薪金总额2%、14%、2.5%的标准内据实扣除。

4. 个人独资企业和合伙企业每一纳税年度发生的广告费和业务宣传费用不超过当年销售（营业）收入15%的部分，可据实扣除；超过部分，准予在以后纳税年度结转扣除。

5. 个人独资企业和合伙企业每一纳税年度发生的与其生产经营业务直接相关的业务招待费支出，按照发生额的60%扣除，但最高不得超过当年销售（营业）收入的5‰。

6. 投资者及其家庭发生的生活费用不允许在税前扣除。投资者及其家庭发生的生活费用与企业生产经营费用混合在一起并且难以划分的，全部视为投资者个人及其家庭发生的生活费用，不允许在税前扣除。

7. 企业生产、经营和投资者及其家庭生活共用的固定资产难以划分的，由税务机关根据企业的生产、经营类型和规模等具体情况，核定准予在税前扣除的折旧费用的数额或比例。

8. 企业计提的各种准备金不得扣除。

（二）核定征收

核定征收方式，包括定额征收、核定应税所得率征收以及其他合理的征收方式。

实行核定应税所得率征收方式的应纳所得税额的计算公式如下：

应纳所得税额=应纳税所得额×适用税率

应纳税所得额=收入总额×应税所得率

=成本费用支出额÷（1-应税所得率）×应税所得率

应税所得率的规定是：工业、交通运输业、商业，5%~20%；建筑业、房地产开发业，7%~20%；饮食服务业，7%~25%；娱乐业，20%~40%；其他行业，10%~30%。

企业经营多业的，无论其经营项目是否单独核算，均应当根据其主营项目确定其适用的应税所得率。

实行核定征税的投资者，不能享受个人所得税的优惠政策。

实行查账征税方式的个人独资企业和合伙企业，改为核定征税方式后，在查账征税方式下认定的年度经营亏损未弥补完的部分，不得再继续弥补。

最新政策

国家税务总局公告2011年第44号（2011年7月27日）

为贯彻落实《全国人大常委会关于修改〈中华人民共和国个人所得税法〉的决定》和有关法律法规规定，现对代开货物运输业发票的个体工商户、个人独资企业和合伙企业（以下简称代开货运发票的个人所得税纳税人）个人所得税预征率问题公告如下：

1. 对《国家税务总局关于货物运输业若干税收问题的通知》（国税发［2004］

88号）第四条规定的代开货运发票的个人所得税纳税人，统一按开票金额的1.5%预征个人所得税。

2. 年度终了后，实行查账征税的代开货运发票个人所得税纳税人，按本公告第一条规定被预征的个人所得税可以在汇算清缴时扣除；实行核定征收个人所得税的，按本公告第一条规定被预征的个人所得税，不得从已核定税额中扣除。

3. 本公告自2011年9月1日起施行。《国家税务总局关于代开货物运输业发票个人所得税预征率问题的通知》（国税函［2008］977号）同时废止。

最新政策

国家税务总局公告2011年第46号（2011年7月29日）

《全国人民代表大会常务委员会关于修改〈中华人民共和国个人所得税法〉的决定》（中华人民共和国主席令第48号）（以下简称税法）将自2011年9月1日起施行。根据税法修改的相应条款，现就贯彻执行的有关具体问题公告如下：

1. 工资、薪金所得项目减除费用标准和税率的适用问题。

（1）纳税人2011年9月1日（含）以后实际取得的工资、薪金所得，应适用税法修改后的减除费用标准和税率表（见附件一），计算缴纳个人所得税。

（2）纳税人2011年9月1日前实际取得的工资、薪金所得，无论税款是否在2011年9月1日以后入库，均应适用税法修改前的减除费用标准和税率表，计算缴纳个人所得税。

2. 个体工商户的生产、经营所得项目应纳税额的计算问题。

个体工商户、个人独资企业和合伙企业的投资者（合伙人）2011年9月1日（含）以后的生产经营所得，应适用税法修改后的减除费用标准和税率表（见附件二）。按照税收法律、法规和文件规定，先计算全年应纳税所得额，再计算全年应纳税额。其2011年度应纳税额的计算方法如下：

$$\text{前8个月应纳税额}=\left(\text{全年应纳税所得额}\times\text{税法修改前的对应税率}-\text{速算扣除数}\right)\times 8/12$$

$$\text{后4个月应纳税额}=\left(\text{全年应纳税所得额}\times\text{税法修改后的对应税率}-\text{速算扣除数}\right)\times 4/12$$

全年应纳税额=前8个月应纳税额+后4个月应纳税额

纳税人应在年度终了后的3个月内，按照上述方法计算2011年度应纳税额，进行汇算清缴。

3. 对企事业单位的承包经营、承租经营所得应纳税额的计算比照本公告第二条规定执行。

4. 本公告自2011年9月1日起执行。《国家税务总局关于印发〈征收个人所得税若干问题的规定〉的通知》（国税发［1994］89号）所附“税率表一”和“税率表二”同时废止。

附件（略）

任务四　计算对企事业单位的承包经营、承租经营所得应纳个人所得税

对企事业单位的承包经营、承租经营所得，以每一纳税年度的收入总额，减除必要费用后的余额为应纳税所得额。每一纳税年度的收入总额，是指纳税人按照承包经营、承租经营合同规定分得的经营利润和工资、薪金性质的所得；所说的减除必要费用，是指按月减除 2 000 元。

对企事业单位的承包经营、承租经营所得，其应纳税额的计算公式为：

应纳税额 = 应纳税所得额×适用税率-速算扣除数

= （纳税年度收入总额-必要费用）×适用税率-速算扣除数

【例 11-5】2011 年 3 月 1 日李某与事业单位签订承包合同经营招待所，承包期为 2 年，李某在全年上交一部分承包费后，盈亏均归李某，年终李某取得承包收入 54 600 元，计算李某应纳个人所得税。

应纳税所得额 = 54 600-2 000×10 = 34 600（元）

应纳税额 = 34 600×30% -4 250 = 6 130（元）

任务五　计算劳务报酬所得应纳个人所得税

每次收入不超过 4 000 元的，减除费用 800 元；4 000 元以上的，减除 20% 的费用，其余额为应纳税所得额。

劳务报酬所得，属于一次性收入，以取得该项收入为一次；属于同一项目连续性收入，以一个月内取得的收入为一次。

对劳务报酬所得，其个人所得税应纳税额的计算公式为：

1. 每次收入不足 4 000 元的：

应纳税额 = 应纳税所得额×适用税率 = （每次收入额-800）×20%

2. 每次收入在 4 000 元以上的：

应纳税额 = 应纳税所得额×适用税率 = 每次收入额×（1-20%）×20%

3. 每次收入的应纳税所得额超过 20 000 元的：

应纳税额 = 应纳税所得额×适用税率-速算扣除数

= 每次收入额×（1-20%）×适用税率-速算扣除数

【例 11-6】某歌星于 2011 年某月在甲市演出三天，取得演出收入 30 000 元，当地演出公司未代扣代缴个人所得税；在乙市演出两天，取得演出收入 18 000 元，当地演出公司未代扣代缴个人所得税。计算该歌星本月应缴个人所得税。

甲市演出收入应纳税所得额 = 30 000×（1-20%）= 24 000（元）

甲市演出收入应纳个人所得税 = 24 000×30% -2 000 = 7 200-2 000 = 5 200（元）

乙市演出收入应纳税所得额 = 18 000×（1-20%）= 14 400（元）

乙市演出收入应纳个人所得税 = 14 400×20% = 2 880（元）

合计应纳税额 = 5 200+2 880 = 8 080（元）

任务六 计算对稿酬所得应纳个人所得税

每次收入不超过4 000元的，减除费用800元；4 000元以上的，减除20%的费用，其余额为应纳税所得额。

稿酬所得，以每次出版、发表取得的收入为一次。出版单位预付或分次支付稿酬，或加印该作品再付稿酬，均应合并计算其稿酬；如果作者将同一作品既出书，又在报刊上连载，应将出书和连载取得的收入分为两次计税。

对稿酬所得应纳个人所得税的计算公式为：

$$应纳个人所得税额=应纳税所得额\times20\%\times（1-30\%）$$

【例11-7】某青年作家在某报上发表其连载小说，共得稿酬3 600元，由某报社支付，税款由报社扣缴。计算报社应扣缴该作家的个人所得税。

应纳税所得额=3 600-800=2 800（元）

应纳个人所得税=2 800×20%×（1-30%）=392（元）

任务七 计算特许权使用所得应纳个人所得税

每次收入不超过4 000元的，减除费用800元；4 000元以上的，减除20%的费用，其余额为应纳税所得额。

特许权使用费所得，以一项特许权的一次许可使用所得收入为一次。

特许权使用费所得应纳税额的计算公式为：

1. 每次收入不足4 000元的：

$$应纳税额=应纳税所得额\times适用税率=（每次收入额-800）\times20\%$$

2. 每次收入在4 000元以上的：

$$应纳税额=应纳税所得额\times适用税率=每次收入额\times（1-20\%）\times20\%$$

【例11-8】某纳税人转让一项专利权取得收入3 500元，计算其应纳个人所得税。

应纳税所得额=3 500-800=2 700（元）

应纳个人所得税=2 700×20%=540（元）

任务八 计算财产租赁所得应纳个人所得税

财产租赁所得，以一个月取得的收入为一次，纳税人在出租财产过程中缴纳的税金和教育费附加，可持完税凭证，从其财产租赁收入中扣除。由纳税人负担的该出租财产实际开支的修缮费，如能提出有效、准确的凭证，准予扣除，但每次以800元为限，一次扣除不完的，准予在下一次继续扣除，直到扣完为止。

每次（月）收入不超过4 000元的：

$$\begin{matrix}应纳税\\所得额\end{matrix}=\begin{matrix}每次（月）\\收入额\end{matrix}-财产租赁过程中缴纳的税费-修缮费用（800元为限）-800$$

每次（月）收入超过4 000元的：

$$\begin{matrix}应纳税\\所得额\end{matrix}=\left[\begin{matrix}每次（月）\\收入额\end{matrix}-\begin{matrix}财产租赁过程中\\缴纳的税费\end{matrix}-修缮费用（800元为限）\right]\times（1-20\%）$$

应纳税额=应纳税所得额×适用税率

【例 11-9】王某于 2011 年 1 月将其自有的 3 间面积为 54 平方米的房屋出租给赵某全家居住，租期 1 年，王某每月收取租金收入 1 000 元，全年租金收入 1 2000 元，计算王某全年租金收入应纳的个人所得税。

每月应纳税额=（1 000-800）×10%=20（元）

全年应纳税额=20×12=240（元）

知识链接

国家税务总局《关于个人转租房屋取得收入征收个人所得税问题的通知》（国税函［2009］639 号）规定，对个人取得转租房屋收入的有关个人所得税问题按以下规定执行：

1. 个人将承租房屋转租取得的租金收入，属于个人所得税应税所得，应按财产租赁所得项目计算缴纳个人所得税。

2. 取得转租收入的个人向房屋出租方支付的租金，凭房屋租赁合同和合法支付凭据允许在计算个人所得税时从该项转租收入中扣除。

3.《国家税务总局关于个人所得税若干业务问题的批复》（国税函［2002］146 号）有关财产租赁所得个人所得税前扣除税费的扣除次序调整为：（1）财产租赁过程中缴纳的税费；（2）向出租方支付的租金；（3）由纳税人负担的租赁财产实际开支的修缮费用；（4）税法规定的费用扣除标准。

任务九 计算财产转让所得应纳个人所得税

财产转让所得，以个人每次转让财产的收入额减除财产原值和相关税费后的余额为应纳税所得额。财产原值是指：

（1）有价证券，为买入价以及买入时按照规定交纳的有关税费；

（2）建筑物，为建造费或者购进价格以及其他有关税费；

（3）土地使用权，为取得土地使用权所支付的金额、开发土地的费用以及其他有关税费；

（4）机器设备、车船，为购进价格、运输费、安装费以及其他有关税费；

（5）其他财产，参照以上方法确定。

纳税人未提供完整、准确的财产原值凭证，不能正确计算财产原值的，由主管税务机关核定其财产原值。

相关税费，是指卖出财产时按照规定支付的有关税费。

财产转让所得应纳税额的计算公式为：

应纳税额=应纳税所得额×适用税率=（收入总额-财产原值-合理费用）×20%

【例 11-10】某纳税人 2001 年建造房屋一栋，建造费为 40 000 元，支付有关费用 2 000 元。2011 年，该个人转让房屋，售价为 170 000 元，在卖房过程中按规定支付交易费等有关费用共6 000元。计算该个人转让房屋应纳的个人所得税。

应纳税所得额＝170 000－（40 000+2 000）－6 000＝122 000（元）

应纳个人所得税＝122 000×20%＝24 400（元）

任务十　计算利息、股息、红利所得应纳个人所得税

利息、股利、红利所得，以每次收入额为应纳税所得额，以支付利息、股息、红利取得的收入为一次。利息、股息、红利所得应纳税额的计算公式为：

应纳税额＝应纳税所得额×适用税率＝每次收入额×20%

任务十一　计算偶然所得应纳个人所得税

偶然所得，以每次取得该项收入为一次。偶然所得应纳税额的计算公式为：

应纳税额＝应纳税所得额×适用税率＝每次收入额×20%

【例11-11】某人参加某商场的有奖销售活动，取得中奖所得20 000元，该人领奖时，商场要其支付个人所得税方可领奖。该个人从中奖所得中拿出5 000元现金通过市教委捐赠给希望工程。计算商场应扣缴该中奖人的个人所得税。

应纳税所得额＝偶然所得－捐赠额（不超过收入30%部分）

＝20 000－5 000＝15 000（元）

应纳个人所得税＝15 000×20%＝3 000（元）

任务十二　计算其他所得应纳个人所得税

其他所得，以每次取得该项收入为一次。其他所得应纳税额的计算公式为：

应纳税额＝应纳税所得额×适用税率＝每次收入额×20%

为了正确计算应纳税所得额，《个人所得税法实施条例》规定，个人取得的应纳税所得，包括现金、实物和有价证券。所得为实物的，应当按照取得的凭证上所注明的价格计算应纳税所得额，无凭证的实物或凭证上所注明的价格明显偏低的，由主管税务机关参照当地的市场价格核定应纳税所得额。所得为有价证券的，由主管税务机关根据票面价格和市场价格核定应纳税所得额。

另外，纳税义务人兼有税法所列的两项或两项以上的应纳税所得，应分项计算纳税。在中国境内两处或两处以上取得工资、薪金所得或者个体工商户的生产、经营所得或者对企事业单位承包经营、承租经营所得的，同项所得应合并计算纳税。

在中国境内有住所或者无住所而在境内居住满1年的个人，从中国境外取得的所得，应当与中国境内取得的应纳税所得分别计算纳税，并按税法规定分项减除费用，计算应纳税额。

两个或两个以上的个人共同取得的同一项目收入的，应当对每个人取得的收入分别按税法规定减除费用后，计算应纳税额。

各项所得的计算，以人民币为单位。个人所得为外国货币的，应当按照填开完税凭证的上一月最后一日中国人民银行公布的外汇牌价，折合成人民币计算应纳税所得额及税额。依照税法规定须在年度终了后汇算清缴税款的，对已按月或按次预缴税款的外国货币

所得，不再重新折算；对应补缴税款的所得部分，按上一纳税年度最后一日中国人民银行的外汇牌价，折合成人民币计算应纳税所得额及税额。

计算个人所得税的应纳税额，首先应确定个人所得属于何种应税项目，再根据应税项目的种类计算应纳税所得额，然后再依据应税项目确定适用税率。适用超额累进税率的项目，还应根据应纳税所得额的大小，划分纳税所得额分别达到的级距及分别适用的税率。

任务十三　应纳税额计算中的几个特殊问题

（一）对个人取得全年一次性奖金等计算征收个人所得税的方法

纳税人取得全年一次性奖金，单独作为 1 个月工资、薪金所得计算纳税。自 2005 年 1 月 1 日起，按以下办法，由扣缴义务人发放时代扣代缴：

1. 先将雇员当月取得的全年一次性奖金，除以 12 个月，按其商数确定适用税率和速算扣除数。

如果在发放年终一次性奖金的当月，雇员当月工资、薪金所得低于税法规定的费用扣除额，应将全年一次性奖金减除雇员当月工资、薪金所得与费用扣除额的差额后的余额，按上述办法确定全年一次性奖金的适用税率和速算扣除数。

2. 将雇员个人当月取得的全年一次性奖金，按上述第一条确定的适用税率和速算扣除数计算征税，计算公式如下：

（1）如果雇员当月工资、薪金所得高于（或等于）税法规定的费用扣除额，适用公式为：

$$\text{应纳税额}=\text{雇员当月取得全年一次性奖金}\times\text{适用税率}-\text{速算扣除数}$$

（2）如果雇员当月工资、薪金所得低于税法规定的费用扣除额，适用公式为：

$$\text{应纳税额}=\left(\begin{matrix}\text{雇员当月取得的}\\\text{全年一次性奖金}\end{matrix}-\begin{matrix}\text{雇员当月工资、薪金所得}\\\text{与费用扣除额的差额}\end{matrix}\right)\times\text{适用税率}-\text{速算扣除数}$$

3. 在一个纳税年度内，对每一个纳税人，该计税办法只允许采用一次。

4. 实行年薪制和绩效工资的单位，个人取得年终兑现的年薪和绩效工资按上述第二条、第三条规定计算个人所得税。

5. 雇员取得除全年一次性奖金以外的其他各种名目奖金，如半年奖、季度奖、加班奖、先进奖、考勤奖等，一律与当月工资、薪金收入合并，按税法规定缴纳个人所得税。

6. 对无住所个人取得上述第五条所述的各种名目奖金，如果该个人当月在我国境内没有纳税义务，或者该个人由于出入境原因导致当月在我国工作时间不满 1 个月的，仍按照《国家税务总局关于在我国境内无住所的个人取得奖金征税问题的通知》（国税发［1996］183 号）计算纳税。

【例 11-12】 某中国公民王某 2011 年在我国境内 1—12 月每月的绩效工资为 1 200 元，12 月 31 日又一次性领取年终奖金（兑现的绩效工资）24 800 元，计算王某取得该笔奖金应缴纳的个人所得税。

每月的奖金 = ［24 800 -（3 500 - 1 200）］÷12 = 1 875（元）

适用的税率和速算扣除数分别为 10%、105 元。

应纳税额 =（奖金收入 - 当月工资与 3 500 元的差额）× 适用税率 - 速算扣除数

= ［24 800 -（3 500 - 1 200）］×10% - 105

= 22 500×10% - 105 = 2 250 - 105 = 2 145（元）

（二）在中国境内无住所的个人一次取得数月奖金或年终加薪、劳动分红的计税问题

对上述个人取得的奖金或年终加薪、劳动分红，可单独作为 1 个月的工资、薪金所得计算纳税。对每月的工资、薪金所得计税时已按月扣除了费用，因此，对上述奖金不再减除费用，全额作为应纳税所得额直接按适用税率计算应纳税款，并且不再按居住天数进行划分计算。上述个人应在取得奖金月份的次月 7 日内申报纳税。有一种特殊情况，即在中国境内无住所的个人在担任境外企业职务的同时，兼任该外国企业在华机构的职务，但并不实际或不经常到华履行该在华机构职务，对其一次取得的数月奖金中属于全月未在华的月份奖金，依照劳务发生地原则，可不作为来源于中国境内的奖金收入计算纳税。

（三）特定行业职工取得的工资、薪金所得的计税问题

为了照顾采掘业、远洋运输业、远洋捕捞业因季节、产量等因素的影响，职工的工资、薪金收入呈现较大幅度波动的实际情况，对这三个特定行业的职工取得的工资、薪金所得，可按月预缴，年度终了后 30 日内，合计其全年工资、薪金所得，再按 12 个月平均并计算实际应纳的税款，多退少补。公式为：

应纳所得税额 = ［（全年工资、薪金收入 ÷12 - 费用扣除标准）× 税率 - 速算扣除数］×12

（四）关于个人取得公务交通、通信补贴收入征税问题

个人因公务用车和通信制度改革而取得的公务用车、通信补贴收入，扣除一定标准的公务费用后，按照工资、薪金所得项目计征个人所得税。按月发放的，并入当月工资、薪金所得计征个人所得税；不按月发放的，分解到所属月份并与该月份工资、薪金所得合并后计征个人所得税。

公务费用的扣除标准，由省级地方税务局根据纳税人公务交通、通信费用的实际发生情况调查测算，报经省级人民政府批准后确定，并报国家税务总局备案。

（五）关于失业保险费（金）征税问题

城镇企业事业单位及其职工个人按照《失业保险条例》规定的比例，实际缴付的失业保险费，均不计入职工个人当期的工资、薪金收入，免予征收个人所得税，超过《失业保险条例》规定的比例缴付失业保险费的，应将其超过规定比例缴付的部分计入职工个人当期的工资、薪金收入，依法计征个人所得税。

具备《失业保险条例》规定条件的失业人员领取的失业保险金，免予征收个人所得税。

（六）关于企业改组改制过程中个人取得的量化资产征税问题

对职工个人以股份形式取得的仅作为分红依据，不拥有所有权的企业量化资产，不征收个人所得税。

对职工个人以股份形式取得的拥有所有权的企业量化资产，暂缓征收个人所得税；待个人将股份转让时，就其转让收入额，减除个人取得该股份时实际支付的费用支出和合理转让费用后的余额，按财产转让所得项目计征个人所得税。

对职工个人以股份形式取得的企业量化资产参与企业分配而获得的股息、红利、应按利息、股息、红利项目征收个人所得税。

（七）关于个人因与用人单位解除劳动关系而取得的一次性补偿收入征免税问题

1. 个人因与用人单位解除劳动关系而取得的一次性补偿收入（包括用人单位发放的经济补偿金、生活补助费和其他补助费用），其收入在当地上年职工平均工资 3 倍数额内的部分，免征个人所得税；超过的部分按照《国家税务总局关于个人因解除劳动合同取得经济补偿金征收个人所得税问题的通知》的有关规定，计算征收个人所得税。

2. 个人领取一次性补偿收入时，按照国家和地方政府规定的比例实际缴纳的住房公积金、医疗保险费、基本养老保险费、失业保险费可以在计征其一次性补偿收入的个人所得税时予以扣除。

3. 企业按照国家有关法律规定宣告破产，企业职工从该破产企业取得的一次性安置收入，免征个人所得税。

（八）两个或两个以上的纳税人共同取得同一项所得的计税问题

两个或两个以上的纳税义务人共同取得同一项所得的（如共同写作一部著作而取得稿酬所得），可以对每个人分得的收入分别减除费用，并计算各自应纳的税款。

（九）关于个人取得退职费收入征免个人所得税问题

1.《个人所得税法》第四条第七款所说的可以免征个人所得税的“退职费”是指个人符合《国务院关于工人退休、退职的暂行办法》（国发［1978］104 号）规定的退职条件并按该办法规定的退职费标准所领取的退职费。

2. 个人取得的不符合上述办法规定的退职条件和退职费标准的退职费收入，应属于与其任职、受雇活动有关的工资、薪金性质的所得，应在取得的当月按工资、薪金所得计算缴纳个人所得税。但考虑到作为雇主给予退职人员经济补偿的退职费，通常为一次性发给，且数额较大，以及退职人员有可能在一段时间内没有固定收入等实际情况，依照《个人所得税法》有关工资、薪金所得计算征税的规定，对退职人员一次取得较高退职费收入的，可视为其一次取得数月的工资、薪金收入，并以原每月工资、薪金收入总额为标准，划分为若干月份的工资、薪金收入后，计算个人所得税的应纳税所得额及税额。但按上述方法划分超过了6个月工资、薪金收入的，应按6个月平均划分计算。个人取得全部退职费收入的应纳税款，应由其原雇主在支付退职费时负责代扣并于次月7日内缴入国库。个人退职后6个月内又再次任职、受雇的，对个人已缴纳个人所得税的退职费收入，不再与再次任职、受雇取得的工资、薪金所得合并计算补缴个人所得税。

（十）关于企业年金个人所得税征收管理问题

为进一步规范企业年金个人所得税的征收管理，根据国家税务局《关于企业年金个人所得税征收管理有关问题的通知》（国税函［2009］694号）规定，从2009年12月10日起，对企业年金个人所得税征收管理有关问题按以下规定执行：

1. 企业年金的个人缴费部分，不得在个人当月工资、薪金计算个人所得税时扣除。

2. 企业年金的企业缴费计入个人账户的部分（以下简称企业缴费）是个人因任职或受雇而取得的所得，属于个人所得税应税收入，在计入个人账户时，应视为个人1个月的工资、薪金（不与正常工资、薪金合并），不扣除任何费用，按照“工资、薪金所得”项目计算当期应纳个人所得税，并由企业在缴费时代扣代缴。

对企业按季度、半年或年度缴纳企业缴费的，在计税时不得还原至所属月份，均作为1个月的工资、薪金，不扣除任何费用，按照适用税率计算扣缴个人所得税。

3. 对因年金设置条件导致的已经计入个人账户的企业缴费不能归属个人的部分，其已扣缴的个人所得税应予以退还。具体计算公式如下：

应退税款＝企业缴费已纳税款×（1－实际领取企业缴费÷已纳税企业缴费的累计额）

参加年金计划的个人在办理退税时，应持居民身份证、企业以前月度申报的含有个人明细信息的年金企业缴费扣缴个人所得税报告表复印件、解缴税款的税收缴款书复印件等资料，以及由企业出具的个人实际可领取的年金企业缴费额与已缴纳税款的年金企业缴费额的差额证明，向主管税务机关申报，经主管税务机关核实后，予以退税。

4. 设立企业年金计划的企业，应按照《个人所得税法》和《税收征收管理法》的有关规定，实行全员全额扣缴明细申报制度。企业要加强与其受托人的信息传递，并按照主管税务机关的要求提供相关信息。对违反有关税收法律法规规定的，按照《税收征收管理法》有关规定予以处理。

5. 上述通知下发前，企业已按规定对企业缴费部分依法扣缴个人所得税的，税务机关不再退税；企业未扣缴企业缴费部分个人所得税的，税务机关应限期责令企业按以下方法计算扣缴税款：以每年度未扣缴企业缴费部分为应纳税所得额，以当年每个职工月平均工资额的适用税率为所属期企业缴费的适用税率，汇总计算各年度应扣缴税款。

6. 上述通知所称企业年金是指企业及其职工按照《企业年金试行办法》的规定，在依法参加基本养老保险的基础上，自愿建立的补充养老保险。对个人取得该通知规定之外的其他补充养老保险收入，应全额并入当月工资、薪金所得依法征收个人所得税。

（十一）个人因购买和处置债权取得所得征收个人所得税的方法

1. 个人通过招标、竞拍或其他方式购置债权以后，通过相关司法或行政程序主张债权而取得的所得，应按照财产转让所得项目缴纳个人所得税。

2. 个人通过上述方式取得“打包”债权，只处置部分债权的，其应纳税所得按以下方式确定：

（1）以每次处置部分债权的所得，作为一次财产转让所得征税。

（2）其应税收入按照个人取得的货币资产和非货币资产的评估价值或市场价值的合计数确定。

（3）所处置债权成本费用（即财产原值），按下列公式计算：

$$\text{当次处置债权成本费用}=\text{个人购置“打包”债权实际支出}\times\text{当次处置债权账面价值（或拍卖机构公布价值）}\div\text{“打包”债权账面价值（或拍卖机构公布价值）}$$

个人购买和处置债权过程中发生的拍卖招标手续费、诉讼费、审计评估费以及缴纳的税金等合理税费，在计算个人所得税时允许扣除。

（十二）办理补充养老保险退保和提供担保个人所得税的征税方法

1. 单位为职工个人购买商业性补充养老保险等，在办理投保手续时应作为个人所得税的工资、薪金所得项目，按税法规定缴纳个人所得税；因各种原因退保，个人未取得实际收入的，已缴纳的个人所得税应予以退回。

2. 个人为单位或他人提供担保获得报酬，应按照《个人所得税法》规定的其他所得项目缴纳个人所得税，税款由支付所得税的单位或个人代扣代缴。

（十三）企业利用资金为股东个人购买汽车征收个人所得税问题

1. 企业购买车辆并将车辆所有权办到股东个人名下，其实质为企业对股东进行了红利性质的实物分配，应按照利息、股息、红利所得项目征收个人所得税，但允许合理减除部分所得，减除的具体数额由主管税务机关根据车辆的实际使用情况合理确定。

2. 企业为个人股东购买的车辆，不属于企业的资产，不得在企业所得税前扣除折旧。

（十四）个人股票期权所得征税办法

1. 员工接受股票期权时，一般不作为应税所得征税（另有规定除外）。在行权日之前，股票期权一般不得转让；因特殊情况转让，以股票期权的转让净收入，作为工资、薪金所得缴纳个人所得税。

2. 员工行权时，从企业取得股票的实际购买价（施权价）低于购买日公平市场价（指该股票当日的收盘价，下同）的差额，应按工资、薪金所得缴纳个人所得税。

3. 员工将行权之后的股票再转让获得的高于购买日公平市场价的差额，应按照财产转让所得征免个人所得税。

温馨提示

个人将行权后的境内上市公司股票再转让而取得的所得，暂不征收个人所得税；个人转让境外上市公司的股票而取得的所得，应按税法的规定计算应纳税所得额和应纳税额，依法缴纳税款。

4. 员工因拥有股权而参与企业税后利润分配，应按照利息、股息、红利所得缴纳个人所得税。

$$应纳税额=\left(\frac{股票期权形式的工资、}{薪金应纳税所得额}\div\frac{规定}{月份数}\times\frac{适用}{税率}-\frac{速算}{扣除数}\right)\times\frac{规定}{月份数}$$

5. 员工接受该可公开交易的股票期权，按以下规定进行税务处理：

（1）员工取得可公开交易的股票期权，作为员工授权日所在月份的工资、薪金所得，计算缴纳个人所得税。如果员工以折价购入方式取得股票期权，可以授权日股票期权的市场价格扣除折价购入股票期权时实际支付的价款后的余额，作为授权日所在月份的工资、薪金所得。

（2）员工取得可公开交易的股票期权后，转让该股票期权取得的所得，按财产转让所得纳税。

（3）员工取得上述可公开交易的股票期权后，实际行权时，不再计算缴纳个人所得税。

6. 员工以在一个公历月份中取得的股票期权形式工资、薪金所得为一次。

7. 员工多次取得或者一次取得多项来源于中国境内的股票期权形式工资、薪金所得，而且各次或各项股票期权形式工资、薪金所得的境内工作期间月份数不相同的，以境内工作期间月份数的加权平均数为月份数，但最长不超过 12 个月。

8. 公司雇员以非上市公司股票期权形式取得的所得，按全年一次性奖金的征税办法，计算征收个人所得税。

9. 股票增值权所得和限制性股票所得征收个人所得税，按工资、薪金所得的征税办法，计算征收个人所得税。

（十五）转让上市公司限售股所得征收个人所得税

自 2010 年 1 月 1 日起，对个人转让限售股取得的所得，按照财产转让所得，适用 20% 的比例税率征收个人所得税。

个人转让限售股以每次限售股转让收入，减除股票原值和合理税费后的余额，为应纳税所得额，即：

$$应纳税所得额=限售股转让收入-（限售股原值+合理税费）$$

$$应纳税额=应纳税所得额\times 20\%$$

项目三 个人所得税的纳税申报

任务一 自行申报纳税

自行申报纳税，是由纳税人自行在税法规定的纳税期限内，向税务机关申报取得的应税所得项目和数额，如实填写个人所得税纳税申报表，并按照税法规定计算应纳税额，据此缴纳个人所得税的一种方法。

（一）自行申报纳税的纳税义务人

1. 自2006年1月1日起，年所得12万元以上的；
2. 从中国境内两处或者两处以上取得工资、薪金所得的；
3. 从中国境外取得所得的；
4. 取得应税所得，没有扣缴义务人的；
5. 国务院规定的其他情形。

其中，年所得12万元以上的纳税人，无论取得的各项所得是否已足额缴纳了个人所得税，均应当于纳税年度终了后向主管税务机关办理纳税申报，如实填写个人所得税纳税申报表（适用于年所得12万元以上的纳税人申报）（见表11-4）；其他情形的纳税人，均应当按照自行申报纳税管理办法的规定，于取得所得后向主管税务机关办理纳税申报。

表11-4　　个人所得税纳税申报表（适用于年所得12万元以上的纳税人申报）

税款所属期：　　　　填表日期：　年　月　日　　　金额单位：　　　元（列至角分）

纳税人姓名		国籍		身份证照类型		身份证照号码	
抵华日期		职业		任职、受雇单位		经常居住地	
中国境内有效联系地址				邮编		联系电话	
所得项目	年所得额			应纳税额	已缴(扣)税额	抵扣税额	应补(退)税额
	境内	境外	合计				
1. 工资、薪金所得							
2. 个体工商户的生产、经营所得							
3. 对企事业单位的承包经营、承租经营所得							
4. 劳务报酬所得							
5. 稿酬所得							
6. 特许权使用费所得							
7. 利息、股息、红利所得							
8. 财产租赁所得							
9. 财产转让所得							

续表

所得项目	年所得额			应纳税额	已缴(扣)税额	抵扣税额	应补(退)税额
	境内	境外	合计				
10. 偶然所得							
11. 其他所得							
合　计							
我声明，此纳税申报表是根据《中华人民共和国个人所得税法》的规定填报的，我确信它是真实的、可靠的、完整的。 纳税人（签字）							
代理人名称： 代理人（公章）				经办人（签章） 联系电话			

受理申报机关：　　　受理人：　　　受理时间：　　年　　月　　日

（二）纳税申报地点

申报纳税地点一般应为收入来源地的税务机关。纳税人在两处或两处以上取得工资、薪金所得的，可选择并固定在一地税务机关申报纳税；从境外取得所得的，应向境内户籍所在地或经常居住地税务机关申报纳税。

对在中国境内几地工作或提供劳务的临时来华人员，应以税法所规定的申报纳税日期为准，在某一地区达到申报纳税的日期，即应在该地申报纳税。但为了方便纳税，也可准予个人提出申请，经批准后固定在一地申报纳税。对由在华企业或办事机构发放工资、薪金的外籍纳税人，由在华企业或办事机构集中向当地税务机关申报纳税。

纳税人要求变更申报纳税地点的，须经原主管税务机关批准。

（三）申报纳税期限

除特殊情况外，纳税人应在取得应纳税所得的次月 7 日内向主管税务机关申报所得并缴纳税款。具体规定如下：

1. 工资、薪金所得的应纳税款，按月计征，由纳税人在次月 7 日内缴入国库，并向税务机关报送个人所得税纳税申报表。采掘业、远洋运输业、远洋捕捞业等特定行业的纳税人，其工资、薪金所得应纳的税款，考虑其工作的特殊性，可以实行按年计算、分月预缴的方式计征，自年度终了之日起 30 日内，合计全年工资、薪金所得，再按 12 个月平均并计算实际应纳的税款，多退少补。对年所得 12 万元以上的纳税人，在纳税年度终了后 3 个月内向主管税务机关办理纳税申报。

2. 对于账册健全的个体工商户，其生产经营所得应纳的税款实行按年计算、分月预缴，由纳税人在次月 7 日内申报预缴，年度终了后 3 个月汇算清缴，多退少补。对账册不健全的个体工商户，其生产、经营所得的应纳税款，由税务机关依据《税收征收管理法》自行确定征收方式。

3. 纳税人年终一次性取得承包经营、承租经营所得的，自取得收入之日起 30 日内申报纳税；在一年内分次取得承包经营、承租经营所得的，应在取得每次所得后的7日内预缴税款，年度终了后3个月内汇算清缴，多退少补。

4. 劳务报酬、稿酬、特许权使用费、利息、股息、红利、财产租赁、财产转让所得和偶然所得等，按次计征。取得所得的纳税人应当在次月7日内将应纳税款缴入国库，并向税务机关报送个人所得税纳税申报表。

5. 从中国境外取得所得的纳税人，在纳税年度终了后30日内向中国境内主管税务机关办理纳税申报。

（四）申报纳税方式

纳税人可以采取数据电文、邮寄等方式申报，也可以直接到主管税务机关申报，或者采取符合主管税务机关规定的其他方式申报。纳税人采取邮寄方式申报的，以邮政部门挂号信函收据作为申报凭据，以寄出的邮戳日期为实际申报日期。

纳税人也可以委托有税务代理资质的中介机构或者他人代为办理纳税申报。

任务二　代扣代缴个人所得税

代扣代缴，是指按照税法规定负有扣缴税款义务的单位或者个人，在向个人支付应纳税所得时，应计算应纳税额，从其所得中扣出并缴入国库，同时向税务机关报送扣缴个人所得税报告表（见表11-5）。这种方法有利于控制税源、防止漏税和逃税。

表11-5　　**扣缴个人所得税报告表**

扣缴义务人编码：□□□□□□□□□□□□□□□□□□□□

扣缴义务人名称（公章）：　　　　金额单位：元（列至角分）填表日期：　　年　　月　　日

序号	纳税人姓名	身份证照类型	身份证照号码	国籍	所得项目	所得期间	收入额	免税收入额	允许扣除的税费	费用扣除标准	准予扣除的捐赠额	应纳税所得额	税率%	速算扣除数	应扣税额	已扣税额	备注
1	2	3	4	5	6	7	8	9	10	11	12	13	14	15	16	17	18
合计										—	—	—	—	—			

扣缴义务人声明	我声明：此扣缴报告表是根据国家税收法律、法规的规定填报的，我确定它是真实的、可靠的、完整的。 声明人签字：
会计主管签字：　　负责人签字：　　扣缴单位（或法定代表人）（签章）：	
受理人（签章）：　　受理日期：　　年　　月　　日　　受理税务机关（章）：	

国家税务总局监制

本表一式两份，一份扣缴义务人留存，一份报主管税务机关。

（一）扣缴义务人

税法规定，个人所得税以取得应税所得的个人为纳税义务人，以支付所得的单位或者个人为扣缴义务人，包括企业（公司）、事业单位、机关、社会团体、军队、驻华机构、个体户等单位和个人。

（二）代扣代缴的范围

扣缴义务人在向个人支付下列所得时，应代扣代缴个人所得税：（1）工资、薪金所得；（2）对企事业单位的承包经营所得；（3）劳务报酬所得；（4）稿酬所得；（5）特许权使用费所得；（6）利息、股息、红利所得；（7）财产租赁所得；（8）财产转让所得；（9）偶然所得；（10）经国务院财政部门确定征税的其他所得。

（三）代扣代缴期限

扣缴义务人每月所扣的税款，应当在次月7日缴入国库，并向主管税务机关报送扣缴个人所得税报告表，代扣代收税款凭证和包括每一纳税人姓名、单位、职务、收入、税款等内容的支付个人收入明细表以及税务机关要求报送的其他有关资料。

（四）代扣代缴税款的手续费

税务机关应根据扣缴义务人所扣的税款，付给2%的手续费，由扣缴义务人用于代扣代缴费用开支和奖励代扣代缴工作做得较好的办税人员。

模块十二　税务代理

学习任务

1. 了解税务代理的范围和法律关系。
2. 熟悉企业涉税基础工作的代理。
3. 熟悉主要税种申报的代理。
4. 熟悉减免税申报代理。
5. 熟悉涉税文书填报代理。
6. 熟悉税务行政复议代理。

项目一　税务代理的一般理论

任务一　税务代理的作用

税务代理是指税务代理人在国家法律规定的代理范围内，以代理机构的名义，接受纳税人、扣缴义务人的委托，依据国家税收法律和行政法规的规定，代其办理涉税事宜的各项民事法律行为的总称。

我国《税收征收管理法》第八十九条规定："纳税人、扣缴义务人可以委托税务代理人代为办理税务事宜。"这为我国建立和推行税务代理制度提供了法律依据。在我国积极推行税务代理制度，不仅是社会主义市场经济发展的客观要求，也是强化税收征管工作的内在要求。实践表明，在税收征管工作中实行税务代理制度，既有利于形成纳税人、代理办税机构、税务机关三方相互制约的机制，协调征纳关系，也有利于维护纳税人的合法权益。

税务代理在税收征纳关系中的作用主要包括：

(1) 税务代理有利于促进依法治税。依法治税是税收工作的基本原则。依法治税的基本要求是税务机关依法行政，纳税人、扣缴义务人依法纳税。推行税务代理制度，选用熟悉财税业务的专家作为沟通征纳双方的桥梁，以客观公正的立场协调征纳双方的行为，帮助纳税人准确及时地缴纳税款，并监督纠正征纳双方可能的背离税法规定的行为，将有利于推进我国依法治税的进程。

(2) 税务代理有利于完善税收征管的监督制约机制。加强税收征管工作的一个重要环节，是建立一个科学、严密的监督制约体系，确保税收任务的完成。实行税务代理制度，可在税收征纳双方之间通过注册税务师形成纳税人、注册税务师、税务机关三方制约关系。纳税人作为履行纳税义务的主体，要自觉纳税，同时，受到税务机关与注册税务师的依法监督制约；税务机关作为税收征收的主体，要严格执法，同时又受到纳税人与注册税务师的监督制约；注册税务师在开展代理活动中，也要受纳税人和税务机关的监督制约。这就形成了一个全方位的相互制约体系，必将促进税收征管制度的进一步完善。

(3) 税务代理有利于增强纳税人自觉纳税的意识。我国《宪法》规定，每个公民都有依法纳税的义务。从国际上看，无论是经济发达国家还是发展中国家，一般都建立了申报纳税制度。我国现行的《税收征收管理法》也对纳税人作了自觉申报纳税的规定，但由于税种多、计算复杂，纳税人自行准确计算、申报纳税是有一定难度的。实行税务代理制度，正是适应了纳税人准确履行纳税义务的需要，他们可以选择自己信赖的注册税务师，代为履行申报纳税义务。税务代理制度的实施，有利于提高纳税人主动申报纳税的自觉性，增强纳税意识。

(4) 税务代理有利于保护纳税人的合法权益。实行税务代理制度，纳税人可以在注册税务师的帮助下减少纳税错误；用足用好税收优惠政策，做好税收筹划。注册税务师还可协调税收征纳双方的分歧和矛盾，依法提出意见进行调解，如有需要，注册税务师可以接受纳税人委托向上级税务机关申请行政复议。这些都切实有效地维护了纳税人的合法权益。

任务二　税务代理的范围和法律关系

(一) 税务代理的范围

《注册税务师管理暂行办法》规定，注册税务师可以接受委托人的委托从事下列税务代理业务：(1) 代办税务登记。(2) 办理纳税、退税和减免税申报。(3) 建账记账。(4) 办理增值税一般纳税人资格认定申请。(5) 利用主机共事服务系统为增值税一般纳税人代开增值税专用发票。(6) 代为制作涉税文书。(7) 开展税务咨询（顾问）、税收筹划、涉税培训等涉税服务业务。注册税务师还可承办下列涉税鉴证业务：企业所得税汇算清缴纳税申报的鉴证、企业税前弥补亏损和财产损失的鉴证、国家税务总局和省税务局规定的其他涉税鉴证业务。

(二) 税务代理的法律关系

1. 税务代理关系的确立。税务代理不同于一般民事代理，税务代理关系的确立，应当以双方自愿委托和自愿受理为前提，同时还要受代理人资格、代理范围及委托事项的限制。

《注册税务师管理暂行办法》明确规定，注册税务师可以接受纳税人、扣缴义务人的委托从事规定范围内的业务代理，注册税务师不得超越法律规定范围进行代理，并严禁代理偷税、骗税行为。

税务代理是一项政策性较强、法律约束较高的工作，因此，受托代理机构及从业人员必须取得一定资格。按现行规定，从事税务代理的机构只能是经国家税务总局及其授权部门确认批准的负有限责任的税务师事务所和合伙税务师事务所，其他机构不得从事税务代理业务。同时，税务代理专业人员必须经考试取得中华人民共和国注册税务师执业资格证书并经省、自治区、直辖市和计划单列市注册税务师管理机构备案，方可从事代理业务。

注册税务师承办业务必须由所在的税务师事务所统一受理。

税务代理关系确立必须书面签订委托代理协议书，而不得以口头或其他形式。未经签订委托代理协议书而擅自开展代理业务的，不受法律保护。

税务代理关系确立大致有两个阶段：第一阶段是准备阶段，主要就委托内容与权利义务进行洽谈；第二阶段是签约阶段，即委托代理关系确立阶段。

税务代理关系确立前，代理双方应就委托项目及服务标准协商一致，并对双方权利义务进行商定，特别是应由纳税人、扣缴义务人提供的与委托税务事宜有关的情况、数据、证件、资料等必须如期、完整、准确地提供。同时，双方应就代理费收取等事宜协商一致。

在委托方、受托方就协议约定内容取得一致意见后，委托方、受托方应就约定内容签订委托代理协议书。委托代理协议书应当载明委托方、受托方名称、代理事项、代理权限、代理期限以及其他应明确的事项，并由注册税务师及其所在的税务代理机构和委托方签名盖章。协议书经委托方、受托方签章后，正式生效。

2. 税务代理关系的变更。委托代理协议书签订后，注册税务师及其助理人员应按协议约定的税务代理事项进行工作，但遇有下列问题之一的，应由协议双方协商对原订协议书进行修改和补充：

（1）委托代理项目发生变化的。这里有两种情况：第一种是原委托代理项目有了新发展，代理内容超越了原约定范围，经双方同意增加或减少代理内容的。如原来签订的是单项代理，后改为综合代理。第二种是由于客观原因，委托代理内容发生变化，需要相应修改或补充原协议内容的。

（2）注册税务师发生变化的。

（3）由于客观原因，需要延长完成协议时间的。

上述内容的变化都将使税务代理关系发生变化，因此，必须先修订委托代理协议书，并经过委托方和受托方以及注册税务师共同签章后生效，修订后的协议书具有同等法律效力。

3. 税务代理关系的终止。税务代理委托协议约定的代理期限届满或代理事项完成，税务代理关系自然终止。

（1）有下列情形之一的，委托方在代理期限内可单方终止代理行为：①税务代理执业人员未按代理协议的约定提供服务。②税务师事务所被注销资格。③税务师事务所破产、解体或被解散。

(2) 有下列情形之一的，税务师事务所在代理期限内可单方终止代理行为：①委托人死亡或解体、破产。②委托人自行实施或授意税务代理执业人员实施违反国家法律、法规行为，经劝告仍不停止其违法活动的。③委托人提供虚假的生产经营情况和财务会计资料，造成代理错误的。

委托代理关系存续期间，一方如遇特殊情况需要终止代理行为的，提出终止的一方应及时通知另一方，并向当地主管税务机关报告，终止的具体事项由双方协商解决。

【例 12-1】 税务代理人发生下列（ ）情形，被代理人可在代理期限内单方终止代理行为。

A. 税务代理机构更换合伙人

B. 税务代理机构被注销资格

C. 税务代理机构有违规行为，被行业管理部门处罚

D. 税务代理机构已解体

【答案】 BD

项目二　企业涉税基础工作的代理

任务一　代理企业税务登记

税务登记是指纳税人为依法履行纳税义务就有关纳税事宜依法向税务机关办理登记的一种法定手续，是整个税收征收管理的首要环节。纳税人必须按照税法规定的期限办理开业税务登记、变更税务登记或注销税务登记。

（一）代理开业税务登记

1. 代理开业税务登记申报。注册税务师在领取营业执照之日起 30 日内申请登记，并认真填写申报税务登记报告书，同时要求纳税人提供税务登记所必备的资料和证件。

2. 代理填报税务登记表及附表。注册税务师应根据纳税人的经济类型，领取相应的税务登记表，填登完毕后将登记表及有关资料报送税务机关审核。

3. 代理领取税务登记证件，交给纳税人。税务机关在规定的期限内将税务登记资料审核完毕，发放税务登记证件时，注册税务师应及时到税务机关领取，并将其交给纳税人；同时，还应进行税务登记证使用管理方面的辅导，保证税务登记证件的正确使用。

（二）代理变更税务登记

1. 代理变更税务登记申报。纳税人在工商行政管理机关办理变更登记的，应当自工商行政管理部门办理变更登记之日起 30 日内，向原税务机关如实提供下列证件、资料，申报办理变更税务登记：工商变更登记表及工商营业执照复印件、纳税人变更登记内容的决议及有关证明文件、税务机关发放的原税务登记证件（登记证正、副本和登记表等）、其他有关资料。

纳税人按照规定不需要在工商行政管理机关办理变更登记，或者其变更登记的内容与工商登记内容无关的，应当自税务登记内容实际发生变化之日起30日内，或者自有关机关批准或者宣布变更之日起30日内，持下列证件到原税务登记机关申报办理变更税务登记：纳税人变更登记内容的有关证明文件、税务机关发放的原税务登记证件（登记证正、副本和税务登记表等）、其他有关资料。

2. 代理填写税务登记变更表提交税务机关审核。注册税务师领取税务登记变更表以后，应根据企业的实际情况，详细填写纳税人识别号、纳税人名称、填表日期、变更登记事项及其变更前后的内容，并办理签章手续。

3. 领取变更后的税务登记证及有关资料。注册税务师应及时到税务机关领取重新核发的税务登记证件及有关资料，送交企业存档。

（三）代理注销税务登记

1. 代理注销税务登记申报。注册税务师应按照规定的期限以纳税人的名义向税务机关办理注销税务登记申报，填报注销税务登记申请审批表并提交相关证明文件和资料。

2. 代理填报注销税务登记申请审批表。注册税务师根据企业的实际情况填写注销税务登记申请审批表，经企业盖章后报送税务机关办理审批手续，同时将已领购的或已购未用的发票、发票领购簿、税务登记证等税收票证交回税务机关审验核销。

3. 代理领取注销税务登记的有关批件。税务机关在纳税人结清全部纳税事项后，核发注销税务登记通知书。注册税务师应及时到税务机关领回有关注销税务登记的批件、资料，交给纳税人。

任务二　代理发票领购

（一）代理统印发票领购

1. 注册税务师应根据用票单位适用的发票领购方式，办理发票领购手续。

2. 发票领购以后，注册税务师应将其与用票单位发票领购簿记载的种类、数量、字轨号码进行核对确认无误。

3. 对于再次领购发票的用票单位，注册税务师应按税务机关发票保管与使用的规定，认真审查发票存根联的各项内容，对于发现的问题用票单位予以纠正后，再按用票单位适用的购票方式办理发票领购手续。

4. 对于用票单位已经发生的发票丢失、发票使用不符合规范等问题，注册税务师应指导用票单位向主管税务机关提交检查报告，并办理有关手续。

（二）代理自制发票审批业务

凡有固定生产经营场所、财务核算和发票管理制度健全、发票使用量较大的单位，可以申请印制印有本单位名称的发票，即自制发票。代理人接受纳税人的委托，办理自制发票时首先应熟悉自制发票的有关规定，然后按下列程序和要求办理：

1. 要求用票单位根据业务特点和经营需要，设计发票式样，预计使用数量。

2. 代理填写企业自制发票申请审批表，写明所需发票的种类、名称、格式、联次和需求数量，连同发票式样一同提交主管税务机关审批

3. 取得税务机关核准的发票印制通知书后，到指定的印刷厂印制。

4. 发票印制完毕，并向税务机关办理交验手续后，代理人应到税务机关将承印发票完工报告表其中一联取回，并指导用票单位建立发票领用存的管理制度，按季向主管税务机关报送发票领用存情况季报表。

任务三　代理建账、记账

（一）代理建账建制的基本要求

在代理建账建制的过程中，注册税务师应主动接受税务机关的监督与管理，区别不同的业户实施分类建账。对于达到一定经营规模的个体工商户，按定期定额征收的私营企业，各类名为国有、集体实为个体或私营的企业，个人租赁承包经营的企业要建立复式账，其他业户建立简易账。

1. 复式账建账建制的基本要求：

（1）注册资金在20万元以上。

（2）销售增值税应税劳务的纳税人或营业税纳税人月销售（营业）额在40 000元以上，从事货物生产的增值税纳税人月销售额在60 000元以上，从事货物批发或零售的增值税纳税人月销售额在80 000元以上。

（3）省级税务机关确定应设置复式账的其他情形。

2. 简易账建账建制的基本要求：

（1）注册资金在10万元以上20万元以下。

（2）销售增值税应税劳务的纳税人或营业税纳税人月销售（营业）额为15 000 ~ 40 000元；从事货物生产的增值税纳税人月销售额为30 000 ~ 60 000元；从事货物批发或零售的增值税纳税人月销售额为40 000 ~ 80 000元。

（3）省级税务机关确定应设置简易账的其他情形。

简易账簿均采用订本式，建立简易账簿核算的个体业户，其会计制度和财务制度应与设立复式账的个体业户相同，只是会计核算科目、核算方法要简单许多。

（二）代理记账操作规范

1. 代制会计凭证：

（1）审核原始凭证。原始凭证是进行会计核算的原始资料，分为自制原始凭证和外来原始凭证两种。注册税务师代理记账但不代客户制作原始凭证，仅指导其正确填制或依法取得有效的原始凭证。

（2）代制记账凭证。记账凭证是根据合法的原始凭证或原始凭证汇总表编制的，是登记账簿的依据。注册税务师应根据纳税单位原始凭证的多寡和简繁情况，按月或按旬到户代制记账凭证。记账凭证可以根据每一张原始凭证单独填制，也可以按反映同类经济业务的若干原始凭证汇总填制。

2. 代为编制会计账簿。注册税务师根据记账凭证所确定的会计分录，分别在日记账和分类账的有关账户中进行登记的工作简称为记账。代理简易账的记账工作是以收支方式记录、反映生产情况并进行简易会计核算，在编制记账凭证后根据业务内容按时间顺序记入相关账户，实际上是俗称的流水账。代记复式账的操作应根据会计账户的特点来进行。

3. 代为编制会计报表。会计报表是提供会计资料的重要手段。个体工商户的会计报表比企业的要简单许多。设置复式账的个体工商户要编报资产负债表、应税所得表和留存利润表；设置简易账的仅要求编报应税所得表，它除可以总括反映业户的资产负债情况外，最重要的是为个人所得税的计算提供真实可靠的依据。

4. 代理纳税申报。注册税务师代理建账、记账过程中，对于客户生产经营情况应有较为全面、深入的了解，在按月结账编制报表的同时，可代理纳税申报事宜。

5. 代理纳税审查。代理纳税审查的作用是帮助个体工商户正确、完整地履行纳税义务，避免因不了解税法或财务会计制度的规定而漏缴税款。注册税务师代理纳税审查工作的重点，就是审查应税所得表所列各项是否符合个体工商户财务会计制度的规定。

项目三　代理主要税种的申报

任务一　代理增值税申报操作规范

增值税纳税申报分为一般纳税人和小规模纳税人两种。其计税原始资料的稽核与办税程序均有不同的要求。

（一）增值税一般纳税人

1. 增值税一般纳税人申报的特点是报表体系严密，计税资料齐全。

2. 增值税一般纳税人应提供下述资料：

（1）必报资料：

①增值税纳税申报表（适用于一般纳税人）及其增值税纳税申报表附列资料；

②使用防伪税控系统的纳税人，必须报送记录当期纳税信息的IC卡（明细数据备份在软盘上的纳税人，还须报送备份数据软盘）、增值税专用发票存根联明细表及增值税专用发票抵扣联明细表；

③资产负债表和损益表；

④主管税务机关规定的其他必报资料。

纳税申报实行电子信息采集的纳税人，除向主管税务机关报送上述必报资料的电子数据外，还需报送纸质的增值税纳税申报表（适用于一般纳税人）主表及附表。

（2）备查资料：

①已开具的增值税专用发票和普通发票存根联；

②符合抵扣条件并且在本期申报抵扣的增值税专用发票抵扣联；

③海关进口货物完税凭证、运输发票、购进农产品普通发票及购进废旧物资普通发票的复印件；

④收购凭证的存根联或报查联；

⑤代扣代缴税款凭证存根联；

⑥主管税务机关规定的其他备查资料。

备查资料是否需要在当期报送，由各省级国家税务局确定。

（二）小规模纳税人

小规模纳税人由于计税方法简单，其纳税申报的操作也相对容易。

1. 代理小规模纳税人的增值税申报，应在规定的期限内向主管税务机关报送纳税申报表。

2. 注册税务师在编制纳税申报表时，应按以下规范操作：

(1) 核查销售原始凭证及相关账户，稽核销售货物、应税劳务和视同销售的收入。

(2) 对于经营免税项目或混合销售、兼营非应税劳务的，应通过核查原始凭证及核算过程，正确区分征免税项目及非应税项目的销售收入，将免税销售额和非应税劳务销售额分离出来。

(3) 核查“应交税费——应交增值税”明细账，将含税收入换算成不含税销售额乘以征收率计算出当期应纳税额。

任务二　代理消费税纳税申报操作规范

消费税纳税申报包括销售自产应税消费品纳税申报、委托加工应税消费品代收代缴申报、出口应税消费品免税或退税申报。

（一）自产或委托加工应税消费品

1. 自产应税消费品于销售环节纳税，自产自用的于移送使用时纳税。代理自产应税消费品纳税申报应首先确定应税消费品适用的税目税率，核实计税依据，在规定的期限内向主管税务机关报送消费税纳税申报表。

2. 委托加工应税消费品，由受托方办理代收代缴消费税申报。注册税务师首先应确定双方是否为委托加工业务，核查组成计税价格的计算，如为受托方代理申报应向主管税务机关报送代收代缴申报表；如为委托方代理申报，应向主管税务机关提供已由受托方代收代缴税款的完税证明。

（二）出口应税消费品

1. 生产企业。代理有进出口经营权的生产企业自营或委托出口应税消费品的申报，注册税务师应向主管征税机关提供“两单一票”办理免税手续。如发生退关或国外退货，出口时已予以免税的，经所在地主管税务机关批准，可暂不办理补税，待其转为国内销售时，再在当期办理补缴消费税的申报手续，于报送消费税纳税申报表的同时，提供出口货物转内销证明。

2. 外贸企业。外贸企业出口应税消费品退（免）税实行专用税票管理制度，其代理申报程序如下：

（1）生产企业将应税消费品销售给外贸企业出口，应到主管征税机关办理消费税专用税票开具手续，然后办理消费税纳税申报手续。

（2）应税消费品出口后外贸企业凭“两单两票”及消费税专用税票向主管退税机关办理退税手续，报送出口退税货物进货凭证申报明细表和出口货物退税申报明细表。

（3）出口的应税消费品办理退税后，发生退关或国外退货，外贸企业应在当期向主管退税机关申报补缴已退的消费税税款，办理出口商品退运已补税证明。

任务三　代理营业税纳税申报操作规范

注册税务师代理服务业、交通运输业、建筑安装业、金融保险业等营业税纳税申报操作要点如下：

1. 核查营业收入相关账户及主要的原始凭证，计算应税营业收入。

2. 根据企业应税项目的具体情况，确认税前应扣除的营业额。

3. 核查兼营非应税劳务、混合销售以及减免税项目的营业额，确认应税营业额和适用的税目税率。

4. 核查已发生的代扣代缴营业税义务的情况，确认应扣缴税额。

5. 计算填表后按规定期限向主管税务机关报送营业税纳税申报表及其他计税资料。代扣代缴的营业税要履行报缴税款手续。

任务四　代理企业所得税纳税申报操作规范

根据税法规定，注册税务师应替纳税人在月份或者季度终了后15日内报送申报表及月份或者季度财务报表，履行月份或者季度纳税申报手续；年度终了后5个月内向其所在地主管税务机关报送企业所得税年度纳税申报表和税务机关要求报送的其他有关资料，办理结清税款手续：

（1）核查收入核算账户和主要的原始凭证，计算当期生产经营收入、财产转让收入、股息收入等各项应税收入。

（2）核查成本核算账户和主要的原始凭证，根据行业会计核算制度，确定当期产品销售成本或营业成本。

（3）核查主要的期间费用账户和原始凭证，确定当期实际支出的销售费用、管理费用和财务费用。

（4）核查税金核算账户，确定税前应扣除的税金总额。

（5）核查损失核算账户，计算资产损失、投资损失和其他损失。

（6）核查营业外收支账户及主要原始凭证，计算营业外收支净额。

（7）经过上述六个步骤的操作，注册税务师可据此计算出企业当期收入总额、不征税收入和免税收入额，再按税法规定核查允许的各项扣除及允许弥补的以前年度亏损，计算当期应税所得额。

（8）根据企业适用的所得税税率，计算应纳所得税额。

任务五　个人所得税代理纳税申报操作规范

代理个人所得税纳税申报的关键问题是能否全面、真实地反映纳税义务人的应税所得。个人收入结算与支付具有一定的隐蔽性，会给代理申报带来一定的困难和风险。为确保办税质量，在界定纳税义务人性质的前提下，注册税务师应严格按规范程序操作。

（一）居民纳税义务人

居民纳税义务人是指在中国境内有住所，或者无住所而在境内居住满 1 年的个人，应负有无限纳税义务。

1. 核查有关工薪所得、劳务报酬所得和利息、股息、红利所得结算账户，审核支付单位工薪支付明细表，奖金和补贴性收入发放明细表，劳务报酬支付明细表，福利性现金或实物支出，集资债券利息、股息、红利支出，确定应税项目和计税收入。

2. 根据税法有关税前扣除项目的具体规定，确定免予征税的所得，计算应税所得。

3. 核查外籍个人来源于中国境内由境外公司支付的收入，来源于中国境外由境内、境外公司支付的所得，根据有无住所或实际居住时间，以及在中国境内企业任职的实际情况，确认纳税义务。

4. 核查税款负担方式和适用的税率，计算应纳税额，并于每月 7 日前向主管税务机关办理代扣代缴所得税申报手续。

（二）非居民纳税义务人

非居民纳税义务人是指在中国境内无住所又不居住，或无住所而在境内居住不满 1 年但有从中国境内取得所得的个人。非居民纳税义务人只负有限纳税义务。对非居民纳税义务人来源于中国境内的工薪所得，根据在境内实际居住的时间、支付方式和税收协定的有关规定来确定是否征税。劳务报酬所得主要根据税收协定有关独立劳务和非独立劳务的判定来确定具体的计税方法。由于利息、股息、红利所得情况各异，征免界定均有具体规定。因此，代理非居民纳税义务人个人所得税的纳税申报，其计税资料的取得与核实是比较复杂的。

1. 核查外籍个人因任职、受雇、履约等出入境的实际日期，确定与其派遣公司或雇主的关系，通过出入境签证、职业证件、劳务合同等来判定其所得适用的税目和发生纳税义务的时间。

2. 核查纳税义务人来源于中国境内分别由境内、境外支付的工薪所得明细表，根据税款负担方式和雇主为其负担税款情况，将不含税收入换算成含税收入。

3. 核查纳税义务人从中国境内企业取得的各种补贴、津贴及福利费支出明细，除税法规定免予征税的项目外，将其并入工薪所得计算纳税。

4. 核查纳税义务人劳务报酬所得支付明细表，通过审核外籍个人来华提供劳务服务与派遣公司的关系，判定其属于非独立劳务或独立劳务，前者应按工薪所得计税，后者则适用劳务报酬的计税方法。

5. 核查纳税义务人来源于中国境内的利息、股息、红利所得的计税资料，根据其投资的具体内容来判定征免。

6. 核查担任境内企业或外企商社高级职务的外籍个人来源于中国境内的工薪所得和实际履行职务的期间，据以计算应税所得。

7. 在对非居民纳税义务人工薪所得、劳务报酬所得、利息、股息、红利所得等全部计税资料进行核查后，分类计算应税所得，按一定的税款负担方式计算出支付单位应代扣代缴的个人所得税税额。

项目四　其他税务代理业务

任务一　减免税申报代理

（一）减免税业务概述

减免税是指依据税收法律、法规以及国家有关税收规定给予纳税人减税、免税。减税是指从应纳税款中减征部分税款；免税是指免征某一税种、某一项目的税款。减免税分为报批类减免税和备案类减免税。报批类减免税是指应由税务机关审批的减免税项目；备案类减免税是指取消审批手续的减免税项目和不需税务机关审批的减免税项目。

纳税人同时从事减免项目与非减免项目的，应分别核算，独立计算减免项目的计税依据以及减免税额度。不能分别核算的，不能享受减免税；核算不清的，由税务机关按合理方法核定。

（二）减免税的申请、申报和审批实施

1. 纳税人申请报批类减免税的，应当在政策规定的减免税期限内，向主管税务机关提出书面申请，并报送以下资料：（1）减免税申请报告，列明减免税理由、依据、范围、期限、数量、金额等；（2）财务会计报表、纳税申报表；（3）有关部门出具的证明材料；（4）税务机关要求提供的其他资料。

纳税人报送的材料应真实、准确、齐全。税务机关不得要求纳税人提交与其申请的减免税项目无关的技术资料和其他材料。

2. 税务机关对纳税人提出的减免税申请，应当根据以下情况分别作出处理：

（1）申请的减免税项目，依法不需要由税务机关审查后执行的，应当即时告知纳税人不受理。

（2）申请的减免税材料不齐全或者不符合法定形式的，应在5个工作日内一次告知纳税人需要补正的全部内容。

（3）申请的减免税材料齐全、符合法定形式的，或者纳税人按照税务机关的要求提交全部补正减免税材料的，应当受理纳税人的申请。

有审批权的税务机关对纳税人的减免税申请，应按以下规定时限及时完成审批工作，作出审批决定：县、区级税务机关负责审批的减免税，必须在20个工作日内作出审批决定；地市级税务机关负责审批的，必须在30个工作日内作出审批决定；省级税务机关负

责审批的，必须在60个工作日内作出审批决定。在规定期限内不能作出决定的，经本级税务机关负责人批准，可以延长10个工作日，并将延长期限的理由告知纳税人。

税务机关作出的减免税审批决定，应当自作出决定之日起10个工作日内向纳税人送达减免税审批书面决定。

减免税批复未下达前，纳税人应按规定办理申报缴纳税款。

3. 纳税人在执行备案类减免税之前，必须向主管税务机关申报以下资料备案：减免税政策的执行情况、主管税务机关要求提供的有关资料。

主管税务机关应在受理纳税人减免税备案后7个工作日内完成登记备案工作，并告知纳税人执行。

（三）减免税的监督管理

1. 税务机关应结合纳税检查、执法检查或其他专项检查，每年定期对纳税人减免税事项进行清查、清理，加强监督检查，主要内容包括：

（1）纳税人是否符合减免税的资格条件，是否以隐瞒有关情况或者提供虚假材料等手段骗取减免税。

（2）纳税人享受减免税的条件发生变化时，是否根据变化情况经税务机关重新审查后办理减免税。

（3）减免税税款有规定用途的，纳税人是否按规定用途使用减免税款；规定减免税期限的，是否到期恢复纳税。

（4）是否存在纳税人未经税务机关批准自行享受减免税的情况。

（5）已享受减免税是否未申报。

2. 减免税的审批采取谁审批谁负责制度，各级税务机关应将减免税审批纳入岗位责任制考核体系中，建立税收行政执法责任追究制度。

（1）建立健全审批跟踪反馈制度。各级税务机关应当定期对审批工作情况进行跟踪与反馈，适时完善审批工作机制。

（2）建立审批案卷评查制度。各级审批机关应当建立各类审批资料案卷，妥善保管各类案卷资料，上级税务机关应定期对案卷资料进行评查。

（3）建立层级监督制度。上级税务机关应建立经常性的监督的制度，加强对下级税务机关减免税审批工作的监督，包括是否按本办法规定的权限、条件、时限等实施减免税审批工作。

纳税人实际经营情况不符合减免税规定条件的或采用欺骗手段获取减免税的、享受减免税条件发生变化未及时向税务机关报告的，以及未按本办法规定程序报批而自行减免税的，税务机关按照《税收征收管理法》有关规定予以处理。

（四）减免税的备案

主管税务机关应设立纳税人减免税管理台账，详细登记减免税的批准时间、项目、年限、金额，建立减免税动态管理监控机制。

属于“风、火、水、震”等严重自然灾害及国家确定的“老、少、边、穷”地区以及西部地区新办企业年度减免属于中央收入的税收达到或超过100万元的，国家税务总局不再审批，审批权限由各省级税务机关具体确定。审批税务机关应分户将减免税情况（包括减免税项目、减免依据、减免金额等）报省级税务机关备案。

各省、自治区、直辖市和计划单列市税务机关应在每年6月底前书面向国家税务总局报送上年度减免税情况和总结报告。由国家税务总局审批的减免税事项的落实情况应由省级税务机关书面报告。

减免税总结报告内容包括：减免税基本情况和分析；减免税政策落实情况及存在问题；减免税管理经验以及建议。

任务二　涉税文书填报代理

注册税务师填报涉税文书是在提供与此相关的税务代理事项中进行的，它贯穿于税务代理业务范围的始终，因受托代理项目不同而内容各异。填报符合税收征管规范要求的涉税文书，是顺利完成委托代理事项必不可少的工作环节。

（一）代理填报涉税文书的种类

注册税务师代理制作的涉税文书是按照税收征管的业务流程要求确定的，主要有税务登记文书、发票管理文书、减免税文书、纳税申报文书、税款征收文书和税务行政复议文书。通常情况下，税务机关都规定有各种涉税文书的格式、填报要求和报送份数，注册税务师在代理填报时，应按要求填报使用。

（二）填报涉税文书的基本程序

1. 搜集整理原始资料。首先，根据涉税文书的内容搜集有关的资料。例如，为纳税人制作税务登记表就要取得“营业执照”、“银行账号证明”、“企业法人代码证书”等证件，企业有关生产经营方面的基本情况的资料等。其次，要对搜集的资料进行整理、分析，将涉税文书所需要的数据和内容进行摘录，为填报涉税文书做好准备。

2. 规范填写涉税文书。在搜集整理资料的基础上，根据涉税文书具体的格式要求填写各项内容，做到字迹清晰、工整、填列完整、内容不容缺漏。例如，填报属于申请类涉税文书，申请理由要符合纳税人的实际情况和政策规定，引用的法律条文要准确；属于纳税申报类涉税文书反映的数据、逻辑关系要计算无误。

3. 交由纳税人审验签收。涉税文书制作完毕应将文书交给纳税人审验，确认文书中填报的内容和申办要求是否符合意愿，如果无异议，由纳税人签字、盖章。

4. 按规定时限报送主管税务机关。注册税务师应将填报完毕的涉税文书及附报的各种资料，按规定时限及时报送到主管税务机关。

任务三　税务行政复议代理

（一）代理税务行政复议的基本前提

引发税务行政复议的前提，是征纳双方产生的税收争议，税务行政复议是保护纳税人、扣缴义务人的有效途径，也是维护税务机关依法行政的重要渠道，注册税务师作为征纳双方的中介，在决定受托代理税务行政复议之前，必须明确下述前提：

1. 解决税收争议的途径。在税收征管的每个环节，税务机关所作出的具体行政行为都有可能引发税收争议，但是，更为普遍的情况是针对税务稽查结论所产生的税款滞补罚争议。解决这类争议的前一个环节，是在主管税务机关的税务行政处罚事项告知书送达后3日内，由纳税人、扣缴义务人或者委托注册税务师向税务机关书面提出听证，由作出具体行政行为的税务机关自行审查解决纳税争议。对于注册税务师而言，可视征纳双方争执的具体情况确定是否经过听证程序。

在税务处理决定书送达之后，针对税务机关作出的征税行为，注册税务师可根据复议前置原则，通过必经复议程序解决税收争议；对于税务机关作出的处罚行为，采取税收保全措施和强制执行措施的行为，既可通过必经复议程序，也可直接通过司法程序进行税务行政诉讼。注册税务师的使命是通过税务行政复议程序，解决税收争议，依法保护纳税人、扣缴义务人的合法权益。如果需要承接税务行政诉讼程序，应由纳税人、扣缴义务人委托律师代理诉讼。

2. 引起税收争议的焦点。引起税收争议的原因是多方面的，在决定受托代理税务行政复议之前，注册税务师必须以独立、客观的立场来调查了解产生税收争议的过程，征纳双方各自的主张和论据，税收法律、法规有关争议问题的解释，税务机关对以往类似问题的判例，等等。

3. 代理税务行政复议的风险。由于税收争议多属于较为疑难复杂的问题，征纳双方都很敏感，直接涉及纳税人、扣缴义务人的税收权益，处于中介地位的注册税务师即使以完全独立、客观的立场来分析判断税收争议，仍要承担较高的代理风险，它主要来自三个方面：

(1) 纳税人、扣缴义务人提供有关税收争议资料的合法性与可信程度。

(2) 税务机关作出的具体行政行为如果有明显的缺陷和不足，而主管税务机关的领导和具体执行人员不能客观分析执行过程中存在的问题并加以纠正，不能正确处理维护税务机关的执法权威与保护纳税人、扣缴义务人合法权益的关系，也会人为地增加困难。

(3) 注册税务师在决定受托代理之前对产生税收争议的前因后果未加详细的调查分析而盲目代理，或者由于代理解决税收争议的方式及策略方面的失误也会无功而返。

分析代理税务行政复议的风险，实质上是从独立、客观的立场判断税收争议双方谁是谁非，代理争议获得诉愿实现的把握程度，它是确定税务行政复议代理的重要前提之一。

(二) 代理税务行政复议的操作规范

1. 确定代理复议操作要点。代理税务行政复议的操作是从签订税务代理协议书开始的。但是，在正式决定受托代理之前，注册税务师应履行如下程序：

(1) 了解分析税收争议双方的基本情况，产生税收争议原因、过程与结果，税务机关最后的决定，纳税人、扣缴义务人请求复议的理由与要求。

(2) 审核纳税人、扣缴义务人申请复议的条件是否具备，如申请复议的内容是否受案和管辖范围，申请的时限是否符合法定的复议期限，如因纳税问题提请复议是否按照税务机关的要求缴纳了税款和滞纳金等。

（3）磋商代理事项、价格和收费方法，签订税务代理协议书。一般而言，代理事项的技术难度、风险程度，纳税人、扣缴义务人通过代理所获得的税收权益与代理费用成正比。由于代理税务行政复议属于技术系数较高的业务项目，代理事项的结果有许多不可预见性，在签订合同时，应按商定代理价格的30%～40%预交费用，以预防代理中可能发生的过高成本与风险损失。

2. 代理复议申请操作要点：

（1）注册税务师制作复议申请书，应认真填写各个栏目的内容，简单清晰地表达申请复议的要求和理由，针对税务机关的具体行政行为，提出持有异议的论据并进行充分的论证。

（2）在向税务行政复议机关提交复议申请书之后的10日内，注册税务师可视下列情况分别处理：①复议机关决定受理复议申请，应做好参加审理的准备；②复议机关要求限期补正，应按限定的时间提供有关资料；③复议机关通知不予受理，如果申请人对此裁决不服可以自收到不予受理裁决书之日起15日内，就复议机关不予受理的裁决向人民法院起诉。

（3）在法定的申请期限内，如因不可抗力而延误申请，注册税务师应在障碍消除后的10日内，向复议机关申请延长复议申请期限。

3. 代理复议审理。审理是复议机关对决定受理的复议申请，审查其具体行政行为合法性和适当性的过程。它是复议机关最终作出复议决定的基础。注册税务师应根据审理过程中案情的发展而加以运作，力争复议请求的圆满解决。

（1）在采取书面审理的方式下，被申请人自收到复议申请书之日起10日内，向复议机关提交答辩书和有关证据材料，为支持原具体行政行为提供事实和法律方面的辩护。

（2）在采取公开审理的方式下，注册税务师要与被申请人就税收争议进行辩论，公开陈述申请人的复议请求，论证税务机关作出的具体行政行为在事实认定、适用法律及执法程序中存在的问题。

4. 作出复议决定后的代理策略。税务行政复议机关作出复议决定，并向复议参加人送达复议决定书，标志着税务行政复议这一行政裁决税收争议程序的结束。复议决定的结论不同，注册税务师其后操作的代理策略也要有所区别。

（1）复议机关作出维持原具体行政行为的决定，意味着对代理复议的请求给予否认，该项税务代理未能达到预定的目的，注册税务师应作客观冷静的分析：①如果是由于上级税务机关未在复议中履行审查职责，或者有意偏袒下级税务机关作出的原具体行政行为，对其认定事实、适用法律、法规和执法程序方面存在的问题未加纠正，注册税务师应引导申请人请求司法救济，向人民法院提起诉讼，以求得税收争议的司法裁决。②如果是由于申请人隐瞒了某些重要的事实及过程并提供了不真实的资料，或者是注册税务师在分析税收争议适用税收法律、法规方面的某些错误而导致复议请求的否定，注册税务师应以书面形式向申请人作出说明，并提示其今后应吸取的教训。

（2）复议机关作出变更、撤销原具体行政行为的决定，表明对代理复议的请求给予部分或全部肯定，可以认为该项税务代理的结局比较理想。注册税务师应总结经验，并以书面的形式告知申请人如何执行税务复议决定，原已执行的税务行政行为如何纠正。涉及已纳税款、滞纳金、罚款的退还应如何办理等。

(3) 复议机关认为原具体行政行为有程序上的不足，决定被申请人补正，注册税务师可根据申请人的复议请求决定是否服从复议机关的裁决。如果原具体行政行为除有执法程序上的不足外，还存在着所依据的事实、根据不足或相互矛盾，以及超越和滥用职权问题，已经侵害了纳税人的合法权益，而复议决定未加以纠正，注册税务师仍可与申请人研究通过进一步申诉得到解决。

(4) 复议机关对税务机关的不作为行为裁决应在一定期限内履行，注册税务师应尽快与税务机关沟通，将所请求的办税事项予以完成，并以书面形式告知申请人。

模块十三 企业纳税筹划

学习任务

1. 了解纳税筹划的基本知识。
2. 熟悉纳税筹划的基本技术。
3. 熟悉纳税筹划的基本步骤。
4. 熟悉我国现行主体税种的基本纳税筹划思路。

项目一 纳税筹划的基本理论

任务一 认识纳税筹划

(一) 纳税筹划的概念与特点

纳税筹划是纳税人通过筹资、投资、收入分配、组织形式、经营等事项的事先安排、选择和策划，以不违法为前提，以税收负担最小化、企业利益最大化为目的经济活动。纳税筹划一般有以下几个特点：

1. 合法性。合法性是纳税筹划最本质的特点，也是纳税筹划区别于偷税行为的基本特征。纳税筹划的合法性体现在其行为是在尊重法律、不违反国家税收法规的前提下进行的。

在合法的前提下，当存在多种可选择的纳税方案时，纳税人就可利用对税法专业知识的精熟掌握和实践技术，选择低税负方案，从而降低纳税。

2. 筹划性。筹划性是指事先进行计划、设计、安排。纳税人在进行筹资、投资、利润分配等经营活动之前往往会把税款缴纳作为影响财务成果的一个重要因素来考虑，而纳税行为则是在纳税人应税经营活动发生后才发生的，如企业交易行为发生之后，才承担缴纳增值税或营业税的义务。这就在客观上为纳税人提供了纳税前作出事先筹划的可能性。

3. 目的性。目的性是指纳税筹划行为的目的是减少纳税，取得节税收益。但纳税筹划取得利益应着眼于纳税人资本总收益的长期稳定的增长，而不是着眼于个别税种税负的高低，甚至也不能仅仅着眼于纳税人总体税负的轻重。这是因为，在纳税人的经营计划或财务计划中，纳税只是其中一个因素。进行投资、经营决策时，除了考虑税收因素外，还必须考虑其他多种因素，权衡轻重，趋利避害，以达到总体长期的收益最大化。

4. 专业性。专业性不仅是指纳税筹划是一门专业性很强的跨税收学、法学、财务管理学的综合性学科，而且是指从事纳税筹划业务的人员应是具有专业技能的专门人才。具体到从事这项业务的机构，主要有会计师事务所、律师事务所、专门的税务师事务所等，其从业人员还须具备法定的资格。

（二）纳税筹划的原则

1. 合法性原则。纳税筹划必须符合现行税法、财会法规和有关经济法规。坚持此原则必须注意以下几个方面：

（1）全面准确理解税法及财会法规和有关经济法规，理解法规条款、立法背景和立法精神，不可断章取义。

（2）纳税筹划的方式方法及措施符合现行法规。

（3）利用法规的有效性，把握好纳税筹划的时机。

2. 科学性原则。纳税筹划必须坚持科学的态度、科学的方法，在全面准确理解税法及财会法规和有关经济法规的基础上，对企业进行全面深入调查研究，正确运用税法及财会法规和有关经济法规，制定、筛选纳税筹划方案，采用科学的方法、步骤实施可行性纳税筹划方案。

3. 策划性原则。纳税筹划必须是事先性的行为，企业应从其发展的角度制定并实施短、中、长期的纳税筹划方案，这样才有利于企业的积累和发展。

4. 兼顾性原则。纳税筹划必须以企业长期、整体经营为前提，要以企业长远利益、整体利益为重，选择最佳方案。最佳方案必须是能使企业获得长远效益最大的方案。

5. 效益最大化原则。纳税筹划必须能使企业获得长远效益最大，此效益最大化应是节税效益最大、管理效益最大、长远经济效益最大。

任务二　区分纳税筹划相关概念

（一）纳税筹划与偷税的区别

根据《全国人民代表大会常务委员会关于惩治偷税、抗税犯罪的补充规定》中的相关规定，纳税人采取伪造、变造、隐匿、擅自销毁账簿、记账凭证，在账簿上多列支出或者不列、少列收入，或者进行虚假的纳税申报的手段，不缴或者少缴应纳税款的，是偷税。

纳税筹划与偷税有着本质的区别：偷税是一种公然违反税法规定，与税法相对抗的行为。偷税的主要手段表现为纳税人通过隐匿有关纳税情况和事实，达到少缴或不缴税款的目的，其行为带有明显的欺骗性质。而纳税筹划是尊重税法规定的，即在遵守税法规定的前提下，利用现有纳税法律优惠规定，结合纳税人的具体经营情况来制定最有利的涉税方案具有合法性。

在法律后果上，偷税行为是属于税法上明确禁止的行为，因而一旦被税务机关查明属实，纳税人就要为此承担相应的法律责任，受到法律的制裁。世界上各国税法对隐瞒纳税事实的偷逃税行为都有处罚规定。而纳税筹划则是通过某种合法的形式来尽可能减少纳税人的纳税负担，其经济行为无论在形式上还是事实上都是符合税法规定的，各国政府对此一般都是默许甚至是鼓励的。

从社会影响看，偷税是公然违反税法、利用虚假的申报减少纳税，因此，偷逃税是纳税人一种藐视法律的行为，各地税务机关为了防止纳税人偷税，均在进一步加强纳税征管，严格执法。而纳税筹划的成功则需要纳税人及筹划人对税法条文的熟悉和税法精神的充分理解，同时又要掌握必要的筹划技术，才能达到节税的目的。

（二）纳税筹划与避税的区别

避税是指纳税人利用税法漏洞或者缺陷，通过对经营及财务活动的精心安排，以期达到纳税负担最小的经济行为。

有关避税是否合法的争论一直在进行。避税者根据“法律无明文规定不为罪”的原则，认为避税“合法”。因为其在一定时候的确可以为纳税人带来利益，在一开始，避税的概念是中性的，也曾在纳税人中风靡一时，但随着避税范围的扩大，给我国财政收入造成的影响也在不断扩大，政府在税法中不断加入反避税条款。从目前的情况来看，避税已不再是中性的行为，而是法律条款或者立法精神反对甚至打击的一项非法的行为。

可以这样说，避税是纳税人利用税法上的漏洞和不成熟之处，靠小聪明去打税法的“擦边球”，以谋取纳税利益。而纳税筹划则是遵照国家税法的规定和遵循政府的纳税立法意图，在纳税义务发生前为了节税而所作的对投资、经营、财务活动的事先安排。避税尽管在形式上并不违法，甚至体现了筹划者的一种“聪明”，但其实质是有悖于税法的立法意图的；纳税筹划从形式到内容是完全合法的，反映了国家纳税政策的意图，是法律予以保护和鼓励的。

（三）纳税筹划与节税的区别

节税是指遵循纳税法规和政策的要求，以合法方式减少企业税负的行为。节税是合法而且合理的行为，其合理性体现在其行为符合纳税优惠政策的制定精神。

在我国的纳税理论及实践中，目前广泛赞同纳税筹划等同于节税的概念。在国家税务总局出版的有关税务筹划书籍及《中国税务报》中，很明确地把纳税筹划定义为“在税法规定的范围内，通过对经营、投资、理财活动的事先筹划和安排，尽可能地取得‘节税’的纳税利益”。

国家对于节税持鼓励、支持的态度，因为节税行为经常是与环境保护、高科技、下岗再就业、引进国外资金及先进技术、扩大产品出口等我国政府鼓励的项目相联系的，它所体现的是实实在在的为国分忧，也是实实在在的强国富民。节税行为完全是个人（股东）、集体（纳税人）、国家三者纳税利益的最佳结合点。

愚蠢的人去偷税，聪明的人去避税，智慧的人是去节税。

任务三　明确纳税筹划的前提条件

纳税筹划作为纳税人所进行的法律允许、无风险、能使其纳税负担最小的谋划，是能够给纳税人带来客观的纳税利益的。纳税人出于防范风险、利润最大化的追求，必然有进行纳税筹划的强烈愿望；但成功地实施纳税筹划，是需要具备一定的条件的。

（一）具备丰富的税法知识

纳税人进行的纳税筹划是以合法为前提的，在此基础上，少缴或免缴税款，以获得更大的利益，这就必须了解并熟练掌握税法规定。如果纳税人不了解税法的规定却想充分运用纳税筹划策略，无异于巧妇的“无米之炊”。而且，税法规定的内容相当复杂又经常修改，纳税人自身条件也在不断地发生变化，纳税人要想有效地运用纳税筹划策略，就必须研究税法、了解掌握税法，或者采取走捷径的方法，那就是聘请纳税筹划顾问。

税法与其他法律法规相比，有其一定的特殊性。纳税筹划时，应知晓税法的适用性；在法律效力的判定上，应掌握以下原则：一是效力高的法律优先于效力低的法律；二是特别法优于普通法；三是后法优于前法；四是国际法优于国内法。

（二）具备综合分析的能力

纳税筹划一般是综合性的问题，而非单一性的问题，所以，要进行纳税筹划，就必须具备综合分析和解决问题的能力。如对经济特区和上海浦东新区内需要国家重点扶持的高新技术企业经营期起点的筹划，经营期起点涉及几个问题：一是决定企业开办费的问题。企业开办费的截止日就是经营期的起点日。开办费分5年摊销，如果不属于开办费就可以在当期全部一次计入成本费用。二是涉及“两免三减半”的免税年度问题。如果经营期的起点是在下半年，企业可以选择当年纳税，不作为第一个免税年度。这样就可以往后推一年享受“两免三减半”的年度，少缴纳税款。可见，没有综合能力是搞不了纳税筹划的。

（三）具备纳税筹划的意识

我国受前苏联“非税论”的影响，纳税意识不强，进而纳税筹划的意识也就更不强。纳税人虽然具备了一定的税法知识，但意识不到纳税筹划的重要作用，不能产生直接的纳税筹划行为。现实中这样的事例比比皆是，一大堆优惠政策“束之高阁”，就是没有想到去进行纳税筹划，自己兜里的钱白白流失。这还是个思想意识的问题。现在很多企业已开始招聘纳税筹划主管了。在海外，公司聘请税务主管是平常的事。

（四）具备相当的收入规模

纳税人掌握了相当的税法知识，具备了从事纳税筹划的能力，也认识到要进行纳税筹划，还要看纳税人的纳税复杂情况。纳税复杂与否又取决于纳税人的经营规模与收入规模。一个摆摊小贩只需缴纳一种或几种很简单的税，还是定额征收，就不用搞什么纳税筹划。而一个总公司，下辖若干分公司，经营着多种多样的商品，从事几个行业的生产，每年涉及的税种数量多，税款数额大，这种情况下，就必须实施纳税筹划，才能有效保护自身利益。企业越大，经营情况越复杂，就越需要纳税筹划。另外，如果纳税筹划的费用大于纳税筹划的收益，那么这种纳税筹划应该放弃。因为这样一来，纳税筹划达不到增大收益目的。

除此而外，纳税人要了解理论与实践之间的差异。在理论上，偷税、避税、节税的纳税筹划有不同的含义，容易区分，但是在实践中，要分清某一种行为究竟是纳税筹划行为，还是偷税行为，或者是避税行为，却比较困难。有时要通过税务机关的认定和判断，认定和判断又随不同的人的主观看法而有不同结果。因此，任何纳税主体在进行纳税筹划时，不但要掌握纳税筹划的基本方法，还必须兼顾征税主体的可能看法。

纳税人要关注税法的变化。世界各国的税法都是在不断变化的，我国的税法及相应法规的变化更大一些。企业在进行纳税筹划时，必须注意税法的变动，适时调整纳税筹划方案，这样才能使纳税筹划达到预期效果。

任务四　明确纳税筹划目标

虽然减轻企业自身的纳税负担是税务筹划的最终目标，也是纳税筹划兴起与发展的根本原因，但这个目标仅仅是整个筹划目标的组成部分之一。纳税筹划还有以下目标：实现涉税零风险；获取资金的时间价值；提高自身经济效益和维护主体合法权益。

（一）减轻纳税负担

纳税人对减轻税收负担的追求，是纳税筹划产生的最初动因。纳税人是纳税义务的承担者，作为市场经济的主体，在产权界定清晰的前提下，追求的是自身利益的最大化。而自身利益最大化的实现，不仅要求总收入大于总成本，而且要求总收益与总成本之间差额的最大化。在总收益一定的条件下，就要使总成本最小化。

一方面，企业在生产经营过程中发生的各项费用，如外购原材料、外购燃料、外购动力、支付工人的工资、津贴、固定资产投资支出、销售费用、管理费用、财务费用等构成企业的内在成本，减少内在成本可以提高总体经济效益。另一方面，国家凭借其权力，按照税法规定强制、无偿征收的税收，可认为是企业的外在成本，也构成企业生产经营成本的一部分，其数额的减少也可以增加企业的实际经济效益。因此，纳税人为实现经济利益的最大化，进行纳税筹划以减轻税收负担，是市场竞争机制健全程度的外在表现，具有一定的合理性。

这种意义上的减轻税收负担，是相对地减少应纳税款数额。只要企业应纳税额与生产经营规模的比率有所降低，便可认为筹划是成功的。

（二）实现涉税零风险

涉税零风险是指纳税人账目清楚，纳税申报正确，缴纳税款及时、足额，不会出现任何关于纳税方面的处罚，即在纳税方面没有任何风险，或风险极小可以忽略不计的一种状态。纳税人可以通过税务筹划，使自己处于一种涉税零风险状态。虽然纳税人不能直接获取纳税上的好处，但是能间接地获取一定的经济利益，也更有利于企业的长远发展和规模的扩大。因此，涉税零风险也是纳税筹划追求的目标之一。具体说来，有以下几方面的原因：

1. 纳税人实现涉税零风险可以避免发生不必要的经济损失。企业进行纳税筹划之后，使自己账目清楚，纳税正确，不会受到税务机关的经济处罚，这样就相当于获取了一定的经济收益。如果纳税人不进行筹划，就有可能出现账目不清、纳税不正确的情况，从而很容易被税务机关认定为偷漏税。

2. 纳税人实现涉税零风险可以避免发生不必要的名誉损失。一旦纳税人被税务机关认定为偷漏税，甚至是犯罪，那么该纳税人的声誉将会遭受严重的损失。商品经济高速发展的今天，人们的品牌意识越来越强，好品牌意味着好的经济效益和社会地位。企业的品牌越好，产品越容易被消费者接受，企业的收益就越好；反之则不然。除此之外，偷税行为的认定还可能会导致税务机关更加严格的稽查，更加苛刻的纳税申报条件及程序，从而增加了纳税人的申报时间和经济上的成本，因而实现涉税零风险极其重要。

3. 涉税零风险状态可以使企业账目更加清楚，使企业管理更加有条不紊，更有利于企业的健康发展，更有利于企业的生产经营活动。

账目不清不利于企业进行各项成本的核算，也不利于企业进行各项成本费用的控制，从而造成不必要的浪费及管理上的混乱。因此，从企业管理的角度出发，实现涉税零风险不应被排除在纳税筹划的目标体系之外。纳税人账目不清，纳税不正确，即使不被税务机关查处，也会使纳税人承受精神上的成本。

（三）获取资金的时间价值

纳税人通过一定的手段将当期应该缴纳的税款延缓到以后年度缴纳，以获取资金的时间价值，也是纳税筹划目标体系中的有机组成部分。理论上讲，如果企业每期都能将后期的一笔费用在当期列支，每期都能将当期的一笔收入在下期计入应纳税所得，则每期都可以使一部分税款缓纳，相当于每期都获得一笔无息贷款，即每期都可以用新贷款偿还旧贷款，相当于一笔贷款永远不用清偿。

在信用经济高速发展的今天，企业进行生产经营活动，尤其在扩大生产经营规模时，经常会借债。如果企业能尽量延缓税款的缴纳，就会使企业的营运资金相对宽裕，有利于企业的发展，对那些资金比较紧张的企业来说更是如此。更深一层讲，在税法允许的范围内延迟税款的缴纳，无偿地使用财政资金为自己企业的生产经营服务，不存在财务风险。此外，纳税筹划使企业当期的总资金增加，有利于企业扩大借债规模，企业增强了承担财务风险的能力，有利于企业扩大生产经营规模，有利于企业的长期可持续发展。

（四）提高自身经济效益

既然获取最大的经济收益是纳税人从事经济活动的最终目的，那么提高纳税人的经济效益就理所当然是纳税筹划目标体系中不可缺少的元素。

进行纳税筹划可以使纳税人直接或间接获取经济收益，但纳税筹划是有成本的。根据纳税人的实际情况，运用成本收益法分析，如果成本小于净收益，则该筹划就可行。这里的成本，可以仅指当前的实际成本，也可以从长远看指一段时期甚至将来可能发生的显性成本与隐性成本的总和。从理论上讲，如果所销售产品的供给弹性大于需求弹性，则纳税人便可以通过提高产品售价的办法，将所承担的税负大部分转嫁到购买者头上，而且供给弹性越大，需求弹性越小，这种转嫁就越容易。但是任何事情都不是绝对的，一般而言，需求弹性比较小的产品，长期需求弹性比短期需求弹性要大，即消费者在持续高价的情况下，可以慢慢调整自己的消费习惯，寻找替代消费品。如果产品售价过高，消费者迟早会减少对这种商品的消费需求。因而，在现实经济生活中，纳税人在利用转嫁方法进行筹划时应该谨慎，一定要注意这种隐性成本，即客户数量的减少，或者合作者的减少。

（五）维护主体合法权益

依法治税不仅要求纳税人依照税法规定，及时、足额地交纳税款，而且要求纳税机关依照税法规定合理、合法地征收税款。在现行纳税征管中，人治的因素还在影响着纳税人，因此需要纳税人利用筹划工具维护自身的合法权益。如果纳税人不注重维护自身的合法权益，长此以往必然会养成征税机关的惰性，不注重征管水平的提高。维护自身合法权益是纳税人进行纳税筹划必不可少的一环。维护自身合法权益并不是要纳税人无理取闹，一味地和税务机关对着干，而是从依法治税的角度对权利与义务的失衡状态进行调整，以实现纳税与经济的良性互动，促进经济的长期持续发展。

任务五　熟悉纳税筹划的基本技术

根据纳税筹划技术所依据的原理，采用的方法和手段不同，国内目前一般把纳税筹划技术分为三类：节税筹划技术、避税筹划技术和转嫁筹划技术，其中，从税制要素考虑，节税筹划技术可以归纳为八种：免税技术、减征技术、分离技术、扣除技术、抵免技术、缓税技术、退税技术和纳税优惠技术。在具体操作中，这八大技术不是一成不变的，而是可以相互转化的。

（一）免税技术

免税是国家对特定地区、行业、企业、项目或情况给予纳税人完全免征优惠、奖励扶持或照顾的一种措施。

免税一般分为法定免税、特定免税和临时免税三种。在这三类免税中，法定免税是主要方式，特定免税和临时免税是辅助方式，是对法定免税的补充。世界各国一般对特定免税和临时免税都有极严格的控制，尽量避免这类条款产生的随意性和不公正性。由于我国正处于转型时期，所以税法中出现了大量的特定免税条款和临时免税条款。如对 2008 年

1月1日（含）之后完成登记注册的国家需要重点扶持的高新技术企业，在经济特区和上海浦东新区内取得的所得，自取得第一笔生产经营收入所属纳税年度起，经申请纳税机关批准，第一年至第二年免征企业所得税，第三年至第五年按照25%的法定税率减半征收企业所得税。

免税实质上相当于财政补贴，一般有两类免税：一类是照顾性免税，另一类是奖励性免税，照顾性免税一般是在比较苛刻的条件下取得的，所以纳税筹划一般不利用这项条款达到节税的目的，只有取得国家奖励性质的免税才能达到节税的目的。

免税技术运用过程中，尽量注意做到以下两点：一是尽量使免税期最长，在合理合法的情况下，免税期越长，节减的税款就越多；二是尽量争取更多的免税待遇，在合法合理的情况下，免税越多，节减的税款就越多，企业可以支配的税后利润也就越大。

（二）减征技术

减征技术，是按照税收法律、法规减除纳税人一部分应纳税款，是对某些纳税人、征税对象进行扶持、鼓励或照顾，以减轻纳税负担的一种特殊规定。与免税一样，纳税减征也是纳税灵活性与严肃性相结合制定的一项措施，也是各个国家尤其是中国目前采取的一种最普遍的措施。由于免税和减免在税法中经常结合使用，人们习惯上统称为减免税技术。

例如，国税发［2009］87号文件规定，创业投资企业采取投资方式投资于未上市的中小高新技术企业2年以上，凡符合条件的，可以按照其投资额的70%在股权持有满2年的当年抵扣该创业投资企业的应纳税所得额；当年不足抵扣的，可以在以后纳税年度结转抵扣。

减税技术在使用时应注意把握两点：一是尽量使减税期最长，在合理合法的情况下，减税时间越长，节省的税额越多，企业的税后利润也就越多。二是尽量使减税项目多样化，减税项目越多，企业的收益越大。

（三）分离技术

分离技术是指企业所得和财产在两个或更多纳税人之间进行分割而使节减税款达到最大化的纳税筹划技术。一般来讲所得税和财产税的适用税率为累进税率，即计税基础越大，适用的边际税率越高。因此，如果在两个或更多的纳税人之间进行合理的分割，就可以减少每个纳税人的纳税基础，降低最高边际适用税率，节减税款。例如，我国对年应税所得额在30万元以下的小型微利企业按20%征收企业所得税，假如一个企业2010年应税所得额为58万元，那么，该企业2010年应交企业所得税为58×25%＝14.50（万元），如果该企业再成立一个关联企业甲，将利润分给关联企业甲28万元，那么企业的应税所得额变为58－28＝30（万元），没超过30万元，适用所得税税率为20%，2010年度该企业应交所得税为：30×20%＝6（万元），关联企业甲因应税所得额28万元低于30万元，适用20%的税率，则2010年关联企业甲应交所得税为28×20%＝5.60（万元），两企业合计应交所得税为：6+5.60＝11.60（万元），则该企业2010年度由于分离少交所得税额为：14.50－11.60＝2.90（万元）。

分离技术在应用时注意两点：一是使用该技术，除要合法以外，还要注意合理化，使分离出去的部分尽量往低税率上靠，否则就没有意义；二是节税最大化，通过合理的分离，使分离后的企业达到最大化的节税目的。

（四）扣除技术

扣除技术即税前扣除技术，是指在计算缴纳税款时，对于构成计税依据的某些项目，准予从计税依据中扣除。税前扣除是纳税制度的重要组成部分，许多税种对扣除项目、扣除多少都作了比较详细的规定。这些准予扣除的项目，有些是对所有纳税人通用的，有些则只是对某些特定的纳税人或征税对象设计的，应严格区分开来。例如，根据《企业所得税法》规定，纳税人来源于境外所得，因已在境外交纳了企业所得税，在汇总纳税时，准予从中扣除；又如《增值税暂行条例》规定，企业应纳税额为当期销项税额减去当期进项税额后的余额。再比如，纳税人在计算企业应纳税所得额时，允许将支付给员工的工资、限制性支出等项目按照标准进行扣除，从而减少企业应纳税所得额。

在运用扣除技术时，一般应注意以下三点：一是扣除金额最大化，在税法允许的情况下，尽量使各项扣除的项目按上限扣除，用足用活扣除政策，因为扣除金额的最大化，就意味着应交税基的最小化，扣除的金额越大，交税金额就越小，企业税后利润就越大；二是扣除项目最多化，企业应尽量按照税法允许的扣除项目一一列出，凡是符合扣除的项目，都要依法给予扣除，列入成本，因为扣除项目越多，计税基数就越小，节减的税款就越多；三是扣除最早化，在税法允许的范围之内，尽可能地使各种允许的扣除项目尽早得到扣除，因为扣除越早，企业交纳的税款就越少，节省的现金就越多，企业早期的现金净流量就越大，相对节减的税额就越多。

（五）抵免技术

抵免技术是指当对纳税人来源于国内外的全部所得或财产课税时，允许以其在国外已缴纳的所得税或财产税税款抵免应纳税款，是解决国际所得或财产重复征税的一种措施。例如，某纳税人源于中国境外的所得为100 000元，已在境外交纳的企业所得税为20 000元（该国适用企业所得税税率20%），按照我国税率25%计算应补交的税款为100 000×25%－20 000＝5 000（元）。

抵免技术在运用时应注意以下两点：一是抵免项目最多化，在税法规定的可以抵免的范围内，尽可能地把能参与抵免的项目全部抵免，因为参加抵免的项目越多，就意味着节减的税款越多；二是抵免金额最大化，在税法允许的范围内，抵免的金额越大，应纳税额就越小，因而节减的税款就越多，企业实现的税后利润就越大。

（六）缓税技术

缓税技术，又称延期纳税技术，是对纳税人应纳税款的部分或全部的缴纳期限适当延长的一种特殊规定。为了照顾某些纳税人缺少资金或其他特殊原因造成的纳税困难，许多国家都制定了有关延期纳税的条款。有的是对某个税种规定了准予缓纳，有的则是对所有税种可以缓纳。尽管采用缓纳技术不能使应交纳的税款免纳或少纳，但它使应该交纳的税款可以向后推迟一段时间，而且不需支付任何费用，这就相当于从政府手中拿到了一笔无息贷款，不仅节省了利息支出，而且还有因通货膨胀带来的好处，变相降低了应纳税额。

例如，我国税法规定，纳税人因有特殊困难，不能按期缴纳税款的，经省、自治区、直辖市国家税务局、地方税务局批准，可以延期缴纳税款，但是最长不得超过3个月。

缓税技术在使用中应该注意两点：一是使缓纳时间最长，在税法规定的时间内，尽量争取缓纳的时间最长，因为缓纳的时间越长，相对节减的税款也就越多；其次是缓纳的项目最多化，争取在税法允许的范围内，找足找齐各种原因，经征税机关批准，使这些项目纳入缓纳项目的行列，因为缓纳的项目越多，企业当期的现金流量也就越大，节税也就越多。

（七）退税技术

退税技术是按照税法的规定，应缴纳的税款由税务机关在征税时全部或部分退还给纳税人的一种纳税筹划技术。它与出口退税、先征后退、投资退税一并属于退税的范畴，是一种特殊的免税和减税方式。退税技术所涉及的退税是让税务机关退还纳税人符合国家退税条件的已交纳的税款。例如，我国《企业所得税法》规定：自2008年1月1日至2010年底，对集成电路生产企业、封装企业的投资者，以其取得的缴纳企业所得税后的利润，直接投资于本企业增加注册资本，或作为资本投资开办其他集成电路生产企业、封装企业，经营期不少于5年的，按40%的比例退还其再投资部分已缴纳的企业所得税税款。又比如，对销售自行开发的软件产品或改造进口软件后对外销售的产品按税法规定按17%税率征税，其增值税实际税负超过3%的部分，实行即征即退的政策，这主要是国家为了鼓励软件开发企业，提高国际市场竞争能力的一种措施。

实施退税技术的要点，一是尽量争取退税项目的最多化，在税法规定的范围内，尽量争取更多的退税待遇；二是尽量使应退的税额最大化，因为退还的税额越大，企业的税后利润也就越大。

（八）纳税优惠技术

改革开放以来，中国的区域经济发展迅速，已形成了由沿海到内地，以及沿江、沿海、沿边多层次对外开放的格局。与之相适应，国家对经济特区等各类经济区域制定了一系列纳税优惠政策。例如国家对设在西部地区国家鼓励类产业的内资企业，在2001—2010年期间，减按15%的税率征收企业所得税。目前，我国的优惠政策主要集中在经济特区、上海浦东新区和西部地区。利用纳税优惠政策进行筹划必须掌握优惠政策。

任务六　熟悉纳税筹划的基本步骤

纳税筹划有简有繁、有大有小，不一定每一项纳税筹划都有完整的程序和步骤，一般情况下，纳税筹划可遵循如下程序和步骤：

（一）熟知税法，归纳相关规定

要进行纳税筹划，必须熟知税法及相关法律，全面掌握税法的各项规定，尤其是各项税收优惠政策，它们往往散见于各项文件之中，有的是人大常委会、国务院颁发的，有的是财政部、国家税务总局联合发文，有的是国家税务总局发文，还有的可能是省（市、自治区）发文，这些都要收集齐全、进行归类。

（二）确立筹划目标，建立备选方案

根据纳税筹划内容，确立纳税筹划的目标，建立多个备选方案，每一方案都包括一些特定的法律安排。

（三）建立数学模型，进行模拟决策

根据有关税法规定和预计经营情况（中、长期预算等），尽可能建立数学模型，进行演算，模拟决策，定量分析，修改备选方案。

（四）根据税后净回报，排列选择方案

分析每一备选方案，所有备选方案的比较都要在成本最低化和利润最大化的分析框架里进行，并以此标准确立能够产生最大税后净回报的方案。另外，还要考虑企业风险、税收风险、政治风险等因素。

（五）选择最佳方案

最佳方案是特定环境下选择的，这些环境能保持多长时间的稳定，事先也应有所考虑，尤其是在进行国际纳税筹划时，更应考虑这个问题。

（六）付诸实践，信息反馈

付诸实践后，再运用信息反馈机制，验证实际纳税筹划结果是否和当初测算、估算一致，为今后纳税筹划提供参考依据。

项目二　主体税种的基本纳税筹划

任务一　增值税的纳税筹划

（一）分散与联合经营的纳税筹划

1. 分散经营的纳税筹划。企业不同的生产经营方式对企业税收负担有着不同的影响。企业按照法律规定，将部分或全部业务分离出去，分成两个或两个以上的新企业，目的在于提高管理与资源利用效率，突出企业的主营业务，或者获取税收方面的利益。从增值税方面来看，由于一些特定产品是免税的，或者适用税率较低，但这类产品在税收核算上又有一些特殊要求，而企业往往由于种种原因不能满足这些核算要求，因而丧失了税收上的一些利益。如果通过筹划，进行分散经营，或许企业能够获得税收收益。

2. 联合经营的纳税筹划。与社会分工趋势相对的是社会生产协作。其实，分工与协作并不矛盾，两者是相辅相成、密不可分的。企业可以通过分散经营达到节税的目的，自然也可以通过联合经营来进行纳税筹划。企业通过联合经营进行纳税筹划的方式主要有两种：一是通过紧密的联合方式，即建立新的法人组织进行联合经营；二是通过合同契约联合，即企业与企业之间相互提供产品，避开交易，消除营业额，从而避开增值税和营业税。独立核算的经济组织除了生产烟酒等高税率产品的联合组织之外，其他组织均可以联合经营组织为单位缴纳增值税，其方法由省级税务局会同有关部门制定，报国家税务局备案。联合经营组织实现的利润，采用“先分后税”的办法，联合各方按协议规定从联合经营组织分得利润，并入企业利润一并征收所得税。这便给企业进行纳税筹划带来了方便。

利用联合经营进行纳税筹划，关键是企业瓜分和转移利润是否合法，或能否得到税务机关的认可，否则就有可能被税务机关认定为逃税行为。

（二）销售过程中的纳税筹划

1. 有奖（赠送）销售筹划。一般选择现金的赠送形式要优于赠送实物。有奖（赠送）销售是指纳税人在销售的同时，通过奖励的方式赠送一些实物或现金给购货方。根据税法规定，销货方若是赠送实物，应该视同销售货物，计算缴纳增值税。采用有奖（赠送）销售的方式，购货方可以得到的实惠就是，若是赠送货物就可以同样的支出换回更多货物；若是赠送现金就可以更少的支出换回同样多的货物。对销货方来说，若是赠送实物，应该视同销售货物，计算缴纳增值税；若是赠送现金，该支出均计为销售费用，作为所得税应税所得的税前扣除，可少缴相应的企业所得税，不必为此缴纳任何流转税费。所以，从税收筹划的角度，企业选择现金的赠送形式要优于赠送实物。

【例 13-1】某商家推出有奖销售，若购货满 1 000 元，方案一是赠送 100 元现金，方案二是赠送 100 元实物，该实物进价（含税）65 元。应选择赠送现金还是赠送实物？

选用方案一：企业无需为赠送的 100 元现金承担任何流转税费。

选用方案二：赠送 100 元实物，企业尚需缴纳增值税：

$(100-65)\div1.17\times0.17=5.09$（元）

仅从节约流转税费角度考虑，企业应选择赠送现金，将节约 5.09 元的增值税支出。

2. 折扣销售。折扣销售，是指销货方在销售货物或提供应税劳务时，因购货方购买数量较大或购买行为频繁等原因，而给予购货方价格方面的优惠。比如购买 10 件，销售价格折扣 5%；购买 20 件，销售价格折扣 10% 等。这种行为在现实经济生活中很普遍，是企业销售策略的一部分。由于折扣在销货方实现销售的同时发生，税法规定，如果销售额和折扣额在同一张发票上分别注明，可按折扣后的余额作为计税依据计算增值税；如果将折扣额另开发票，不论在财务上如何处理，均不得从销售额中减除折扣额。因此，筹划的基本思路就是将销售额和折扣额在同一张发票上分别注明，以减轻税收负担。

【例 13-2】某企业为了促销，规定凡在 5 月购买本企业产品 100 件以上者，给予价格 10% 的折扣。该产品不含税单价为 200 元，折扣后价格为 180 元。折扣后比折扣前可少纳多少增值税？

折扣前应纳增值税 = 100×200×17% = 3 400（元）

折扣后应纳增值税 = 100×180×17% = 3 060（元）

折扣后比折扣前少纳增值税 = 3 400−3 060 = 340（元）

就这笔业务而言，税法为纳税人提供了 340 元的节税筹划空间。

（三）混合销售业务的纳税筹划

【例 13-3】某空调专营销售公司（商业一般纳税人），购进每台空调的平均单价为 2 000 元，平均售价为 2 050 元（不含税）。另外每台空调向客户收取 175.50 元的安装、调试费，安装调试耗用的材料 23.40 元。

正常情况下，销售并安装、调试一台空调应缴纳的增值税为：

2 050×17% + 175.50÷（1+17%）×17% −2 000×17% −23.40÷（1+17%）×17% = 30.60（元）

若成立一个独立核算的售后服务公司，由售后服务公司直接为客户安装、调试并收取安装、调试费，则销售一台空调应缴纳增值税为：

2 050×17% −2 000×17% = 8.50（元）

安装、调试一台空调应缴纳的营业税为：175.50×3% = 5.27（元）

整个销售、安装并调试一台空调应缴纳的税收合计（不包括城建税等）为：

8.50+5.27 = 13.77（元）

节省税款为：30.60−13.77 = 16.83（元）

任务二　消费税纳税筹划

消费税是对我国境内从事生产、委托加工和进口应税消费品的单位和个人，就其销售额或销售数量，在特定环节征收的税种。因其征税对象是税法列举的特定消费品，征收的刚性比较强，可进行纳税筹划的空间有限，但还是有纳税筹划的可能。

（一）关联企业转移定价的消费税纳税筹划

企业自行生产、委托加工或进口的应税消费品可以直接对外销售，并按照销售价格计算缴纳消费税，也可以在不违反公平交易原则的前提下，按低于直接对外销售的价格销售给其独立核算的销售部门，并按照此价格计算缴纳消费税，而处在销售环节的独立核算销售部门不需再缴纳消费税。因此，企业可考虑是否成立独立核算的销售部门来进行纳税筹划。

【例 13-4】某化妆品厂 2011 年 3 月生产一批化妆品 10 万盒，现有 2 个纳税筹划方案：若设置独立核算的销售部门销售，每盒不含税售价为 80 元；若不设置独立核算的销售部门销售，每盒不含税售价为 100 元。各方案的有关资料见表 13-1。

表 13-1 关联企业转移定价纳税筹划表 金额单位：元

项目	方案一	方案二
	设置独立核算的销售部门	不设置独立核算的销售部门
销售数量	100 000 盒	100 000 盒
单位售价	80 元 / 盒	100 元 / 盒
消费税税率	30%	30%
应纳消费税	2 400 000＝8 000 000×30%	3 000 000＝10 000 000×30%
应纳城建税及附加	240 000＝2 400 000×10%	300 000＝3 000 000×10%
税费合计	2 640 000＝2 400 000+240 000	3 300 000＝3 000 000+300 000

从表 13-1 可以看出，方案一所交纳的消费税明显低于方案二。因为企业设置独立核算的销售公司后，产品从生产企业向销售公司转移的销售价格低于直接对外销售的价格，从而计算消费税的税基较低，交纳的消费税也较少。同时，销售公司属于流通领域，不需要交纳消费税。但设置独立核算的销售部门后，可能会增加一些费用，企业应权衡节约的税款和增加的费用，以决定是否设置独立核算的销售部门。

另外，《税收征收管理法》规定：企业或者外国企业在中国境内设立的从事生产、经营的机构、场所与其关联企业之间的业务往来，应当按照独立企业之间的业务往来收取或者支付价款、费用，不按照独立企业之间的业务往来收取或者支付价款、费用而减少其应纳税的收入或所得额的，税务机关有权进行合理调整。因此，企业在进行纳税筹划时，应注意独立销售部门的费用和销售价格的确定。

（二）利用税率差异的纳税筹划

消费税不但规定了两种不同的税率形式——定额税率和比例税率，而且不同的应税消费品适用不同税率，对于经营不同税率应税消费品的纳税人来说，分开核算是至关重要的，否则就会增加消费税的负担。

1. 兼营不同税率货物应分开核算。税法规定，纳税人兼营不同税率的应税消费品，应当分别核算不同税率应税消费品的销售额、销售数量，按不同税率分别征税。未分别核算销售额、销售数量的，从高适用税率。可见分别核算、分别纳税是消费税的基本要求，同时也可以尽量降低纳税人不必要的税收损失。

纳税人在日常核算时，为了减少应纳税额，可能会想到假如将高税率应税消费品在低税率应税消费品账户内核算，如将白酒销售额核算在酒精账户内，就会少缴消费税。但是这一做法属于偷税行为，是要受到税法严厉制裁的。准确核算各项收入，依法纳税才是纳税人首要的纳税态度。

2. 成套消费品销售的巧妙处理。企业为了提升商品档次，吸引更多的消费者，往往会采取将几种类似的消费品组成成套的消费品，并辅之以精美的包装，这样的组合产品固然会由于包装而产生一定的附加值，但也会由于包装而产生高额的消费税税负。消费税政策规定，纳税人将应税消费品和非应税消费品，以及适用不同税率的应税消费品组成成套消费品出售的，应根据组合产品的销售金额按应税消费品中适用税率最高的消费品的税率征税，所以纳税人在纳税筹划时可选择分别销售的方式。

任务三　营业税纳税筹划

（一）拆分企业组织形式的筹划

【例13-5】2011年3月，某歌舞厅取得的营业收入为45万元，其中有25万元是出售烟、酒和小食品所取得的收入，即商品销售收入；另外20万元属于娱乐收入。假设该酒店适用的营业税税率为20%，此时，商品销售收入也一并按照“娱乐业”缴纳营业税，则其应缴纳营业税=45×20%=9（万元）。

筹划思路：对于适用营业税较高税率的娱乐业，要达到节税的目的，可以把烟、酒和其他食品等销售业务分离出去，注册成立一家商业企业，专门经营烟、酒和其他食品等业务。由于经营商品的进销差价很大，可以把这个商业企业注册成增值税小规模纳税人。这样歌舞厅的应纳税额就分成了两部分，商品销售部分按3%的增值税税率缴纳增值税，娱乐收入部分按“娱乐业”20%税率缴纳营业税。

筹划方案：该歌舞厅另外注册成立一家商业企业，为增值税小规模纳税人，专门经营烟、酒和其他食品等业务。筹划后，该歌舞厅应缴纳营业税=20×20%=4（万元），该商业企业应缴纳增值税=25÷（1+3%）×3%=0.728（万元），共可少缴纳税款4.272万元(9-4-0.728)。

（二）分解营业额的筹划

【例13-6】2011年5月，某展览公司在市展览馆举办产品推销会，参展的客户共有400家，共取得营业收入3 000万元，取得收入后，要向展览馆支付租金等费用1 500万元。该展览公司取得的收入属于中介服务收入，应按“服务业”税目计算缴纳营业税，其应缴纳营业税=3 000×5%=150（万元）。

筹划方案：该展览公司在发出办展通知时，可以规定参展的客户分别交费，其中1 500万元汇到展览公司，由展览公司给客户开具发票，另外1 500万元直接汇给展览馆，由展览馆给客户开具发票。由于改变收款模式可能会给展览馆增加收款工作量，双方可以对此洽谈回报方式。

筹划后，1 500万元营业额经过形式上的转换不需要缴纳营业税，该展览公司只需就取得的提供服务的收入1 500万元缴税，其应缴纳营业税=1 500×5%=75（万元）。可见，该展览公司通过将营业额进行分解，在保证双方收入不变、客户和展览馆的税负不变的前提条件下，少缴纳营业税75万元。

因此，对某些要支付租金的营业活动，可以通过分解应税营业额，或者减少纳税环节，达到合法节约税收之效。

（三）改变收入性质的筹划

【例 13-7】某宾馆将其所属的一栋饭店出租，该饭店的房产原值为 500 万元。职工李某经过竞标，以年租金 50 万元获得 6 年的承租权。根据双方事先约定，李某在财务上独立核算，享有独立的生产经营权。针对出租饭店这项业务，该宾馆每年应缴纳的税款如下：应缴纳营业税 = 50×5% = 2.5（万元）；应缴纳城建税和教育费附加 = 2.5×（7% +3%）= 0.25（万元）；应缴纳房产税 = 50×12% = 6（万元）；该宾馆共应缴纳税款 = 2.5+0.25+6 = 8.75（万元）。

筹划方案：该宾馆可以要求李某既不办理独立营业执照，亦不办理税务登记证，同时也不签订租赁合同，把原来的“上交租金”改为“上交管理费”，把饭店视作该宾馆的内设机构，即仍以宾馆的名义对外经营饭店，那么宾馆收取李某房屋租金部分的房产税、营业税及其附加就可以免除，只负担房产原值部分的房产税，而此时房产税也以“管理费”形式上交给宾馆，这样宾馆承担的税负就大大降低了。

进行上述纳税筹划的依据是：新《营业税暂行条例实施细则》第十条规定，除本细则第十一条和第十二条的规定外，负有营业税纳税义务的单位为发生应税行为并收取货币、货物或者其他经济利益的单位，但不包括单位依法不需要办理税务登记的内设机构。如果承包者或承租者未领取任何类型的营业执照，且不办理税务登记证，而作为企业的内设机构来处理，那么企业向其提供各种资产所收取的各种名目的价款，均属于企业内部分配行为，不属于租赁行为（这一点与原《营业税暂行条例实施细则》的有关规定是有区别的）。所以，李某是该宾馆的内部职工，如果该宾馆把李某经营的饭店作为内设机构来处理，在李某不办理税务登记证的情况下，是不负有营业税纳税义务的。

筹划后，由李某承担的房产原值部分房产税以“管理费”形式上交给宾馆，该宾馆再按规定向地税部门缴纳房产税，房产税 = 500×（1-30%）×1.2% = 3.36（万元），比筹划前少缴纳税款 5.39 万元（8.75-3.36）。

因此，对于那些企业内部职工在本企业从事的营业行为，企业可以将其设置为内设机构，在依法不办理税务登记的情况下，既可以免除营业税纳税义务，又可以降低其他部分的税负。

任务四　企业所得税纳税筹划

十届全国人大五次会议于 2007 年 3 月 16 日通过了《企业所得税法》（以下简称新税法），自 2008 年 1 月 1 日起施行，国务院于 2007 年 12 月 6 日颁布了《企业所得税法实施条例》，为新税法的实施提供了可行的操作指南。由于新税法及其实施条例对企业组织形式、税率及税收优惠政策进行了较大调整，纳税筹划空间大大压缩，企业应利用有限的纳税筹划空间，合理安排生产经营，充分享受国家税收优惠政策，进行纳税筹划。

（一）企业组织形式的筹划

1. 权衡分公司与子公司。新税法改变了以往企业所得税以独立核算为条件判定纳税人标准的做法，以是否具有法人资格作为企业所得税纳税人的认定标准，规定“企业设有多个不具有法人资格营业机构的，应当汇总缴纳企业所得税”。子公司是独立法人，如果盈利或亏损，均不能并入母公司损益，应当作为独立的居民企业单独缴纳企业所得税。设立子公司对于整个集团公司来说，不能起到节税目的。而分公司不是独立的法人，其实现的利润或亏损应当并入总公司，由总公司汇总纳税。如果分公司亏损，可抵减总公司的应纳税所得额，从而达到降低总公司整体税负的目的。

2. 权衡公司与独资、合伙企业。税法规定，个人独资企业和合伙企业不属于企业所得税的纳税人，这两类企业应缴纳个人所得税。若自然人投资设立个人独资企业或合伙企业，投资人只就其所得缴纳一次税，即个人所得税；若投资设立公司制企业，既要缴纳企业所得税，又要就其分得的利润缴纳20%的个人所得税，存在重复征税，税负必然加重。因此，自然人投资设立企业，从减轻税负角度，可以考虑选择独资企业或合伙企业。

（二）收入的筹划

销售货物收入或提供劳务收入，是企业最基本的收入来源。一般来说，选择合理的收入结算方式，控制收入确认的时间，可以实现延缓纳税的效果。推迟销售商品收入的实现是收入纳税筹划的重点。税法规定，采取赊销和分期收款结算方式的，销售收入确认时间为合同约定的收款日期的当天；委托代销商品销售在受托方寄回代销清单时确认收入。企业可以选用以上销售方式来推迟销售收入的实现。但是，应用中一定要注意：赊销或分期收款销售必须订有协议，协议中必须订明每次收款日期和金额，同时，注意控制风险，确保企业的收入能够安全地收回。对于临近年终所发生的销售收入，在税法允许的范围内，可将收入推迟至下年确认，延迟缴纳企业所得税，增加企业资金周转的空间。

（三）税前扣除项目的筹划

1. 提高职工薪酬与福利。新税法规定，企业实际发生的合理的工资薪金，准予扣除。同时规定，企业实际发生的不超过工资薪金总额14%的职工福利费、2.5%以内的职工教育经费及2%以内的工会经费（简称三费），准予扣除。因此，企业可通过提高职工工资水平、增加职工福利、加大职工培训等，来达到减税的目的。但应用中要注意，以上支出均为当期实际发生的，若企业推迟发放工资或只计提“三费”而未实际支出，均不得扣除。

2. 适时进行公益性捐赠。企业利用捐赠即可获得广告效益，又可实现节税目的。新税法规定，企业发生的公益性捐赠支出，在年度利润总额12%以内的部分，准予在计算应纳税所得额时扣除。与原规定相比主要变化有两点：一是基数由应纳税所得额调整为年度利润总额（会计报表上的）；二是内资企业的计提比例由3%提高到12%，外资企业由据实扣除调整为限额扣除。具体运用中应注意：只有通过社会团体或者县级以上人民政府及其部门对公益事业的捐赠才可以扣除，直接捐赠和非公益性捐赠是不允许税前扣除的。

3. 合理开支广告费、业务宣传费、业务招待费。广告费、业务宣传费和业务招待费是企业必须发生的费用。新税法对这些费用的扣除限额做了较为严格的规定，这三项费用也成为企业最容易超支导致纳税调整的项目。

销售收入的大小是影响业务招待费、广告费和业务宣传费扣除限额的共同因素。为了获取最大限度的节税利益，企业应尽可能扩大销售规模。若企业销售规模已无法扩大，可以考虑设立独立的销售子公司，以扩大三项费用的扣除限额。

4. 加大技术开发。为鼓励企业进行技术研发，新税法对企业的技术研发费给予加计扣除的优惠，即企业为开发新技术、新产品、新工艺发生的研究开发费用，未形成无形资产计入当期损益的，在按规定据实扣除的基础上，按研究开发费用的50%加计扣除；形成无形资产的，按无形资产成本的150%摊销。对企业而言，充分利用这一优惠政策，积极进行技术研发，不仅可促进企业产品升级换代、增加企业核心竞争力，而且可实现节税目的，获得“双赢”效果。

5. 灵活运用固定资产折旧方法。固定资产的折旧方法主要有平均年限法、工作量法、加速折旧法。在这三种方法中，加速折旧法可以使前期多提折旧，后期少提折旧。这样，在税率不变的情况下，企业前期的应纳税所得额就会减少，而后期的应纳税所得额就会增加，使企业前期少缴纳所得税，后期多缴纳所得税，即企业的一部分所得税缴纳时间后移，企业就相当于获得了一笔无息贷款。

6. 有效控制固定资产大修理费用。新税法对固定资产大修理支出进行了明确规定，即同时符合下列条件的支出为大修理支出：一是修理支出达到取得固定资产时的计税基础50%以上；二是修理后固定资产的使用年限延长2年以上。固定资产维修费能否直接在发生当期税前扣除，关键在于其支出数额能否达到固定资产原值的50%。因此，当企业预计固定资产维修费用将超过这一限额时，可以考虑在不影响正常生产的前提下，采用多次修理的方式或缩小当期开支的办法，实现维修费在当期税前全额扣除。企业也可以按年度预先提取修理费用，使企业提前获得修理费用的抵税利益。

（四）用足税收优惠政策

总体上看，新税法构筑了“产业优惠为主、区域优惠为辅”的税收优惠体系。享受优惠的产业主要是节能、节水、资源综合利用、高新技术产业、基础设施建设项目和煤矿安全设备等国家重点扶持的产业。区域优惠倾向于中西部、少数民族、东北老工业基地等。能否有效利用这些优惠政策，直接影响企业税负的高低。目前，国家对农林牧渔业基础设施、符合条件的环境保护项目、节能节水项目、高新技术产业项目、创业投资项目等，给予了降低税率、收入减免、加计扣除、投资抵扣等多种形式的税收优惠，企业可根据自身情况，选择适合的投资项目，以达到节税的目的。

任务五　个人所得税纳税筹划

（一）工资薪金所得的纳税筹划

1. 工资、薪金福利化筹划法。

（1）按规定扣除法定福利项目。按国务院相关规定，企业和个人按照国家或地方政府规定的比例提取并向金融机构实际缴付的住房公积金、医疗保险金、养老保险金、失业保险金不计入个人当期的工资、薪金收入，免征个人所得税。根据此规定，雇佣企业在发放工资时应尽量为职工缴付法定福利项目，一方面可降低企业和个人的各种风险，为职工谋福利；另一方面可降低工资、薪金所得的计税依据，以达到降低个人所得税税负的目的。

（2）采用实报实销的方法列支部分支出，从而达到降低名义工资、降低适用税率的目的。此条筹划方法对外籍个人尤其适用。按税法规定，外籍个人以非现金形式或实报实销形式取得的住房补贴、伙食补贴、搬迁费、洗衣费，可暂免征收个人所得税。因此公司在向外籍职工发放工资时可降低工资发放标准，允许其实报实销多个支出项目，从而实现低工资、高消费，但税负较低的目的。

（3）企业向职工提供住所、上下班交通车服务或职工福利设施，一方面可在本企业内部满足职工的物质、服务需求，减少职工的相应外部开支，增强企业的凝聚力；另一方面也可少纳所得税。

【例 13-8】 某公司财务经理 2011 年 5 月从公司获取工资、薪金收入 8 000 元，由于租住房屋，每月支付房租 1 200 元，每月上下班交通费约 300 元，每月可实际支配收入为6 500 元。财务经理应纳个人所得税为：

（8 000－3 500）×10%－105＝345（元）

若该公司为财务经理免费提供住房，并提供上、下班的班车免费接送，将每月工资下调为 6 500 元，则此时财务经理应纳个人所得税为：

（6500－3 500）×10%－125＝195（元）

筹划后，每月可为该财务经理节省个人所得税为 150 元（345－195）。

2．“削山头”筹划法。

（1）奖金分摊筹划法。纳税人取得全年一次性奖金，单独作为一个月工资、薪金所得计算纳税。自 2005 年 1 月起按以下方法纳税：先将雇员当月内取得的全年一次性奖金除以 12 个月，按其商数确定适用税率和速算扣除数。如发放奖金的当月，雇员工资、薪金所得低于税法规定的费用扣除额，应将全年一次性奖金减除雇员当月工资、薪金所得与费用扣除额的差额后的余额，再除以 12 个月，按其商数确定适用税率和速算扣除数，计算应纳所得税。但一个纳税年度内该方法只允许采用一次，且雇员取得的除全年一次性奖金以外的其他各种名目的奖金，如半年奖、季度奖、加班奖、先进奖、考勤奖等，一律与当月工资、薪金合并，按税法规定缴纳个人所得税。

鉴于以上规定，如果纳税人一次性取得的半年奖、季度奖、加班奖、先进奖、考勤奖等数额较大的，将适用较高的税率。此时，若采用“削山头”方法，即将较高的一次性取得的奖金进行分期摊销，则可节省不少所得税。

【例 13-9】 某纳税人 2010 年每月取得工资 2 000 元，其所在公司发放的奖金为 6 000 元，现有两种发放形式：一是年终发放一次性奖金，每人每年 6 000 元；二是 6 月末和 12 月末各发放一次半年奖，每次 3 000 元。

方案一：年终发放一次性奖金。由于该纳税人每月取得工资 2 000 元，扣除 2 000 元费用后所得为零，所以不纳个人所得税，年终一次性奖金适用的税率级别为6 000÷12＝500（元），适用5%税率，速算扣除数为 0，其应纳税为：6 000×5%＝300（元）。

方案二：6 月末和 12 月末各发放一次半年奖。半年奖应纳税为：（3 000×15%－125）×2＝650（元）。

方案三：若将半年奖分摊于每月工资之中，每月工资增加500元，即为2 500元，取消半年奖的发放，则此时该个人全年应纳个人所得税为：（2 500－2 000）×5%×12＝300（元）。

从以上三个方案中可以看出，每月平均发放奖金500元全年可减轻税负350元，年终发放一次性奖金虽然也可减轻税负350元，但方案三对纳税人更有利。

（2）工资、薪金所得均匀分摊法。由于工资、薪金所得适用七级超额累进税率，应纳税所得额越大，其适用的税率也就越高。因此相对于工资、薪金所得非常均衡的纳税人而言，工资、薪金所得极不均衡的纳税人的税收负担就较重。此时可采用工资、薪金所得均匀分摊法，将较高月份与较低月份的工薪进行平均，削掉“山头”来降低税率，减轻税负。此种方法主要适用于季节性较强的企业或企业中的特殊岗位，职工的工资在一年中分布不均衡，可采用“削山头”法，将生产旺季的较高工资与生产淡季的较低工资进行均匀分摊，使其工资整体适用较低档次的税率，从而降低工资薪金所得的税负。

（二）个体工商户生产经营所得的纳税筹划

1. 个体工商户生产经营所得的纳税筹划的基本思路。核定征收与查账征收作为个体工商户应纳税额计算的两种方法，究竟哪种更好呢？对于这个问题我们必须根据不同个体工商户的利润情况而定。如果个体工商户每年的利润较高而稳定，采用核定征收方式比较好；若利润不稳定，则采用查账征收方式比较好。另外，纳税人实行核定征收方式的，不得享受企业所得税的各项税收优惠，同时投资者个人也无法享受个人所得税的优惠政策。所以，个体工商户在考虑享受某项企业所得税的优惠政策时，便不宜采取核定征收方式。

绝大多数个体工商户采用查账征收方式，因此个体工商户的纳税筹划主要在收入、成本费用、税率这三个环节，即在保证纳税筹划行为合法的前提下，如何使应税收入最小化，如何使与取得收入有关的成本费用最大化，如何使自己的应纳税所得额适用低档次的税率。

2. 个体工商户生产经营所得的纳税筹划的基本方法。个体工商户的纳税与企业的生产经营活动密不可分。因此，个体工商户生产经营所得不同于工资薪金、劳务报酬、稿酬等其他所得，其纳税筹划方法与企业所得税的纳税筹划方法类似，但也有自己的特点。

（1）收入环节。

第一，递延收入实现的时间。个体工商户缴纳个人所得税，采取的是每月预缴、年终汇算清缴的管理模式。如果个体工商户某一纳税年度的应纳税所得额过高，就要按较高的税率纳税，此时，个体工商户可以采取递延收入的方式来起到延期纳税的作用或使纳税人当期适用较低的税率的作用。一般递延收入的方式有：一是让客户暂缓支付货款和劳务费用；二是改一次性收款销售为分期收款销售。

第二，分散收入。个体工商户通过分散收入，可以使其适用较低的税率，从而达到节税的目的。常用的方法有：①区分收入的性质，不同性质的收入分别适用不同的税目。②借助与分支机构和关联机构的交易将收入分散。③由于我国个人所得税实行的是“先分后税”的原则，将一人投资变更为多人投资，便可以将全年实现的应纳税所得额分散到多个投资人的名下。④借助信托公司，将集中的收入分散到信托公司的名下。

（2）成本费用环节。合理扩大成本费用的列支范围，是个体工商户减少应纳税所得额进而实现节税目的的有效手段。需要注意的是，在税务机关的纳税检查过程中，很多纳税人申报的成本费用被剔除，不允许在税前扣除，究其原因，是因为纳税人不能提供合法的凭证，所以纳税人平时应注意保管好原始凭证，发生的损失必须报告备案。成本费用环节的纳税筹划方法如下：

①尽量把一些收入转换成费用开支。因为个人收入主要用于家庭的日常开支，而家庭的很多日常开支事实上很难与其经营支出区分开。由于公私不分会使个体工商户的实际支出超过规定的扣除标准，所以，电话费、电费、交通费等支出也应计入个体工商户经营成本。这样，个体工商户就可以把本来应由其收入支付的家庭开支转换成其经营开支，从而既能满足家庭开支的正常需要，又可减少应纳税所得额。

②尽可能地将资本性支出合法地转化为收益性支出。对于符合税法规定的收益性支出，可以将其作为一次性的成本费用在税前扣除。

③使用家庭成员或雇用临时工，扩大工资等费用支出范围。这些人员的开支具有较大的灵活性，既能增加个人家庭收入，又能扩大一些与之相关的人员费用支出范围，增加了税前列支费用，从而降低了应纳税所得额。按税法规定，个体工商户工作人员的工资及规定的津贴可以计入产品成本，这样就达到了“个人有所得，商户少交税”的目的。

（3）筹资环节。个体工商户由于自身资金的限制，往往需要通过筹措资金来开发新项目、购买新设备。个体工商户筹集资金的方法主要有金融机构贷款、自我积累、相互拆借和融资租赁四种方式。一般来说，从纳税筹划的角度来讲，相互拆借的减税效果最好，金融机构贷款次之，融资租赁第三、自我积累效果最差。

第一，相互拆借。个体工商户与其他经济组织之间的资金拆借可以为纳税筹划提供极其便利的条件，他们之间可以通过互相借款来解决资金问题。与向金融机构贷款不同的是，相互拆借的利率不是固定的，可以由双方协定后自由调节。而且，相互拆借的利息在归还时间和归还方式上还有很大的弹性。高利率不仅给贷款人带来高收益，也给借款人带来更多的可抵税费用。当然，关于利息的支付标准国家有一定的规定，应控制在国家规定的范围之内，否则，超过规定标准部分的利息将不予扣除。

第二，融资租赁。融资租赁，也称为金融租赁或购买性租赁。租赁公司根据个体工商户的请求及提供的规格，与第三方（供货商）订立一项供货合同，根据此合同，租赁公司取得生产设备。同时，租赁公司与个体工商户订立一项租赁合同，以个体工商户支付租金为条件授予其使用生产设备的权利。融资租赁把“融资”与“融物”很好地结合起来。对于个体工商户来说，融资租赁可获得双重好处：一是可以避免因自购设备而占用资金并承担风险；二是可以在经营活动中以支付租金的方式冲减个体工商户的利润，减少个人所得税税基，从而减少个人所得税税额。

第三，金融机构贷款。个体工商户向银行或其他金融机构贷款，不仅可以在较短的时间内完成资金的筹措，而且归还的利息部分可以用于抵税，因此实际税负也减轻了。所以，个体工商户利用金融机构贷款从事生产经营活动是减轻税负、合理避税的一个很好的方法。

第四，自我积累。从税负和经营的效益关系看，如果个体工商户采用自我积累的筹资方法，需要很长时间才能完成资金的筹措，容易错过最佳的投资时机，不利于其自身的发展。另外，个体工商户采用自我积累的筹资方法，其资金的所有者和使用者是一致的，无法带来抵税的好处，投入生产经营活动之后，产生的全部税负由个体工商户自己承担。

（三）劳务报酬所得的纳税筹划

1. 费用转移筹划。个人从非雇佣单位取得的劳务报酬时，可以考虑由非雇佣单位提供一定的服务或福利，这样名义劳务报酬减少，应税所得额降低，适用的税率会降低，税负减轻，但个人实际获取的利益并未减少。例如，由对方提供餐饮服务，报销办公、交通开支，提供办公用具、实验设备，提供住宿等。

2. 分项计算筹划。当个人兼有不同劳务项目（即税法中列举的28种劳务报酬所得项目）的所得时，应分别确定次收入，分项扣除，分别计算应纳个人所得税。这样可通过增加扣除额，降低税率档次，从而降低税负。

【例13-10】某高级工程师在其工作之余被一工业企业聘为特级技术顾问。其受聘期间既要现场解答公司提出的技术操作难题，又要为该企业的出口产品说明书进行翻译和设计，已知该高级工程师2011年4月从企业处获取劳务报酬收入30 000元。

若该高级工程师将取得的所有劳务报酬合并纳税，则应纳税额为：

30 000×（1-20%）×30%-2 000（速算扣除数）= 5 200（元）

在对该高级工程师的劳务报酬所得进行纳税筹划时，可将其4月的劳务报酬分为三个劳务项目分别纳税，其中咨询费20 000元，设计费9 200元，翻译费800元，则其缴纳个人所得税时，由于分项扣除，分项计征，翻译费没超出扣除限额，无须纳税，应纳个人所得税为：

20 000×（1-20%）×20%+9 200×（1-20%）×20%=4 672（元）

由此可见，分项纳税可以增加扣除额，适用较低税率，减轻税负528元。

（四）财产租赁所得纳税筹划

个人出租房屋在同等租金的条件下，避免出租用于经营。

【例13-11】项某在某市区以50万元的价格购置了一套二手房，近两年内因故自己不能在此处居住，于是决定将此房出租。有以下两个方案可供选择：

方案一：出租给某技术服务公司在此从事商务活动，初步商定每月租金为2 100元；

方案二：出租给本市居民李某用于生活居住，李某只同意支付每月租金2 000元。

筹划分析：

方案一：将房屋出租给经营单位的纳税情况分析：

应缴纳营业税为：2 100×5%×24=105×24=2 520（元）

应缴纳城建税及教育费附加为：2 520×（7%+3%）=252（元）

应缴纳房产税为：2 100×24×12%=252×24=6 048（元）

应缴纳个人所得税为：（2 100-105-10.5-252-800）×20%×24=4 476（元）

两年应缴纳各种税收合计为：2 520+252+6 048+4 476＝13 296（元）

实际取得租赁净收益为 37 104 元（2 100×24-13 296）。

方案二：将房屋出租给李某作为生活用房的纳税情况分析：

应缴纳营业税为：2 000×24×3%＝1 440（元）

应缴纳城建税及教育费附加为：1 440×（7%+3%）＝144（元）

应缴纳房产税为：2 000×24×4%＝1 920（元）

应缴纳个人所得税为：（2 000-60-6-80-800）×10%×24＝2 529.6（元）

两年应缴纳各税合计为：1 440+144+1 920+2 529.6＝6 033.6（元）

实际取得收益 41 966.4 元（2 000×24-6033.6）。

由此可见，方案二尽管月租金比方案一要少 100 元，但因其可以享受减低税率的税收优惠政策，其节税效果比方案一要好。

任务六　土地增值税的纳税筹划

（一）代建房方式土地增值税的纳税筹划

这种方式是指房地产开发公司代客户进行房地产的开发，开发完成后向客户收取代建房报酬的行为。对于房地产开发公司来说，虽然取得了一定的收入，但由于房地产产权自始至终是属于客户的，没有发生转移，其收入也属于劳务性质的收入，故不属于土地增值税的征税范围，而属于营业税的征税范围。

由于建筑行业适用的是 3% 的比例税率，税负较低，而土地增值税适用的是 30% ~ 60% 的四级超率累进税率，税负显然比前者为重，如果在相同收入的情况下，当然是前者更有利于实现收入最大化。因此，如果房地产开发公司在开发之初便能确定最终用户，就完全可以采用代建房方式进行开发，而不采用税负较高的开发后销售方式。这种筹划方式可以是由房地产开发公司以用户名义取得土地使用权和购买各种材料设备，也可以协商由客户自己取得和购买，只要从最终形式上看房地产产权没有发生转移便可以了。

（二）合作建房方式土地增值税的纳税筹划

我国税法规定，对于一方出地，一方出资金，双方合作建房，建成后按比例分房自用的，暂免征收土地增值税。房地产开发企业也可以很好地利用该项政策。

比如某房地产开发企业购得一块土地的使用权准备修建住宅，则该企业可以预收购房者的购房款作为合作建房的资金。这样，在形式上就符合一方出土地、一方出资金的条件。一般而言，一幢住房中土地支付价所占比例应该比较小，这样房地产开发企业分得的房屋就较少，大部分由出资金的用户分得自用。

这样，在该房地产开发企业售出剩余部分住房前，各方都不用缴纳土地增值税，只有在房地产开发企业建成住房后转让属于自己的那部分住房时，才就这一部分缴纳土地增值税。

附录一　湖北国税网上申报的流程

申请 VPDN 网上办税专用账号和密码。湖北省国税局、湖北省电信和武汉浙科信息技术有限公司共同推出“VPDN 网上安全办税服务”。用户只要具备电脑和上网条件，向武汉浙科申请“VPDN 网上办税”业务，获得专用账号和密码，通过 VPDN 专用通道登录湖北国税网上安全办税平台，就可进行网上办税。

首次进行网上申报，需先登录武汉浙科信息技术有限公司官网 www.seektax.com 下载并安装 VPDN 拨号器。安装成功后，打开桌面“湖北国税 VPDN 拨号平台客户端”图标，出现“湖北国税网上申报接入平台”。

在“湖北国税网上申报接入平台”页面输入专用账号和密码，进入“湖北省国家税务局网上申报服务”页面。

在“湖北省国家税务局网上申报服务”页面，输入用户名（纳税人税号）和密码后，就可进入“湖北省国家税务局纳税服务”页面，点击“服务专区”的“纳税申报”按钮，就可开始网上申报。点击页面上提示的税种，对相应的税种进行报表录入、修改、申报、作废、全申报、打印、开票及扣款等操作。纳税人完成税种所有报表的上传并对各项报表数据确认无误后，点击“全申报”按钮，即可完成所有网上申报工作。

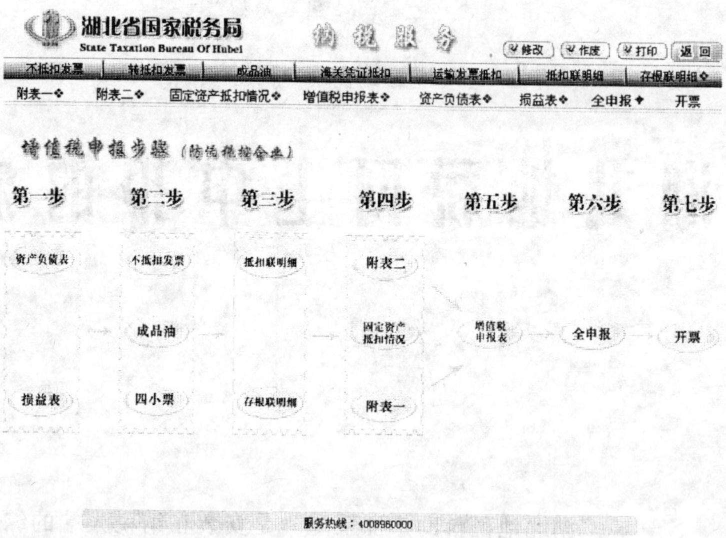
湖北省国家税务局
State Taxation Bureau Of Hubei
纳税服务
修改
作废
打印
返回
不抵扣发票
转抵扣发票
成品油
海关凭证抵扣
运输发票抵扣
抵扣联明细
存根联明细
附表一
附表二
固定资产抵扣情况
增值税申报表
资产负债表
损益表
全申报
开票
增值税申报步骤（防伪税控企业）
第一步
第二步
第三步
第四步
第五步
第六步
第七步
资产负债表
不抵扣发票
抵扣联明细
附表二
成品油
固定资产抵扣情况
增值税申报表
全申报
开票
损益表
四小票
存根联明细
附表一
服务热线：4008980000

附录二　湖北地税网上申报的流程

“湖北地税自助办税系统”是安装在纳税人端的综合自助办税软件，它可以通过互联网与税务局服务器直接对话完成各类涉税事宜，软件以数据量较大的各类明细申报为特点，以提高综合纳税服务质量为目标。

纳税人首次使用“湖北地税自助办税系统”应按以下步骤操作：

1. 安装与入门

(1) 安装。在以下网址获得“自助办税系统客户端安装程序”：

内网地址：http：//148.16.23.140：8000/wlsb

外网地址：http：//221.232.128.58：8000/wlsb

纳税人获得“自助办税系统客户端安装程序”后直接缺省安装即可。

(2) 启动。安装成功后点击【开始】—【程序】—【湖北地税自助办税系统】，或者在桌面上点击“湖北地税自助办税系统”快捷方式图标，即可进入系统。

(3) 登录。进入系统后，登录界面要求输入大厅登录密码，初次安装运行时，大厅密码为空，直接点击“确定”进入主税务大厅。进入大厅后可以对大厅设置密码。

如果计划用本系统对多个纳税人办税（集团财务部门或税务代理机构），可以点击界面左下方的“建多个纳税人”，多纳税人管理可以在熟悉大厅内部功能后再进入。

注意：如果想建立多个大厅，先保证主大厅内的数据为空，由于其他大厅是以主大厅为模板建立的，这样可避免建立时把主大厅的数据带入分大厅。

(4) 进入大厅。纳税人首次进入大厅，应申请办理 CA 数字证书，依照 CA 证书申请流程填写相关表格，并将证明材料提交给湖北

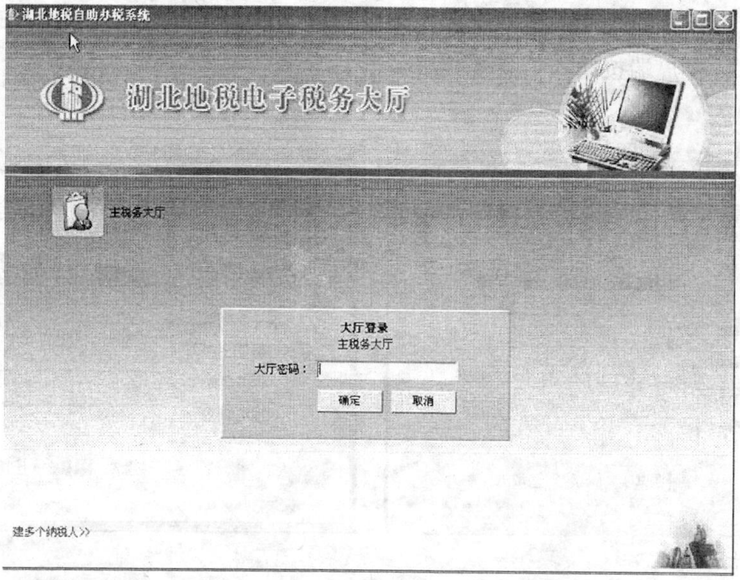

省地税网上办税受理点。具体办理流程如下：

①纳税人在地税分局办税服务厅领取《单位数字证书开户申请表》（一式三联）（以下简称“开户申请表”）。

②纳税人填写开户申请表完毕后，需携带证书开户费220元、开户申请表及以下身份证明材料至CA受理点办理证书开户：组织机构代码证（副本）（复印件加盖单位公章）；工商营业执照（副本）（复印件加盖单位公章）；税务登记证（副本）（复印件加盖单位公章）；经办人身份证（复印件加盖单位公章）。

③CA受理点查验纳税人身份，通过后，受理证书开户申请，并将开户申请表第三联返还纳税人。

④两个工作日后，纳税人凭开户申请表第三联到开户地点领取数字证书（含电子钥匙）。

有了电子钥匙，纳税人可以从“湖北省数字证书认证管理中心有限公司”官网www.hbca.org.cn下载安装“电子钥匙驱动程序”，安装“电子钥匙驱动程序”后，就会在桌面形成“证书管理工具（华虹）”的图标。

纳税人只有在安装“湖北地税自助办税系统”和“电子钥匙驱动程序”后，在桌面形成“湖北地税自助办税系统”和“证书管理工具（华虹）”图标，才可以进行下一步操作。

进入湖北自助办税系统后看到的第一个界面是“网络设置维护”，该界面的主要任务是选择服务器，根据纳税人的所属地域选择一个适合的服务器，譬如是外网纳税人，就选择“省局外网主机”；否则，选择“省局内网主机（局内使用）”。

代理设置说明：

不用代理：指不用代理直接连接服务器。

按浏览器设置：指客户端用浏览器的代理设置连接服务器。

按如下设置：在代理服务器地址、代理服务器端口、代理用户名称、代理用户密码输入相关信息后，客户端按输入信息连接服务器。

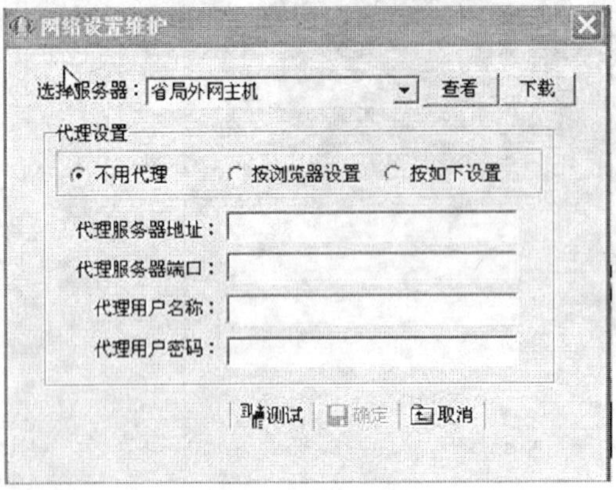

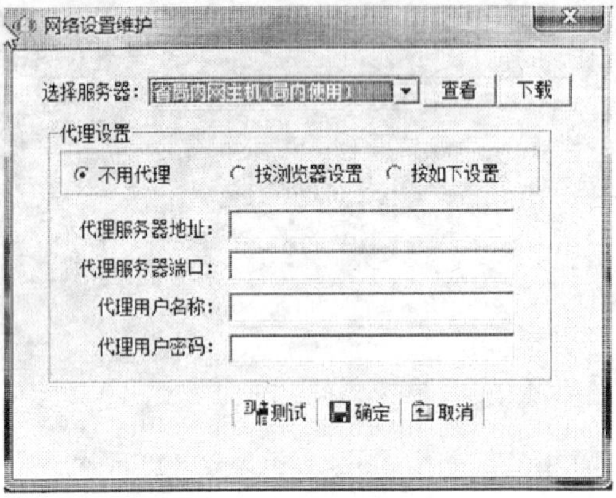

2. 初次使用时的基础工作

(1) 大厅导航。进入大厅后点击“大厅导航”图标，可以获得使用导航，多数操作步骤能通过导航获得。

①初次进入大厅——网络设置维护。可以先进行下载，然后点击测试。测试通过后，选择服务器进入系统。

②初次进入大厅——基本信息维护。纳税人输入自己的纳税人编码（即征管系统中的纳税人流水号15位）后，点击“下载”，在网络畅通的情况下，可以下载纳税人基本信息，如企业名称、经营地址、联系电话、法人代表等。如果是CA用户（开通网络申报

时确认是否 CA 用户），此时需要验证 CA 证书。由于该客户端支持两种 CA 证书，所以需正确选择证书颁发机构，如果证书不正确或没有证书会提示。

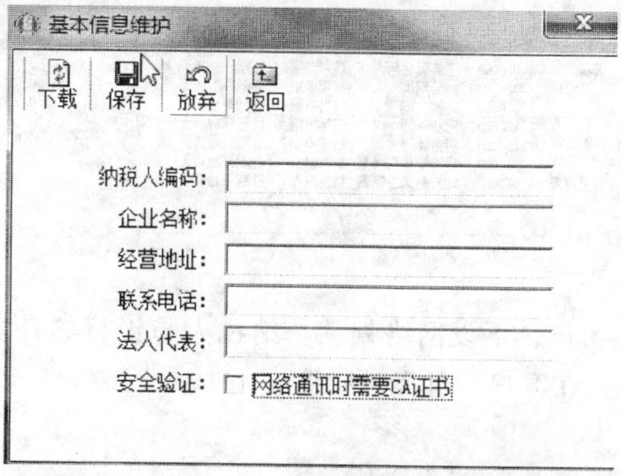

③如果此时纳税人的 CA 证书已经验证通过并且人员信息已经下载成功，那么，下一步是对初次进入大厅的“大厅工具箱”进行相关设置维护。

（2）窗口菜单。页面左侧菜单的功能与导航的功能基本相同。

3. 每个征期的日常操作

（1）进入“湖北地税自助办税系统”，大厅业务窗口下设 8 个窗口：申报窗口、税务登记窗口、发票窗口、减免退窗口、税务事项回复窗口、查询窗口、银行划款窗口、其他窗口。

（2）进入申报窗口，下设 5 个窗口：纳税申报窗口、规费申报窗口、社保费申报窗口、财务报表窗口、综合申报窗口。

（3）查询窗口下有“纳税申报查询”等几个重要业务查询。系统很多事项需要异步查询，比如申报数据提交成功与否。点击查询窗口下的“纳税人申报查询”出现如下界面。

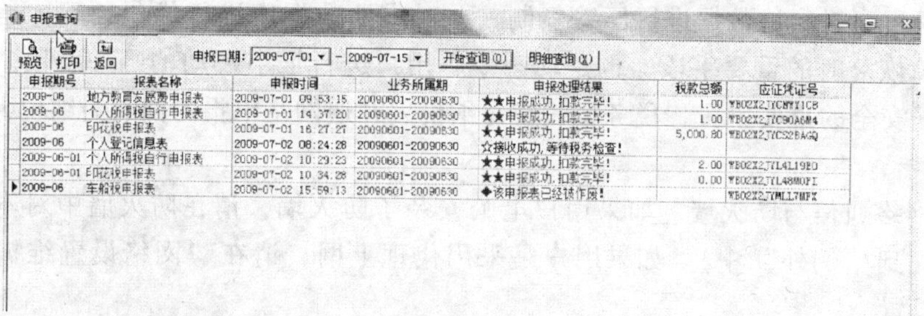

纳税人可以通过选择日期查询已申报成功的数据。如果是 CA 用户，此时需要验证 CA 证书。如果证书不正确或没有证书，客户端系统会提示。

“纳税核定查询”可以即时查询税务机关为纳税人提供的税种税目情况。如果是 CA

用户，此时需要验证 CA 证书。如果证书不正确或没有证书，客户端系统会提示。

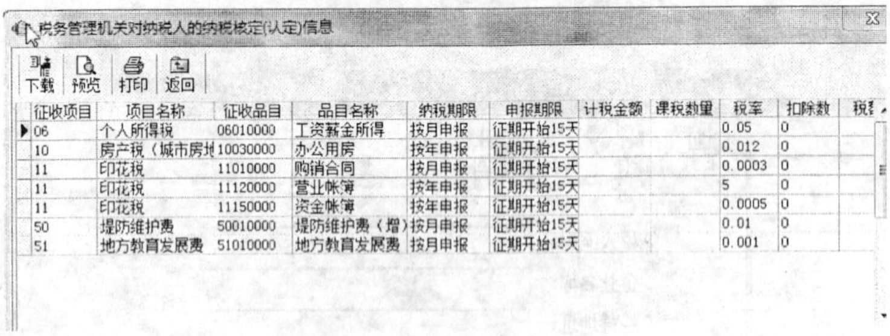

征收项目	项目名称	征收品目	品目名称	纳税期限	申报期限	计税金额	课税数量	税率	扣除数	税
06	个人所得税	06010000	工资薪金所得	按月申报	征期开始15天			0.05	0	
10	房产税（城市房地	10030000	办公用房	按年申报	征期开始15天			0.012	0	
11	印花税	11010000	购销合同	按月申报	征期开始15天			0.0003	0	
11	印花税	11120000	营业帐簿	按年申报	征期开始15天			5	0	
11	印花税	11150000	资金帐簿	按年申报	征期开始15天			0.0005	0	
50	堤防维护费	50010000	堤防维护费（增）	按月申报	征期开始15天			0.01	0	
51	地方教育发展费	51010000	地方教育发展费	按月申报	征期开始15天			0.001	0	

（4）进入银行划款窗口，下设网络划款。纳税人与银行签订协议后能够进行网络划款。申报成功后，纳税人在客户端可实时扣款。

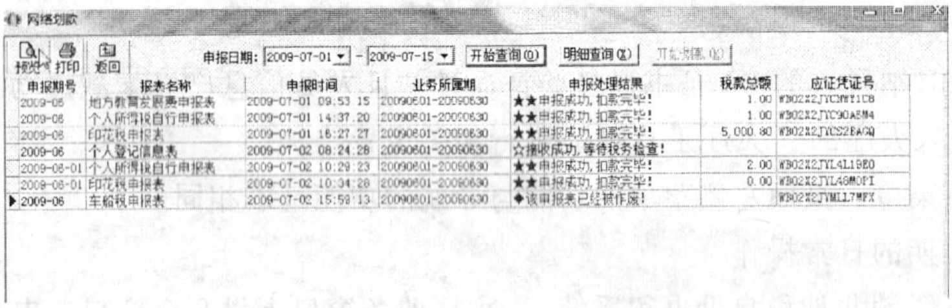

申报期号	报表名称	申报时间	业务所属期	申报处理结果	税款总额	应征凭证号
2009-06	地方教育发展费申报表	2009-07-01 09:53:15	20090601-20090630	★★申报成功，扣款完毕！	1.00	WB02X2JYCMY1C8
2009-06	个人所得税自行申报表	2009-07-01 14:37:20	20090601-20090630	★★申报成功，扣款完毕！	1.00	WB02X2JYC90A8M4
2009-06	印花税申报表	2009-07-01 16:27:27	20090601-20090630	★★申报成功，扣款完毕！	5,000.80	WB02X2JYCS2BAGQ
2009-06	个人登记信息表	2009-07-02 08:24:28	20090601-20090630	☆接收成功，等待税务检查！		
2009-06-01	个人所得税自行申报表	2009-07-02 10:29:23	20090601-20090630	★★申报成功，扣款完毕！	2.00	WB02X2JYL4L19E0
2009-06-01	印花税申报表	2009-07-02 10:34:28	20090601-20090630	★★申报成功，扣款完毕！	0.00	WB02X2JYL48MOPI
2009-06	车船税申报表	2009-07-02 15:59:13	20090601-20090630	◆该申报表已经被作废！		WB02X2JYML17MFX

纳税人选择申报日期后，点击“开始查询”，能够显示纳税人已申报的申报表，选择申报成功的申报（绿色），点击“开始划款”。

如果网络畅通，纳税人过一会可以再进入网络划款页面，查询划款结果。

4. 纳税人应特别注意的事项

（1）系统提示。用户在每次进入大厅后，如果网络畅通，当系统提示“需要升级”或“业务窗口清单需要刷新”时，应按提示去做。如果网络当时拥挤，可以选择其他时间补做。升级大厅的时候，会给出提示，请不要人工干预。

（2）数据安全。强烈建议在每月（次）操作完毕，进入“数据备份恢复”模块进行备份。备份程序对本地数据进行压缩复制，并对本地数据库进行优化处理，是系统“搬家”和故障恢复时的重要手段，也是动态令牌用户进行证书挪动的唯一手段。动态令牌是保护数据安全的重要手段，税务机关在为纳税人开通网络申报的同时为纳税人选择动态令牌保护。

（3）网络通信与防火墙。如果用户电脑安装了防火墙，请在防火墙中对本程序取消禁止（添加到“例外”中）。如果用户是采用代理上网，请在“网络设置维护”中正确进行代理设置。

参考文献

1. 吕福智．纳税实务．北京：化学工业出版社，2009.

2. 梁伟样．企业纳税实务．北京：清华大学出版社，2010.

3. 甄立敏．新编企业纳税实务．北京：电子工业出版社，2009.

4. 姚旭．企业纳税实务．北京：清华大学出版社，2009.

5. 郝巧亮，王玉娟．纳税实务．大连：东北财经大学出版社，2009.

6. 中国注册会计师协会．税法．北京：经济科学出版社，2011.

7. 白安义，余谦．税法教程．武汉：武汉大学出版社，2009.

8. 梁伟样．税务会计与纳税筹划．北京：科学出版社，2010.

9. 查方能．纳税筹划．大连：东北财经大学出版社，2010.

10. 徐泓．企业纳税筹划．北京：中国人民大学出版社，2010.

11. 安福仁．企业纳税实务．大连：东北财经大学出版社，2009.

12. 翟继光．新税法下企业纳税筹划．北京：电子工业出版社，2010.

13. 毛夏莺，刘钰．纳税筹划．北京：机械工业出版社，2010.